Del Contrato social

Discursos

Ciencias sociales

Jean-Jacques Rousseau

Del Contrato social

Discurso sobre las ciencias y las artes

Discurso sobre el origen y los fundamentos de la desigualdad entre los hombres

Prólogo, traducción y notas
de Mauro Armiño

El libro de bolsillo
Sociología
Alianza Editorial

TÍTULO ORIGINAL: *Du contrat social - Discours sur les sciences et les arts - Discours sur l'origine et les fondements de l'inégalité parmi les hommes*

Primera edición en «El libro de bolsillo»: 1980
Décima reimpresión: 1996
Primera edición en «Área de conocimiento: Ciencias sociales»: 1998
Tercera reimpresión: 2003

Diseño de cubierta: Alianza Editorial

Calle Juan Ignacio Luca de Tena, 15;
28027 Madrid; teléf. 91 393 88 88
www.alianzaeditorial.es
ISBN: 84-206-3958-3
Depósito legal: M. 39.415-2003
Compuesto en Fernández Ciudad, S. L.
Catalina Suárez, 19. 28007 Madrid
Impreso en Closas-Orcoyen, S. L. Polígono Igarsa
Paracuellos de Jarama (Madrid)
Printed in Spain

Prólogo

En varios lugares de su obra Rousseau se refirió, como hecho sustancial y determinante de su biografía, a la *iluminación de Vincennes,* ocurrida en agosto de 1749: «Fui a ver a Diderot, entonces prisionero de Vincennes [por un delito de prensa]; tenía en mi bolsillo un *Mercure de France* que me puse a hojear durante el camino. Caí sobre el tema de la Academia de Dijon que dio lugar a mi primer escrito. Si alguna vez algo se ha parecido a una inspiración súbita, fue el movimiento que en mí se produjo ante aquella lectura; de golpe siento mi espíritu deslumbrado por mil luminarias; multitud de ideas vivas se presentaron a la vez con una fuerza y una confusión que me arrojó en un desorden inexpresable; siento mi cabeza tomada por un aturdimiento semejante a la embriaguez. Una violenta palpitación me oprime, agita mi pecho; al no poder respirar mientras camino, me dejo caer bajo uno de los árboles de la avenida, y paso media hora en tal agitación que al levantarme percibo toda la parte delantera de mi traje mojada por mis lágrimas sin haber sentido que las derramaba. ¡Oh, señor, si alguna vez hubiera podido escribir la cuarta parte de lo que vi y sentí bajo aquel árbol, con qué claridad habría hecho ver todas las contradicciones del sistema social, con qué fuerza habría expuesto todos los abusos de nuestras instituciones, con qué sencillez habría demostrado que el hombre es naturalmente bueno y que sólo por las instituciones se vuelven malvados los hombres! Todo cuanto pude retener de aquellas multitudes de grandes verdades que en un cuarto de hora me iluminaron bajo aquel árbol ha sido bien débilmente esparcido en mis tres escritos principales, a saber, ese primer *Discurso,* el que versa sobre la *Desigualdad* y el *Tratado de la educación* [Emilio], obras las tres que son inseparables y que forman un mismo conjunto»[1].

Sin embargo, esas luminarias que le deslumbraron tenían poco que ver con las «luces», porque en ese texto inmediato a la iluminación de Vincennes va a desarrollar contra el mundo de los filósofos, contra las corrientes intelectuales de la época, un *Discurso sobre las ciencias y las artes* que tiene tanto de retoricismo como de predicación y cuyo blanco de crítica es precisamente la idea de progreso tal como la pensaban y urgían los ilustrados inmediatamente anteriores a la *Enciclopedia,* cuyo primer tomo aparecería sólo escasos meses después de este primer *Discurso.* Frente a la afirmación de que la felicidad de la especie humana sólo vendría con el progreso y desarrollo de los conocimientos, las ciencias y las técnicas, Rousseau trata de demostrar paradójicamente que la decadencia de las grandes civilizaciones del pasado se produjo precisamente por esos «avances» que separaron al hombre de su estado primigenio y natural. Y de este punto de partida va a deducir secuelas que afectan a otros campos: sin adentrarse todavía en el análisis de las estructuras que soportan esos *males,* Rousseau va a analizar con rigor de sermón, con una retórica de púlpito, consideraciones morales sobre el hombre y la sociedad que le permiten el rechazo. Su objetivo, resolver una contradicción evidente que Hobbes había enunciado como el estado de guerra perpe-

1. En *Cartas a Malesherbes* (12 de enero de 1762), recogida en *Las ensoñaciones del paseante solitario,* págs. 182-183. Para los libros citados sumariamente en las notas, véase la bibliografía que remata el texto (págs. 367-370). Y para lo referente a la vida y escritos de Rousseau, en las páginas 371-381, una cronología señala los momentos, hechos y títulos principales.

tuo entre los hombres *(homo homini lupus),* va a estancar a Rousseau en una red inextricable de contradicciones que no afectarán a este *Discurso* solamente, sino a esa «cuarta parte de lo que vi y sentí bajo aquel árbol» y que constituye el conjunto de su obra: así, el *Discurso* siguiente, *Sobre el origen de la desigualdad entre los hombres,* no será más que otro intento, profundizando ya en la trama social, de adentrarse en los enunciados propios mantenidos en *Sobre las ciencias y las artes.*

En el segundo discurso arranca de una visión idílica del hombre natural, poco a poco maleado por la formación de las sociedades de las que derivan todos los vicios, odios, guerras. *Del Contrato social* no tiene otro punto de partida, aunque las miras sean distintas, y el *Emilio* y *La Nueva Eloísa* no son sino ejemplificaciones de esas teorías. La tela de araña en que esa iluminación de Vincennes envolvió a Rousseau para toda su vida y para toda su obra, fue la simplificación que le llevó a «concluir inmediatamente en una relación de causa a efecto contra el refinamiento material de la sociedad moderna y la degradación moral de sus contemporáneos»[2].

La clave que enlaza ese *bien* (hombre natural) y ese *mal* (hombre social) será en este primer discurso el interés particular, motor de egoísmo, de odio entre los individuos, que podría dar lugar a una jungla. Pero la sociedad no lo es porque el hombre moderno es la máscara por excelencia; *leitmotiv* rousseauniano constante: «El hombre del mundo está todo en su máscara» dirá en el *Emilio,* IV; carece de vida propia, vive en la *opinión* y de la que de él tienen los demás saca «el sentimiento de su propia substancia». Apariencias, lujo, ostentación, fuentes de una vida externalizada que lleva a Rousseau a enunciar el primero, antes que el joven Marx, el fenómeno denominado luego *aliénation* (= alienación).

Esta prédica moral que constituye el primer *Discurso* no traspasa los límites globales del *hombre:* es decir, no se convierte en una reflexión política. Pero a raíz del premio que le otorga la Academia de Dijon, y la posterior publicación (1750)

2. J.-L. Lecercle: *Rousseau.*

que causaría «una gran revolución en París», según frase de Grimm, las objeciones, las puntualizaciones, los ataques desde diversos puntos y con todas las baterías no se harían esperar: cartas y folletos extenderían una polémica a la que Rousseau puso fin por aburrimiento, dejando de contestar; pero determinadas exigencias de sus contrincantes, la precisión que requerían algunos enunciados mal esbozados y diversos conceptos, tuvieron un mérito: obligar a Rousseau a puntualizaciones que, sin abandonar el terreno moral en que se inscribe el primer *Discurso,* le hacen recorrer por etapas graduales caminos que le llevan a otro descubrimiento: el de la opresión como nueva fuente del malestar social: «La primera fuente del mal es la desigualdad», contestará al rey Estanislao I de Polonia, que se había inmiscuido en la polémica con un artículo anónimo. Y en el prólogo a su pieza *Narcisse* (fines de 1752) da un salto cualitativo: sin olvidar la prédica moral, se obliga a buscar y atacar las raíces políticas del mal: «ellos [los declamadores] han visto el mal; y yo descubro sus causas [...] todos esos vicios no pertenecen tanto al hombre cuanto al hombre mal gobernado». Ese mismo párrafo había comenzado con una visión amplia del problema: «Extraña y funesta constitución en que las riquezas acumuladas facilitan siempre los medios de acumularlas mayores, y donde a quien nada tiene le es imposible adquirir algo; donde el hombre de bien ningún medio tiene de salir de la miseria, y donde necesariamente hay que renunciar a la virtud para volverse un hombre honrado». Prescindiendo ahora de esa derivación moralizante con que remata la frase, en la nota que pone al párrafo Rousseau subraya una palabra clave que ha de desarrollar en el *Origen de la desigualdad: propiedad.* Porque afinando sobre estos conceptos pasará de la pregunta afirmativa: «¿No son las ventajas de la sociedad para los poderosos y los ricos?» *(Discurso sobre la economía política)* al hallazgo tajante del *Contrato:* «De hecho, las leyes son siempre útiles a los que poseen y perjudiciales a los que no tienen nada»[3].

3. Nota 4, página 318 de esta edición.

No es, por tanto, el concepto moral de «alienación» lo que cimenta esa sociedad contra la que arremete, sino la desigualdad y sus secuelas, la acumulación, la explotación, que producirán en Rousseau como secuela inexcusable una visión apocalíptica de la sociedad: «Veo pueblos desventurados gimiendo bajo un yugo de hierro, al género humano aplastado por un puñado de opresores, una multitud hambrienta, abrumada de trabajos y hambre, de la que el rico bebe en paz la sangre y las lágrimas, y por doquiera al fuerte armado contra el débil con el temible poder de las leyes»[4].

El *Discurso sobre las ciencias y las artes* abre un camino nuevo a la *filosofía* intentando resolver una contradicción evidente: la crítica de la sociedad, que nace en el siglo de las luces, paradójicamente, de una crítica de la cultura. Por vez primera se produce un malestar de la cultura que arremete contra la filosofía y sus estériles disputas, contra la ciencia y sus academias, contra la literatura y los libros (cuando los preceptores de Emilio y de Sofía, igual que el vicario saboyano, se deciden a buscar la verdad, lo primero que hacen es cerrar todos los libros), contra el arte y sus sofismas. Porque ninguna de esas materias es libre para Rousseau. Sabios y artistas «están pagados, no para descubrir la verdad o para embellecer la vida de los pueblos, sino para justificar el poder de quienes les emplean, y para servir a sus vicios»[5].

El *Discurso sobre el origen y los fundamentos de la desigualdad entre los hombres*, escrito cuatro años más tarde con ocasión de otro concurso de la Academia de Dijon –que esta vez rechazó el trabajo–, arranca de la frase ya citada: «La primera fuente del mal es la desigualdad». Si en *Las ciencias y las artes* había llegado a la conclusión de una sociedad como perversión del hombre natural, ahora retrocediendo va a buscarlo a su primigenio estado para examinar las causas y el paso de una situación a otra en un análisis que tiene más de teoría an-

4. «L'État de guerre», en *Écrit sur l'abbé de Saint-Pierre, Œuvres complètes*, III, 609.
5. J.-L. Lecercle: *Rousseau*, pág. 77.

tropológica que de rigor histórico. Según las *Confesiones*[6], «para meditar a gusto sobre ese gran tema [la desigualdad entre los hombres, propuesto por la Academia de Dijon] hice a Saint-Germain un viaje de siete a ocho días con Thérèse, con nuestra casera, que era una buena mujer, y con una de sus amigas (...). El resto del día, sumergido en el bosque, buscaba y encontraba la imagen de los primeros tiempos cuya historia trazaba con orgullo; atacaba las miserables mentiras de los hombres, osaba poner al desnudo su naturaleza, seguir los progresos de los tiempos y las cosas que la han desfigurado y, comparando el hombre del hombre con el hombre natural, mostrarles en su pretendida perfección la verdadera fuente de sus miserias. Exaltaba por aquellas contemplaciones sublimes, mi alma se alzaba hasta la divinidad y, viendo desde allí a mis semejantes seguir el ciego sendero de sus prejuicios, de sus errores, de sus desdichas y de sus crímenes, les gritaba con una voz débil que ellos no alcanzaban a oír: "Insensatos que os quejáis sin cesar de la naturaleza, sabed que todos vuestros males proceden de vosotros mismos".»

Este segundo discurso, que pone al servicio de la reflexión una materia libresca abundante, en especial libros de viajes, va a buscar su tono en una retórica de altos vuelos, plenamente intelectual esta vez, de acuerdo con sus fuentes, que la manipulación de los conceptos convierte en datos simples utilizados ahora como arma arrojadiza al servicio de un «pensamiento armado», según Starobinski. En la búsqueda de ese estado primigenio y sin desigualdades –puesto que aún no existe la sociedad– Rousseau configura un mundo a-histórico, al margen del tiempo, al margen «del hombre del hombre», pues lo ve como un animal como los demás hasta el punto de calificar de animal depravado al hombre que medita. Un hombre natural, instintivo, sin *ratio* todavía, sin sociedad y sin males. Pero ese hombre natural es ideal. Rousseau lo sabe, y así lo admite en su *Lettre à Christophe de Beaumont* y en el Prefacio de este *Discurso:* «Porque no es liviana empresa separar lo que

6. *Las confesiones*, págs. 532-533.

hay de originario y de artificial en la naturaleza actual del hombre, ni conocer bien un estado que ya no existe, que quizá no haya existido, que probablemente no existirá jamás, y del que sin embargo es necesario tener nociones precisas para juzgar bien nuestro estado presente»[7].

Suponiendo casi la inexistencia del hombre natural, Rousseau va a configurarlo de forma distinta a la filosofía coetánea, aportando novedades que más tarde aprovechará la etnografía: contra Hobbes afirma la inexistencia de conciencia de derechos y deberes, la falta de un lenguaje como tal –su formación necesita un pensamiento previo–, en resumen, su falta de razón formada. De ahí la frase: «El hombre que medita es un animal depravado», tantas veces tergiversada por citarse fuera de contexto. En lo natural hay, sin embargo, dos características que si pertenecen a todos los animales, en cambio van a diferenciar al hombre del animal posteriormente: el amor de sí y la piedad: el primero es equivalente al instinto de conservación, y la piedad la tienen y la ejercen los demás animales con sus semejantes. Sade aprovechará ambos supuestos rousseaunianos en *La filosofía en el tocador,* aunque a contrario[8], y otro utopista como Fourier, hará de esas características un eje claro de su «nuevo mundo amoroso».

En ese primer estadio, ese animal hombre, sin moral, sin necesidades de ningún tipo (ni siquiera médicas: Rousseau aprovecha para satirizar a la medicina), es, al margen de la bondad y de la maldad, *a-moral* porque éste es un concepto social, sin odios, porque no hay razón que engendre el amor propio (derivado del amor de sí), fuente de las desigualdades;

7. Página 221. Y nota sobre el asentimiento que Lévi-Strauss presta a este punto de partida.
8. La piedad y el amor de sí mismo figura obsesivamente en Rousseau: *Emilio,* IV; *Ensoñaciones; Origen de las lenguas.* Sade aprovechará las tesis rousseaunianas en distinto sentido: «Hemos experimentado alguna vez un solo impulso de la naturaleza que nos aconseje preferir los demás a nosotros, y no debe cada uno mirar para sí mismo en el mundo» *(La filosofía en el tocador,* pág. 107, Madrid, 1980). Ésta es la conclusión a su tesis sobre los placeres de la crueldad (pág. 105 y *passim).* Sin embar-

sin guerras porque no lo son las escasas disputas que el alimento puede, ocasionalmente, suscitar entre ellos.

Pero, ¿cómo se produce el paso del hombre natural al hombre social? Aquí la explicación de Rousseau resulta vaga e insuficiente: se escapa en una frase que habla de circunstancias fortuitas, diferentes azares que habrían dado lugar al motivo del cambio. Lecercle observa que Rousseau deja el mismo vacío en su explicación del origen de las lenguas. En efecto, si para aprender a pensar se necesita un lenguaje que no puede producirse sin un pensar previo, ni sin una necesidad perentoria de ese lenguaje –que el hombre natural no tenía en un momento en que el sistema de relación era exclusiva e inexorablemente instintivo–, ¿cómo nacieron las lenguas? El salto de Rousseau no deja de tener elegancia, pero no cubre el vacío, un vacío que hay que relacionar sin duda con el enfoque de Rousseau, con ese natural ideal, a-histórico de que parte: «Asustado por las dificultades que se multiplican, y convencido de la imposibilidad casi demostrada de que las lenguas hayan podido nacer y establecerse por medios puramente humanos, dejo a quien quiera emprenderla la discusión de ese difícil problema».

Durante ese salto en el vacío se produjeron los primeros contactos entre los humanos en una evolución que les depararía el más feliz de los estadios históricos, la «verdadera juventud del mundo», una edad de oro que ve el nacimiento de un hecho clave: el amor, tanto conyugal como paternal, y de otros «sentimientos» de los que no se sabe muy bien si son compañeros o secuelas del anterior: odio, envidia, orgullo, vanidad,

go, la piedad no es aceptable para el pensamiento sadiano, toda vez que del sufrimiento de los demás puede el agente extraer placer para sí mismo: «¿Qué importan... dolores ocasionales en el prójimo? ¿Los sentimos nosotros? No, al contrario; acabamos de demostrar que producirlos nos depara una sensación deliciosa. ¿Por qué motivo habríamos de tener consideración con un individuo que no nos afecta para nada? ¿Con qué motivos evitaríamos nosotros un dolor que nunca nos arrancará una lágrima, cuando es seguro que de ese dolor va a nacer un gran placer para nosotros?»

amor propio: pero todavía en esta primera fase siguen viviendo libres, iguales. El paso siguiente será ya «social», y por tanto catastrófico, apocalíptico para el ser. En esa primavera aparece el trabajo individual, que cubre las pequeñas necesidades individuales –todo lo más de esa familia nuclear en que nacen los amores conyugal y paterno–, pero que en su evolución va a derivar en producción especializada, en propiedad, en desigualdad. En términos modernos, Rousseau afirma lo que luego sería el punto de partida del marxismo: la desigualdad nace del desarrollo de las fuerzas productivas y de unas nuevas relaciones de producción, en las que lo superfluo va a generar la propiedad y todos sus derivados: en primer lugar, la guerra; en segundo lugar, para poner fin a la guerra, la creación de una «legalidad» que regule la nueva situación confirmando a unos en sus propiedades a cambio de la paz. Mientras para Locke la propiedad privada es un derecho natural, para Rousseau: «El primero al que, tras haber cercado un terreno, se le ocurrió decir *esto es mío* y encontró personas lo bastante simples para creerle, fue el verdadero fundador de la sociedad civil. Cuántos crímenes, guerras, asesinatos, miserias y horrores no habría ahorrado al género humano quien, arrancando las estacas o rellenando la zanja, hubiera gritado a sus semejantes: "¡Guardaos de escuchar a este impostor!; ¡estáis perdidos si olvidáis que los frutos son de todos y que la tierra no es de nadie!".»

Es, por tanto, la propiedad la que funda un cuerpo legal, el Estado, que garantiza sus bienes, por ser ella la que tiene más que perder. Unas normas, un contrato que avale esa propiedad, que la defienda y la perpetúe aumentándola, haciendo crecer aún más esa desigualdad primera que instituye su aparición sobre la idílica edad de la igualdad anterior. El contrato propuesto por los que tienen a los que no tienen es, según Rousseau, una estafa precedida por la amenaza de guerra: la paz que ahora ofrecen los primeros tiene como contrapartida la legitimación de la usurpación anterior. Este primer contrato que fundó el primer Estado era inicuo, opresivo de unos hacia otros, lo cual Rousseau analiza para refutar las teorías de Pufendorf, de Hobbes, de Bossuet, sobre la formación de los estados y la institución monárquica que los preside. La conclusión lógica de este desarrollo conceptual hubiera sido, según Lecercle, que los pueblos tuvieran, como uno de sus derechos inalienables, el de insurrección: «Pero Rousseau se echó atrás, asustado ante las consecuencias».

El avance del primer discurso al segundo es considerable en todos los terrenos; esta obra maestra de la dialéctica del XVIII, como Engels la califica en el *Anti-Dühring*, se convierte para Lévi-Strauss en el umbral de la etnología, por abordar el paso de la naturaleza a la cultura en un tratado, «el primero de antropología general con que cuenta la literatura francesa». Por otro lado, ese discurso plantea para Starobinski dos conceptos claves: por un lado «la doctrina de la desigualdad civil; no exigirá la igualación y la nivelación de las dos condiciones, desea solamente que la desigualdad civil sea proporcional a la desigualdad natural de los talentos. Por otro (...) sitúa al lector ante dos imposibilidades simétricas: la condición del salvaje no puede ser ya reconquistada, y la del "civilizado" es inaceptable.»

Biógrafo constante de sí mismo, el propio Rousseau dejaría en las *Confesiones* testimonio de la gestación del *Contrato*, extracto de la gran obra (unas *Instituciones políticas* comenzadas pero nunca rematadas) que englobaría su pensamiento político. Cuando en 1756 se instala en L'Ermitage, tiene magníficos proyectos: «De las diversas obras que tenía en la cabeza, la que meditaba desde hacía mucho, de la que me ocupaba con mayor gusto, en la que quería trabajar toda mi vida, y que en mi opinión debía poner el sello de mi reputación era mis *Instituciones políticas*. Hacía trece o catorce años que había concebido la primera idea, cuando estaba en Venecia había tenido alguna ocasión de observar los defectos de ese gobierno tan alabado. Desde entonces, mis miras se habían ampliado mucho con el estudio histórico de la moral...» Pero hasta 1751 no se dedicará a ese trabajo en el que tampoco parece poner asiduidad. Los estudiosos rousseaunianos dan la fecha de 1756-58 para la primera edición del *Contrato*, que quedó en estado de borrador lleno de lagunas y que se conoce por el nombre de «manuscrito de Ginebra». Lo único seguro es que el borrador definitivo llega a manos de Marc-Michel Rey, su editor, en 1761, que lo editará en abril del año siguiente, dando lugar al exilio de Rousseau, que debe huir de Francia y de la República de Ginebra al ser condenado el *Contrato* (junto con el *Emilio)* en ambos países.

Aunque él mismo confesara que las audacias del *Contrato* estaban ya en el *Discurso sobre el origen de la desigualdad,* hay elementos ajenos a este último libro que forman la clave de la teoría política ahora expuesta: por ejemplo, la concepción de la voluntad general y la subordinación del poder ejecutivo -gobierno- al poder soberano -el pueblo-, que aparecen en una contribución rousseauniana a la *Enciclopedia* más tarde titulada *Discurso sobre la Economía política.* Hay además, diferencias cualitativas y estructurales: el *Discurso* es un análisis crítico que expone ideas propias precisamente fuera del terreno del contrato, que ahora va a constituir, en un desarrollo ya no moral, sino político, su núcleo. Político, pero de modo distinto a como lo hiciera Montesquieu en la otra obra clave del siglo, *L'Esprit des lois,* libro de ciencia política que analiza hechos. Rousseau va a escribir un libro de moral política, basando su estudio en la legitimidad de los hechos, no en éstos. Hay, por tanto, en el *Contrato,* bases que, además de convertir a Rousseau en el fundador del derecho político, permiten situarle, y así lo hizo el siglo XIX, entre los utopistas por su análisis de una sociedad legítima en oposición a una sociedad existente (como antes había opuesto el mítico hombre natural con el real hombre social). Cierto que rechazó bajar de las consideraciones generales a lo concreto para no ser acusado de libelista antigubernamental, y que sus conceptualizaciones permanecen por expreso deseo en el plano abstracto, puramente teórico: la búsqueda de lo absoluto queda señalada en las primeras líneas: «Quiero averiguar si en el orden civil puede haber alguna regla de administración legítima y segura, tomando a los hombres tal como son, y a las leyes tal como deben ser».

Los cuatro libros abordan ese absoluto de la investigación con diferencias admisibles dentro de la coherencia global: los dos últimos carecen del interés teórico de los dos primeros, porque analizan diversos tipos de gobierno (III) y el de Roma, tomado por modélico (IV). Pero los primeros plantean el meollo: las condiciones universales de la legitimidad, partiendo de la hipótesis del contrato, del pacto, única que puede explicar lo que hasta entonces era antinatural: la formación de las sociedades humanas con la consiguiente alteración (ya analizada en el *Discurso sobre el origen de la desigualdad*) del hombre y de sus modos de vida. La teoría del contrato, desarrollada a partir del XVII por los juristas de la escuela del derecho natural (por oposición al derecho divino) va a contar con una interpretación nueva: la de la voluntad general que genera el contrato: «Cada uno de nosotros pone en común su persona y todo su poder bajo la suprema dirección de la voluntad general; y nosotros recibimos corporativamente a cada miembro como parte indivisible del todo»[9].

Ese texto supone: 1.° la enajenación[10] total del individuo y la comunidad, y 2.° la ganancia de lo que se pierde, es decir: cada individuo recibe los derechos que los demás miembros de la comunidad enajenan a ésta.

De cualquier modo, en Rousseau el esquema es más complejo en última instancia: porque derivará primero hacia las formas de gobierno: monárquica, aristocrática y democrática (y no siempre coinciden los conceptos rousseaunianos con los actuales): en la *Lettre à D'Alembert,* definirá a la democracia como un Estado «en que los súbditos y el soberano no son más que los mismos hombres considerados bajo diferentes aspectos». Democracia, que califica con el epíteto de república, de funcionamiento complicado, porque Rousseau trata de salvar

9. Libro I, cap. VI, pág. 39.

10. Sobre el concepto de *aliénation* (= enajenación), y los *décalages* que Rousseau realiza en su texto ante las dificultades, véase Althusser, y la réplica que a su crítica hizo, con desigual fortuna en unos casos y otros, M. Launay (véase *Bibliografía).*

por encima de todo el concepto de libertad. ¿Libertad para el individuo que enajenó sin reservas todos sus derechos? Dejó entonces de ser individuo para convertirse en ciudadano, y la libertad de éste es entonces total porque, poniendo por encima de sus intereses particulares el interés general, ha hecho una corrección sobre su yo individual: corrección que le lleva -por medio de la educación que le da el legislador- a asumir plenamente la voluntad general como interés propio. Esta parte del contrato, la más difícil para sus paradojas, se basa en esa soberanía del pueblo -otro concepto prácticamente nuevo- completamente inalienable por un lado, y diferente al gobierno por otro; gobierno que será ilegítimo en el momento en que aquélla no se produzca. Cierto que en esa soberanía del pueblo hace Rousseau dos restricciones claves: del pueblo hay que separar al populacho, como el resto de la Ilustración, con Voltaire a la cabeza, había hecho: el populacho, la canalla, aquella parte de ciudadanos carente de propiedades. Y en segundo lugar las mujeres, porque para Rousseau el pueblo reunido sólo está formado, como en Roma, por hombres (y en este aspecto antifeminista, Rousseau va más lejos que los demás ilustrados).

Sobre la traducción

Trato de seguir con la mayor fidelidad el texto de Rousseau en sus giros y en su *cursus:* el retórico y complicado de los dos primeros *Discursos,* y el seco, de código civil casi, del *Contrato social.* Para el texto original me he guiado preferentemente por la edición *Œuvres complètes,* III: *Discours sur les sciences et les arts,* preparado por François Bouchardy; *Discours sur l'origine et les fondements de l'inégalité,* por Jean Starobinski, que sigue la primera edición de 1755. Yo incorporo al texto las adiciones que el propio Rousseau preparó para la edición de 1782, póstuma, y cuyos autógrafos se conservan. Anoto a pie de página, además, las diferencias entre ambas ediciones. En cuanto a *Du Contrat social,* el texto de Robert Derathé ofrece la edición *princeps* de 1762: como en el caso anterior incorporo las adiciones o correcciones de la edición de 1782 haciendo constar a pie de página todas las peculiaridades y diferencias entre ambas ediciones. Me pareció, sin embargo, que para una edición castellana de nada servía lo que era obligatorio en una francesa que se quisiera crítica, y he incorporado los añadidos y las correcciones a lo que podríamos llamar versión definitiva. Evidentemente soy deudor en cuanto al texto y a muchas de las notas, así como a la interpretación de pasajes, a todos esos estudiosos, y a varios de los libros citados en la bibliografía.

MAURO ARMIÑO

Del Contrato social
o Principios del derecho político

Por J.-J. Rousseau,
ciudadano de Ginebra

–foederis aequas
Dicamus leges

ÆNEID. XI*

* Virgilio: «... establezcamos un pacto con leyes justas». XI, verso 321.

Advertencia

Este pequeño tratado es extracto de una obra más extensa, emprendida en otro tiempo sin haber consultado mis fuerzas, y abandonada desde hace mucho. De los diversos trozos que podían sacarse de lo que estaba hecho, éste es el más considerable, y me ha parecido el menos indigno de ser ofrecido al público. El resto ya no existe más**.*

* En una carta a Moltou (18 de enero de 1762) precisa el autor este fragmento: «Debo deciros que hago imprimir en Holanda una obrita que tiene por título *Del Contrato social,* o *Principios del derecho político,* la cual es extracto de una obra mayor, intitulada *Instituciones políticas,* emprendida hace diez años y abandonada al dejar la pluma, empresa que, por otra parte, estaba ciertamente por encima de mis fuerzas.»

** Se ha discutido la existencia de ese «resto». El conde de Antraigues fue poseedor de un manuscrito de treinta y dos páginas, que el propio Rousseau le entregó con autorización para hacer de él «el uso que yo creyera útil»; tentado a publicarlo, fue convencido por un amigo de Rousseau a no hacerlo: «Este escrito que la prudencia de otro me ha librado de publicar, no lo será nunca. He visto de sobra, y demasiado de cerca, el peligro que de ello resultaría para mi patria». Y el manuscrito de treinta y dos páginas fue destruido por el conde de Antraigues. El último capítulo del *Contrato* esboza una especie de índice de materias que podrían ser las desarrolladas en este «resto».

Libro I

Quiero averiguar si en el orden civil puede haber alguna regla de administración legítima y segura, tomando a los hombres tal como son, y a las leyes tal como pueden ser: trataré de unir siempre en esta indagación lo que el derecho permite con lo que prescribe el interés, a fin de que la justicia y la utilidad no se hallen separadas.

Entro en materia sin probar la importancia de mi tema. Se me preguntará si soy príncipe o legislador para escribir sobre la Política. Respondo que no, y que por eso es por lo que escribo sobre la Política. Si fuera príncipe o legislador, no perdería mi tiempo en decir lo que hay que hacer; lo haría, o me callaría.

Nacido ciudadano de un Estado libre*, y miembro del soberano**, por débil influencia que pueda tener mi voz en los asuntos públicos, el derecho de votarlos basta para imponerme el deber de instruirme en ellos. ¡Dichoso, cuantas ve-

* La República de Ginebra.

** Aunque por «el soberano» se ha entendido el Consejo General de Ginebra, Rousseau está señalando al pueblo ginebrino de forma general, como lo prueba el fragmento del *Discurso sobre la desigualdad* (véase *infra*, págs. 205-206). Posteriormente, en las *Cartas escritas desde la*

ces medito sobre los Gobiernos, de encontrar siempre en mis indagaciones nuevas razones para amar al de mi país!

Capítulo I. Tema de este primer libro

El hombre ha nacido libre*, y por doquiera está encadenado. Hay quien se cree amo de los demás, cuando no deja de ser más esclavo que ellos. ¿Cómo se ha producido este cambio? Lo ignoro. ¿Qué es lo que puede hacerlo legítimo? Creo poder resolver esta cuestión.

Si no considerara más que la fuerza y el efecto que de ella deriva, yo diría: mientras un pueblo esté obligado a obedecer y obedezca, hace bien; tan pronto como pueda sacudir el yugo y lo sacuda, hace aún mejor; porque al recobrar su libertad por el mismo derecho que se la arrebató, o tiene razón al recuperarla, o no la tenían en quitársela. Mas el orden social es un derecho sagrado, que sirve de base a todos los demás. Sin embargo, tal derecho no viene de la naturaleza: está, pues, basado en las convenciones. Se trata de saber cuáles son esas convenciones. Antes de llegar a ello debo fijar lo que acabo de exponer.

montaña, Rousseau aludirá al Consejo General de Ginebra, por oposición al Pequeño Consejo, como «soberano de su propio jefe: él es la ley viva y fundamental que da vida y fuerza a todo lo demás, y que no conoce otros derechos que los suyos. El Consejo General no es una orden en el Estado, es el Estado mismo».

* Aunque la noción de libertad del hombre era afirmada por la mayoría de los teóricos del Derecho natural contemporáneo, Rousseau añade un concepto nuevo: el de que esa libertad natural es inalienable y que nadie, bajo ningún pretexto, puede despojar al hombre de ella; en el capítulo IV añadirá: «Renunciar a su libertad es renunciar a su cualidad de hombre». Esta fórmula rousseauniana será acogida en la *Declaración de los Derechos del Hombre y del Ciudadano* al producirse la Revolución francesa (1789) en el artículo I: «Los hombres nacen y permanecen libres e iguales en derechos».

Capítulo II. De las primeras sociedades

La más antigua de todas las sociedades y la única natural es la familia*. Con todo, los hijos sólo permanecen vinculados al padre el tiempo en que necesitan de él para conservarse. Tan pronto como esa necesidad cesa, el vínculo natural se disuelve. Exentos los hijos de la obediencia que debían al padre, exento el padre de los cuidados que debía a los hijos, todos vuelven a la independencia. Si continúan permaneciendo unidos, ya no es natural, sino voluntariamente, y la familia misma sólo se mantiene por convención.

Esta libertad común es una consecuencia de la naturaleza del hombre. Su primera ley es velar por su propia conservación, sus primeros cuidados son aquellos que se debe a sí mismo, y tan pronto como está en edad de razón, por ser él el único juez de los medios idóneos para conservarse, se convierte con ello en su propio amo.

Por tanto, la familia es, si se quiere, el primer modelo de las sociedades políticas; el jefe es la imagen del padre, el pueblo es la imagen de los hijos, y habiendo nacido todos iguales y libres, sólo enajenan su libertad por utilidad propia. Toda la diferencia estriba en que, en la familia, el amor del padre por sus hijos le resarce de los cuidados que les prodiga, y que, en el Estado, el placer de mandar suple ese amor que el jefe no tiene por sus pueblos.

Grocio niega que todo poder humano esté establecido en favor de aquellos que son gobernados: cita la esclavitud como ejemplo**. Su manera más constante de razonar es establecer siempre el derecho por el hecho[1]. Podría emplearse un método más consecuente, pero no más favorable a los tiranos.

* En este fragmento Rousseau se basa en el *Ensayo sobre el gobierno civil*, de Locke.

** Grocio, *De jure belli ac pacis*, I, cap. III, 8; pero más que una cita es un traslado textual de dos frases de Grocio.

Es, pues, dudoso, según Grocio, si el género humano pertenece a un centenar de hombres, o si ese centenar de hombres pertenece al género humano, y en todo su libro parece inclinarse por la primera opinión: ésa es también la impresión de Hobbes*. De este modo, he ahí a la especie humana dividida en rebaños de ganado, cada uno con su jefe que lo guarda para devorarlo.

De igual modo que un pastor es de una naturaleza superior a la de su rebaño, los pastores de hombres, que son sus jefes, son también de naturaleza superior a la de sus pueblos. Así razonaba, según la relación de Filón, el emperador Calígula** sacando fácilmente en consecuencia de esa analogía que los reyes eran dioses, o que los pueblos eran animales.

El razonamiento de ese Calígula equivale al de Hobbes y Grocio. Antes que todos ellos Aristóteles*** había dicho también que en modo alguno son naturalmente iguales los hombres, sino que unos nacen para la esclavitud y otros para la dominación.

Aristóteles tenía razón, pero tomaba el efecto por la causa. Todo hombre nacido en la esclavitud nace para la esclavitud, nada es más cierto. Los esclavos lo pierden todo en sus cadenas, hasta el deseo de salir de ellas; aman su servidumbre como los compañeros de Ulises amaban su embruteci-

* Ningún texto de Hobbes, según Robert Derathé, permite concluir «que haya pensado que la monarquía se ejerce para beneficio exclusivo del monarca. El sentir de Hobbes sería más bien que el gobierno monárquico es el mejor porque el interés del rey y de los súbditos coinciden». Esta tesis será combatida por Rousseau en el capítulo IV del libro III.

** Filón fue autor de una *De Legatione ad Caium*, traducida al francés en 1668 bajo el título de *Rélation faite par Philon de l'Ambassade dont il estoit le chef, envoyée par les Juifs d'Alexandrie vers l'Empereur Caïus Caligula*, inserta en el tomo II de la *Histoire des Juifs*, de Flavio Josefo (París, 1687).

*** Rousseau conocía el pasaje de Aristóteles por hallarse citado por Pufendorf en *De jure naturae et gentium*.

miento[2]. Por tanto, si hay esclavos por naturaleza, es porque hubo esclavos contra naturaleza. La fuerza hizo los primeros esclavos, su cobardía los ha perpetuado.

No he dicho nada del rey Adán, ni del emperador Noé, padre de tres grandes monarcas que se repartieron el universo, como hicieron los hijos de Saturno, a quienes se ha creído reconocer en aquéllos*. Espero que se me agradezca esta moderación; porque, si desciendo directamente de uno de esos príncipes, y quizá de la rama primogénita, ¿quién sabe si mediante la verificación de los títulos, no resultaría yo el legítimo rey del género humano? Sea como fuere, no se puede contradecir que Adán fue soberano del mundo, como Robinsón de su isla, mientras fue el único habitante; y lo que había de cómodo en este imperio era que el monarca, seguro en su trono, no tenía que temer ni rebeliones, ni guerras, ni conspiradores.

Capítulo III. Del derecho del más fuerte

El más fuerte nunca es bastante fuerte para ser siempre el amo si no transforma su fuerza en derecho y la obediencia en deber. De ahí el derecho del más fuerte; derecho tomado irónicamente en apariencia, y realmente establecido en principio. Pero ¿nos explicarán alguna vez esta palabra? La fuerza es un poder físico; no veo qué moralidad puede resultar de sus efectos. Ceder a la fuerza es un acto de necesidad, no de voluntad; es todo lo más un acto de prudencia. ¿En qué sentido podrá ser un deber?

Supongamos por un momento ese presunto derecho. Yo afirmo que de él no resulta más que un galimatías inexplica-

* Alude al libro de Robert Filmer, *Patriarcha, or the natural power of kings* (Londres, 1680), que Locke había refutado *(Tratado del Gobierno civil,* I).

ble. Porque tan pronto como sea la fuerza la que haga el derecho, el efecto cambia con la causa; toda fuerza que supere a la primera, sucede a su derecho. Desde el momento en que se puede desobedecer impunemente, se puede hacer legítimamente, y dado que el más fuerte tiene siempre razón, no se trata sino de obrar de suerte que uno sea el más fuerte. Ahora bien, ¿qué derecho es ése que perece cuando la fuerza cesa? Si hay que obedecer por fuerza, no hay necesidad de obedecer por deber, y si uno ya no está forzado a obedecer, ya no está obligado a ello. Se ve por tanto que esta palabra de *derecho* nada añade a la fuerza; aquí no significa nada en absoluto.

Obedeced a los poderes. Si esto quiere decir ceded a la fuerza, el precepto es bueno, pero superfluo: respondo de que nunca será violado. Todo poder viene de Dios*, lo confieso; pero también viene de él toda enfermedad. ¿Quiere esto decir que está prohibido llamar al médico? Que un bandido me sorprenda en un rincón de un bosque: no sólo hay que darle por fuerza la bolsa, sino que, aunque yo pudiera sustraérsela, estoy en conciencia obligado a dársela, porque en última instancia la pistola que tiene también es un poder.

Convengamos, pues, que fuerza no hace derecho, y que sólo se está obligado a obedecer a los poderes legítimos. Así, mi cuestión del principio vuelve una vez más.

Capítulo IV. De la esclavitud

Puesto que ningún hombre tiene una autoridad natural sobre su semejante, y puesto que la fuerza no produce ningún

* Rousseau acepta esta máxima de San Pablo, que sirvió de argumento a los partidarios de la obediencia pasiva, en particular a Bossuet (*Política sacada de las mismas palabras de la Escritura sagrada,* París, 1709), que dedica un capítulo a «la obediencia debida al príncipe». Rousseau parece replicarle en el último párrafo del capítulo IV del libro III.

derecho, quedan, pues, las convenciones como base de toda autoridad legítima entre los hombres.

Si un particular, dice Grocio, puede enajenar su libertad y hacerse esclavo de un amo, ¿por qué no podría enajenar la suya todo un pueblo y hacerse súbdito de un rey? Hay ahí muchas palabras equívocas que necesitarían explicación, pero limitémonos a la de *enajenar*. Enajenar es dar o vender. Ahora bien, un hombre que se hace esclavo de otro no se da, se vende, al menos por su subsistencia; pero un pueblo, ¿por qué se vende? Muy lejos de proveer un rey a la subsistencia de sus súbditos, sólo saca la suya de ellos, y, según Rabelais, un rey no vive con poco. Los súbditos ¿dan, pues, su persona a condición de que les cojan además sus bienes? No veo lo que les queda por conservar.

Se dirá que el déspota asegura a sus súbditos la tranquilidad civil. Sea; pero ¿qué ganan con ello si las guerras que su ambición les acarrea, si su insaciable avidez, si las vejaciones de su ministerio los desolan más de lo que harían sus propias disensiones? ¿Qué ganan con ello, si esa tranquilidad misma es una de sus miserias? También se vive tranquilo en los calabozos; ¿es bastante para encontrarse bien en ellos? Los griegos encerrados en el antro del Cíclope vivían allí tranquilos, a la espera de que les llegara el turno de ser devorados.

Decir que un hombre se da gratuitamente es decir algo absurdo e inconcebible: semejante acto es ilegítimo y nulo, por el solo hecho de que quien lo hace no está en su sano juicio. Decir lo mismo de todo un pueblo es suponer un pueblo de locos: la locura no hace derecho.

Aun cuando cada cual pudiera enajenarse a sí mismo, no puede enajenar a sus hijos; ellos nacen hombres y libres; su libertad les pertenece, nadie tiene derecho a disponer de ella más que ellos*. Antes de que lleguen a la edad de razón el

* El pasaje fue polémico; en 1766, Elie Luzac, en *Lettre d'un anonime à Monsieur J.-J. Rousseau* (París, 1766), señalaba que el término «aliéner»

padre puede, en su nombre, estipular las condiciones para su conservación, para su bienestar; pero no darlos irrevocable e incondicionalmente; porque semejante donación es contraria a los fines de la naturaleza y rebasa los derechos de la paternidad. Sería, por lo tanto, preciso, para que un gobierno arbitrario fuera legítimo, que en cada generación el pueblo fuera dueño de admitirlo o de rechazarlo; pero entonces ese gobierno ya no sería arbitrario.

Renunciar a su libertad es renunciar a su cualidad de hombre, a los derechos de la humanidad, incluso a sus deberes. No hay compensación posible para quien renuncia a todo. Semejante renuncia es incompatible con la naturaleza del hombre, y es privar de toda moralidad a sus acciones el privar a su voluntad de toda libertad. En fin, es una convención vana y contradictoria estipular por un lado una autoridad absoluta, y por otro una obediencia sin límites. ¿No es evidente que a nada está comprometido uno respecto a aquél de quien se tiene derecho a exigir todo, y que esta sola condición, sin equivalente, sin intercambio entraña la nulidad del acto? Porque, ¿qué derecho tendría mi esclavo contra mí si todo cuanto tiene me pertenece, y si, siendo su derecho el mío, ese derecho de mí contra mí mismo es una expresión sin sentido alguno?

Grocio y los demás* ven en la guerra un origen distinto del pretendido derecho de esclavitud. Teniendo, según ellos,

(= enajenar), no figuraba en ese pasaje de Grocio; sí se encuentra algo más lejos, proporcionando tema a Luzac, que se explaya así: «Enajenar es, decís vos, dar o vender. ¿De dónde tomáis, señor, esa definición tan incompleta, y que en modo alguno conviene aquí? Enajenar en la significación más general es *transferir un derecho; Brisson* y *Ferrières* os lo enseñarán si lo ignoráis: no es solamente *vendiéndolo* o *dándolo* como se transfiere un derecho, sino que se hace de diferentes maneras, como podéis además convenceros con los primeros elementos de derecho que os caigan en la mano.»

* No es Grocio, sino Hobbes, el que afirma en *De cive* (capítulo VIII): «... quien promete para salvar su vida servir al vencedor, es decir, todo

el vencedor el derecho de matar al vencido, éste puede comprar su vida a expensas de su libertad; convención tanto más legítima cuanto que redunda en provecho de ambos.

Pero es evidente que este pretendido derecho de matar a los vencidos no deriva en modo alguno del estado de guerra. Por la sola razón de que, viviendo los hombres en su primitiva independencia, no tienen entre sí relación lo suficientemente constante para constituir ni el estado de paz ni el estado de guerra, no son naturalmente enemigos. Es la relación de las cosas, y no de los hombres, lo que constituye la guerra, y al no poder nacer el estado de guerra de las simples relaciones personales, sino sólo de las relaciones reales*, la guerra privada o de hombre a hombre no puede existir ni en el estado de naturaleza en que no existe propiedad constante, ni en el estado social en que todo está bajo la autoridad de las leyes.

Los combates particulares, los duelos, los encuentros, son actos que no constituyen un estado; y respecto a las guerras privadas, autorizadas por las disposiciones de Luis IX, rey de Francia, y suspendidas por la paz de Dios**, son abusos del gobierno feudal, sistema absurdo si los

lo que el más fuerte le mande. ... De suerte que en virtud de este contrato el vencido debe al victorioso todos sus servicios y una obediencia absoluta, salvo en aquello que repugna a las leyes divinas.»

* «Relátions réelles»; traduzco por «reales» en acepción que no figura en el Diccionario de la Academia, pero que se emplea en jurisprudencia: «que se refiere a los bienes, por oposición a lo que se refiere a las personas». El castellano lo emplea así en algunas locuciones: derechos reales, por ejemplo; real deriva en este caso del bajo latín *realis*, de *res, rei*, cosa, igual que en su acepción de «efectivo», «verdadero», por oposición a «ideal». Quizá su versión *ad sensum* fuera «patrimoniales», es decir, relaciones entre los bienes inmuebles.

** *La paix de Dieu:* suspensión de hostilidades que la Iglesia imponía a los combatientes en ciertas épocas del año (la Cuaresma por ejemplo) y todas las semanas desde el miércoles por la noche hasta el lunes por la mañana. Esta ley religiosa se promulgó en 1041.

hubo, contrario a los principios del derecho natural y a toda buena *policía**.

La guerra no es, pues, una relación de hombre a hombre, sino una relación de Estado a Estado, en la que los particulares son enemigos sólo accidentalmente, y no como hombres, ni siquiera como ciudadanos**, sino como soldados; no como miembros de la patria, sino como sus defensores. Finalmente, cada Estado sólo puede tener por enemigos otros Estados y no hombres, dado que entre cosas de diversas naturalezas no se puede establecer ninguna relación verdadera.

Este principio está incluso conforme con las máximas establecidas en todas las épocas y con la práctica constante de

* Recuerdo la advertencia de Rousseau a Rey (23 de diciembre de 1761): «Prestad también atención que no vayan a poner *politique* en lugar de *politie* siempre que escribo esta última palabra.» *(Correspondance Générale,* t. VIII, pág. 2). Tal término apenas se emplea en francés. Rousseau lo deriva de la forma latina *politia* (del griego πολιτεια), administración del Estado, conducta política, organización política. Ese mismo sentido tenía en castellano la palabra *policía* en el XVIII y XIX. Su campo semántico, rebasado, se ha especializado en otros significados.

** La edición de 1782 incluye aquí un fragmento que figura en el Manuscrito Neuchâtel del *Contrato,* 7842, f.º 52: «Los romanos, que entendieron mejor y respetaron el derecho de la guerra más que cualquier nación del mundo, llevaban tan lejos el escrúpulo a este respecto que no le estaba permitido a un ciudadano servir como voluntario sin haberse alistado expresamente contra el enemigo y específicamente contra tal enemigo. Cuando se reformó una legión en que Catón hijo hacía sus primeras armas, Catón padre escribió a Popilio que si tenía a bien que su hijo continuase sirviendo bajo su mando era preciso hacerle prestar un nuevo juramento militar, porque, estando anulado el primero, ya no podía llevar armas contra el enemigo. Y el propio Catón escribió a su hijo que se guardara mucho de presentarse al combate hasta no haber prestado ese nuevo juramento. Sé que podrán objetarme el sitio de Clusium y otros hechos particulares, pero yo cito las leyes, las costumbres. Los romanos son quienes con menos frecuencia transgredieron sus leyes y los únicos que las tuvieron tan hermosas.» Por errata, la edición de 1782 suprime *mejor* en la primera línea del añadido.

todos los pueblos civilizados. Las declaraciones de guerra son advertencias menos para los poderes que para sus súbditos. El extranjero, sea rey, sea particular, sea pueblo, que roba, mata o detiene a los súbditos sin declarar la guerra al príncipe, no es un enemigo, es un bandido. Incluso en plena guerra, un príncipe justo se apodera correctamente en país enemigo de todo cuanto pertenece a lo público, pero respeta la persona y los bienes de los particulares: respeta derechos sobre los que están fundados los suyos. Por ser el objetivo de la guerra la destrucción del Estado enemigo, se tiene derecho a matar a los defensores mientras tienen las armas en la mano; pero tan pronto como las deponen y se rinden, al dejar de ser enemigos o instrumentos del enemigo, vuelven a ser simplemente hombres y ya no se tiene derecho sobre su vida. A veces se puede matar al Estado sin matar a uno solo de sus miembros: ahora bien, la guerra no da ningún derecho que no sea necesario a su fin. Estos principios no son los de Grocio; no están fundados en autoridades de poetas*, sino que derivan de la naturaleza de las cosas, y están fundados en la razón.

Respecto al derecho de conquista, no tiene otro fundamento que la ley del más fuerte. Si la guerra no da al vencedor el derecho de exterminar a los pueblos vencidos, este derecho que no tiene no puede fundar el de esclavizarlos. Sólo se tiene derecho de matar al enemigo cuando no se puede hacerle esclavo; el derecho de hacerle esclavo no viene, por tanto, del derecho de matarle: es, pues, un cambio inicuo el hacerle comprar al precio de su libertad su vida, sobre la que

* Rousseau hace la misma observación en el *Emilio*, diciendo que «Hobbes se apoya en los sofismas y Grocio en los poetas». Pero Grocio tiene buen cuidado de indicar que sólo cita a los poetas a modo de ilustración de sus ideas, no como autoridades: «Las sentencias de los poetas y de los oradores no tienen tanta autoridad como el juicio de los historiadores. Y si alegamos muchas es, frecuentemente, para adornar e ilustrar nuestros pensamientos, más que para apoyarlos.»

no se tiene ningún derecho. Al establecer el derecho de vida y de muerte sobre el derecho de esclavitud, y el derecho de esclavitud sobre el derecho de vida y de muerte, ¿no es evidente que se cae en el círculo vicioso?

Suponiendo incluso ese terrible derecho de matar absolutamente, afirmo que un esclavo hecho en la guerra o un pueblo conquistado no está obligado para con su señor, salvo a obedecerle mientras se vea forzado a ello. Tomando de él el equivalente de su vida, el vencedor no le ha hecho gracia de ella: en lugar de matarle sin fruto, lo ha matado con utilidad. Lejos, pues, de haber adquirido sobre él alguna autoridad vinculada a la fuerza, el estado de guerra subsiste entre ellos como antes, su relación misma es efecto de él, y el uso del derecho de guerra no supone ningún tratado de paz. Han hecho un convenio: sea; pero ese convenio, lejos de destruir el estado de guerra, supone su continuidad.

Así, desde cualquier punto de vista que se consideren las cosas, el derecho de esclavitud es nulo, no sólo porque es ilegítimo, sino porque es absurdo y no significa nada. Estas palabras, *esclavitud* y *derecho*, son contradictorias: se excluyen mutuamente. Sea de hombre a hombre, sea de un hombre a un pueblo, este razonamiento será siempre insensato. *Yo hago contigo un convenio, enteramente en perjuicio tuyo y enteramente en beneficio mío, que yo observaré mientras me plazca, y que tú observarás mientras me plazca.*

Capítulo V. Que siempre hay que remontarse a una primera convención

Aun cuando concediera todo cuanto hasta aquí he refutado, los factores del despotismo no habrían adelantado más con ello. Siempre habrá una gran diferencia entre someter a una multitud y regir una sociedad. Que hombres dispersos sean sometidos sucesivamente a uno solo, sea cual sea su número; ahí no veo más que un amo y unos esclavos, ahí no veo un pueblo y su jefe; es, si se quiere, una agregación, pero no una asociación; ahí no hay ni bien público ni cuerpo político. Aunque hubiera sometido a medio mundo, ese hombre no deja de ser más que un particular; su interés, separado del de los demás, no es otra cosa que un interés privado. Si ese mismo hombre llega a perecer, su imperio queda tras él disperso y sin conexión, como roble que consumido por el fuego se deshace en cenizas.

Un pueblo, dice Grocio, puede darse a un rey. Según Grocio un pueblo es, por lo tanto, un pueblo antes de darse a un rey. Esta donación misma es un acto civil, supone una deliberación pública. Antes, pues, de examinar el acto por el que un pueblo elige un rey, sería conveniente examinar el acto por el que un pueblo es un pueblo. Porque siendo necesariamente anterior este acto al otro, es el verdadero fundamento de la sociedad*.

En efecto, si no hubiera convención anterior, ¿dónde estaría, a menos que la elección fuera unánime, la obligación para los menos de someterse a la elección de los más, y de dónde ciento que quieren un amo tienen el derecho a votar por diez que no lo quieren? La ley de la pluralidad de los sufragios es en sí misma una institución de convención, y supone la unanimidad por lo menos una vez.

Capítulo VI. Del pacto social

Supongo a los hombres llegados a ese punto en que los obstáculos que se oponen a su conservación en el estado de naturaleza superan con su resistencia a las fuerzas que cada in-

* Alusión a la teoría del doble contrato que expone Pufendorf con términos distintos: pacto de asociación y pacto de sumisión. Rousseau rehúye conscientemente la palabra pacto, porque en su pensamiento sólo

dividuo puede emplear para mantenerse en ese estado. Entonces dicho estado primitivo no puede ya subsistir, y el género humano perecería si no cambiara su manera de ser.

Ahora bien, como los hombres no pueden engendrar fuerzas nuevas, sino sólo unir y dirigir aquellas que existen, no han tenido para conservarse otro medio que formar por agregación una suma de fuerzas que pueda superar la resistencia, ponerlas en juego mediante un solo móvil y hacerlas obrar a coro.

Esta suma de fuerzas no puede nacer más que del concurso de muchos; pero siendo la fuerza y la libertad de cada hombre los primeros instrumentos de su conservación, ¿cómo las comprometerá sin perjudicarse y sin descuidar los cuidados que a sí mismo se debe? Esta dificultad aplicada a mi tema, puede enunciarse en los siguientes términos:

«Encontrar una forma de asociación que defienda y proteja de toda la fuerza común la persona y los bienes de cada asociado, y por la cual, uniéndose cada uno a todos, no obedezca, sin embargo, más que a sí mismo y quede tan libre como antes.» Tal es el problema fundamental al que da solución el contrato social*.

Las cláusulas de este contrato están tan determinadas por la naturaleza del acto que la menor modificación las volvería vanas y de efecto nulo; de suerte que, aunque quizás nunca hayan sido enunciadas formalmente, son por doquiera las mismas, por doquiera están admitidas tácitamente y reconocidas; hasta que, violado el pacto social, cada cual vuelve entonces a sus primeros derechos y recupera su libertad na-

el primero de los dos puede denominarse pacto contractual: en el libro III, capítulo XVI, lo afirmará: «No hay más que un contrato en el Estado, es el de la asociación; y éste solo excluye cualquier otro.»

* Hay que entender por «contrato social» el acto de asociación y no el libro de Rousseau. En la primera versión del *Contrato social,* denominada Manuscrito de Ginebra, escribe (libro I, cap. III): «Tal es el problema fundamental cuya solución da la institución del Estado.»

tural, perdiendo la libertad convencional por la que renunció a aquélla.

Estas cláusulas, bien entendidas, se reducen todas a una sola: a saber, la enajenación total de cada asociado con todos sus derechos a toda la comunidad. Porque, en primer lugar, al darse cada uno todo entero, la condición es igual para todos, y siendo la condición igual para todos, nadie tiene interés en hacerla onerosa para los demás.

Además, por efectuarse la enajenación sin reserva, la unión es tan perfecta como puede serlo y ningún asociado tiene ya nada que reclamar: porque si quedasen algunos derechos a los particulares, como no habría ningún superior común que pudiera fallar entre ellos y lo público, siendo cada cual su propio juez en algún punto, pronto pretendería serlo en todos, el estado de naturaleza subsistiría y la asociación se volvería necesariamente tiránica o vana.

En suma, como dándose cada cual a todos no se da a nadie y como no hay ningún asociado sobre el que no se adquiera el mismo derecho que uno le otorga sobre uno mismo, se gana el equivalente de todo lo que se pierde y más fuerza para conservar lo que se tiene.

Por lo tanto, si se aparta del pacto social lo que no pertenece a su esencia, encontraremos que se reduce a los términos siguientes: *Cada uno de nosotros pone en común su persona y todo su poder bajo la suprema dirección de la voluntad general; y nosotros recibimos corporativamente a cada miembro como parte indivisible del todo.*

En el mismo instante, en lugar de la persona particular de cada contratante, este acto de asociación produce un cuerpo moral y colectivo compuesto de tantos miembros como votos tiene la asamblea, el cual recibe de este mismo acto su unidad, su *yo* común, su vida y su voluntad. Esta persona pública que se forma de este modo por la unión de todas las demás tomaba en otro tiempo el nombre de *Ciudad*[3], y toma ahora el de *República* o de *cuerpo político,* al cual sus miembros llaman *Estado* cuando es pasivo, *Soberano* cuando es activo, *Poder* al compararlo con otros semejantes. Respecto a los asociados, toman colectivamente el nombre de *Pueblo*, y en particular se llaman *Ciudadanos* como partícipes en la autoridad soberana, y *Súbditos* en cuanto sometidos a las leyes del Estado. Pero estos términos se confunden con frecuencia y se toman unos por otros; basta con saber distinguirlos cuando se emplean en su total precisión.

Capítulo VII. Del soberano

Por esta fórmula se ve que el acto de asociación entraña un compromiso recíproco de lo público con los particulares, y que cada individuo, contratante por así decirlo consigo mismo, se halla comprometido en un doble aspecto; a saber, como miembro del Soberano respecto a los particulares, y como miembro del Estado respecto al Soberano*. Pero aquí no se puede aplicar la máxima del derecho civil según la cual nadie está obligado a cumplir los compromisos contraídos consigo mismo; porque hay mucha diferencia entre obligarse para consigo o con un todo del que se forma parte.

Hay que señalar también que la deliberación pública, que puede obligar a todos los súbditos respecto al soberano, a causa de los dos diferentes aspectos bajo los que cada uno está considerado, no puede, por la razón contraria, obligar al Soberano para consigo mismo, y que, por consiguiente, va contra la naturaleza del cuerpo político que el soberano se imponga una ley que no pueda infringir. Al no poder considerarse sino bajo un solo y mismo aspecto, se halla entonces en el caso de un particular que contrata consigo mismo: de

* «En una democracia, en que los súbditos y el soberano no son más que los mismos hombres considerados bajo diferentes aspectos.» *(Lettre à D'Alembert.)* Para Rousseau el soberano es un «cuerpo», o un «todo» que sólo tiene existencia activa cuando el pueblo está reunido.

donde se ve que no hay ni puede haber ninguna especie de ley fundamental obligatoria para el cuerpo del pueblo, ni siquiera el contrato social*. Lo cual no significa que este cuerpo no pueda comprometerse perfectamente respecto a otro en cuanto no se oponga a dicho contrato; porque respecto al extranjero se vuelve un ser simple, un individuo.

Pero al no extraer su ser sino de la santidad del contrato, el cuerpo político o el soberano no puede obligarse nunca, ni siquiera respecto a otro, a nada que derogue este acto primitivo, como enajenar alguna porción de sí mismo o someterse a otro soberano. Violar el acto porque el que existe sería aniquilarse, y lo que no es nada no produce nada.

Tan pronto como esta multitud se encuentra así reunida en un cuerpo, no se puede ofender a uno de los miembros sin atacar al cuerpo; aún menos ofender al cuerpo sin que los miembros se resientan de ello. Así el deber y el interés obligan igualmente a las dos partes contratantes a ayudarse mutuamente, y los mismos hombres deben procurar reunir bajo este doble aspecto todas las ventajas que de él dependen.

Ahora bien, al no estar formado el soberano más que por los particulares que lo componen, no tiene ni puede tener interés contrario al suyo; por consiguiente, el poder soberano no tiene ninguna necesidad de garantía respecto a los súbditos, porque es imposible que el cuerpo quiera perjudicar a todos sus miembros, y luego veremos que no puede perjudicar a ninguno en particular. El soberano, por el solo hecho de serlo, es siempre todo lo que debe ser.

* En el libro II, cap. XII insistirá aclarando más aún: «En cualquier situación, un pueblo es siempre dueño de cambiar sus leyes, incluso las mejores.» En otros párrafos repite esta idea que se convirtió en uno de los puntos cruciales de la acusación contra el *Contrato social,* libro «destructor de todos los gobiernos»; el Fiscal General Jean-Robert Tronchin, en sus Conclusiones, denunciaba este desvío fundamental de la doctrina de Rousseau: «Las leyes constitutivas de todos los gobiernos le parecen siempre revocables.»

Pero no ocurre lo mismo con los súbditos para con el soberano, el cual, pese al interés común, nada respondería de los compromisos de aquéllos si no encontrara medios de asegurarse su fidelidad.

En efecto, cada individuo puede, como hombre, tener una voluntad particular contraria o diferente de la voluntad general que tiene como ciudadano. Su interés particular puede hablarle de forma muy distinta que el interés común; su existencia absoluta y naturalmente independiente puede hacerle considerar lo que debe a la causa común como una contribución gratuita, cuya pérdida sería menos perjudicial a los demás que oneroso es para él su pago, y, mirando a la persona moral que constituye el Estado como un ser de razón, puesto que no es un hombre, gozaría de los derechos del ciudadano sin querer cumplir los deberes del súbdito; injusticia cuyo progreso causaría la ruina del cuerpo político.

A fin, pues, de que el pacto social no sea un vano formulario, implica tácitamente el compromiso, el único que puede dar fuerza a los demás, de que quien rehúse obedecer a la voluntad general será obligado a ello por todo el cuerpo: lo cual no significa sino que se le forzará a ser libre; porque ésa es la condición que, dando cada ciudadano a la patria, le garantiza de toda dependencia personal*; condición que constituye el artificio y el juego de la máquina política, y la única que hace legítimos los compromisos civiles, que sin

* Un pasaje del *Emilio* (II) resulta esencial para la comprensión de este fragmento: «Hay dos clases de dependencias: la de las cosas, que procede de la naturaleza; la de los hombres, que procede de la sociedad. Al no tener la dependencia de las cosas ninguna moralidad, no perjudica a la libertad y no engendra vicios; la dependencia de los hombres, siendo desordenada, los engendra todos, y por ellas es por lo que el amo y el esclavo se depravan mutuamente. Si hay algún medio de remediar este mal en la sociedad, es sustituyendo la ley del hombre, y armando las voluntades generales de una fuerza real, superior a la acción de toda voluntad particular. Si las leyes de las naciones pueden tener, como las de la naturaleza, una inflexibilidad que jamás fuerza humana alguna pue-

eso serían absurdos y tiránicos y estarían sometidos a los abusos más enormes.

Capítulo VIII. Del estado civil

Este paso del estado de naturaleza al estado civil produce en el hombre un cambio muy notable, substituyendo en su conducta el instinto por la justicia, y dando a sus acciones la moralidad que les faltaba antes*. Sólo entonces, cuando la voz del deber sucede al impulso físico y el derecho al apetito, el hombre que hasta entonces no había mirado más que a sí mismo, se ve forzado a obrar por otros principios, y a consultar su razón antes de escuchar sus inclinaciones. Aunque en ese estado se prive de muchas ventajas que tiene de la naturaleza, gana otras tan grandes, sus facultades se ejercitan al desarrollarse, sus ideas se amplían, sus sentimientos se ennoblecen, su alma toda entera se eleva a tal punto, que si los abusos de esta nueva condición no le degradaran con frecuencia por debajo de aquella de la que ha salido, debería bendecir continuamente el instante dichoso que le arrancó de ella para siempre y que hizo de un animal estúpido y limitado un ser inteligente y un hombre.

da vencer, la dependencia de los hombres se volvería entonces la de las cosas; se reunirían en la república todas las ventajas del estado natural a las del estado civil; se uniría a la libertad, que mantiene al hombre exento de vicios, la moralidad que lo eleva a la virtud.» Cfr. también el capítulo XII del libro II del *Contrato.*

* El tema de este fragmento aparecerá en otras obras de Rousseau: *Emilio, Discurso sobre la desigualdad* y en los fragmentos políticos: «Sea que una inclinación natural haya llevado a los hombres a unirse en sociedad, sea que hayan sido forzados a ello por sus necesidades mutuas, lo cierto es que de este comercio han nacido sus virtudes y sus vicios, y en cierto modo todo su ser moral. Allí donde no hay sociedad no puede haber ni justicia, ni clemencia, ni generosidad, ni modestia, ni sobre todo el mérito de todas estas virtudes...» (O. C. III, págs. 504-505).

Reduzcamos todo este balance a términos fáciles de comparar. Lo que pierde el hombre por el contrato social es su libertad natural y un derecho ilimitado a todo cuanto le tienta y que puede alcanzar; lo que gana es la libertad civil y la propiedad de todo cuanto posee. Para no engañarnos en estas compensaciones, hay que distinguir bien la libertad natural que no tiene por límites más que las fuerzas del individuo, de la libertad civil, que está limitada por la voluntad general, y la posesión, que no es más que el efecto de la fuerza o el derecho del primer ocupante, de la propiedad que no puede fundarse sino sobre un título positivo.

Según lo precedente, podría añadirse a la adquisición del estado civil la libertad moral, la única que hace al hombre auténticamente dueño de sí; porque el impulso del simple apetito es esclavitud, y la obediencia a la ley que uno se ha prescrito es libertad. Pero ya he hablado demasiado sobre este artículo, y el sentido filosófico de la palabra *libertad* no es ahora mi tema.

*Capítulo IX. Del dominio real**

Cada miembro de la comunidad se da a ella, en el momento en que ésta se forma, tal como se encuentra en ese momento, él y todas sus fuerzas, de las que forman parte los bienes que posee. No es que por este acto la posesión cambie de na-

* *Dominio,* según Rousseau había leído en Pufendorf, es sinónimo de propiedad: *Propietas sive dominium.* En cuanto a *real,* me remito a la nota (*) que sobre este adjetivo, empleado jurídicamente, puse en la página 33. De cualquier modo, los críticos señalan que el grupo «dominio real» para designar la propiedad de las cosas o de los bienes era poco usual en la época; el propio Rousseau emplea expresiones como *domaine éminent* (= dominio eminente, también empleado por la jurisprudencia castellana) o *domaine particulier* (= dominio particular) en el *Emilio:* «Tras haber hecho la comparación de la libertad natural con la

turaleza al cambiar de manos, y se convierta en propiedad en las del soberano; pero como las fuerzas de la ciudad son incomparablemente mayores que las de un particular, la posesión pública es también de hecho más fuerte y más irrevocable, sin ser más legítima, al menos para los extranjeros. Porque el Estado es, respecto a sus miembros, amo de todos sus bienes por el contrato social, que en el Estado sirve de base a todos los derechos; pero no lo es respecto a otras potencias, sino por el derecho de primer ocupante, que recibe de los particulares.

El derecho de primer ocupante, aunque más real que el del más fuerte, no se convierte en derecho verdadero sino después del establecimiento del de la propiedad. Todo hombre tiene naturalmente derecho a todo cuanto le es necesario; pero el acto positivo que le vuelve propietario de algún bien le excluye de todo lo demás. Determinada su parte, debe limitarse a ella, y no tiene ningún derecho más a la comunidad. He ahí por qué el derecho de primer ocupante, tan débil en el estado de naturaleza, es respetable para todo hombre civil. En este derecho se respeta no tanto lo que es de otro como lo que no es de uno.

libertad civil por lo que a las personas se refiere, haremos por lo que se refiere a los bienes la del derecho de propiedad con el derecho de soberanía, del dominio particular con el dominio eminente» y Derathé amplía la cita del fragmento para precisar el pensamiento de Rousseau: «Si es sobre el derecho de propiedad sobre lo que está fundada la autoridad soberana, este derecho es el que más debe respetar ella. Es inviolable y sagrado para ella mientras sea un derecho particular e individual; desde el momento en que está considerado como común a todos los ciudadanos, está sometido a la voluntad general y esta voluntad general puede reducirlo a nada. Así, el soberano no tiene derecho alguno a tocar el bien de un particular ni de varios. Pero puede legítimamente apoderarse del bien de todos, como se hizo en Esparta en tiempos de Licurgo; mientras que la abolición de las deudas por Solón fue un acto ilegítimo» (*Emilio,* V). Para Pufendorf y Grocio, el soberano puede hacer uso del dominio eminente sobre las propiedades de sus súbditos, aunque luego deba compensarlos.

En general, para autorizar, en un terreno cualquiera, el derecho de primer ocupante, son menester las condiciones siguientes: primera, que ese terreno no esté habitado aún por nadie; segunda, que sólo se ocupe de él la cantidad que se necesita para subsistir; en tercer lugar, que se tome posesión de él no mediante una vana ceremonia, sino por el trabajo y el cultivo, único signo de propiedad que a falta de títulos jurídicos debe ser respetado por los demás.

En efecto, otorgar a la necesidad y al trabajo el derecho de primer ocupante, ¿no es llevarlo lo más lejos posible? ¿Se puede no poner límites a este derecho? ¿Bastará poner el pie sobre un terreno común para pretender con ello al punto ser el dueño? ¿Bastará con tener la fuerza de apartar por un momento a los demás hombres para privarles para siempre del derecho de volver? ¿Cómo un hombre o un pueblo puede apoderarse de un territorio inmenso y privar de él a todo el género humano sino mediante una usurpación punible, puesto que priva al resto de los hombres del lugar y de los alimentos que la naturaleza les da en común? Cuando Núñez de Balbo* desde la orilla tomaba posesión del mar del sur y de toda la América meridional en nombre de la corona de Castilla, ¿era suficiente para desposeer de él a todos los habitantes y para excluir a todos los príncipes del mundo? A igual tenor se multiplicaban bastante en vano esas ceremonias, y el rey católico no tenía más que tomar posesión de

* Núñez de Balboa. En un interesante pasaje, que puede leerse como comentario a las doctrinas expuestas en este capítulo, en el libro II del *Emilio*, éste toma posesión de la tierra plantando en ella un haba; su preceptor quiere, convirtiéndolo momentáneamente en jardinero, enseñarle la idea de propiedad «que remonta naturalmente al derecho de primer ocupante por el trabajo». En este mismo episodio del jardinero, Rousseau vuelve a acordarse de Núñez de Balboa con motivo de la plantación del haba: «y probablemente esta posesión es más sagrada y más respetable que aquella que Núñez de Balboa tomaba de la América meridional en nombre del rey de España, al plantar su estandarte en las costas del mar del Sur».

una vez de todo el universo desde su gabinete, a reserva de separar luego de su imperio lo que antes había sido poseído por los demás príncipes.

Ya vemos cómo las tierras de los particulares reunidas y continuas se convierten en territorio público, y cómo, extendiéndose de los súbditos al terreno que ocupan, se convierte el derecho a la vez en real y personal; lo cual pone a los poseedores en una dependencia mayor, y hace de sus fuerzas mismas las garantías de su fidelidad. Ventaja que no parece haber sido bien notada por los antiguos monarcas que, titulándose sólo reyes de los persas, de los escitas, de los macedonios, parecen considerarse más jefes de los hombres que dueños del país. Éstos se titulan hoy, más hábilmente, reyes de Francia, de España, de Inglaterra, etc. Al dominar así el terreno, están completamente seguros de dominar a los habitantes.

Lo que de singular hay en esta enajenación es que, lejos de despojar de sus bienes a los particulares al aceptarlos, no hace más que asegurarles su legítima posesión, cambiar la usurpación en un derecho verdadero, y el usufructo en propiedad. Considerados entonces los poseedores como depositarios del bien público, respetados sus derechos por todos los miembros del Estado y sostenidos con todas sus fuerzas contra el extranjero, debido a una cesión ventajosa para lo público y más aún para ellos mismos, han adquirido por así decir todo lo que han dado. Paradoja que fácilmente se explica por la distinción de los derechos que el soberano y el propietario tienen sobre el mismo fondo*, como luego se verá.

Puede ocurrir también que los hombres comiencen a unirse antes de poseer nada y que, apoderándose luego de un terreno suficiente para todos, lo disfruten en común, o lo repartan entre ellos, bien en partes iguales, bien según pro-

* Fondo *(fond)*: caudal o conjunto de bienes que posee una comunidad.

porciones establecidas por el soberano. Sea cual fuere la forma en que se haga esta adquisición, el derecho que cada particular tiene a su propio fondo está siempre subordinado al derecho que la comunidad tiene sobre todos, sin lo cual no habría en ella ni solidez en el vínculo social, ni fuerza real en el ejercicio de la soberanía.

Terminaré este capítulo y este libro con una observación que debe servir de base a todo el sistema social; y es que en lugar de destruir la igualdad natural, el pacto fundamental substituye, por el contrario, por una igualdad moral y legítima lo que la naturaleza pudo poner de desigualdad física entre los hombres y que, pudiendo ser desiguales en fuerza o en genio, se vuelven todos iguales por convención y de derecho[4].

Libro II

Capítulo I. Que la soberanía es inalienable

La primera y más importante consecuencia de los principios anteriormente establecidos es que sólo la voluntad general puede dirigir las fuerzas del Estado según el fin de su institución, que es el bien común: porque si la oposición entre los intereses particulares ha hecho necesario el establecimiento de las sociedades, es el acuerdo entre esos mismos intereses lo que lo ha hecho posible. Lo que hay de común en esos intereses diferentes es lo que forma el vínculo social, y si no hubiera algún punto en el que todos los intereses concordaran, ninguna sociedad podría existir. Ahora bien, es únicamente en razón de este interés común como debe ser gobernada la sociedad.

Digo, pues, que no siendo la soberanía más que el ejercicio de la voluntad general, jamás puede enajenarse, y que el soberano, que no es más que un ser colectivo, no puede ser representado más que por sí mismo; el poder puede muy bien transmitirse, pero no la voluntad.

En efecto, si no es imposible que una voluntad particular concuerde en algún punto con la voluntad general, es imposible, al menos, el que ese acuerdo sea duradero y constante; porque la voluntad particular tiende por naturaleza a las preferencias, y la voluntad general a la igualdad. Más imposible es todavía que haya una garantía de este acuerdo, aun cuando debería existir siempre; no sería un efecto del arte sino del azar. El soberano puede muy bien decir: en este momento quiero lo que quiere tal hombre o al menos lo que él dice que quiere; pero no puede decir: también querré lo que ese hombre quiera mañana; puesto que es absurdo que la voluntad se encadene para el porvenir, y puesto que no depende de ninguna voluntad el consentir en nada contrario al bien del ser que quiere. Por tanto, si el pueblo promete simplemente obedecer, se disuelve mediante este acto, pierde su cualidad de pueblo; en el instante en que hay un amo ya no hay soberano, y desde entonces el cuerpo político queda destruido.

No quiere esto decir que las órdenes de los jefes no puedan pasar por voluntades generales, mientras el soberano libre de oponerse a aquéllas no lo haga. En semejante caso, del silencio universal puede presumirse el consentimiento del pueblo. Explicaremos esto con todo detalle.

Capítulo II. Que la soberanía es indivisible

Por la misma razón que la soberanía es inalienable, es indivisible. Porque la voluntad es general[5], o no lo es; es la del cuerpo del pueblo o solamente de una parte. En el primer caso esta voluntad declarada es un acto de soberanía y hace ley; en el segundo, no es más que una voluntad particular, o un acto de magistratura; todo lo más, es un decreto.

Pero nuestros políticos, al no poder dividir la soberanía en su principio, la dividen en su objeto; la dividen en fuerza y en voluntad, en poder legislativo y en poder ejecutivo, en derechos de impuestos, de justicia y de guerra, en administración interior y en poder de tratar con el extranjero: tan pronto confunden todas estas partes como las separan; hacen del soberano un ser fantástico y formado de piezas añadidas; es como si compusieran el hombre de varios cuerpos, de uno de los cuales tendría los ojos, de otro los brazos, de otro los pies, y nada más. Los charlatanes del Japón despedazan, según dicen, a un niño a la vista de los espectadores, y luego, arrojando todos sus miembros uno tras otro al aire, hacen que vuelva a caer el niño vivo y totalmente entero. Así son más o menos los juegos de manos de nuestros políticos; después de haber desmembrado el cuerpo social mediante una prestidigitación digna de feria, vuelven a juntar las piezas no se sabe cómo.

Este error deriva de no haberse formado nociones exactas de la autoridad soberana y de haber tomado por partes de esa autoridad lo que no eran más que emanaciones. Así, por ejemplo, se han considerado el acto de declarar la guerra y el de hacer la paz como actos de soberanía, lo cual no son, dado que cada uno de estos actos no es una ley sino solamente una aplicación de la ley, un acto particular que determina el caso de la ley, como se verá claramente cuando fijemos la idea vinculada a la palabra *ley**.

Siguiendo de igual manera las demás divisiones encontraríamos que, siempre que se cree ver la soberanía compartida, uno se equivoca, que los derechos que se toman por partes de esa soberanía le están subordinados todos y suponen siempre voluntades supremas de los que esos derechos no representan sino la ejecución.

No podría decirse cuánta obscuridad ha arrojado esta falta de exactitud sobre las decisiones de los autores en materia de derecho político, cuando han querido juzgar los derechos respectivos de los reyes y de los pueblos, a partir de los principios que ellos mismos habían establecido. Cualquiera pue-

* En el capítulo VI.

de ver en los capítulos III y IV del primer libro de Grocio cómo este hombre sabio y su traductor Barbeyrac se embrollan y se enredan en sus sofismas, por temor a decir demasiado o a no decir bastante según sus miras, y a herir intereses que tenían que conciliar. Grocio, refugiado en Francia, descontento de su patria y queriendo hacer la corte a Luis XIII a quien su libro está dedicado, no ahorra nada para despojar a los pueblos de todos sus derechos y para revestir con ellos a los reyes con todo el arte posible. Ése hubiera sido también el gusto de Barbeyrac, que dedicaba su traducción al rey de Inglaterra, Jorge I. Pero desgraciadamente la expulsión de Jacobo II, que él llamaba abdicación, le forzaba a mantenerse reservado, a torcerse, a tergiversar para no hacer de Guillermo un usurpador. Si estos dos escritores hubieran adoptado los verdaderos principios, todas las dificultades quedarían eliminadas y ellos habrían sido en todo momento consecuentes; pero habrían dicho tristemente la verdad y sólo habrían cortejado al pueblo. Ahora bien, la verdad no lleva a la fortuna, y el pueblo no da ni embajadas, ni cátedras, ni pensiones.

Capítulo III. De si la voluntad general puede errar

De lo que precede se deduce que la voluntad general es siempre recta y siempre tiende a la utilidad pública; pero no se deduce que las deliberaciones del pueblo tengan siempre la misma rectitud. Siempre se quiere el propio bien, pero no siempre se ve: jamás se corrompe al pueblo, pero con frecuencia se le engaña, y sólo entonces es cuando él parece querer su mal.

Con frecuencia hay mucha diferencia entre la voluntad de todos y la voluntad general; ésta sólo mira al interés común, la otra mira al interés privado, y no es más que una suma de voluntades particulares: pero quitad de estas mismas voluntades los más y los menos que se destruyen entre sí[6], y queda por suma de las diferencias la voluntad general.

Si los ciudadanos no tuvieran comunicación alguna entre sí cuando el pueblo, suficientemente informado, delibera, del gran número de las pequeñas diferencias resultaría siempre la voluntad general, y la deliberación sería siempre buena. Pero cuando se forman intrigas, asociaciones parciales a expensas de la grande, la voluntad de cada una de estas asociaciones se vuelve general respecto a sus miembros, y particular respecto al Estado; se puede decir entonces que ya no hay tantos votantes como hombres, sino solamente tantos como asociaciones. Las diferencias se hacen menos numerosas y dan un resultado menos general. Finalmente, cuando una de estas asociaciones es tan grande que se impone sobre todas las demás, ya no tenéis por resultado una suma de pequeñas diferencias, sino una diferencia única; entonces ya no hay voluntad general, y la opinión que se le impone no es más que una opinión particular.

Importa, pues, para sentar bien el enunciado de la voluntad general que no haya sociedad parcial en el Estado, y que cada ciudadano sólo opine por sí mismo[7]. Ésa fue la única y sublime institución del gran Licurgo. Que si hay sociedades parciales, es menester multiplicar el número y prevenir la desigualdad, como hicieron Solón, Numa, Servio*. Estas precauciones son las únicas buenas para que la voluntad general sea siempre esclarecida y para que el pueblo no se engañe.

* Por lo que se refiere a Solón, Rousseau parece atender en este pasaje a la división que de los ciudadanos atenienses hizo en cuatro clases; en cuanto a Numa, parece haberse guiado por la *Vida de Numa,* de las *Vidas de hombres ilustres,* de Plutarco, que le adjudica la división del pueblo por oficios, cuando hasta entonces estaba dividida en dos ligas o partes siempre en litigio. Sobre Servio hablará Rousseau más adelante, en el libro IV (capítulo IV).

Capítulo IV. De los límites del poder soberano

Si el Estado o la Ciudad no es más que una persona moral cuya vida consiste en la unión de sus miembros, y si el más importante de sus cuidados es el de su propia conservación, necesita una fuerza universal y compulsiva para mover y disponer cada parte de la forma más conveniente al todo. Igual que la naturaleza da a cada hombre un poder absoluto sobre todos sus miembros, el pacto social da al cuerpo político un poder absoluto sobre todos los suyos, y es este mismo poder el que, dirigido por la voluntad general, lleva como he dicho el nombre de soberanía.

Pero además de la persona pública, tenemos que considerar las personas privadas que la componen, y cuya vida y cuya libertad son naturalmente independientes de ella. Se trata, pues, de distinguir bien los derechos respectivos de los ciudadanos y del soberano[8], y los deberes que tienen que cumplir los primeros en calidad de súbditos, del derecho natural de que deben gozar en calidad de hombres.

Es cosa convenida* que todo cuanto cada uno enajena, por el pacto social, de su poder, de sus bienes, de su libertad, es sólo la parte de todo aquello cuyo uso importa a la comunidad, pero hay que convenir también en que sólo el soberano es juez de esa importancia.

Todos los servicios que un ciudadano puede rendir al Estado, se los debe tan pronto como el soberano los exija; pero el soberano por su parte no puede cargar a los súbditos con ninguna cadena inútil a la comunidad; no puede siquiera quererlo: porque bajo la ley de la razón nada se hace sin causa, igual que bajo la ley de la naturaleza.

Los compromisos que nos vinculan al cuerpo social sólo son obligatorios porque son mutuos, y su naturaleza es tal que al cumplirlos no se puede trabajar para los demás sin

* Por Locke, en el *Ensayo sobre el gobierno civil*, cap. VIII.

trabajar también para uno mismo. ¿Por qué la voluntad general es siempre recta, y por qué todos quieren constantemente la felicidad de cada uno de ellos, sino porque no hay nadie que se apropie de la expresión *cada uno*, y que no piense en sí mismo al votar por todos? Lo que prueba que la igualdad del derecho, y la noción de justicia que ella produce, deriva de la preferencia que cada uno se da y, por consiguiente, de la naturaleza del hombre; que la voluntad general, para serlo verdaderamente, debe serlo en su objeto tanto como en su esencia, que debe partir de todos para aplicarse a todos, y que pierde su rectitud natural cuando tiende a algún objeto individual y determinado; porque entonces, juzgando sobre lo que nos es ajeno, no tenemos ningún verdadero principio de equidad que nos guíe.

En efecto, desde el momento en que se trata de un hecho o de un derecho particular, sobre un punto que no ha sido regulado por una convención general y anterior, el asunto se vuelve contencioso. Es un proceso en que los particulares interesados son una de las partes y lo público la otra, pero en el que no veo ni la ley que hay que seguir, ni el juez que debe fallar. Sería ridículo querer remitirse entonces a una decisión expresa de la voluntad general, que no puede ser más que la conclusión de una de las partes, y que, por consiguiente, no es para la otra más que una voluntad ajena, particular, inclinada en esta ocasión a la injusticia y sometida al error. Así como una voluntad particular no puede representar la voluntad general, la voluntad general cambia a su vez de naturaleza cuando tiene un objeto particular, y no puede, como general, fallar ni sobre un hombre ni sobre un hecho. Cuando el pueblo de Atenas, por ejemplo, nombraba o deponía a sus jefes, discernía honores para uno, imponía penas a otro, y mediante multitud de decretos particulares ejercía indistintamente todos los actos del gobierno, el pueblo entonces no tenía ya voluntad general propiamente dicha; no actuaba ya como soberano, sino como magistrado. Esto parecerá contrario a las ideas comunes; pero es menester dejarme tiempo para exponer las mías.

Debe entenderse por esto que lo que generaliza la voluntad no es tanto el número de votos como el interés común que los une: porque en esta institución cada uno se somete necesariamente a las condiciones que impone a los demás; acuerdo admirable del interés y de la justicia que da a las deliberaciones comunes un carácter de equidad que vemos desvanecerse en la discusión de cualquier asunto particular, por falta de un interés común que una e identifique la regla del juez con la de la parte.

Por cualquier lado que uno se remonte al principio se llega siempre a la misma conclusión: a saber, que el pacto social establece entre los ciudadanos tal igualdad que todos ellos se comprometen bajo las mismas condiciones, y todos ellos deben gozar de los mismos derechos. Así, por la naturaleza del pacto, todo acto de soberanía, es decir, todo acto auténtico de la voluntad general obliga o favorece igualmente a todos los ciudadanos, de suerte que el soberano conoce sólo el cuerpo de la nación y no distingue a ninguno de los que la componen. ¿Qué es propiamente, por tanto, un acto de soberanía? No es una convención del superior con el inferior, sino una convención del cuerpo con cada uno de sus miembros: convención legítima porque tiene por base el contrato social; equitativa, dado que es común a todos; útil, dado que no puede tener otro objeto que el bien general; y sólida, porque tiene por garantía la fuerza pública y el poder supremo. Mientras los súbditos sólo estén sometidos a tales convenciones, no obedecen a nadie sino únicamente a su propia voluntad; y preguntar hasta dónde alcanzan los derechos respectivos del soberano y de los ciudadanos es preguntar hasta qué punto pueden éstos comprometerse consigo mismo, cada uno con todos y todos con cada uno de ellos.

De esto se deduce que el poder soberano, por absoluto que sea, por sagrado, por inviolable, no pasa ni puede pasar los límites de las convenciones generales, y que todo hombre puede disponer plenamente de lo que de sus bienes y de su libertad le han dejado estas convenciones; de suerte que el soberano nunca tiene el derecho de cargar a un súbdito más que a otro, porque entonces, al volverse particular el asunto, su poder deja de ser competente.

Una vez admitidas estas distinciones, es completamente falso que en el contrato social haya una renuncia verdadera por parte de los particulares: su situación, por efecto de este contrato, es realmente preferible a lo que antes era, y en lugar de una enajenación, no han hecho sino un cambio ventajoso de una manera de ser incierta y precaria por otra mejor y más segura, de la independencia natural por la libertad, del poder de hacer daño a los demás por su propia seguridad, y de su fuerza, que otros podían sobrepasar, por un derecho que la unión social vuelve invencible. Su vida misma, que ellos han consagrado al Estado, está continuamente protegida por éste, y cuando la exponen en su defensa ¿qué hacen sino devolverle lo que han recibido de él? ¿Qué hacen que no hagan con más frecuencia y con más peligro en el estado de naturaleza, cuando, librando combates inevitables, defenderían con peligro de su vida lo que les sirve para conservarla? Todos tienen que combatir si es preciso por la patria, cierto; pero también lo es que nadie tiene nunca que combatir por sí mismo. ¿No se sale ganando corriendo, por lo que constituye nuestra seguridad, una parte de los riesgos que tendríamos que correr por nosotros mismos tan pronto como nos fuera arrebatada?

Capítulo V. Del derecho de vida y de muerte

Cabe preguntarse cómo no teniendo los particulares derecho a disponer de su propia vida, pueden transmitir al soberano este mismo derecho que ellos no tienen. Esta cuestión parece difícil de resolver sólo porque está mal planteada. Todo hombre tiene derecho de arriesgar su propia vida para conservarla. ¿Se ha dicho alguna vez que quien se arroja por una ventana para escapar a un incendio sea culpable de suicidio? ¿Se ha imputado incluso alguna vez este crimen a quien perece en una tempestad cuyo peligro no ignoraba al embarcarse?

El contrato social tiene por fin la conservación de los contratantes. Quien quiere el fin quiere también los medios, y estos medios son inseparables de algunos riesgos, de algunas pérdidas incluso. Quien quiere conservar su vida a expensas de los demás, debe darla también por ellos cuando hace falta. Ahora bien, el ciudadano no es ya juez del peligro al que la ley quiere que se exponga, y cuando el príncipe* le ha dicho: es oportuno para el Estado que mueras, debe morir; puesto que sólo con esta condición ha vivido seguro hasta entonces, y dado que su vida no es sólo un beneficio de la naturaleza, sino un don condicional del Estado.

La pena de muerte infligida a los criminales puede considerarse poco más o menos bajo el mismo punto de vista: para no ser víctima de un asesino es por lo que se consiente en morir si uno se convierte en ello. En este contrato, lejos de disponer de su propia vida no se piensa más que garantizarla, y no es de presumir que alguno de los contratantes premedite entonces hacerse colgar.

Además, todo malhechor que al atacar el derecho social se convierte con sus fechorías en rebelde y traidor a la patria, cesa de ser miembro de ella al violar sus leyes, e incluso le hace la guerra. Entonces la conservación del Estado es incompatible con la suya, es preciso que uno de los dos perez-

* Es ésta la primera vez que figura en el *Contrato social* la voz *prince;* hasta ahora había empleado la de soberano. Hay que esperar al capítulo I del libro III para ver que allí lo define no como soberano, sino como el magistrado encargado de la ejecución de las leyes.

ca, y cuando se hace morir al culpable, es menos como ciudadano que como enemigo. Los procedimientos, el juicio son las pruebas y la declaración de que ha roto el contrato social, y por consiguiente, ya no es miembro del Estado. Ahora bien, como él se ha reconocido tal, al menos por su residencia, debe ser suprimido mediante el exilio como infractor del pacto, o mediante la muerte como enemigo público; porque un enemigo semejante no es una persona moral, es un hombre, y es entonces cuando el derecho de guerra es matar al vencido*.

Pero alguien dirá que la condena de un criminal es un acto particular. De acuerdo: por eso tal condena no pertenece al soberano; es un derecho que puede conferir sin poder ejercerlo él mismo. Todas mis ideas se sostienen, pero no podría exponerlas todas a la vez.

Además, la frecuencia de los suplicios es siempre un signo de debilidad o de pereza en el gobierno. No hay malvado que no se pueda volver bueno para algo. No se tiene derecho a hacer morir, ni siquiera como ejemplo, sino a aquel a quien no se puede conservar sin peligro.

Respecto al derecho de gracia, o de eximir a un culpable de la pena impuesta por la ley y pronunciada por el juez, sólo pertenece a aquel que está por encima del juez y de la ley; es decir, al soberano. E incluso su derecho en esto no está muy claro, y los casos a usar de él son muy raros. En un Estado bien gobernado hay pocos castigos, no porque se otorguen muchas gracias, sino porque hay pocos criminales: la multitud de crímenes asegura su impunidad cuando el Estado perece. Bajo la República Romana ni el Senado ni los cónsules

* En el capítulo IV del libro anterior Rousseau había sentado un axioma que ahora parece olvidar: «Cada Estado sólo puede tener por enemigos otros Estados y no hombres, dado que entre cosas de diversas naturalezas no se puede establecer ninguna relación verdadera.» Aquí, sin embargo, mezcla a la persona física, el criminal, con la persona moral que es el Estado, convirtiéndolos en enemigos.

intentaron nunca el indulto; el pueblo mismo no lo otorgaba, aun cuando a veces revocara su propio juicio. Las gracias frecuentes anuncian que pronto no tendrán necesidad de ellas los crímenes y todo el mundo puede ver adónde lleva esto. Mas siento que mi corazón murmura y contiene mi pluma; dejemos discutir estas cuestiones al hombre justo que nunca incurrió en falta y que jamás tuvo para sí mismo necesidad de gracia.

Capítulo VI. De la ley

Mediante el pacto social hemos dado existencia y vida al cuerpo político: se trata ahora de darle movimiento y voluntad mediante la legislación. Porque el acto primitivo por el que este cuerpo se forma y se une nada determina todavía de lo que debe hacer para conservarse.

Lo que es bueno y conforme al orden lo es por la naturaleza de las cosas e independientemente de las convenciones humanas. Toda justicia viene de Dios, sólo él es su fuente; pero si supiésemos recibirla de tan alto no tendríamos necesidad de gobierno ni de leyes. Indudablemente existe una justicia universal emanada de la sola razón; pero esta justicia para ser admitida entre nosotros debe ser recíproca. Considerando humanamente las cosas, las leyes de la justicia, a falta de sanción natural, son vanas entre los hombres; no hacen sino el bien del malvado y el mal del justo, cuando éste las observa con todo el mundo sin que nadie las observe con él. Se necesitan por tanto convenciones y leyes para unir los derechos a los deberes y volver la justicia a su objeto. En el estado de naturaleza, en el que todo es común, nada debo a quienes nada he prometido, no reconozco que sea de otro sino lo que me es inútil. No ocurre lo mismo en el estado civil, en el que todos los derechos están fijados por la ley.

Pero, en última instancia, ¿qué es una ley? Mientras se contenten con unir a esta palabra sólo ideas metafísicas, continuaremos razonando sin entendernos, y aun cuando se diga lo que es una ley de la naturaleza, no se sabrá mejor lo que es una ley del Estado.

Ya he dicho que no había voluntad general sobre un objeto particular. En efecto, ese objeto particular está en el Estado o fuera del Estado. Si está fuera del Estado, una voluntad que le es extraña no es general respecto a él; y si el objeto está en el Estado, forma parte de él: entonces se forma entre el todo y su parte una relación que hace de ellos dos seres separados, de los cuales uno es la parte, y otro el todo menos esa misma parte. Pero el todo menos una parte no es el todo, y mientras esa relación subsista no hay ya todo, sino dos partes desiguales; de donde se sigue que la voluntad de la una no es tampoco general respecto a la otra.

Pero cuando todo el pueblo estatuye sobre todo el pueblo, no se considera más que a sí mismo, y si entonces se forma una relación es del objeto entero, bajo un punto de vista, con el objeto entero, bajo otro punto de vista, sin ninguna división del todo. Entonces la materia sobre la cual se estatuye es general como la voluntad que estatuye. Es este acto lo que yo llamo una ley.

Cuando digo que el objeto de las leyes es siempre general, entiendo que la ley considera a los súbditos como corporación y a las acciones como abstractas, jamás a un hombre como individuo ni a una acción particular. Así la ley puede muy bien estatuir que ha de haber privilegios, pero no puede darlos nominalmente a nadie; la ley puede hacer muchas clases de ciudadanos, asignar incluso las cualidades que darán derecho a esas clases, pero no puede nombrar a éste y a aquél para ser admitidos en ellas; puede establecer un gobierno real y una sucesión hereditaria, pero no puede elegir un rey ni nombrar a una familia real: en una palabra, toda función que se refiera a un objeto individual no pertenece en modo alguno al poder legislativo.

Según esta idea, se ve al instante que no hay que preguntar ya a quién pertenece hacer las leyes, puesto que son actos de la voluntad general; ni si el príncipe está por encima de las leyes, puesto que es miembro del Estado; ni si la ley puede ser injusta, puesto que nadie es injusto hacia sí mismo; ni cómo uno es libre y está sometido a las leyes, puesto que éstas no son más que registros de nuestras voluntades.

Se ve incluso que, por reunir la ley la universalidad de la voluntad y la del objeto, lo que un hombre, quien quiera que pueda ser, ordena por autoridad propia no es una ley; incluso lo que el soberano ordena sobre un objeto particular no es tampoco una ley, sino un decreto, ni un acto de soberanía, sino de magistratura.

Llamo, por tanto, República a todo Estado regido por leyes, bajo la forma de administración que sea; porque sólo entonces gobierna el interés público, y la cosa pública es algo. Todo gobierno legítimo es republicano[9]: enseguida explicaré lo que es gobierno.

Las leyes no son propiamente sino las condiciones de la asociación civil. El pueblo sometido a las leyes debe ser su autor; sólo a quienes se asocian corresponde regular las condiciones de la sociedad; mas, ¿cómo las regularán? ¿Será de común acuerdo, por una inspiración súbita? ¿Tiene el cuerpo político un órgano para enunciar estas voluntades? ¿Quién le dará la previsión necesaria para dar forma a sus actos y publicarlos por anticipado, o cómo los pronunciará en el momento de la necesidad? ¿Cómo una multitud ciega, que con frecuencia no sabe lo que quiere porque raramente sabe lo que es bueno para ella, ejecutaría por sí misma una empresa tan grande, tan difícil como un sistema de legislación? Por sí mismo el pueblo siempre quiere el bien, pero por sí mismo no siempre lo ve. La voluntad general es siempre recta, pero el juicio que la guía no siempre es esclarecido. Hay que hacerle ver los objetos tal cual son, a veces tal cual deben parecerle, mostrarle el buen camino que busca, garantizarle de la seducción de las voluntades particulares, acercar a sus ojos lugares y tiempos, equilibrar el atractivo de las ventajas presentes y sensibles con el peligro de los males alejados y ocultos. Los particulares ven el bien que rechazan: lo público quiere el bien que no ve. Todos tienen igualmente necesidad de guías: hay que obligar a unos a conformar sus voluntades a su razón; hay que enseñar al otro a conocer lo que quiere. De las luces públicas resulta entonces la unión del entendimiento y de la voluntad en el cuerpo social; de ahí el exacto concurso de las partes, y finalmente la fuerza mayor del todo. He aquí de donde nace la necesidad de un legislador.

Capítulo VII. Del legislador

Para descubrir las mejores reglas de sociedad que convienen a las naciones, haría falta una inteligencia superior que viese todas las pasiones de los hombres y que no sintiese ninguna, que no tuviera ninguna relación con nuestra naturaleza y que la conociese a fondo, que su felicidad fuera independiente de nosotros y que, sin embargo, tuviera a bien ocuparse de la nuestra; finalmente, que procurándose en el correr de los tiempos una gloria lejana, pudiera trabajar en un siglo y disfrutar en otro[10]. Harían falta dioses para dar leyes a los hombres.

El mismo razonamiento que hacía Calígula en cuanto al hecho, lo hacía Platón en cuanto al derecho para definir al hombre civil o real que busca en su libro sobre el reino *; pero si es cierto que un gran príncipe es hombre raro, ¿cuánto no lo será un gran legislador? El primero no tiene más que seguir el modelo que el otro debe proponer. Éste es el mecá-

* Se refiere a *La Política* de Platón, también conocida en aquella época por el título *De regno*.

nico que inventa la máquina, aquél no es más que el obrero que la monta y la hace andar. En el nacimiento de las sociedades, dice Montesquieu, son los jefes de las repúblicas los que hacen la institución y luego es la institución la que forma a los jefes de las repúblicas*.

Quien se atreve con la empresa de instituir un pueblo debe sentirse en condiciones de cambiar, por así decir, la naturaleza humana; de transformar cada individuo, que por sí mismo es un todo perfecto y solitario, en parte de un todo mayor, del que ese individuo recibe en cierta forma su vida y su ser; de alterar la constitución del hombre para reforzarla; de sustituir por una existencia parcial y moral la existencia física e independiente que todos hemos recibido de la naturaleza. En una palabra, tiene que quitar al hombre sus propias fuerzas para darle las que le son extrañas y de las que no puede hacer uso sin la ayuda de los demás. Cuanto más muertas y aniquiladas están esas fuerzas, más grandes y duraderas son las adquiridas, y más sólida y perfecta es también la institución. De suerte que si cada ciudadano no es nada, ni puede nada sino gracias a todos los demás, y si la fuerza adquirida por el todo es igual o superior a la suma de las fuerzas naturales de todos los individuos, se puede decir que la legislación está en el más alto grado de perfección que puede adquirir.

El legislador es, en todos los aspectos, un hombre extraordinario en el Estado. Si debe serlo por su genio, no lo es menos por su empleo. Éste no es magistratura, no es soberanía. Ese empleo, que constituye la República, no entra tampoco en su constitución; es una función particular y superior que nada tiene en común con el imperio humano; porque si quien manda a los hombres no debe mandar en las leyes, quien manda en las leyes tampoco debe mandar a los hom-

* *Considérations sur les causes de la grandeur des Romains et de leur décadence*, cap. I (añadido de la edición de 1748).

bres; de lo contrario, sus leyes, ministros de sus pasiones, no harían a menudo sino perpetuar sus injusticias, y jamás podría evitar que miras particulares alterasen la santidad de su obra.

Cuando Licurgo dio leyes a su patria, comenzó por abdicar de la realeza. Era costumbre de la mayoría de las ciudades griegas confiar a extranjeros el establecimiento de las suyas. Las Repúblicas modernas de Italia imitaron con frecuencia este uso; la de Ginebra hizo otro tanto y le fue bien[11]. En su mejor edad Roma vio renacer en su seno todos los crímenes de la tiranía, y se vio a punto de perecer por haber reunido sobre las mismas cabezas la autoridad legislativa y el poder soberano.

Sin embargo, los mismos decenviros nunca se arrogaron el derecho de hacer aprobar una ley sólo por su autoridad. *Nada de lo que os proponemos,* decían al pueblo, *puede pasar a ley sin vuestro consentimiento. Romanos, sed vosotros mismos los autores de las leyes que deben hacer vuestra felicidad.*

Quien redacta las leyes no tiene, pues, ni debe tener, ningún derecho legislativo, y el pueblo mismo no puede, aunque quiera, despojarse de este derecho intransferible; porque según el pacto fundamental sólo la voluntad general obliga a los particulares, y nunca se puede asegurar que una voluntad particular es conforme a la voluntad general hasta después de haberla sometido a los sufragios libres del pueblo; ya dije esto, pero no es inútil repetirlo.

De este modo, en la obra de la legislación se encuentran a la vez dos cosas que parecen incompatibles: una empresa por encima de la fuerza humana y, para llevarla a cabo, una autoridad que no es nada.

Otra dificultad que merece atención: los sabios que quieren hablar al vulgo su propio lenguaje en vez del de éste, no podrían ser entendidos. Ahora bien, hay mil clases de ideas que es imposible traducir a la lengua del pueblo. Las miras demasiado generales y los objetos demasiado alejados están igualmente fuera de su alcance; al no placer a cada individuo más plan de gobierno que aquel que se refiere a su interés particular, difícilmente percibe las ventajas que debe sacar de las privaciones continuas que imponen las buenas leyes. Para que un pueblo naciente pueda gustar las sanas máximas de la política y seguir las reglas fundamentales de la razón de Estado, sería menester que el efecto pudiera volverse causa, que el espíritu social, que debe ser la obra de la institución, presida la institución misma, y que los hombres fuesen antes de las leyes lo que deben llegar a ser por ellas. Así pues, el legislador, al no poder emplear ni la fuerza ni el razonamiento, tiene necesidad de recurrir a una autoridad de otro orden que pueda arrastrar sin violencia y persuadir sin convencer.

He ahí lo que forzó desde siempre a los padres de las naciones a recurrir a la intervención del cielo y a honrar a los dioses con su propia sabiduría, a fin de que los pueblos, sometidos a las leyes del Estado tanto como a las de la naturaleza, y reconociendo el mismo poder en la formación del hombre y en la de la ciudad, obedeciesen con libertad y portasen dócilmente el yugo de la felicidad pública.

Esta razón sublime que se eleva fuera del alcance de los hombres vulgares es aquella cuyas decisiones pone el legislador en boca de los inmortales, para arrastrar mediante la autoridad divina a aquellos a quienes no podría poner en movimiento de prudencia humana[12]. Pero no a todo hombre corresponde hacer hablar a los dioses, ni ser creído cuando se anuncia como su intérprete. El alma grande del Legislador es el verdadero milagro que debe probar su misión*. Cualquier hombre puede grabar tablas de piedra, o comprar un oráculo, o fingir un secreto comercio con algu-

* En las *Lettres écrites de la Montagne,* carta III (libro inédito en castellano), Rousseau especificará los caracteres distintivos del legislador, muy cercanos a los del profeta.

na divinidad, o amaestrar un pájaro para que le hable al oído, o encontrar otros medios groseros de infundir respeto al pueblo. Quien sólo sepa esto, podrá incluso reunir por azar una tropa de insensatos, pero jamás fundará un imperio, y su extravagante obra perecerá pronto con él. Vanos prestigios forman un vínculo pasajero, sólo la sabiduría lo hace perdurable. La ley judaica, que aún subsiste, la del hijo de Ismael, que desde hace diez siglos rige la mitad del mundo*, todavía proclama hoy a los grandes hombres que la dictaron; y mientras que la orgullosa filosofía** o el ciego espíritu de partido no ve en ellos más que unos afortunados impostores, el verdadero político admira en sus instituciones ese genio grande y potente que preside las fundaciones duraderas.

De todo esto no hay que concluir, con Warburton***, que la política y la religión tengan entre nosotros un objeto co-

* Se refiere a la religión ismaelita, secta chiíta que difiere del Islam ortodoxo e incluye ideas neoplatónicas e hindúes derivadas de interpretaciones esotéricas del Corán. Deben su nombre a Ismael, muerto en 762 tras ser excluido por su padre, el sexto imán Yafar al-Sadik (699-767), de la sucesión. Sus partidarios negaron su muerte y lo admitieron como séptimo y último imán. Perseguidos, tuvieron que huir de Medina; su hijo, y heredero, Mohamed pasó a Persia, mientras el menor, Alí, lo hacía a Siria y Marruecos. Los siglos VIII y IX fueron los de incubación de la secta que llegó a principios del siglo IX su máximo poder político al proclamar al imán Ubayd Allad primer califa fatimita en 908. Los descendientes del hijo mayor de Ismael fundaron varios estados en Persia y en Siria, en cuyas montañas estuvo la secta de los *hachichinos*, fumadores de *hachís*. En la actualidad sus zonas de influencia son Siria, Líbano (los drusos), India, Persia, parte de Asia central y en algunas zonas de África del norte.

** En la *Profesión de fe del Vicario saboyano*, Rousseau aludirá a que «la orgullosa filosofía lleva al espíritu fuerte, como la ciega devoción lleva al fanatismo». Según Vaughan, la expresión «orgullosa filosofía» alude al *Mahomet* de Voltaire.

*** William Warburton (1698-1779), obispo de Gloucester y autor de *The Alliance between Church and State*, 1736; y de *Divine Legation of Moses*, donde analiza las relaciones de la Iglesia y del Estado.

mún, sino que en el origen de las naciones la una sirve de instrumento a la otra.

Capítulo VIII. Del pueblo

Igual que el arquitecto observa y sondea el suelo antes de levantar un gran edificio para ver si puede aguantar su peso, el sabio legislador no empieza por redactar leyes buenas en sí mismas, sino que antes examina si el pueblo al que las destina es apto para soportarlas. Por eso Platón se negó a dar leyes a los arcadios y a los cireneos, sabiendo que estos dos pueblos eran ricos y no podían tolerar la igualdad*: por eso se vieron en Creta buenas leyes y hombres malos, porque Minos no había disciplinado sino a un pueblo cargado de vicios.

En la tierra han brillado mil naciones que jamás habrían podido tolerar buenas leyes, y las mismas que lo hubieran podido no tuvieron, en toda su duración, sino un tiempo muy corto para ello. Los pueblos**, como los hombres, sólo son dóciles en su juventud, se vuelven incorregibles al envejecer; una vez que las costumbres están establecidas y arraigados los prejuicios, es empresa peligrosa y vana querer reformarlos; el pueblo no puede siquiera sufrir que se toquen sus males para acabar con ellos, como esos enfermos estúpidos y sin valor que tiemblan a la sola visión del médico.

No es que, al igual que algunas enfermedades trastornan la cabeza de los hombres y les privan del recuerdo del pasado, no se encuentre a veces en la duración de los Estados épocas violentas en que las revoluciones hacen sobre los

* Sigue Rousseau una indicación de Plutarco según la cual Platón se habría negado a redactar las leyes de Cirene debido a su estado de prosperidad. (Plutarco, *A un príncipe ignorante.*)

** La edición de 1782 es restrictiva: «La mayoría de los pueblos, así como de los hombres...»

pueblos lo que ciertas crisis hacen sobre los individuos, en que el horror del pasado hace las veces de olvido y en que el Estado, abrasado por las guerras civiles, renace por así decir de sus cenizas, y recupera el vigor de la juventud al salir de los brazos de la muerte. Tal fue Esparta en los tiempos de Licurgo, tal fue Roma después de los Tarquinos; y tales son entre nosotros Holanda y Suiza tras la expulsión de los tiranos.

Pero estos acontecimientos son raros; son excepciones cuya razón se encuentra siempre en la constitución particular del Estado exceptuado. Ni siquiera podrían ocurrir dos veces al mismo pueblo, porque puede volverse libre sólo mientras sea bárbaro, pero no lo puede cuando el nervio civil está gastado. Entonces los disturbios pueden destruirle sin que las revoluciones puedan restablecerlo, y en cuanto se rompen sus cadenas cae a pedazos y deja de existir: en adelante necesita un amo y no un libertador. Pueblos libres, acordaos de esta máxima: se puede adquirir la libertad; pero recobrarla, nunca.

Para las naciones, igual que para los hombres, hay una época de madurez que es preciso esperar antes de someterlos a leyes; pero la madurez de un pueblo no siempre es fácil de conocer, y si se la previene, la obra falla*. Tal pueblo es disciplinable al nacer, tal otro no lo es sino al cabo de diez siglos. Los rusos no serán civilizados nunca verdaderamente, porque lo fueron demasiado pronto. Pedro tenía el genio imitativo; no tenía el verdadero genio, el que crea y hace

* «La juventud no es la infancia. Para las naciones, igual que para los hombres, hay un tiempo de juventud, o si se quiere de madurez, que es preciso esperar...»; éste es el texto de la edición de 1872; en un ejemplar de la edición original del *Contrato,* Rousseau dio las causas de esta variante: hacer desaparecer la contradicción entre la afirmación: «Los pueblos, como los hombres, sólo son dóciles en su juventud» y «Para las naciones igual que para los hombres, hoy...»; frente a este texto la letra de Rousseau señala: «contradicción a corregir con página 93.»

todo de nada*. Algunas de las cosas que hizo estaban bien, la mayoría estaban fuera de lugar. Vio que su pueblo era bárbaro, no vio que no estaba maduro para la policía; quiso civilizarlo cuando sólo había que aguerrirlo. Empezó por querer hacer alemanes, ingleses, cuando había que empezar por hacer rusos; impidió que sus súbditos llegaran a ser alguna vez lo que podrían ser, persuadiéndoles de que eran lo que no son. Así es como un preceptor francés forma a su alumno para brillar un momento en su infancia y luego no ser nunca nada. El imperio de Rusia querrá sojuzgar a Europa y será sojuzgado él mismo. Los tártaros, sus súbditos o sus vecinos, llegarán a ser sus amos y los nuestros: esta revolución me parece infalible. Todos los reyes de Europa trabajan de consuno para acelerarla.

Capítulo IX. Continuación

Así como la naturaleza ha marcado términos a la estatura de un hombre bien conformado, pasados los cuales no hace más que gigantes o enanos, así también existen, respecto a la mejor constitución de un Estado, límites respecto a la extensión que pueda tener, a fin de que no sea ni demasiado grande para poder ser bien gobernado, ni demasiado pequeño para poder mantenerse por sí mismo. En todo cuerpo político hay un *maximum* de fuerza que no podría superar, y del cual con frecuencia se aleja a fuerza de agrandarse. Cuanto más se ex-

* Los ataques a las reformas de Pedro I el Grande apuntan indirectamente a Voltaire, que tanto en su *Histoire de Russie* como en la *Histoire de Charles XII,* convierte al zar en un reformador genial. A este párrafo rousseauniano contestaría Voltaire en su *Dictionnaire philosophique,* bajo el epígrafe «Pedro el Grande y J.-J. Rousseau», así como en *Idées Républicaines:* el comienzo de la crítica es personal: tras citar el fragmento, Voltaire añade: «Estas palabras están sacadas de un folleto titulado *El contrato social,* o insocial, del poco sociable J.-J. Rousseau...»

tiende el vínculo social, más se relaja, y en general un Estado pequeño es proporcionalmente más fuerte que uno grande.

Mil razones demuestran esta máxima. En primer lugar, la administración se vuelve más penosa con las grandes distancias, de igual modo que un peso se vuelve más pesado en el extremo de una palanca mayor. Se vuelve también más onerosa a medida que los grados se multiplican; porque cada ciudad tiene, en primer lugar, la suya que paga el pueblo; luego, cada distrito, también la suya, pagada por el pueblo; luego cada provincia, luego las grandes gobernaciones, las satrapías, los virreinatos que hay que pagar más caro a medida que se sube, y siempre a expensas del desgraciado pueblo; finalmente viene la administración suprema que lo aplasta todo. Tantas cargas agotan continuamente a los súbditos; lejos de estar mejor gobernados por estos diferentes órdenes, lo están peor que si hubiera uno solo por encima de ellos. Y mientras tanto, apenas quedan recursos para los casos extraordinarios, y cuando hay que recurrir a ellos, el Estado está siempre en vísperas de su ruina.

Esto no es todo; no solamente el gobierno tiene menos vigor y celeridad para hacer observar las leyes, impedir las vejaciones, corregir los abusos, prevenir las empresas sediciosas que pueden hacerse en lugares alejados; sino que el pueblo siente menos afecto por sus jefes, a los que no ve jamás, por la patria, que es a sus ojos como el mundo, y por sus conciudadanos, la mayoría de los cuales le son extraños. Las mismas leyes no pueden convenir a tantas provincias diversas que tienen costumbres diferentes, que viven bajo climas opuestos y que no pueden soportar la misma forma de gobierno. Leyes diferentes no engendran más que perturbación y confusión entre pueblos que, viviendo bajo los mismos jefes y en comunicación continua, se trasladan de una parte a otra o se casan entre sí y, sometidos a otras costumbres, no saben nunca si su patrimonio es verdaderamente suyo. Los talentos son enterrados, las virtudes ignoradas, los vicios impunes, en esta multitud de hombres desconocidos unos de otros que la sede de la administración suprema reúne en un mismo lugar. Los jefes abrumados de asuntos no ven nada por sí mismos, y empleados gobiernan el Estado. Finalmente, las medidas que hay que adoptar para mantener la autoridad general, a la que tantos funcionarios alejados quieren substraerse o imponerse, absorben todos los cuidados públicos, no queda nada para la felicidad del pueblo, apenas queda algo para su defensa en caso necesario, y así es como un cuerpo demasiado grande por su constitución se desmorona y perece aplastado bajo su propio peso.

Por otro lado, el Estado debe darse cierta base para tener solidez, para resistir las sacudidas que no dejará de experimentar y los esfuerzos que será constreñido a hacer para sostenerse; porque todos los pueblos tienen una especie de fuerza centrífuga, por la que actúan continuamente unos contra otros y tienden a engrandecerse a expensas de sus vecinos, como los torbellinos de Descartes. Así los débiles corren el riesgo de ser engullidos muy pronto, y nadie puede apenas conservarse si no es poniéndose con todos en una especie de equilibrio, que hace la compresión más o menos igual en todos los sentidos.

Ahí se ve que hay razones para extenderse y razones para limitarse, y no es el menor talento del político encontrar, entre unas y otras, la proporción más ventajosa para la conservación del Estado. En general puede decirse que las primeras, al no ser más que exteriores y relativas, deben estar subordinadas a las otras, que son internas y absolutas; una constitución sana y fuerte es lo primero que hay que buscar, y es menester contar más con el vigor que nace de un buen gobierno que con los recursos que proporciona un territorio grande.

Por lo demás, se ha visto Estados constituidos de tal forma que la necesidad de conquistas entraba en su constitución misma, y que para mantenerse estaban forzados a agrandarse sin cesar. Quizá se felicitaban mucho por esta afortunada necesidad, que, sin embargo, les mostraba, con el término de su grandeza, el inevitable momento de su caída.

Capítulo X. Continuación

Se puede medir un cuerpo político de dos maneras: a saber, por la extensión del territorio y por el número de población; y entre ambas medidas hay una relación conveniente para dar al estado su verdadera grandeza. Son los hombres los que hacen el Estado, y es el terreno lo que nutre a los hombres; esa relación estriba por tanto en que la tierra baste al nacimiento de sus habitantes, y en que haya tantos habitantes como puede nutrir la tierra. Es en esta proporción en la que se encuentra el *maximum* de fuerza de un número dado de población; porque si hay demasiado terreno, su guarda es onerosa, el cultivo insuficiente, el producto superfluo; tal es la causa próxima de las guerras defensivas; si no es suficiente, el Estado se encuentra a discreción de sus vecinos por lo que hace al suplemento; tal es la causa próxima de las guerras ofensivas. Todo pueblo que por su posición no tiene más que la alternativa entre el comercio o la guerra, es débil en sí mismo; depende de sus vecinos, depende de los acontecimientos; nunca tendrá más que una existencia incierta y corta. O sojuzga y cambia de situación, o es sojuzgado y no es nada. No puede conservarse libre más que a fuerza de pequeñez o de grandeza.

No se puede calcular una relación fija entre la extensión de la tierra y el número de hombres que mutuamente se bastan; tanto a causa de las diferencias existentes en las calidades del terreno, en sus grados de fertilidad, en la naturaleza de sus producciones, en la influencia de los climas, como de las que se observa en los temperamentos de los hombres que las habitan, de los cuales unos consumen poco en un país fértil, otros mucho sobre un suelo ingrato. Además hay que tener en cuenta la mayor o menor fecundidad de las mujeres, lo que en el país puede haber de más o menos favorable a la población, la cantidad a que el legislador puede esperar llegar con sus instituciones; de suerte que no debe fundar su juicio sobre lo que ve, sino sobre lo que prevé, ni detenerse tanto en el estado actual de la población como en aquel que debe ella naturalmente alcanzar. Por último, hay mil ocasiones en que los accidentes particulares del lugar exigen o permiten que se abarque más terreno del que parece necesario. Así, se extenderá mucho en un país de montañas, en el que las producciones naturales, a saber, los bosques, los pastos, exigen menos trabajo, en el que la experiencia enseña que las mujeres son más fecundas que en las llanuras, y en el que la mayor parte del suelo en declive sólo da una pequeña base horizontal, la única con que hay que contar para la vegetación. Por el contrario, es posible estrecharse a orillas del mar, incluso entre rocas y arenas casi estériles; porque allí la pesca puede suplir en gran parte a los productos de la tierra, porque los hombres deben estar más unidos para rechazar a los piratas, y porque además hay más facilidad para descargar al país, mediante colonias, de los habitantes de que está sobrecargado.

A estas condiciones para instituir un pueblo hay que añadir una que no puede suplir a ninguna otra, pero sin la cual todas son inútiles: es que se goce de abundancia y de paz; porque el tiempo en que se ordena un Estado es, como aquel en que se forma un batallón, el instante en que el cuerpo es menos capaz de resistencia y más fácil de destruir. Se resistiría mejor en un desorden absoluto que en un momento de fermentación, donde cada uno se ocupa de su rango y no del peligro. Que en este tiempo sobrevenga una guerra, el hambre, una sedición: el Estado se derrumba infaliblemente.

Y no es que no haya muchos gobiernos establecidos durante esas tormentas; pero entonces estos gobiernos mismos son los que destruyen el Estado. Los usurpadores propician o escogen siempre estos momentos de perturbaciones para hacer pasar, gracias al terror público, leyes destructivas que el pueblo no adoptaría jamás a sangre fría. La elección del momento de la institución es uno de los caracteres más seguros por los que se puede distinguir la obra del legislador de la del tirano.

Por tanto, ¿qué pueblo es propio para la legislación? Aquel que, encontrándose ya vinculado por alguna unión de origen, de interés o de convención, no ha llevado todavía el verdadero yugo de las leyes; aquel que no tiene ni costumbres ni supersticiones arraigadas; aquel que no teme ser abrumado por una invasión súbita, que, sin entrar en las querellas de sus vecinos, puede resistir solo a cada uno de ellos, o ayudarse de uno para rechazar al otro; aquel en que cada uno de sus miembros puede ser conocido de todos, y en que no se ven forzados a cargar a un hombre con un fardo mayor del que un hombre puede llevar; aquel que puede prescindir de los demás pueblos y del que cualquier otro pueblo puede prescindir[13]; aquel que no es ni rico ni pobre y puede bastarse a sí mismo; en fin, aquel que reúne la consistencia de un pueblo antiguo con la doctrina de un pueblo nuevo. Lo que hace penosa la obra de la legislación es menos lo que hay que establecer que lo que es preciso destruir; y lo que vuelve al éxito tan raro es la imposibilidad de hallar la simplicidad de la naturaleza unida a las necesidades de la sociedad. Cierto que todas estas condiciones se encuentran difícilmente juntas. Por eso se ven tan pocos Estados bien constituidos.

Todavía queda en Europa un país capaz de legislación: es la isla de Córcega*. El valor y la constancia con que este vale-

* Rousseau escribió un *Projet de Constitution pour la Corse* [Proyecto de Constitución para Córcega], publicado por vez primera en 1825 en un volumen de *Œuvres inédites de Rousseau.* Puede verse en *Œuvres complètes*, III, págs. 899-950.

roso pueblo ha sabido recuperar y defender su libertad bien merecía que algún hombre sabio le enseñase a conservarla. Tengo cierto presentimiento de que un día esta pequeña isla asombrará a Europa.

Capítulo XI. De los diversos sistemas de legislación

Si se indaga en qué consiste precisamente el bien mayor de todos, que debe ser el fin de todo sistema de legislación, se encontrará que se reduce a dos objetos principales, la *libertad* y la *igualdad*. La libertad, porque toda dependencia particular es otro tanto de fuerza que se quita al cuerpo del Estado; la igualdad, porque la libertad no puede subsistir sin ella.

Ya he dicho lo que es la libertad civil*; respecto a la igualdad, no hay que entender por esta palabra que los grados de poder y de riqueza sean absolutamente los mismos, sino que, en cuanto al poder, que esté por debajo de toda violencia y no se ejerza nunca sino en virtud del rango y de las leyes, y en cuanto a la riqueza, que ningún ciudadano sea lo bastante opulento para poder comprar a otro, y ninguno lo bastante pobre para ser constreñido a venderse: cosa que supone por parte de los grandes moderación de bienes y de crédito, y por parte de los pequeños, moderación de avaricia y de ambición[14].

Esta igualdad, dicen ellos, es una quimera de especulación que no puede existir en la práctica. Pero si el abuso es inevitable, ¿se sigue de ello que al menos no haya que regularlo? Precisamente porque la fuerza de las cosas tiende siempre a destruir la igualdad es por lo que la fuerza de la legislación debe tender siempre a mantenerla.

Pero estos objetos generales de toda buena institución de-

* En el libro I, cap. VIII.

ben ser modificados en cada país por las relaciones que nacen tanto de la situación local como del carácter de los habitantes, y a partir de tales relaciones es como hay que asignar a cada pueblo un sistema particular de institución, que sea el mejor, quizá no en sí mismo, sino para el Estado a que está destinado. Por ejemplo, ¿es el suelo ingrato y estéril, o el país demasiado estrecho para los habitantes? Volveos hacia la industria y las artes, cuyos productos cambiaréis por los géneros que os faltan. ¿Que por el contrario ocupáis ricas llanuras y fértiles laderas? ¿Que en un buen terreno os faltan habitantes? Dad todos vuestros cuidados a la agricultura, que multiplica los hombres, y expulsad las artes que no harían sino acabar de despoblar el país, agrupando en algunos puntos del territorio a los pocos habitantes que tiene[15]. ¿Que ocupáis riberas extensas y cómodas? Cubrid el mar de bajeles, cultivad el comercio y la navegación; tendréis una existencia brillante y breve. ¿Que el mar no baña en vuestras costas sino rocas casi inaccesibles? Seguid siendo bárbaros e ictiófagos; viviréis más tranquilos, quizá mejores, y con toda seguridad más felices. En una palabra, además de las máximas comunes a todos, cada pueblo encierra en sí alguna causa que las ordena de una manera particular y hace su legislación idónea sólo para él. Así es como antaño los hebreos y recientemente los árabes han tenido por principal objeto la religión, los atenienses las letras, Cartago y Tiro el comercio, Rodas la marina, Esparta la guerra y Roma la *virtus**. El autor de *L'Esprit des Lois*** ha mostrado en multitud de ejem-

* Rousseau escribe: *la vertu*. Pero una traducción literal, con las connotaciones religiosas que en castellano tiene el término *virtud*, no podría traducir lo que era la *virtus* romana: conjunto de cualidades que dan al hombre o a los demás seres su valor físico o moral; cualidades viriles, varoniles: vigor, moral, energía, valor, esfuerzo, fortaleza de ánimo.

** Montesquieu. Alude Rousseau al libro XI, cap. V: «Aunque todos los Estados tengan en general un mismo objeto, que es el de mantenerse, cada Estado tiene, sin embargo, uno que le es particular. El engrandeci-

plos por medio de qué arte el legislador dirige la institución a cada uno de estos objetos.

Lo que hace la constitución de un estado verdaderamente sólida y duradera es que las conveniencias sean observadas de tal modo que las circunstancias naturales y las leyes caigan siempre concertadas sobre los mismos puntos, y que éstas no hagan, por así decir, más que asegurar, acompañar, rectificar a las otras. Pero si el Legislador, equivocándose en su objeto, adopta un principio diferente del que nace de la naturaleza de las cosas, si uno tiende a la servidumbre y el otro a la libertad, uno a las riquezas y otro a la población, uno a la paz y otro a las conquistas, se verá debilitarse insensiblemente las leyes, alterarse la constitución, y el Estado no cesará de ser perturbado hasta que sea destruido o cambiado, y hasta que la invencible naturaleza haya recuperado su imperio.

Capítulo XII. División de las leyes

Para ordenar el todo o dar la mejor forma posible a la cosa pública, hay diversas relaciones que considerar. Primeramente la acción del cuerpo entero actuando sobre sí mismo, es decir, la relación del todo al todo, o del soberano con el Estado, y esta relación está compuesta por la de los términos intermediarios, como enseguida veremos.

Las leyes que regulan esta relación llevan el nombre de leyes políticas, y se llaman también leyes fundamentales, no

miento era el objeto de Roma; la guerra, el de Lacedemonia; la religión, el de las leyes judaicas; el comercio, el de Marsella; la tranquilidad pública, el de las leyes de China; la navegación, el de las leyes de los Rodios; la libertad natural, el objeto de la policía de los salvajes; en general, las delicias del príncipe el de los Estados despóticos; su gloria y la del Estado, el de los monarcas; la independencia de cada particular es el objeto de las leyes de Polonia, de lo que resulta la opresión de todos.»

sin cierta razón si tales leyes son sabias. Porque si en cada Estado no hay más que una buena manera de ordenarlo, el pueblo que la ha encontrado debe atenerse a ella: pero si el orden establecido es malo, ¿por qué tomar por fundamentales leyes que le impiden ser bueno? Por otra parte, y en cualquier situación, un pueblo es siempre dueño de cambiar sus leyes, incluso las mejores; porque si le place hacerse mal a sí mismo, ¿quién tiene derecho a impedírselo?

La segunda relación es la de los miembros entre sí o con el cuerpo entero, y esta relación debe ser en el primer aspecto tan pequeña y en el segundo tan grande como sea posible: de suerte que cada ciudadano esté en perfecta independencia de todos los demás, y en excesiva dependencia de la ciudad; lo cual siempre se hace por los mismos medios; porque sólo la fuerza del Estado hace la libertad de sus miembros. De esta segunda relación es de donde nacen las leyes civiles.

Puede considerarse una tercera clase de relación entre el hombre y la ley, a saber, la de la desobediencia a la pena, y ésta da lugar al establecimiento de leyes criminales que en el fondo son menos una especie particular de leyes que la sanción de todas las demás.

A estas tres clases de leyes se une una cuarta, la más importante de todas; que no se graba ni sobre el mármol ni sobre el bronce, sino en los corazones de los ciudadanos; que forma la verdadera constitución del Estado; que adquiere todos los días nuevas fuerzas; que cuando las demás leyes envejecen o se extinguen, las reanima o las suple, conserva un pueblo en el espíritu de su institución y sustituye insensiblemente la fuerza del hábito por la de la autoridad. Hablo de las costumbres, de los usos, y sobre todo de la opinión; parte desconocida de nuestros políticos, pero de la que depende el éxito de todas las demás: parte de la que el gran Legislador se ocupa en secreto, mientras que parece limitarse a los reglamentos particulares que no son más que la cimbra de la bóveda, de la cual las costumbres, más lentas en nacer, forman en última instancia la inquebrantable clave.

Entre estas clases diversas, las leyes políticas, que constituyen la forma del gobierno, son la única referida a mi tema.

Libro III

Antes de hablar de las diversas formas de gobierno, tratemos de fijar el sentido preciso de esta palabra, que aún no ha sido muy bien explicado.

Capítulo I. Del gobierno en general

Advierto al lector que este capítulo debe ser leído despacio, y que yo no conozco el arte de ser claro para quien no quiere estar atento.

Toda acción libre tiene dos causas que concurren a producirla: una moral, a saber: la voluntad que determina el acto; otra física, a saber: el poder que lo ejecuta. Cuando camino hacia un objeto, primero es menester que yo quiera ir; en segundo lugar, que mis pies me lleven. Que un paralítico quiera correr, que un hombre ágil no quiera: los dos se quedarán en el sitio. El cuerpo político tiene los mismos móviles: se distingue también en él la fuerza y la voluntad. Ésta con el nombre de *poder legislativo,* la otra con el nombre de *poder ejecutivo.* Nada se hace o nada debe hacerse sin su concurso.

Hemos visto que el poder legislativo pertenece al pueblo,

y no puede pertenecer más que a él. Es fácil ver, por el contrario, por los principios anteriormente establecidos, que el poder ejecutivo no puede pertenecer a la generalidad como legisladora o soberana; porque este poder no consiste más que en actos particulares que no son de la incumbencia de la ley ni, por consiguiente, de la del soberano, cuyos actos todos no pueden ser más que leyes.

Necesita, por tanto, la fuerza pública un agente propio que la una y la ponga en acción según las direcciones de la voluntad general, que sirva a la comunicación del Estado y del soberano, que, en cierto sentido, haga en la persona pública lo que hacen en el hombre la unión del alma y del cuerpo. He ahí lo que es en el Estado la razón del gobierno, confundido erróneamente con el soberano, del que no es más que el ministro.

¿Qué es, pues, el gobierno? Un cuerpo intermediario establecido entre los súbditos y el soberano para su mutua correspondencia, encargado de la ejecución de las leyes, y del mantenimiento de la libertad, tanto civil como política.

Los miembros de este cuerpo se llaman Magistrados o *Reyes*, es decir, *gobernantes*, y el cuerpo entero lleva el nombre de *Príncipe*[16]. Así, quienes pretenden que el acto por el que un pueblo se somete a los jefes no es un contrato, tienen mucha razón. No es más que una comisión, un empleo en el cual, simples oficiales del soberano, ejercen en su nombre el poder de que los ha hecho depositarios, y que él puede limitar, modificar y recuperar cuando le plazca, por ser incompatible la enajenación de tal derecho con la naturaleza del cuerpo social y contraria al fin de la asociación.

Llamo pues *gobierno* o suprema administración al ejercicio legítimo del poder ejecutivo y príncipe o magistrado al hombre o el cuerpo encargado de esta administración.

Es en el gobierno donde se encuentran las fuerzas intermediarias, cuyas relaciones componen la del todo con el todo o la del soberano con el Estado. Se puede representar esta última relación por la de los extremos de una proporción continua, cuya media proporcional es el gobierno. El gobierno recibe del soberano las órdenes que da al pueblo, y para que el Estado esté en buen equilibro es preciso que, compensado todo, haya igualdad entre el producto o el poder del gobierno en sí mismo considerado y el producto o el poder de los ciudadanos, que son soberanos por un lado y súbditos por otro.

Además, no podría alterarse ninguno de los tres términos sin romper al instante la proporción. Si el soberano quiere gobernar, o si el magistrado quiere dar leyes, o si los súbditos rehúsan obedecer, el desorden sucede a la regla, la fuerza y la voluntad no obran ya de concierto, y el Estado, disuelto, cae así en el despotismo o en la anarquía. Finalmente así como no hay más que un medio proporcional entre cada relación, tampoco hay más de un gobierno bueno posible en un Estado. Pero como mil acontecimientos pueden cambiar las relaciones de un pueblo, no sólo diferentes gobiernos pueden ser buenos para diversos pueblos, sino para el mismo pueblo en diferentes épocas.

Para tratar de dar una idea de las diversas relaciones que pueden reinar entre estos dos extremos, tomaré como ejemplo el número de la población como una relación más fácil de expresar.

Supongamos que el Estado esté compuesto de diez mil ciudadanos. El soberano no puede ser considerado sino colectivamente y como cuerpo; pero cada particular en calidad de súbdito es considerado como individuo: así el soberano es al súbdito como diez mil es a uno; es decir, que cada miembro del Estado no tiene, por lo que a él se refiere, más que la diezmilésima parte de la autoridad soberana, aunque esté sometido a ella por entero. Si el pueblo está compuesto por cien mil hombres, el estado de los súbditos no cambia, y cada cual lleva igualmente todo el imperio de las leyes, mientras que su sufragio, reducido a una cienmilésima, tiene diez vez menos influencia en su redacción. Entonces, por permanecer siempre uno el súbdito, la relación del soberano aumenta en razón del número de los ciudadanos. De donde se sigue que cuanto más se agranda el Estado, más disminuye la libertad.

Cuando digo que la relación aumenta, entiendo que se aleja de la igualdad. Cuanto mayor es la relación en la acepción de los geómetras, menos relación hay en la acepción común; en la primera, la relación considerada según la cantidad se mide por el exponente*, y en la otra, considerada según la identidad, se estima por la similitud.

Ahora bien, cuanto menos relación tengan las voluntades con la voluntad general, es decir, las costumbres con las leyes, más debe aumentar la fuerza represiva. Por tanto, para ser bueno, el gobierno debe ser relativamente más fuerte a medida que el pueblo es más numeroso.

Por otro lado, al dar el agrandamiento del Estado más tentaciones y medios de abusar de su poder a los depositarios de la autoridad pública, cuanta más fuerza deba tener el gobierno para contener al pueblo, más deberá tener a su vez el soberano para contener al gobierno. No hablo aquí de una fuerza absoluta, sino de una fuerza relativa de las diversas partes del Estado.

De esta doble relación se sigue que la proporción continua entre el soberano, el príncipe y el pueblo no es una idea arbitraria, sino una consecuencia necesaria de la naturaleza del

* En la *Enciclopedia*, D'Alembert firma el artículo «Exponente», que define así: «El *exponente* de una razón (hay que entender la *geométrica*, porque en aritmética lo que podría denominarse con ese nombre adopta más particularmente el de diferencia): el *exponente*, pues, de una razón geométrica es el cociente de la división del consecuente por el antecedente. Así, en la razón de 2 a 8, el exponente es 8/2 = 4; en la de 8 a 2 el exponente es 2/8 = 1/4, etc. Es la igualdad de *exponentes* de dos razones lo que las hace iguales, y lo que establece entre ellas lo que se llama una *proporción*. Cada consecuente es entonces el producto de su antecedente por el exponente común».

cuerpo político. Se sigue también que por ser fijo y representado por la unidad, uno de los extremos, a saber el pueblo como súbdito, cada vez que la razón doblada* aumenta o disminuye, la razón simple aumenta o disminuye análogamente, y que, en consecuencia, el término medio cambia. Lo cual demuestra que no hay una constitución de gobierno única y absoluta, sino que puede haber tantos gobiernos diferentes en naturaleza como Estados diferentes en extensión.

Si, queriendo ridiculizar este sistema, dijeran que para encontrar esa media proporcional y formar el cuerpo del gobierno no hace falta, en mi opinión, más que extraer la raíz cuadrada del número de la población, contestaría que no tomo aquí ese número sino como ejemplo, que las relaciones de que hablo no se miden sólo por el número de hombres, sino en general por la cantidad de acción, que se combina por multitudes de causas, que, por lo demás, si para expresarme con menos palabras tomo prestado por un momento los términos de geometría, no ignoro sin embargo que la precisión geométrica no tiene cabida en las cantidades morales.

* En *Le langage mathématique de J.-J. Rousseau* (pág. 343), Françon explica «raison doublée»: «También es ésa una expresión matemática cuyo sentido se comprende mal hoy. Dadas dos relaciones iguales A/B y C/D, se llama "razón doblada" al producto de estas dos relaciones, una por la otra, o sea (A · B) (C · D). En el caso particular que nos ocupa, tenemos una 'proporción continua' que no ofrece más que los tres términos A, B y C. La "razón doblada" es por tanto la relación (A · B) (B · C). Al ser fijo y estar representado por la unidad uno de los extremos, C, de la proporción A/B = B/C, la "razón doblada" es igual a (A · B)/B = A. Cuando A varía, la relación A/B varía también, así como el término medio entre A y la unidad, es decir, B. Rousseau deduce de ello que "no hay una constitución de gobierno única y absoluta, sino que puede haber tantos gobiernos diferentes en naturaleza como Estados diferentes en extensión". Como además tenemos la relación $A \cdot C = B^2$ y como C = 1, resulta que $B = \sqrt{A}$.»

El gobierno es en pequeño lo que el cuerpo político que lo engloba es en grande. Es una persona moral dotada de ciertas facultades, activa como el soberano, pasiva como el Estado, y que se puede descomponer en otras relaciones semejantes, de donde nace, por consiguiente, una nueva proporción, otra más aún en ésta, según el orden de los tribunales, hasta que se llega a un término medio indivisible, es decir, a un solo jefe o magistrado supremo que se puede representar, en medio de esta progresión, como la unidad entre la serie de las fracciones y la de los números.

Sin enredarnos en esta multiplicación de términos, contentémonos con considerar el gobierno como un nuevo cuerpo en el Estado, distinto del pueblo y del soberano, e intermediario entre uno y otro.

Entre estos dos cuerpos hay la siguiente diferencia esencial: que el Estado existe por sí mismo, y que el gobierno no existe más que por el soberano. Así, la voluntad dominante del Príncipe no es, o no debe ser, más que la voluntad general o la ley, su fuerza no es más que la fuerza pública concentrada en él, y tan pronto como quiere sacar de sí mismo algún acto absoluto e independiente, la trabazón de todo comienza a relajarse. Si finalmente ocurriera que el Príncipe tiene una voluntad particular más activa que la del soberano, y que para obedecer a esta voluntad particular usa de la fuerza pública que está en sus manos, de suerte que hay por así decir dos soberanos, uno de derecho y otro de hecho, al instante la unión social se desvanecería, y el cuerpo político quedaría disuelto.

Sin embargo, para que el cuerpo del gobierno tenga una existencia, una vida real que lo distinga del cuerpo del Estado, para que todos sus miembros puedan actuar de concierto y responder al fin para el que está instituido, hace falta un *yo* particular, una sensibilidad común a sus miembros, una fuerza, una voluntad propia que tienda a su conservación. Esta existencia particular supone asambleas, consejos, poder de deliberar, de resolver, derechos, títulos, privilegios que pertenecen al Príncipe exclusivamente y que hacen la condición del magistrado más honorable en la proporción en que es más penosa. Las dificultades están en la manera de ordenar en el todo este todo subalterno, de suerte que no altere en nada la constitución general al afirmar la suya, que distinga siempre su fuerza particular destinada a su propia conservación de la fuerza pública destinada a la conservación del Estado, y que, en una palabra, esté siempre dispuesto a sacrificar el gobierno al pueblo, y no el pueblo al gobierno.

Además, aunque el cuerpo artificial del gobierno sea obra de otro cuerpo artificial, y aunque no tenga en cierto modo más que una vida prestada y subordinada, esto no impide que pueda actuar con más o menos vigor y celeridad, gozar, por así decir, de una salud más o menos robusta. Por último, sin alejarse directamente del objetivo de su institución, puede apartarse más o menos, según la forma en que esté constituido.

De todas estas diferencias es de donde nacen las diversas relaciones que el gobierno debe tener en el cuerpo del Estado, según las relaciones accidentales y particulares por las que ese mismo Estado es modificado. Porque a menudo el mejor gobierno en sí mismo llegará a ser el más vicioso si sus relaciones no se alteran según los defectos del cuerpo político a que pertenece.

Capítulo II. Del principio que constituye las diversas formas de gobierno

Para exponer la causa general de estas diferencias, hay que distinguir aquí el príncipe del gobierno, como he distinguido antes el Estado del soberano.

El cuerpo de magistrados puede estar compuesto por un número mayor o menor de miembros. Hemos dicho que la relación del soberano con los súbditos era tanto mayor cuanto más numeroso era el pueblo, y por una analogía evidente podemos decir otro tanto del gobierno respecto a los magistrados.

Ahora bien, la fuerza total del gobierno, por ser la del Estado, no varía en absoluto: de donde se sigue que cuanto más usa de esta fuerza sobre sus propios miembros, menos le queda para actuar sobre todo el pueblo.

Por tanto, cuanto más numerosos sean los magistrados más débil es el gobierno. Como esta máxima es fundamental, apliquémonos a esclarecerla mejor.

Podemos distinguir en la persona del magistrado tres voluntades esencialmente diferentes. En primer lugar, la voluntad propia del individuo, que no tiende más que a su ventaja particular; en segundo lugar, la voluntad común de los magistrados, que se refiere únicamente a la ventaja del príncipe, y que se puede denominar voluntad de cuerpo, la cual es general en relación al gobierno y particular en relación al Estado, del que el gobierno forma parte; en tercer lugar, la voluntad del pueblo o voluntad soberana, que es general tanto en relación al Estado considerado como el todo cuanto en relación al gobierno considerado como parte del todo.

En una legislación perfecta, la voluntad particular o individual debe ser nula, la voluntad de cuerpo propia del gobierno, muy subordinada, y, por consiguiente, la voluntad general o soberana siempre dominante y regla única de todas las demás.

Por el contrario, según el orden natural, estas diferentes voluntades se vuelven más activas a medida que se concentran. Así, la voluntad general es siempre la más débil, la voluntad de cuerpo ocupa el segundo rango, y la voluntad particular el primero de todos: de suerte que en el gobierno cada miembro es en primer lugar él mismo, y luego magistrado, y luego ciudadano. Gradación directamente opuesta a la que el orden social exige.

Una vez sentado esto, que todo el gobierno esté entre las manos de un solo hombre: ya tenemos a la voluntad particular y a la voluntad de cuerpo perfectamente reunidas, y por consiguiente se halla en el más alto grado de intensidad que puede tener. Ahora bien, como el uso de la fuerza depende del grado de la voluntad, y como la fuerza absoluta del gobierno no varía, se deduce que el más activo de los gobiernos es el de uno solo.

Unamos por el contrario el gobierno a la autoridad legislativa; hagamos el príncipe del soberano, y de todos los ciudadanos otros tantos magistrados: entonces la voluntad de cuerpo, confundida con la voluntad general, no tendrá más actividad que ella, y dejará a la voluntad particular en toda su fuerza. Así, el gobierno, siempre con la misma fuerza absoluta, se hallará en su *minimum* de fuerza relativa o de actividad.

Estas relaciones son irrefutables, e incluso otras consideraciones sirven para confirmarlas. Se ve, por ejemplo, que cada magistrado es más activo en su cuerpo que cada ciudadano en el suyo, y que, por consiguiente, la voluntad particular tiene mucha más influencia en los actos del gobierno que en los del soberano; porque cada magistrado está casi siempre encargado de alguna función del gobierno, mientras que cada ciudadano considerado aparte no tiene ninguna función de la soberanía. Por otra parte, cuanto más se extiende el Estado, más aumenta su fuerza real, aunque ésta no aumente en razón de la extensión de aquél: pero, al seguir siendo el mismo el Estado, por más que los magistrados se multipliquen, no adquiere el gobierno una fuerza real mayor, porque esta fuerza es la del Estado, cuya medida es siempre igual. De este modo, la fuerza relativa o la actividad del gobierno disminuye sin que su fuerza absoluta o real pueda aumentar.

Es seguro también que el despacho de los asuntos se hace más lento a medida que se encargan más personas de ellos, que no por dar demasiado a la prudencia se da suficiente a la fortuna, que se deja escapar la ocasión y que, a fuerza de deliberar, se pierde con frecuencia el fruto de la deliberación.

Acabo de probar que el gobierno se relaja a medida que los magistrados se multiplican, y he probado antes que cuanto más numeroso es el pueblo más debe aumentar la fuerza represiva. De donde se sigue que la relación de los magistrados con el gobierno debe ser inversa de la relación de los súbditos con el soberano: es decir, que cuanto más se agranda el Estado, más debe reducirse el gobierno: de tal forma que el número de jefes disminuya en razón del aumento de la población.

Por lo demás, no hablo aquí sino de la fuerza relativa del gobierno, no de su rectitud. Porque al contrario, cuanto más numerosa es la magistratura, más se acerca la voluntad de cuerpo a la voluntad general; mientras que bajo un magistrado único esa misma voluntad de cuerpo no es, como ya he dicho, más que una voluntad particular. De este modo se pierde por un lado lo que se puede ganar por otro, y el arte del legislador es saber fijar el punto en que la fuerza y la voluntad del gobierno, siempre en proporción recíproca, se combinan en la relación más ventajosa para el Estado.

Capítulo III. División de los gobiernos

En el capítulo anterior se ha visto por qué se distinguen las diversas especies o formas de gobiernos, por el número de miembros que los componen; queda por ver en éste cómo se realiza esta división.

El soberano puede, en primer lugar, delegar el depósito del gobierno a todo el pueblo o a la mayor parte del pueblo, de suerte que haya más ciudadanos magistrados que simples ciudadanos particulares. A esta forma de gobierno se da el nombre de *democracia.*

O bien puede encerrar el gobierno entre las manos de un pequeño número, de suerte que haya más ciudadanos simples que magistrados, y esta forma lleva el nombre de *aristocracia.*

Finalmente, puede concentrar todo el gobierno en manos de un solo magistrado, del que todos los demás reciben su poder. Esta tercera forma es la más común, y se llama *monarquía* o gobierno real.

Debe observarse que todas estas formas o al menos las dos primeras son susceptibles de más o de menos, y hasta tienen una latitud bastante mayor; porque la democracia puede abarcar a todo el pueblo o limitarse hasta la mitad. A su vez la aristocracia puede limitarse de la mitad del pueblo hasta el número más pequeño indeterminadamente. La realeza misma es susceptible de alguna partición. Esparta tuvo constantemente dos reyes para su constitución, y en el Imperio Romano se vieron hasta ocho emperadores a la vez, sin que pudiera decirse que el imperio estaba dividido. Así, hay un punto en el que cada forma de gobierno se confunde con la siguiente y se ve que bajo tres únicas denominaciones el gobierno es realmente susceptible de tantas formas diversas como ciudadanos tiene el Estado.

Hay más: pudiendo en ciertos aspectos subdividirse ese mismo gobierno en otras partes, una administrada de un modo y otra de otro, puede resultar de estas tres formas combinadas una multitud de formas mixtas, cada una de las cuales puede multiplicarse por todas las formas simples.

En todo tiempo se ha discutido mucho sobre la mejor forma de gobierno, sin considerar que cada una de ellas es la mejor en ciertos casos, y la peor en otros.

Si en los diferentes Estados el número de los magistrados supremos debe estar en razón inversa al de los ciudadanos, se deduce que, en general, el gobierno democrático conviene a los Estados pequeños, el aristocrático a los medianos, y la monarquía a los grandes. Esta regla se saca directamente del principio; pero ¿cómo contar la multitud de circunstancias que pueden dar lugar a excepciones?

*Capítulo IV. De la democracia**

Quien hace la ley sabe mejor que nadie cómo debe ser ejecutada e interpretada. Parece por tanto que no podría haber mejor constitución que aquella en que el poder ejecutivo está unido al legislativo. Pero es esto mismo lo que hace insuficiente a ese gobierno en ciertos aspectos, porque las cosas que deben ser distinguidas no lo son, y porque no siendo el príncipe y el soberano más que la misma persona, no forman, por así decir, más que un gobierno sin gobierno.

No es bueno que quien hace las leyes las ejecute, ni que el cuerpo del pueblo desvíe su atención de las miras generales para volverla a los objetos particulares**. Nada hay más peligroso que la influencia de los intereses particulares en los asuntos públicos, y el abuso de las leyes por el gobierno es un mal menor que la corrupción del legislador, secuela infalible de las miras particulares. Al hallarse entonces alterado el Estado en su sustancia, toda reforma se vuelve imposible. Un pueblo que no abusara jamás del gobierno, tampoco abusa-

* Vaughan, en una edición clásica del *Contrato,* advierte que el sentido que Rousseau da aquí a la palabra democracia es inusitado en la época moderna, pero familiar para los antiguos, añadiendo que la democracia moderna cuadraba mejor con la definición que hace de la aristocracia «acoplada con la soberanía del pueblo». Sugiere Vaughan que fue para conciliarse el gobierno de Ginebra por lo que Rousseau adoptó esta terminología, aduciendo que en la *Lettre a D'Alembert* había designado a este último gobierno con el nombre de democracia.

** Las dos primeras ediciones dicen «volverlos», errata corregida por todos los editores modernos del *Contrato.*

ría de su independencia; un pueblo que gobernara siempre bien no tendría necesidad de ser gobernado.

Tomando el término en su acepción más rigurosa, jamás ha existido verdadera democracia, y no existirá jamás. Va contra el orden natural que el mayor número gobierne y el menor sea gobernado. No puede imaginarse que el pueblo permanezca incesantemente reunido para vacar a los asuntos públicos, y fácilmente se ve que no podría establecer para esto comisiones sin que cambie la forma de la administración.

En efecto, creo poder sentar en principio que cuando las funciones del gobierno se reparten entre varios tribunales, los menos numerosos adquieren tarde o temprano la mayor autoridad; aunque no fuera más que a causa de la facilidad de despachar los asuntos, que los lleva a ello de modo natural.

Además, ¿cuántas cosas difíciles de reunir no supone tal gobierno? En primer lugar, un Estado muy pequeño en que el pueblo sea fácil de congregar y en el que cada ciudadano pueda fácilmente conocer a todos los demás; en segundo lugar, una gran sencillez de costumbres que evite la multitud de asuntos y las discusiones espinosas; luego, mucha igualdad en los rangos y en las fortunas, sin lo cual la igualdad no podría subsistir mucho tiempo en los derechos y en la autoridad; finalmente poco o nada de lujo, porque o el lujo es efecto de las riquezas, o las hace necesarias; corrompe a la vez al rico y al pobre; al uno por posesión y al otro por ambición; vende la patria a la molicie, a la vanidad; priva al Estado de todos sus ciudadanos para hacerlos esclavos unos de otros, y todos de la opinión.

He aquí por qué un autor célebre* ha dado la virtud por principio a la República; porque todas estas condiciones no podrían subsistir sin la virtud; pero por culpa de no haber hecho las necesarias distinciones, ese gran genio ha careci-

* Montesquieu, en *El espíritu de las leyes,* III, cap. III.

do con frecuencia de exactitud, a veces de claridad, y no ha visto que, siendo la autoridad soberana por doquiera la misma, el mismo principio debe darse en todo Estado bien constituido, más o menos, desde luego, según la forma del gobierno.

Añadamos que no hay gobierno tan sometido a las guerras civiles y a las agitaciones intestinas como el democrático o popular, porque no hay ninguno que tienda tan fuerte y tan continuamente a cambiar de forma, ni que exija más vigilancia y valor para ser mantenido en la suya. En esa constitución sobre todo es en la que el ciudadano debe armarse de fuerza y de constancia, y decir cada día de su vida en el fondo de su corazón lo que decía un virtuoso palatino[17] en la Dieta de Polonia: *Malo periculosam libertatem quam quietum servitium**.

Si hubiera un pueblo de dioses, se gobernaría democráticamente. Un gobierno tan perfecto no conviene a los hombres.

Capítulo V. De la aristocracia

Tenemos aquí dos personas morales muy distintas, a saber, el gobierno y el soberano; y, por consiguiente, dos voluntades generales, una por relación a todos los ciudadanos, otra sólo por relación a los miembros de la administración. Así, aunque el gobierno pueda regular su política interior como le plazca, no puede jamás hablar al pueblo más que en nombre del soberano, es decir, en nombre del pueblo mismo; cosa que no hay que olvidar nunca.

Las primeras sociedades se gobernaron aristocráticamente. Los jefes de las familias deliberaban entre sí los asuntos públicos; los jóvenes cedían sin esfuerzo a la autoridad

* «Prefiero una libertad peligrosa que un sosiego servil.» Al parecer, según Vaughan, la frase hay que atribuirla no al padre, sino al abuelo del rey Estanislao.

de la experiencia. De ahí los nombres de *prestes,* de *ancianos,* de *senado,* de *gerontes**. Los salvajes de la América septentrional se gobiernan aún en nuestros días así, y están muy bien gobernados.

Pero a medida que la desigualdad de institución se impuso sobre la desigualdad natural, la riqueza o el poder[18] fueron preferidos a la edad, y la aristocracia se hizo electiva. Finalmente el poder, transmitido con los bienes del padre a los hijos, dando lugar a las familias patricias, hizo el gobierno hereditario, y se vieron senadores de veinte años.

Hay, por tanto, tres clases de aristocracia: natural, electiva, hereditaria. La primera no conviene más que a pueblos sencillos; la tercera es el peor de todos los gobiernos. La segunda es la mejor: es la aristocracia propiamente dicha.

Además de la ventaja de la distinción de los dos poderes, tiene la de la elección de sus miembros; pues en el gobierno popular todos los ciudadanos nacen magistrados, pero éste los limita a un pequeño número, y no se convierten en ello sino por elección[19], medio por el cual la probidad, las luces, la experiencia y todas las demás razones de preferencia y de estima pública, son otras tantas nuevas garantías de que uno será sabiamente gobernado.

* Con *prestes* traduzco el francés *prêtres,* usualmente traducido por sacerdotes. La etimología del castellano *preste* es precisamente el antiguo francés *prestre,* del que ha derivado la voz francesa actual; y aunque así se denomine a los sacerdotes, Rousseau emplea aquí esta voz no por su carácter religioso, sino por sus connotaciones etimológicas: *preste* procede del latín eclesiástico *presbyter,* derivado a su vez del griego eclesiástico πρεσβύτερος, comparativo de πρέσβυς, anciano; así, en el Nuevo Testamento πρεσβυτέριον significa consejo de ancianos. Traducido por sacerdotes, la versión atribuye a estos miembros religiosos, sólo por serlo, esa autoridad de la experiencia que Rousseau adjudica exclusivamente a los «mayores», a los ancianos, falseando a todas luces tanto la letra como el espíritu de Rousseau. Sólo queda añadir que en igual sentido escribe ancianos, senado (de *senatus,* consejo de ancianos), y *gerontes* (de la raíz griega γερων, γέροντος, anciano).

Además, las asambleas se hacen con más comodidad, los asuntos se discuten mejor, se despachan con más orden y diligencia, el crédito del Estado se halla mejor sostenido en el extranjero por venerables senadores que por una multitud desconocida o despreciada.

En una palabra, es el orden mejor y más natural que los más sabios gobiernen a la multitud cuando se está seguro de que la gobernarán en provecho de ella y no para el suyo particular; no hay que multiplicar vanamente las competencias, ni hacer con veinte mil hombres lo que cien hombres escogidos pueden hacer aún mejor. Pero hay que advertir que el interés de cuerpo comienza aquí a dirigir menos la fuerza pública por la regla de la voluntad general, y que otra tendencia inevitable quita a las leyes una parte de su poder ejecutivo.

Respecto a las conveniencias particulares, no es menester ni un Estado tan pequeño ni un pueblo tan sencillo y tan recto que la ejecución de las leyes se siga inmediatamente de la voluntad pública, como en una buena democracia. No es menester tampoco una nación tan grande que los jefes dispersos para gobernarla puedan romper y rasgar como soberanos cada uno en su departamento, y empezar por hacerse independientes para terminar finalmente como dueños.

Pero si la aristocracia exige algunas virtudes menos que el gobierno popular, exige también otras que le son propias, como la moderación en los ricos y el contento en los pobres*; porque parece que una igualdad rigurosa estaría en ella fuera de lugar; ni siquiera fue observada en Esparta.

Por lo demás, si esta forma implica cierta desigualdad de fortuna, es porque, en general, la administración de los asuntos públicos se confía a quienes mejor pueden entregar-

* En el libro II, cap. XI, Rousseau presentaba estas virtudes como propias de cualquier Estado bien constituido, no como exclusivas de la aristocracia.

le todo su tiempo, y no, como pretende Aristóteles*, porque se prefiera siempre a los ricos. Importa mucho, por el contrario, que una elección opuesta enseñe a veces al pueblo que hay en el mérito de los hombres razones de preferencia más importantes que la riqueza.

Capítulo VI. De la monarquía

Hasta aquí hemos considerado al príncipe como una persona moral y colectiva, unida por la fuerza de las leyes, y depositaria en el Estado del poder ejecutivo. Ahora tenemos que considerar este poder reunido en las manos de una persona natural, de un hombre real, el único que tiene derecho a disponer de él según las leyes. Es lo que se llama un monarca, o un rey.

Totalmente al contrario de las demás administraciones, en las que un ser colectivo representa a un individuo, en ésta un individuo representa a un ser colectivo**; de suerte que la unidad moral que constituye el príncipe es, al mismo tiempo, una unidad física en la que todas las facultades que

* Según Aristóteles (*Política*, III, cap. VII), el gobierno actúa en interés de los ricos no en la aristocracia, sino en la oligarquía. Por lo demás, el griego coincide con Rousseau en señalar como la πόλις mejor gobernada aquella en que la clase media es la más numerosa.

** Derathé hace la siguiente observación a esta frase: «...me parece muy difícil de comprender si se quiere conservar para el verbo "representar" el mismo sentido en las dos proposiciones. Indudablemente se comprende que el monarca, que es un hombre o una persona natural, represente el gobierno, que es un cuerpo colectivo o una persona moral. Pero no se comprende cómo en las demás administraciones, es decir, en la aristocracia y la democracia, "un ser colectivo representa a un individuo", porque el gobierno no es por naturaleza un individuo, sino un "cuerpo"...» Y otro erudito, G. Beaulavon, propone en su edición del *Contrato social* la siguiente lectura interpretativa: «en la aristocracia, por ejemplo, el cuerpo de los magistrados, ser colectivo, *se comporta* como un individuo».

la ley reúne con tanto esfuerzo en la otra, se hallan reunidas naturalmente.

Así, la voluntad del pueblo y la voluntad del príncipe, y la fuerza pública del Estado y la fuerza particular del gobierno, todo responde al mismo móvil, todos los resortes de la máquina están en la misma mano, todo marcha hacia el mismo objetivo, y no hay movimientos opuestos que se destruyan entre sí, y no se puede imaginar ninguna clase de constitución en la que un esfuerzo menor produzca una acción más considerable. Arquímedes sentado tranquilamente en la orilla y poniendo a flote sin esfuerzo un gran bajel representa para mí a un monarca hábil gobernando desde su gabinete sus vastos Estados, y haciendo mover todo mientras él parece inmóvil.

Pero si no hay gobierno que tenga más vigor, tampoco hay otro en el que la voluntad particular tenga mayor imperio y domine más fácilmente a las demás; todo marcha al mismo fin, cierto; pero este fin no es el de la felicidad pública, y la fuerza misma de la administración se vuelve sin cesar en perjuicio del Estado.

Los reyes quieren ser absolutos, y desde lejos se les grita que el mejor medio de serlo es hacerse amar de sus pueblos. Esta máxima es muy hermosa, e incluso muy verdadera en ciertos aspectos. Por desgracia, se burlarán de ella siempre en las cortes. El poder que viene del amor de los pueblos es sin duda el más grande; pero es precario y condicional; jamás se contentarán con él los príncipes. Los mejores reyes quieren poder ser malvados si les place, sin dejar de ser los amos: por mucho que un sermoneador político les diga que por ser la fuerza del pueblo la suya, su mayor interés está en que el pueblo sea floreciente, populoso, temible, ellos saben muy bien que eso no es cierto. Su interés personal es, en primer lugar, que el pueblo sea débil, miserable, y que jamás pueda resistírsele. Confieso que, suponiendo a los súbditos siempre perfectamente sumisos, el interés del príncipe sería entonces que el pueblo fuera poderoso, a fin de que, siendo ese poder el suyo, le hiciera temible a sus vecinos; pero como ese interés no es más que secundario y subordinado, y como las dos suposiciones son incompatibles, es natural que los príncipes den siempre preferencia a la máxima que les es más inmediatamente útil. Esto es lo que Samuel les pintaba con vehemencia a los hebreos*, es lo que Maquiavelo ha hecho ver con evidencia. Fingiendo dar lecciones a los reyes, las da, y grandes, a los pueblos. *El Príncipe* de Maquiavelo es el libro de los republicanos**.

En las relaciones generales hemos encontrado que la monarquía no conviene más que a los grandes Estados, y lo encontramos también al examinarla en sí misma. Cuanto más numerosa es la administración pública, más disminuye y se acerca a la igualdad la relación del príncipe con los súbditos,

* *Primer libro de Samuel,* cap. VIII; al describir a los hebreos los derechos del primer rey, Saúl, consagrado por el último juez, el propio Samuel. El fragmento siguiente podía haberlo leído Rousseau en *De cive,* de Hobbes (cap. XI, § 6): «El poder real es descrito por Dios mismo más particularmente hablando por boca de Samuel, su profeta: "Éste será el derecho del monarca a reinar sobre vosotros; tomará vuestros hijos y los empleará en su carroza y en sus caballos para que corran delante de su carroza. Los nombrará para sí jefes de mil y de cincuenta soldados utilizándolos también para labrar sus labrantíos, segar sus mieses y fabricar sus armas de guerra y el atalaje de sus carros guerreros. Y tomará vuestras hijas como perfumistas, cocineras y panaderas..., etc."» [*Primer libro de Samuel,* traducción de José María Bover y Francisco Cantera Burgos, Madrid, 1961, pág. 305.]

** En la edición de 1782, se añade la nota siguiente: «Maquiavelo era un hombre honesto y un buen ciudadano; pero, vinculado a la casa de Médicis, estaba obligado a disimular su amor por la libertad en medio de la opresión de su patria. La elección sola de su execrable Héroe manifiesta de sobra su intención secreta, y la oposición de las máximas de su libro *El Príncipe* a las de sus *Discursos sobre Tito Livio* y de su *Historia de Florencia* demuestra que este profundo político no ha tenido hasta ahora más que lectores superficiales o corrompidos. La corte de Roma prohibió severamente su libro; bien lo creo: a ella es a la que pinta con más claridad.»

de suerte que esta relación es uno o la igualdad misma en la democracia. Esta misma relación aumenta a medida que el gobierno se reduce, y llega a su *maximum* cuando el gobierno está en manos de uno solo. Entonces se encuentra una distancia demasiado grande entre el príncipe y el pueblo, y el Estado carece de conexión. Para formarla se precisan entonces órdenes intermediarios: son menester príncipes, grandes, la nobleza, para llenarlos. Ahora bien, nada de todo esto conviene a un Estado pequeño, al que arruinan todas estas gradaciones.

Pero si es difícil que un gran Estado esté bien gobernado, mucho más difícil lo es que esté bien gobernado por un solo hombre, y todos saben lo que ocurre cuando el rey se busca sustitutos.

Un defecto esencial e inevitable, que pondrá siempre al gobierno monárquico por debajo del republicano, es que en éste la voz pública casi nunca eleva a los primeros puestos sino a hombres esclarecidos y capaces, que los cumplen con honor: mientras que los que llegan a ellos en las monarquías no son, la mayoría de las veces, más que pequeños enredadores, pequeños bribones, pequeños intrigantes, a quienes sus pequeños talentos, que en la corte hacen conseguir los grandes puestos, no sirven más que para mostrar al público su inepcia tan pronto como han llegado a ellos. El pueblo se equivoca mucho menos en esta elección que el príncipe, y un hombre de verdadero mérito es casi tan raro en el ministerio como un tonto a la cabeza de un gobierno republicano. Por eso, cuando por algún feliz azar uno de esos hombres nacidos para gobernar toma el timón de los asuntos en una monarquía casi hundida por ese hatajo de lindos regidores, uno queda totalmente sorprendido por los recursos que encuentra, y esto hace época en un país*.

* Este párrafo fue añadido por Rousseau a última hora con la esperanza de que el ministro Choiseul le agradeciera el elogio y facilitara así la entrada del *Contrato social* en territorio francés; en las *Confesiones*,

Para que un estado monárquico pudiera ser bien gobernado, sería preciso que su grandeza o su extensión fuera proporcionada a las facultades de quien gobierna. Es más fácil conquistar que regir. Con una palanca suficiente se puede conmover el mundo con un dedo, pero para sostenerlo es menester los hombros de Hércules. A poco que un Estado sea grande, el príncipe es casi siempre demasiado pequeño. Cuando por el contrario ocurre que el Estado es demasiado pequeño para su jefe, cosa que es muy rara, está también mal gobernado, porque el jefe, siguiendo siempre la grandeza de sus miras, olvida los intereses de los pueblos y no los hace menos desgraciados por el abuso de sus talentos que tiene en exceso como un jefe limitado por el defecto de los que le faltan. Sería menester, por así decir, que un reino se extendiera o se redujera en cada reinado conforme al alcance del príncipe; mientras que, por tener los talentos de un Senado medidas más fijas, el Estado puede tener límites constantes y la administración no ir peor.

El inconveniente más sensible del gobierno de uno solo es la falta de esa sucesión continua que forma en los otros dos una conexión ininterrumpida. Muerto un rey, se necesita otro; las elecciones dejan intervalos peligrosos, son tormentosas, y a menos que los ciudadanos sean de un desinterés y de una integridad que este gobierno pocas veces entraña, la

Rousseau lo dice: «No dudaba siquiera de que M. de Choiseul, bien dispuesto en mi favor y sensible al elogio que mi estima por él me había hecho escribir en esa obra, me apoyaría en esta ocasión frente a la malevolencia de Mme. de Pompadour» (*Las confesiones,* pág. 766). Pero Choiseul no vio o no quiso ver el elogio de Rousseau, que se quejará en una carta a M. de Saint-Germain (26 de febrero de 1770): «... hice de él alabanzas que merecía demasiado poco para tomarlas al pie de la letra: se creyó insultado. De ahí su odio y todas mis desgracias... Si el señor de Choiseul hubiera empleado en gobernar bien el Estado la mitad del tiempo, de los talentos, del dinero y de las preocupaciones que ha puesto en satisfacer su odio, habría sido uno de los mayores ministros que hubiera tenido Francia».

intriga y la corrupción se mezclan a ellas. Es difícil que aquel a quien se ha vendido el Estado no lo venda a su vez, y que no se resarza con los débiles del dinero que los poderosos le han arrebatado. Tarde o temprano, todo se vuelve venal bajo una administración semejante, y la paz que se goza entonces bajo los reyes es peor que el desorden de los interregnos.

¿Qué se ha hecho para prevenir estos males? Se han hecho coronas hereditarias en ciertas familias, y se ha establecido un orden de sucesión que previene toda disputa a la muerte de los reyes: es decir que, sustituyendo el inconveniente de las regencias por el de las elecciones, se ha preferido una tranquilidad aparente a una administración sabia, y se ha preferido correr el riesgo de tener por jefes a niños, a monstruos, a imbéciles, que tener que disputar por la elección de buenos reyes; no se ha considerado que, exponiéndose de este modo a los riesgos de la alternativa, se ponen casi todas las posibilidades en contra de uno mismo. Fue muy sensata la frase del joven Dionisio, a quien su padre, reprochándole una acción vergonzosa, decía: «¿Te he dado yo ese ejemplo? ¡Ay!, respondió el hijo, ¡vuestro padre no era rey!»

Todo coadyuva a privar de justicia y de razón a un hombre educado para mandar a los demás. Según dicen, se toman muchos esfuerzos para enseñar a los jóvenes príncipes el arte de reinar; no parece que esta educación les aproveche. Mejor harían comenzando por enseñarles el arte de obedecer. Los mayores reyes que ha celebrado la historia no han sido educados para reinar; es una ciencia que jamás se posee menos que cuando se ha aprendido demasiado, y que se adquiere mejor obedeciendo que mandando. *Nam utilissimus idem ac brevissimus bonarum malarumque rerum delectus, cogitare quid aut nolueris sub alio principe aut volueris*[20].

Una secuela de esta falta de coherencia es la inconstancia del gobierno real que, regulándose tan pronto sobre un plan como sobre otro, según el carácter del príncipe que reina o de las personas que reinan por él, no puede tener por mucho tiempo un objetivo fijo ni una conducta consecuente: variación que hace fluctuar constantemente al Estado de máxima a máxima, de proyecto a proyecto, y que no ocurre en los demás gobiernos en que el príncipe es siempre el mismo. Por eso se ve que, en general, si hay más intriga en una corte, hay más sabiduría en un Senado, y que las repúblicas van a sus fines mediante miras más constantes y mejor seguidas, mientras que cada revolución en el ministerio produce una en el Estado; la máxima común a todos los ministros, y a casi todos los reyes, es hacer cualquier cosa a la inversa de su predecesor.

De esta misma incoherencia se saca también la solución de un sofisma muy familiar a los políticos reales; es no sólo comparar el gobierno civil con el gobierno doméstico y al príncipe con el padre de familia, error ya refutado, sino dar incluso liberalmente a este magistrado todas las virtudes que habría menester, y suponer siempre que el príncipe es lo que debe ser: suposición con ayuda de la cual el gobierno real es evidentemente preferible a cualquier otro, porque es, de modo irrefutable, el más fuerte, y porque, para ser también el mejor, no le falta más que una voluntad de cuerpo más conforme con la voluntad general.

Pero si, según Platón[21], el rey es por naturaleza un personaje tan raro, ¿cuántas veces la naturaleza y la fortuna concurrirán a coronarlo? Y si la educación real corrompe necesariamente a quienes la reciben, ¿qué debe esperarse de una sucesión de hombres educados para reinar? Son, pues, ganas de engañarse confundir el gobierno monárquico con el de un buen rey. Para ver lo que es ese gobierno en sí mismo, es preciso considerarlo bajo príncipes limitados o malvados; porque o llegarán así al trono, o el trono los volverá así.

Estas dificultades no han escapado a nuestros autores, pero no se han apurado mucho por ellas. El remedio, dicen, es obedecer sin murmurar. Dios da malos reyes en su cólera, y hay que soportarlos como castigos del cielo. Este discurso es sin duda edificante; pero no sé si convendría mejor en un púlpito que en un libro de política. ¿Qué decir de un médico que promete milagros y cuyo arte todo consiste en exhortar a su enfermo a la paciencia? Demasiado sabemos que hay que sufrir un mal gobierno cuando se tiene; la cuestión sería encontrar uno bueno.

Capítulo VII. De los gobiernos mixtos

Propiamente hablando no hay gobierno simple. Es preciso que un jefe único tenga magistrados subalternos; es preciso que un gobierno popular tenga un jefe. De este modo en el reparto del poder ejecutivo hay siempre gradación del mayor número al menor, con la diferencia de que el mayor número depende tan pronto del pequeño como el pequeño del grande.

Algunas veces hay reparto igual; bien cuando las partes constitutivas están en dependencia mutua, como en el gobierno de Inglaterra; bien cuando la autoridad de cada parte es independiente pero imperfecta, como en Polonia. Esta última parte es mala, porque no hay unidad en el gobierno, y porque el Estado carece de trabazón.

De un gobierno simple o de un gobierno mixto, ¿cuál es mejor? Cuestión muy debatida entre los políticos, y a la que hay que dar la misma respuesta que he dado antes sobre cualquier forma de gobierno.

El gobierno simple es el mejor en sí, por el solo hecho de ser simple. Pero cuando el poder ejecutivo no depende suficientemente del legislativo, es decir, cuando hay más relación del príncipe al soberano que del pueblo al príncipe, hay que remediar esta falta de proporción dividiendo el gobierno; porque entonces todas sus partes no tienen menos autoridad sobre los súbditos, y su división las hace, todas juntas, menos fuertes contra el soberano.

Se previene también el mismo inconveniente estableciendo magistrados intermediarios que, dejando al gobierno en su integridad, sirven sólo para equilibrar los dos poderes y para mantener sus derechos respectivos. Entonces el gobierno no es mixto, es moderado.

El inconveniente opuesto puede remediarse por medios semejantes, y, cuando el gobierno es demasiado laxo, erigir tribunales para concentrarlo. Esto se practica en todas las democracias. En el primer caso se divide el gobierno para debilitarlo, y en el segundo para reforzarlo; porque los *maximum* de fuerza y de debilidad se encuentran asimismo en los gobiernos simples, mientras que las fuerzas mixtas dan una fuerza media.

Capítulo VIII. Que cualquier forma de gobierno no es idónea para cualquier país

La libertad, por no ser un fruto de todos los climas, no está al alcance de todos los pueblos. Cuanto más se medita este principio establecido por Montesquieu*, más se siente su verdad. Cuanto más se debate, más ocasión se da para afirmarlo mediante nuevas pruebas.

En todos los gobiernos del mundo la persona pública consume y no produce nada. ¿De dónde le viene entonces la sustancia consumida? Del trabajo de sus miembros. Es lo superfluo de los particulares lo que produce lo necesario de lo público. De donde se sigue que el estado civil sólo puede subsistir cuando el trabajo de los hombres rinde por encima de sus necesidades.

Ahora bien, este excedente no es el mismo en todos los países del mundo. En algunos es considerable, en otros mediocre, en otros nulo, en otros negativo. Esta relación de-

* Alude en concreto Rousseau al libro XVII del *Espíritu de las leyes*.

pende de la fertilidad del clima, de la clase de trabajo que la tierra exige, de la naturaleza de sus producciones, de la fuerza de sus habitantes, del consumo mayor o menor que necesitan, y de muchas otras relaciones semejantes de las que está compuesto. Por otra parte, no todos los gobiernos son de la misma naturaleza; los hay más o menos voraces, y las diferencias están basadas en este otro principio, que cuanto más se alejan las contribuciones públicas de su fuente, más onerosas son. No es por la cantidad de impuestos por lo que hay que medir esta carga, sino por el camino que tienen que hacer para volver a las manos de que han salido; cuando esta circulación es rápida y se halla bien establecida, se pague poco o mucho no importa; el pueblo es siempre rico y las finanzas van siempre bien. Por el contrario, por poco que el pueblo dé, cuando ese poco no vuelve a él, como da constantemente, pronto se agota; el Estado no es nunca rico y el pueblo es siempre indigente.

De ahí se sigue que cuanto más aumenta la distancia del pueblo al gobierno, más onerosos se vuelven los tributos: así en la democracia el pueblo está menos cargado, en la aristocracia lo está más, en la monarquía soporta el mayor peso. La monarquía no conviene, por tanto, más que a las naciones opulentas, la aristocracia a los Estados medianos tanto en riqueza como en magnitud, la democracia a los Estados pequeños y pobres.

En efecto, cuanto más se reflexiona sobre ello, más diferencia se encuentra en este punto entre los Estados libres y los monárquicos; en los primeros se emplea todo para la utilidad común; en los otros, las fuerzas públicas y particulares son recíprocas, y una aumenta por el debilitamiento de la otra. Finalmente, en vez de gobernar a los súbditos para hacerlos felices, el despotismo los vuelve miserables para gobernarlos.

He aquí, pues, en cada clima causas naturales por las que puede asignarse la forma de gobierno a que la fuerza del clima lo impulsa, y decir incluso qué especies de habitantes debe tener. Los lugares ingratos y estériles en que el producto no vale el trabajo deben seguir incultos y desiertos, o poblados solamente por salvajes; los lugares en que el trabajo de los hombres no rinde exactamente más que lo necesario deben estar habitados por pueblos bárbaros, y toda vida civil sería allí imposible; los lugares en que el exceso del producto sobre el trabajo es mediano convienen a los pueblos libres; aquellos en que el terreno abundante y fértil da mucho producto por poco trabajo requieren ser gobernados monárquicamente para consumir con el lujo del príncipe el exceso de lo superfluo de los súbditos; porque más vale que este exceso sea absorbido por el gobierno que disipado por los particulares. Hay excepciones, lo sé: pero estas excepciones mismas confirman la regla, pues tarde o temprano producen revoluciones que devuelven las cosas al orden natural.

Distingamos siempre las leyes generales de las causas particulares que pueden modificar el efecto. Aunque todo el Mediodía estuviera cubierto de Repúblicas y todo el Norte de Estados despóticos no sería menos cierto por ello que, debido al clima, el despotismo conviene a los países cálidos, la barbarie a los países fríos y la buena administración a las regiones intermedias. También veo que, admitiendo el principio, podrá discutirse sobre la aplicación: podrá decirse que hay países fríos muy fértiles, y meridionales muy ingratos. Pero esta dificultad no lo es más que para quienes no examinan la cosa en todas sus relaciones. Como ya he dicho, es menester contar las de los trabajos, de las fuerzas, del consumo, etcétera.

Supongamos que de dos terrenos iguales, el uno produce cinco y el otro diez. Si los habitantes del primero consumen cuatro y los del último nueve, el excedente del primer producto será 1/5 y el del segundo 1/10. Al ser, por tanto, la relación de estos dos excedentes inversa a la de los productos, el terreno que sólo produzca cinco dará un sobrante doble que el terreno que produzca diez.

Pero no se trata de un producto doble, y no creo que nadie se atreva a equiparar, en líneas generales, la fertilidad de los países fríos con la de los países cálidos. Supongamos, no obstante, esta igualdad; dejemos, si se quiere, en equilibrio Inglaterra con Sicilia, y Polonia con Egipto. Más al mediodía tendremos África y las Indias; mas al norte no tendremos ya nada. Por esta igualdad de producto, ¡qué diferencia en el cultivo! En Sicilia no hay más que arañar la tierra; en Inglaterra, ¡cuánto esfuerzo para labrarla! Ahora bien, allí donde más brazos hacen falta para dar el mismo producto, el sobrante debe ser necesariamente menor.

Considerad, además de esto, que la misma cantidad de hombres consume mucho menos en los países cálidos. El clima exige en ellos ser sobrios para encontrarse bien: los europeos que quieren vivir ahí como en sus países perecen todos de disentería y de indigestiones. *Somos,* dice Chardin*, *bestias carniceras, lobos en comparación con los asiáticos. Algunos atribuyen la sobriedad de los persas a que su país está menos cultivado, yo creo, por el contrario, que su país abunda menos en géneros porque los habitantes los necesitan menos. Si su frugalidad,* continúa, *fuera un efecto de la escasez del país, sólo los pobres comerían poco, mientras que por regla general lo hace todo el mundo, y se comería más o menos en cada provincia según la fertilidad de la región, mientras que la sobriedad se encuentra por todo el reino. Se jactan mucho de su manera de vivir, diciendo que no hay más que mirar su tez para reconocer que es más excelente que la de los cristianos. En efecto, la tez de los persas es tersa; tienen la piel hermosa, fina y lisa mientras que la tez de los armenios, súbditos suyos que viven a la europea, es ruda, con barros, y sus cuerpos son gruesos y pesados.*

* *Voyages en Perse,* editado en Amsterdam, 1735, 4 vols. en cuarto.

Cuanto más se acercan al ecuador los pueblos viven con menos. No comen casi carne; el arroz, el maíz, el cuscús, el mijo, el cazabe son sus alimentos ordinarios. Hay en las Indias millones de habitantes cuya alimentación no cuesta un sueldo al día. En la misma Europa vemos diferencias sensibles en cuanto al apetito entre los pueblos del norte y los del mediodía. Un español vivirá ocho días con la comida de un alemán. En los países en que los hombres son más voraces, el lujo se vuelve también hacia las cosas de consumo. En Inglaterra se muestra en una mesa llena de viandas; en Italia os regalan dulces y flores.

El lujo de los vestidos ofrece también diferencias análogas. En los climas en que los cambios de las estaciones son súbitos y violentos tienen vestidos mejores y más simples; en aquellos en que sólo se viste por ornato se busca más la brillantez que la utilidad, los mismos vestidos son un lujo. En Nápoles veréis todos los días pasearse por el Posilipo a hombres con casaca dorada y sin medias. Lo mismo vale para los edificios: se dedica todo a la magnificencia cuando no se tiene nada que temer de las injurias de los aires. En París, en Londres quieren alojarse con calor y comodidad. En Madrid tienen salones soberbios, pero no ventanas que cierren bien, y se acuestan en nidos de ratas.

Los alimentos son mucho más sustanciosos y suculentos en los países cálidos; es ésta una tercera diferencia que no puede dejar de influir sobre la segunda. ¿Por qué se comen tantas legumbres en Italia? Porque allí son buenas, nutritivas, de gusto excelente. En Francia, donde se nutren sólo de agua, no alimentan, y apenas si se cuenta con ellas en las mesas. No por ello ocupan menos terreno ni cuesta por lo menos el mismo esfuerzo cultivarlas. Es un hecho comprobado que los trigos de Berbería, inferiores por lo demás a los de Francia, rinden mucho más en harina, y que los de Francia a su vez rinden más que los trigos del norte. De donde se puede inferir que una gradación semejante se observa por regla general en la misma dirección del Ecuador al Polo. Ahora bien, ¿no es una desventaja visible tener en un producto igual una cantidad menor de alimento?

A todas estas diferentes consideraciones puedo añadir una que se desprende de ellas y las refuerza: es que los países cálidos tienen menos necesidad de habitantes que los países fríos, y podrían alimentar a más; lo cual produce un excedente doble en beneficio siempre del despotismo. Cuanta mayor superficie ocupe el mismo número de habitantes, más difíciles se vuelven las revueltas; porque no puede uno concentrarse ni con rapidez ni en secreto, y porque siempre le resulta fácil al gobierno descubrir los proyectos y cortar las comunicaciones; cuanto más se concentra un pueblo numeroso, menos puede el gobierno usurpar los derechos del soberano; los jefes deliberan con tanta seguridad en sus habitaciones como los príncipes en su consejo, y la multitud se reúne tan pronto en las plazas como las tropas en sus acuartelamientos. La ventaja de un gobierno tiránico consiste, pues, en este punto, en actuar a grandes distancias. Con la ayuda de los puntos de apoyo que se busca, su fuerza aumenta en la distancia como la de las palancas[22]. La del pueblo, por el contrario, no actúa más que concentrada, se evapora y se pierde al extenderse, como el efecto de la pólvora esparcida en el suelo que sólo se enciende grano a grano. Los países menos poblados son, por eso, los más idóneos para la tiranía: las bestias feroces sólo reinan en los desiertos.

Capítulo IX. De los signos de un buen gobierno

Por tanto, cuando en términos absolutos se pregunta cuál es el mejor gobierno, se plantea una cuestión insoluble por indeterminada; o si se quiere, tiene tantas soluciones buenas como combinaciones posibles hay en las posiciones absolutas y relativas de los pueblos.

Pero si se preguntara por qué signo puede conocerse que un pueblo está bien o mal gobernado, sería otra cosa, y la cuestión podría resolverse de hecho.

Sin embargo, no se resuelve, porque cada cual quiere resolverla a su manera. Los súbditos alaban la tranquilidad pública, los ciudadanos la libertad de los particulares; uno prefiere la seguridad de las posesiones, y otro la de las personas; uno quiere que el mejor gobierno sea el más severo, otro sostiene que es el más suave; aquél quiere que se castiguen los crímenes, éste que se prevengan; a uno le parece bien ser temido por los vecinos, el otro prefiere ser ignorado por ellos; uno se contenta cuando el dinero circula, el otro exige que el pueblo tenga pan. Aunque se llegara a un acuerdo en estos puntos y en otros semejantes, ¿habríamos avanzado más? Las cantidades morales carecen de medida precisa: aunque se estuviera de acuerdo en el signo, ¿cómo estarlo en la estimación?

Por mi parte, siempre me sorprende que se desconozca un signo tan simple, o que se tenga la mala fe de no reconocerlo. ¿Cuál es el fin de la asociación política? La conservación y la prosperidad de sus miembros. ¿Y cuál es el signo más seguro de que se conservan y prosperan? Es su número y su población. No vayáis, pues, a buscar en otra parte ese signo tan disputado. En igualdad de todas las demás condiciones el gobierno bajo el cual, sin medios extranjeros, sin naturalizaciones, sin colonias, los ciudadanos pueblan y se multiplican más, es infaliblemente el mejor: aquél bajo el cual un pueblo disminuye y decae es el peor. Calculadores, ahora es asunto vuestro; contad, medid, comparad[23].

Capítulo X. Del abuso del gobierno y de su inclinación a degenerar

Así como la voluntad general actúa sin cesar contra la voluntad general, así el gobierno hace un continuo esfuerzo contra la soberanía. Cuanto más aumenta este esfuerzo, más se altera la constitución; y como aquí no hay otra voluntad de cuerpo que, resistiendo a la del príncipe, la equilibre, tarde o temprano debe ocurrir que el príncipe oprima por fin al soberano y rompa el trato social. Éste es el vicio inherente e inevitable que desde el nacimiento del cuerpo político tiende sin tregua a destruirlo, de igual forma que la vejez y la muerte destruyen el cuerpo del hombre.

Hay dos vías generales por las que un gobierno degenera; a saber, cuando se concentra, o cuando el Estado se disuelve.

El gobierno se concentra cuando pasa del gran número al pequeño, es decir, de la democracia a la aristocracia, y de la aristocracia a la realeza. Ésa es su inclinación natural[24]. Si retrocediera del pequeño número al grande, podría decirse que se relaja; pero este progreso inverso es imposible.

En efecto, jamás cambia el gobierno de forma sino cuando su resorte gastado lo deja demasiado débil para poder conservar la suya. Ahora bien, si se relajara aun extendiéndose, su fuerza resultaría completamente nula, y subsistiría todavía menos. Por tanto, hay que remontar y apretar el resorte a medida que cede; de otro modo el Estado al que sostiene caería en ruinas.

El caso de la disolución del Estado puede llegar de dos maneras.

En primer lugar, cuando el Príncipe no administra ya el Estado según las leyes y cuando usurpa el poder soberano. Entonces se opera un cambio notable; y es que, no ya el gobierno, sino el Estado, se concentra; quiero decir que el gran Estado se disuelve y se forma otro en éste, compuesto solamente por los miembros del gobierno, y que para el resto del pueblo no es ya más que su amo y su tirano. De suerte que en el instante en que el gobierno usurpa la soberanía, el pacto social queda roto, y todos los simples ciudadanos, vueltos de derecho a su libertad natural, son forzados, pero no obligados, a obedecer.

El mismo caso ocurre cuando los miembros del gobierno usurpan por separado el poder que no deben ejercer más que como cuerpo; lo cual no es una infracción menor de las leyes, y produce un desorden mayor aún. Entonces hay, por así decir, tantos príncipes como magistrados, y el Estado, no menos dividido que el gobierno,.perece o cambia de forma.

Cuando el Estado se disuelve, el abuso del gobierno, cualquiera que sea, toma el nombre común de *anarquía.* Distinguiendo, la democracia degenera en *oclocracia,* la aristocracia en *oligarquía;* yo añadiría que la realeza degenera en *tiranía,* pero esta última palabra es equívoca y requiere explicación.

En el sentido vulgar, un tirano es un rey que gobierna con violencia y sin miramientos para con la justicia y las leyes. En el sentido preciso, un tirano es un particular que se arroga la autoridad regia sin tener derecho a ello. Así es como los griegos entendían esa palabra de tirano; la daban indiferentemente a los príncipes buenos y a los malos cuya autoridad no era legítima[25]. Así, *tirano* y *usurpador* son dos palabras perfectamente sinónimas.

Para dar diferentes nombres a cosas diferentes, llamo *tirano* al usurpador de la autoridad real, y *déspota* al usurpador del poder soberano. El tirano es el que injiere contra las leyes para gobernar según las leyes; el déspota es aquel que se pone por encima de las leyes mismas. Así el tirano puede no ser déspota, pero el déspota es siempre tirano.

Capítulo XI. De la muerte del cuerpo político

Tal es la inclinación natural e inevitable de los gobiernos mejor constituidos. Si Esparta y Roma perecieron, ¿qué Estado puede esperar durar siempre? Si queremos formar una institución duradera, no pensemos, pues, en hacerla eterna. Para triunfar no hay que intentar lo imposible ni jactarse de dar a la obra de los hombres una solidez que las cosas humanas no entrañan.

El cuerpo político, igual que el cuerpo del hombre, comienza a morir desde su nacimiento y lleva en sí mismo las causas de su destrucción. Pero tanto uno como otro pueden tener una constitución más o menos robusta y apta para conservarlo más o menos tiempo. La constitución del hombre es obra de la naturaleza, la del Estado es obra del arte. No depende de los hombres prolongar su vida, depende de ellos prolongar la del Estado tan lejos cuanto sea posible, dándole la mejor constitución que pueda tener. El mejor constituido terminará, pero más tarde que otro, si ningún incidente imprevisto acarrea su pérdida antes de tiempo.

El principio de la vida política está en la autoridad soberana. El poder legislativo es el corazón del Estado, el poder ejecutivo es su cerebro, que da movimiento a todas las partes. El cerebro puede quedar paralizado y el individuo seguir viviendo. Un hombre se queda imbécil y vive: pero tan pronto como el corazón ha cesado en sus funciones, el animal está muerto.

No es por las leyes por lo que el Estado subsiste, es por el poder legislativo. La ley de ayer no obliga hoy, pero el consentimiento tácito se presume por el silencio, y se da por supuesto que el soberano confirma incesantemente las leyes que no abroga pudiendo hacerlo. Todo cuanto una vez declaró querer lo sigue queriendo siempre, a menos que lo revoque.

¿Por qué, pues, se tiene tanto respeto a las leyes antiguas? Por eso mismo. Debe creerse que sólo la excelencia de las voluntades antiguas ha podido conservarlas tanto tiempo: si el soberano no las hubiera reconocido constantemente saludables, las habría revocado mil veces. He ahí por qué, lejos de debilitarse, las leyes adquieren sin cesar una fuerza nueva en todo Estado bien constituido; el prejuicio de la antigüedad las hace cada día más venerables; mientras que allí donde las leyes se debilitan al envejecer, es prueba de que ya no hay poder legislativo, y de que el Estado ya no vive.

Capítulo XII. Cómo se mantiene la autoridad soberana

Al no tener el soberano otra fuerza que el poder legislativo, no actúa más que por leyes, y no siendo las leyes más que actos auténticos de la voluntad general, el soberano sólo podría actuar cuando el pueblo está reunido. ¡El pueblo reunido!, dirá alguien. ¡Qué quimera! Es una quimera hoy, pero no lo era hace dos mil años. ¿Han cambiado los hombres de naturaleza?

En las cosas morales los límites de lo posible son menos estrechos de lo que pensamos: son nuestras debilidades, nuestros vicios, nuestros prejuicios lo que las encoge. Las almas bajas no creen en los grandes hombres; viles esclavos sonríen con aire burlón ante esta palabra de libertad.

Consideremos por lo que se hizo lo que se puede hacer; no hablaré de las antiguas repúblicas de Grecia, pero la república romana era, en mi opinión, un gran Estado, y la ciudad de Roma una gran ciudad. El último censo dio en Roma cuatrocientos mil ciudadanos en armas, y el último empadronamiento del Imperio más de cuatro millones de ciudadanos sin contar los súbditos, los extranjeros, las mujeres, los niños y los esclavos.

¿Qué dificultad no supondría reunir frecuentemente al pueblo inmenso de esta capital y de sus alrededores? Sin embargo pocas semanas pasaban sin que el pueblo romano fuera reunido, e incluso varias veces. No sólo ejercía los derechos de la soberanía, sino una parte de los del gobierno. Trataba ciertos asuntos, juzgaba ciertas causas, y todo aquel pueblo era, en la plaza pública, casi tan a menudo magistrado como ciudadano.

Remontándonos a los primeros tiempos de las naciones,

encontraríamos que la mayoría de los antiguos gobiernos, incluso monárquicos como los de los macedonios y de los francos, tenían consejos semejantes. Sea como fuere, este solo hecho irrefutable responde a todas las dificultades: de lo existente a lo posible, la consecuencia me parece buena.

Capítulo XIII. Continuación

No basta que el pueblo reunido haya fijado una vez la constitución del Estado sancionando un cuerpo de leyes; no basta que haya establecido un gobierno perpetuo o que haya subvenido de una vez por todas a la elección de los magistrados. Además de las asambleas extraordinarias que casos imprevistos pueden exigir, es preciso que las haya fijas y periódicas que nada pueda abolir ni prorrogar, de tal modo que en un día señalado el pueblo sea legítimamente convocado por la ley, sin que haya necesidad para ello de ninguna otra convocatoria formal.

Pero fuera de estas asambleas jurídicas de fecha fija, toda asamblea del pueblo que no haya sido convocada por los magistrados propuestos a este efecto y según las formas prescritas debe ser tenida por ilegítima y por nulo todo cuanto en ella se haga; porque la orden misma de reunirse debe emanar de la ley.

En cuanto a la mayor o menor frecuencia de las asambleas legítimas, depende de tantas consideraciones que no podría darse sobre ello reglas precisas. Sólo puede decirse en líneas generales que cuanta más fuerza tiene el gobierno, con más frecuencia debe mostrarse el soberano.

Esto, se me dirá, puede ser bueno para una sola ciudad, pero ¿qué hacer cuando el Estado comprende varias? ¿Se dividirá la autoridad soberana, o bien debe concentrarse en una sola ciudad y someter a ella las demás?

Respondo a esto que no debe hacerse ni lo uno ni lo otro.

En primer lugar, la autoridad soberana es simple y una, y no se la puede dividir sin destruirla. En segundo lugar, una ciudad, al igual que una nación, no puede ser sometida legítimamente a otra, porque la esencia del cuerpo político está en el acuerdo entre la obediencia y la libertad, y porque estas palabras de *súbdito* y de *soberano* son correlaciones idénticas cuya idea se reúne en el solo término de ciudadano.

Respondo también que siempre es un mal unir varias villas en una sola ciudad, y que, si se quiere hacer esta unión, no hay que jactarse de evitar los inconvenientes naturales. No debe objetarse con el abuso de los grandes Estados a quien sólo los quiere pequeños; pero, ¿cómo dar a los pequeños Estados fuerza suficiente para resistir a los grandes? Como antaño las ciudades griegas resistieron al gran rey, y como más recientemente Holanda y Suiza han resistido a la casa de Austria.

No obstante, si no puede reducirse el Estado a justos límites, queda aún un recurso: es no sufrir una capital, hacer cada villa alternativamente sede del gobierno, y reunir así en cada una sucesivamente los Estados del país.

Poblad asimismo el territorio, extended por doquier los mismos derechos, llevad a todas partes la abundancia y la vida: así es como el Estado se hará a un tiempo el más fuerte y el mejor gobernado posible. Recordad que los muros de las ciudades no se forman sino de las ruinas de las casas del campo. A cada palacio que veo alzar en la capital, creo ver dejar en ruinas toda una región.

Capítulo XIV. Continuación

En el momento en que el pueblo está legítimamente reunido como cuerpo soberano, toda jurisdicción del gobierno cesa, el poder ejecutivo queda suspenso y la persona del último ciudadano es tan sagrada e inviolable como la del primer magistrado, porque donde está el representado no existe ya representante. La mayoría de los tumultos que se produjeron en Roma en los comicios derivaron de haber ignorado o descuidado esta regla. Los cónsules no eran entonces más que los presidentes del pueblo, los tribunos simples oradores[26] y el senado absolutamente nada.

Estos intervalos de suspensión en que el príncipe reconoce o debe reconocer un superior actual, son siempre temibles para él, y estas asambleas del pueblo, que son la égida del cuerpo político y el freno del gobierno, han sido desde siempre el horror de los jefes: por eso no ahorran nunca esfuerzos, ni objeciones, ni dificultades, ni promesas para disuadir de ellas a los ciudadanos. Cuando éstos son avaros, cobardes, pusilánimes y están más enamorados del reposo que de la libertad, no aguantan mucho tiempo los redoblados esfuerzos del gobierno; así es como al aumentar sin cesar la fuerza de resistencia, la autoridad soberana se desvanece a la postre, y como la mayoría de las ciudades caen y perecen antes de tiempo.

Pero entre la autoridad soberana y el gobierno arbitrario se introduce a veces un poder medio del que hay que hablar.

Capítulo XV. De los diputados o representantes

Tan pronto como el servicio público deja de ser el principal asunto de los ciudadanos, y tan pronto como prefieren servir con su bolsa antes que con su persona, el Estado está ya cerca de su ruina. ¿Hay que ir al combate? Pagan a tropas y se quedan en sus casas. ¿Hay que ir al consejo? Nombran diputados y se quedan en sus casas. A fuerza de pereza y de dinero, tienen en última instancia soldados para sojuzgar a la patria y representantes para venderla.

Es el ajetreo del comercio y de las artes, es el ávido interés del beneficio, es la molicie y el amor a las comodidades los que cambian los servicios personales en dinero. Se cede una parte de su beneficio para aumentarlo a su gusto. Dad dinero, y pronto tendréis cadenas. Esa palabra de *finanzas** es una palabra de esclavo; es desconocida en la ciudad. En un Estado verdaderamente libre los ciudadanos lo hacen todo con sus brazos y nada con el dinero; lejos de pagar para eximirse de sus deberes, pagarían por cumplirlos ellos mismos. Estoy muy lejos de las ideas comunes; estimo las prestaciones menos contrarias a la libertad que las tasas.

Cuanto mejor constituido está el Estado, más se imponen los asuntos públicos sobre los privados en el espíritu de los ciudadanos. Hay, incluso, muchos menos asuntos privados, porque al proporcionar la suma del bienestar común una porción más considerable al de cada individuo, le queda menos que buscar en los afanes particulares. En una ciudad bien guiada, todos vuelan a las asambleas; bajo un mal gobierno, a nadie le gusta dar un paso para dirigirse a ellas; porque nadie toma interés en lo que allí se hace, porque se prevé que la voluntad general no dominará en ellas, y porque finalmente las atenciones domésticas lo absorben todo. Las buenas leyes obligan a hacer otras mejores, las malas traen otras peores. Tan pronto como alguien dice de los asuntos del Estado: *¿a mí qué me importa?*, hay que contar con que el Estado está perdido.

El enfriamiento del amor a la patria, la actividad del interés privado, la inmensidad de los Estados, las conquistas, el abuso del gobierno han hecho imaginar la vía de los diputados o representantes del pueblo en las asambleas de la nación. Esto es lo que en ciertos países osan denominar Tercer Estado. Así el interés particular de los dos órdenes es coloca-

* *Finance* se usaba antiguamente en francés para designar el dinero con que se compraba un cargo. En el *Proyecto de Constitución para Córcega,* añade: «esta palabra de *finance* no era más conocida de los antiguos que las de talla [pecho sobre los plebeyos] o de capitación».

do en el primer y en el segundo rango, el interés público sólo en el tercero*.

La soberanía no puede ser representada, por la misma razón que no puede ser enajenada; consiste esencialmente en la voluntad general, y la voluntad no se representa; o es ella misma, o es otra: no hay término medio. Los diputados del pueblo no son, por tanto, ni pueden ser sus representantes, no son más que sus delegados; no pueden concluir nada definitivamente. Toda ley que el pueblo en persona no haya ratificado es nula; no es una ley. El pueblo inglés se piensa libre; se equivoca mucho; sólo lo es durante la elección de los miembros del Parlamento; en cuanto han sido elegidos, es esclavo, no es nada. En los breves momentos de su libertad, el uso que hace de ella bien merece que la pierda.

La idea de los representantes es moderna: nos viene del gobierno feudal, de ese inicuo y absurdo gobierno en el que la especie humana queda degradada, y en el que el nombre de hombre es un deshonor. En las antiguas repúblicas, e incluso en las monarquías, jamás tuvo el pueblo representantes; no se conocía esa palabra. Es muy singular que en Roma, donde los tribunos eran tan sagrados, no se les pasara siquiera por la imaginación que pudieran usurpar las funciones del pueblo, y que, en medio de una multitud tan grande, jamás intentaran pasar por su sola autoridad un solo plebiscito. Júzguense, sin embargo, las dificultades que ocasionaba a veces la plebe por lo que ocurrió en tiempo de los Gracos, cuando una parte de los ciudadanos daba su sufragio desde los tejados.

Donde el derecho y la libertad lo son todo, los inconvenientes no son nada. En ese sabio pueblo todo estaba en su justa medida: dejaba hacer a sus lictores lo que sus tribunos no hubieran osado hacer; no temía que sus lictores quisieran representarlo.

* Alusión a los Estados Generales constituidos por delegados de los tres órdenes.

Sin embargo, para explicar cómo los tribunos lo representaban algunas veces, basta concebir cómo representa el gobierno al soberano. No siendo la ley otra cosa que la declaración de la voluntad general, es evidente que en el poder legislativo el pueblo no puede ser representado; pero puede y debe serlo en el poder ejecutivo, que no es más que la fuerza aplicada a la ley. Esto demuestra que, examinando bien las cosas, encontraríamos muy pocas naciones con leyes. Sea como fuere, es seguro qe los tribunos, que no tenían parte alguna del poder ejecutivo, jamás pudieron representar al pueblo romano por los derechos de sus cargos salvo que usurparan los del senado.

Entre los griegos, todo lo que el pueblo tenía que hacer lo hacía por sí mismo; estaba sin cesar reunido en la plaza. Vivía en un clima suave, no era ávido, los esclavos hacían sus trabajos, su gran negocio era su libertad. No teniendo las mismas ventajas, ¿cómo conservar los mismos derechos? Vuestros climas más duros os dan más necesidades[27], seis meses al año no puede usarse vuestra plaza pública, vuestras lenguas sordas no pueden hacerse oír al aire libre, os importa más vuestro provecho que vuestra libertad, y teméis mucho menos la esclavitud que la miseria.

¿Cómo? ¿La libertad sólo se mantiene con el apoyo de la servidumbre? Quizás. Los dos excesos se tocan. Todo lo que no está en la naturaleza tiene sus inconvenientes, y la sociedad civil más que todo lo demás. Hay posiciones tan desdichadas que en ellas no puede uno conservar su libertad más que a expensas de la de otro, y el ciudadano no puede ser perfectamente libre a no ser que el esclavo sea extremadamente esclavo. Ésa era la posición de Esparta. En cuanto a vosotros, pueblos modernos, vosotros no tenéis esclavos, pero lo sois; pagáis su libertad con la vuestra. Por más que ensalcéis esa preferencia, encuentro en ella más cobardía que humanidad.

Con todo esto no quiero decir que haya que tener esclavos

ni que el derecho de esclavitud sea legítimo, puesto que he probado lo contrario. Digo únicamente las razones por las que los pueblos modernos, que se creen libres, tienen representantes, y por qué los pueblos antiguos no los tenían. Sea como fuere, en el instante en que un pueblo se da representantes, ya no es libre; ya no es.

Bien mirado todo, no veo que en adelante le sea posible al soberano conservar entre nosotros el ejercicio de sus derechos si no es muy pequeña la ciudad. Pero si es muy pequeña, ¿será sojuzgada? No. Más adelante demostraré[28] cómo se puede reunir el poderío exterior de un gran pueblo con la administración fácil y el buen orden de un Estado.

Capítulo XVI. Que la institución del gobierno no es un contrato

Una vez bien establecido el poder legislativo, se trata de establecer igualmente el poder ejecutivo; porque este último, que sólo opera mediante actos particulares, al no ser de la esencia del otro, está naturalmente separado de él. Si fuera posible que el soberano, considerado como tal, tuviera el poder ejecutivo, el derecho y el hecho se confundirían de tal modo que ya no se sabría lo que es ley ni lo que no lo es, y el cuerpo político así desnaturalizado no tardaría mucho en ser presa de la violencia contra la que fue instituido.

Al ser todos los ciudadanos iguales por el contrato social, lo que todos deben hacer lo pueden prescribir todos, mientras que nadie tiene derecho a exigir que otro haga lo que no hace él mismo. Ahora bien, es precisamente este derecho, indispensable para hacer vivir y moverse al cuerpo político, el que el soberano da al príncipe al instituir el gobierno.

Algunos han pretendido que el acto de esta institución era un contrato entre el pueblo y los jefes que él se da; contrato por el cual se estipulaban entre las dos partes las condiciones bajo las que una se obligaba a mandar y la otra a obedecer. No dudo que se me concederá que ésa es una extraña manera de contratar. Mas veamos si es sostenible esa opinión.

En primer lugar, la autoridad suprema no puede modificarse como tampoco enajenarse; limitarla es destruirla. Es absurdo y contradictorio que el soberano se dé a sí mismo un superior; obligarse a obedecer a un amo es entregarse en plena libertad.

Además es evidente que este contrato del pueblo con tales o cuales personas sería un acto particular. De donde se sigue que este contrato no podría ser ni una ley ni un acto de soberanía, y que por consiguiente sería ilegítimo.

Se ve también que las partes contratantes estarían entre sí bajo la sola ley de la naturaleza y sin ninguna garantía de sus compromisos recíprocos, lo cual repugna de cualquier modo al estado civil. Al ser siempre dueño de la ejecución el que tiene la fuerza en la mano, sería lo mismo que dar el nombre de contrato al acto de un hombre que dijera a otro: «os doy todos mis bienes, a condición de que me los devolváis cuando os plazca.»

No hay más que un contrato en el Estado, es el de la asociación; y éste solo excluye cualquier otro. No podría imaginarse ningún contrato público que no fuera una violación del primero.

Capítulo XVII. De la institución del gobierno

Por tanto, ¿cómo hay que concebir el acto por el cual se instituye un gobierno? Haré notar, en primer lugar, que este acto es complejo o compuesto de otros dos, a saber: el establecimiento de la ley, y la ejecución de la ley.

Por el primero, el soberano estatuye que habrá un cuerpo de gobierno establecido bajo tal o cual forma; y es evidente que este acto es una ley.

Por el segundo, el pueblo nombra los jefes que se encargarán del gobierno establecido. Ahora bien, al ser este nombramiento un acto particular, no es una segunda ley, sino sólo una secuela de la primera y una función del gobierno.

La dificultad está en comprender cómo puede haber un acto de gobierno antes de que exista el gobierno, y cómo el pueblo, que no es más que soberano o súbdito, puede volverse príncipe o magistrado en ciertas circunstancias.

También aquí se descubre una de esas sorprendentes propiedades del cuerpo político, por la que concilia operaciones contradictorias en apariencia. Porque ésta se hace por una conversión súbita de la soberanía en democracia; de suerte que, sin ningún cambio sensible, y sólo por una nueva relación de todos con todos, los ciudadanos vueltos magistrados pasan de los actos generales a los actos particulares, y de la ley a la ejecución.

Este cambio de relación no es una sutileza de especulación que carezca de ejemplo en la práctica: se da todos los días en el Parlamento de Inglaterra, donde la Cámara baja se convierte en ciertas ocasiones en gran comité para discutir mejor los asuntos, y así se vuelve simple comisión, de corte soberana que era el momento anterior; de tal forma que luego se somete a sí misma, como Cámara de los Comunes, lo que acaba de solventar como gran comité, y delibera de nuevo bajo un título sobre lo que ya ha resuelto bajo otro.

Tal es la ventaja propia del gobierno democrático: poder ser establecido de hecho por un simple acto de la voluntad general. Tras de lo cual, este gobierno provisional queda en posesión si tal es la forma adoptada, o establece en nombre del soberano el gobierno prescrito por la ley, y todo se encuentra en regla de este modo. No es posible instituir el gobierno de ninguna otra manera legítima, y sin renunciar a los principios antes establecidos.

Capítulo XVIII. Medio de prevenir las usurpaciones del gobierno

De estas aclaraciones resulta, en confirmación del capítulo XVI, que el acto que instituye el gobierno no es un contrato, sino una ley; que los depositarios del poder ejecutivo no son los amos del pueblo, sino sus oficiales; que puede ponerlos y destituirlos cuando le plazca; que no les corresponde a ellos contratar, sino obedecer; y que al hacerse cargo de las funciones que el Estado les impone, no hacen más que cumplir con su deber de ciudadanos, sin tener en modo alguno derecho a discutir las condiciones.

Así, pues, cuando ocurre que el pueblo instituye un gobierno hereditario, sea monárquico en una familia, sea aristocrático en un orden de ciudadanos, no es un compromiso lo que adopta; es una forma provisional que da a la administración, hasta que le plazca ordenarla de otro modo.

Cierto que estos cambios son siempre peligrosos, y que no hay que tocar nunca el gobierno establecido a no ser que se vuelva incompatible con el bien público; pero esta circunspección es una máxima de política y no una regla de derecho, y el Estado no está más obligado a dejar la autoridad civil a sus jefes que la autoridad militar a sus generales.

Cierto también que en semejante caso no sería posible observar con excesivo rigor todas las formalidades requeridas para distinguir un acto regular y legítimo de un tumulto sedicioso, y la voluntad de todo un pueblo de los clamores de una facción. Es aquí sobre todo donde no debe darse al caso odioso* sino aquello que no se le pueda rehusar en todo el

* Anotación de G. Beaulavon en su edición del *Contrato social:* «Vieja expresión jurídica caída en desuso. Es un caso en el que el ejercicio del derecho reivindicado se considera peligroso; se invoca entonces la máxima del derecho romano: *odia restringenda, favores ampliandi;* es decir, que hay que restringir cuanto sea posible los derechos nocivos y dar por el contrario la mayor amplitud posible a los derechos ventajosos.»

rigor del derecho, y es también de esta obligación de donde el príncipe saca una gran ventaja para conservar su poder pese al pueblo, sin que pueda decirse que lo ha usurpado. Pues pareciendo no usar más que sus derechos le es muy difícil ampliarlos, e impedir, so pretexto del sosiego público, las asambleas destinadas a restablecer el buen orden; de suerte que se prevale de un silencio que él mismo impide romper, o de las irregularidades que hace cometer, para suponer en su favor la confesión de los que callan por miedo, y para castigar a los que se atreven a hablar. Así es como los decenviros, elegidos al principio por un año, prorrogados luego por otro año, intentaron retener a perpetuidad su poder, no permitiendo más comicios para reunirse; y por medio de este fácil recurso es como todos los gobiernos del mundo, una vez revestidos de la fuerza pública, usurpan tarde o temprano la autoridad soberana.

Las asambleas periódicas de que he hablado antes son idóneas para prevenir o demorar esa desgracia, sobre todo cuando no necesitan de convocatoria formal; porque entonces el príncipe no podría impedirlas sin declararse abiertamente infractor de las leyes y enemigo del Estado.

La apertura de estas asambleas que no tienen por objeto más que el mantenimiento del tratado social debe hacerse siempre mediante dos proposiciones que no puedan suprimirse nunca, y que deben ser sometidas a sufragio por separado.

La primera: *si place al soberano conservar la presente forma de gobierno.*

La segunda: *si place al pueblo dejar la administración a aquellos que actualmente están encargados de ella**.

* Este párrafo fue la pieza fundamental contra Rousseau en el juicio ginebrino contra el *Contrato social;* según el fiscal, J.-Tronchin, «no conoce otro medio para prevenir las usurpaciones que fijar asambleas periódicas, durante las cuales el gobierno queda en suspenso, y en las que, sin que sea necesaria la convocatoria formal, se discute por separado y por

Supongo aquí lo que creo haber demostrado, a saber, que no hay en el Estado ninguna ley fundamental que no se pueda revocar, ni siquiera el pacto social; porque si todos los ciudadanos se reunieran para romper este pacto de común acuerdo, no puede dudarse de que sería roto muy legítimamente. Grocio piensa incluso que cada cual puede renunciar al Estado de que es miembro, y recuperar su libertad natural y sus bienes saliendo del país[29]. Ahora bien, sería absurdo que todos los ciudadanos reunidos no pudieran lo que puede por separado cada uno de ellos.

mayoría de sufragios si ha de conservarse la forma del gobierno recibido y los magistrados instituidos».

Libro IV

Capítulo I. Que la voluntad general es indestructible

Mientras que varios hombres reunidos se consideren como un solo cuerpo, no tienen más que una sola voluntad, que se refiere a la común conservación y al bienestar general. Entonces todos los resortes del Estado son vigorosos y simples, sus máximas son claras y luminosas, no hay intereses embrollados, contradictorios, el bien común se muestra por doquier con evidencia, y no exige más que sensatez para ser percibido. La paz, la unión, la igualdad son enemigos de las sutilezas políticas. Los hombres rectos y sencillos son difíciles de engañar debido a su sencillez; las añagazas, los pretextos refinados no se imponen a ellos; no son siquiera lo bastante sutiles para ser víctimas de engaños. Cuando en el más feliz de los pueblos del mundo* se ve a tropas de campesinos arreglar los asuntos del Estado bajo un roble y conducirse siempre sabiamente, ¿puede uno impedirse despreciar los refinamientos de las demás naciones, que se vuelven ilustres y miserables con tanto arte y misterios?

* Alusión a los cantones rurales de Suiza.

Un Estado así gobernado necesita de muy pocas leyes, y a medida que se vuelve necesario promulgarlas nuevas, tal necesidad es vista por todos. El primero que las propone no hace más que decir lo que ya todos han sentido, y no se necesitan ni intrigas ni elocuencias para hacer pasar a ley lo que cada cual ha resuelto hacer tan pronto como los demás estén dispuestos a hacer como él.

Lo que engaña a los discutidores es que al ver sólo Estados mal constituidos desde su origen, les parece imposible mantener entre ellos tal organización. Se ríen al imaginar todas las tonterías con las que un bribón hábil, un charlatán insinuante podría persuadir al pueblo de París o de Londres. No saben que a Cromwell le hubiera puesto cascabeles el pueblo de Berna, y al duque de Beaufort le hubieran metido los ginebrinos en el correccional*.

Pero cuando el nudo social comienza a relajarse y el Estado a debilitarse, cuando los intereses particulares comienzan a dejarse sentir y las pequeñas sociedades a influir sobre la grande, el interés común se altera y encuentra oponentes, la unanimidad no reina ya en los votos, la voluntad general no es ya la voluntad de todos, se alzan contradicciones, debates, y la mejor opinión no pasa sin disputas.

Finalmente cuando el Estado, cerca de su ruina, no subsiste más que de una forma ilusoria y vana, cuando el vínculo social está roto en todos los corazones, cuando el más vil interés se arroga descaradamente el nombre sagrado del bien público, entonces la voluntad general se vuelve muda, y todos, guiados por motivos secretos, no opinan ya como ciudadanos como si el Estado no hubiera existido nunca, y

* En Berna recibía el nombre de «Schallenhaus» o de «Schallenwerk» (institución de las campanillas, por las que ponían al cuello de los condenados cuando éstos eran empleados en trabajos de utilidad pública) la penitenciaría donde estaban los condenados a penas graves. De igual modo, *la discipline* (que traduzco por *correccional)* era la casa de corrección para los bribones imbéciles de la ciudad.

se hace pasar falsamente bajo el nombre de leyes decretos inicuos que no tienen más fin que el interés particular.

¿Se sigue de ahí que la voluntad general esté aniquilada o corrompida? No, ésta es siempre constante, inalterable y pura; pero está subordinada a otras que prevalecen sobre ella. Cada cual, separando su interés del interés común, ve de sobra que no puede separarlo del todo, pero su parte del mal público no le parece nada en comparación con el bien exclusivo de que pretende apropiarse. Exceptuando este bien particular, quiere el bien general por interés propio tan fuertemente como cualquier otro. Incluso cuando vende su sufragio por dinero no extingue en él la voluntad general, la elude. La falta que comete es cambiar el estado de la cuestión y responder otra cosa a lo que se le pregunta: de suerte que en lugar de decir mediante sufragio: *es ventajoso para el Estado,* dice: *es ventajoso para tal hombre o tal partido que tal o cual opinión se apruebe.* De este modo la ley del orden público en las asambleas no consiste tanto en mantener en ellas la voluntad general como en hacer que sea siempre interrogada y que responda siempre.

Tendría que hacer aquí muchas reflexiones sobre el sencillo derecho de votar en cualquier acto de soberanía, derecho que nada puede quitar a los ciudadanos; y sobre el de opinar, de proponer, de dividir, de discutir, que el gobierno siempre tiene gran cuidado de dejar sólo a sus miembros; pero esta importante materia exigiría un tratado aparte, y no puedo decir todo en éste.

Capítulo II. De los sufragios

Por el capítulo anterior se ve que la manera en que se tratan los asuntos generales puede dar un indicio bastante seguro del estado actual de las costumbres y de la salud del cuerpo político. Cuanto más reina lo concreto en las asambleas, es decir, cuanto más se acercan las opiniones a la unanimidad, más dominante es también la voluntad general; pero los largos debates, las disensiones, el tumulto anuncian el ascendente de los intereses particulares y el declive del Estado.

Esto parece menos evidente cuando dos o varios órdenes entran en su constitución, como en Roma los patricios y los plebeyos, cuyas querellas perturbaron con frecuencia los comicios, incluso en los mejores tiempos de la república; pero esta excepción es más aparente que real; porque entonc debido al vicio inherente al cuerpo político, se tienen, así decir, dos Estados en uno; lo que no es cierto de dos juntos, es cierto de cada uno por separado. Y en efect los tiempos incluso más tormentoso, los plebiscitos de blo, cuando el senado no se mezclaba a ellos, se apro siempre tranquilamente y con gran pluralidad de suf al no tener los ciudadanos más que un interés, el pueb tenía más que una voluntad.

En el otro extremo del círculo reaparece la unanimidad. Es cuando los ciudadanos caídos en la servidumbre no tienen ya ni libertad ni voluntad. Entonces el temor y la adulación convierten en aclamaciones los sufragios; ya no se delibera, se adora o se maldice. Tal era la vil manera de opinar del senado bajo los emperadores. A veces se hacía con precauciones ridículas: Tácito* observa que cuando bajo Otón los senadores abrumaban a execraciones a Vitelio, fingían hacer al mismo tiempo un ruido espantoso a fin de que, si por azar llegaba a ser él amo, no pudiera saber lo que cada uno de ellos había dicho.

De estas diversas consideraciones nacen las máximas por las que se debe regular la forma de contar los votos y de comparar las opiniones, según la voluntad general sea más o menos fácil de conocer, y el Estado más o menos declinante.

Sólo hay una ley que por su naturaleza exige un consenti-

* *Historias*, I, 85.

miento unánime. Es el pacto social: porque la asociación civil es el acto más voluntario del mundo; habiendo nacido todo hombre libre y dueño de sí mismo, nadie puede, bajo el pretexto que sea, someterle sin su consentimiento. Decidir que el hijo de un esclavo nace esclavo es decidir que no nace hombre.

Por lo tanto, si durante el pacto social se encuentran oponentes, su oposición no invalida el contrato, sólo impide que estén comprendidos en él; son extranjeros entre los ciudadanos. Cuando el Estado se halla instituido, el consentimiento está en la residencia; habitar el territorio es someterse a la soberanía[30].

Fuera de este contrato primitivo, el voto del mayor número obliga siempre a los demás: es una secuela del contrato mismo. Pero preguntan cómo puede un hombre ser libre, y estar forzado a conformarse con voluntades que no son las suyas. ¿Cómo los oponentes son libres y están sometidos a leyes a las que no han consentido?

Yo respondo que la cuestión está mal planteada. El ciudadano consiente en todas las leyes, incluso en aquellas que se aprueban a pesar suyo, e incluso en las que lo castigan cuando osa violar alguna. La voluntad constante de todos los miembros del Estado es la voluntad general; por ella es por lo que los ciudadanos son libres[31]. Cuando se propone una ley en la asamblea del pueblo, lo que se les pide no es precisamente si aprueban la proposición o si la rechazan, sino si es conforme o no con la voluntad general que es la suya; al dar su sufragio, cada uno dice su opinión sobre ello, y del cálculo de los votos se saca la declaración de la voluntad general. Por tanto, cuando la opinión contraria a la mía prevalece, esto no prueba otra cosa sino que yo me había equivocado, y que lo que yo estimaba que era la voluntad general no lo era. Si mi opinión particular hubiera vencido, yo habría hecho otra cosa distinta de lo que hubiera querido, y entonces es cuando no habría sido libre.

Cierto que esto supone que todos los caracteres de la voluntad general están aún en la pluralidad: cuando dejan de estar en ella, sea cual fuere el partido que se adopte, ya no hay libertad.

Al mostrar antes cómo se sustituía la voluntad general por las voluntades particulares en las deliberaciones públicas, he indicado de sobra los medios practicables para prevenir tal abuso; aún hablaré luego de ello. Respecto al número proporcional de los sufragios para declarar esta voluntad, también he dado los principios por los que puede determinarse. La diferencia de un solo voto rompe la igualdad, un solo oponente rompe la unanimidad; pero entre la unanimidad y la igualdad hay muchas divisiones desiguales, en cada una de las cuales puede fijarse ese número según el estado y las necesidades del cuerpo político.

Dos máximas generales pueden servir para regular esas relaciones: una, que cuanto más importantes y graves son las deliberaciones, más debe acercarse a la unanimidad la opinión que prevalece; otra, que cuanta mayor celeridad exige el asunto debatido, más debe reducirse la diferencia prescrita en la división de opiniones: en las deliberaciones que hay que terminar con urgencia, la mayoría de un solo voto debe bastar. La primera de estas máximas parece más conveniente para las leyes, y la segunda para los asuntos públicos. Sea como fuere, en su combinación es donde se establecen las mejores relaciones que pueden darse a la pluralidad para que se pronuncie.

Capítulo III. De las elecciones

Respecto a las elecciones del príncipe y de los magistrados, que como he dicho son actos complejos, hay dos vías para proceder a ellas: a saber, la elección y el sorteo. Tanto una como otro han sido empleados en diversas repúblicas; y aun en la actualidad se ve una mezcla muy complicada de las dos en la elección del dogo de Venecia.

El sufragio por sorteo, dice Montesquieu, *es natural de la democracia.* Convengo en ello, pero ¿cómo? *El sorteo,* continúa él, *es una forma de elegir que no aflige a nadie; deja a cada ciudadano una esperanza razonable de servir a la patria**. Eso no son razones.

Si se atiende a que la elección de los jefes es una función del gobierno y no de la soberanía, se verá por qué la vía del sorteo está más en la naturaleza de la democracia, donde la administración es tanto mejor cuanto menos se multiplican los actos.

En toda verdadera democracia la magistratura no es una ventaja, sino una carga onerosa que no puede imponerse en justicia más a un particular que a otro. Sólo la ley puede imponer esta carga a aquel sobre quien caiga el sorteo. Porque siendo entonces la condición igual para todos, y no dependiendo la elección de ninguna voluntad humana, no hay aplicación particular que altere la universalidad de la ley.

En la aristocracia, el príncipe escoge al príncipe, el gobierno se conserva por sí mismo, y es allí donde los sufragios tienen razón de ser.

El ejemplo de la elección del dogo de Venecia confirma esta distinción en vez de destruirla: esta forma mezclada conviene en un gobierno mixto. Porque es un error tomar al gobierno de Venecia por una verdadera aristocracia. Si el pueblo no tiene parte alguna en el gobierno, la nobleza misma es allí pueblo. Una infinidad de pobres barnabotes jamás se acercó a ninguna magistratura** ni tuvo de su nobleza

* *El espíritu de las leyes,* II, cap. II.

** Con este nombre se designaba en Venecia a los habitantes del barrio de San Bernabé, que eran los pobres. Este fragmento rousseauniano sobre Venecia excitó a Voltaire, que lo comenta en el párrafo 35 de sus *Ideas republicanas:* «Todo esto es de una falsedad indignante. Ésta es la primera vez que se dice que el gobierno de Venecia no era enteramente

más que el vano título de excelencia y el derecho de asistir al gran Consejo. Siendo este gran Consejo tan numeroso como nuestro Consejo General de Ginebra, sus ilustres miembros no tienen más privilegios que nuestros simples ciudadanos. Cierto que, dejando a un lado la extrema disparidad de las dos repúblicas, la burguesía de Ginebra representa exactamente el patriarcado veneciano; nuestros nativos y habitantes representan a los vecinos y al pueblo de Venecia, y nuestros campesinos representan los súbditos de tierra firme; en fin, de cualquier modo que se considere esta República, abstracción hecha de su extensión, su gobierno no es más aristocrático que el nuestro. Toda la diferencia consiste en que, no teniendo ningún jefe vitalicio, nosotros no tenemos la misma necesidad del sorteo.

Las elecciones por sorteo tendrían pocos inconvenientes en una verdadera democracia en la que siendo todo igual, tanto por las costumbres y los talentos como por las máximas y las fortunas, la elección resultaría casi indiferente. Pero ya he dicho que no existe verdadera democracia.

Cuando la elección y el sorteo se encuentran mezclados, la primera debe llenar los puestos que exigen talentos idóneos, tales como los empleos militares; el otro conviene a aquellos en los que bastan la sensatez, la justicia, la integridad, tales como los cargos de judicatura, dado que en un Estado bien constituido estas cualidades son comunes a todos los ciudadanos.

Ni el sorteo ni los sufragios se dan en el gobierno monárquico. Siendo por derecho el monarca el único príncipe y el magistrado único, la elección de sus lugartenientes sólo a él pertenece. Cuando el abate de St. Pierre proponía multipli-

aristocrático; de veras, es una extravagancia, y sería severamente castigada en el Estado veneciano. Es falso que los senadores, a los que el autor se atreve a denominar con el término despectivo de barnabotes, no hayan sido nunca magistrados; yo le citaría más de cincuenta que han tenido los empleos más importantes.»

car los Consejos del Rey de Francia y elegir los miembros por escrutinio, no se daba cuenta de que proponía cambiar la forma del gobierno.

Me quedaría por exponer la forma de dar y de recoger los votos en la asamblea del pueblo; pero quizá la historia de la organización romana a este respecto explique de modo más sensible todas las máximas que yo pudiera establecer. No es indigno de un lector juicioso ver un poco en detalle cómo se trataban los asuntos públicos y particulares en un consejo de doscientos mil hombres.

Capítulo IV. De los comicios romanos

No tenemos monumentos muy seguros de los primeros tiempos de Roma; incluso existe la sospecha de que la mayoría de las cosas que se dicen de ella son fábulas[32] y, en general, la parte más instructiva de los anales de los pueblos, que es la historia de su establecimiento, es la que más nos falta. La experiencia nos enseña todos los días de qué causas nacen las revoluciones de los imperios; pero como ya no se forman pueblos, apenas tenemos otra cosa que conjeturas para explicar cómo se formaron.

Los usos que se encuentran establecidos atestiguan, por lo menos, que hubo un origen para tales usos. De las tradiciones que se remontan a esos orígenes, aquellas que apoyan las mayores autoridades y que confirman con razones más fuertes, deben pasar por más seguras. He ahí la máxima que he tratado de seguir al indagar cómo ejercía su poder supremo el pueblo más libre y más poderoso de la tierra*.

Después de la fundación de Roma, la naciente república, es decir, el ejército del fundador, compuesto de albanos, sabinos y extranjeros, fue dividido en tres clases, que por esta

* El pueblo romano, como afirma en el *Discurso sobre la desigualdad.*

división recibieron el nombre de *tribus*. Cada una de estas tribus fue subdividida en diez curias, y cada curia en decurias, a la cabeza de las cuales se puso jefes llamados *curiones* y *decuriones*.

Además de esto se sacó de cada tribu un cuerpo de cien jinetes o caballeros, llamado centuria; por donde se ve que estas divisiones, poco necesarias en un burgo, eran al principio únicamente militares. Pero parece que cierto instinto de grandeza llevaba a la pequeña villa de Roma a darse de antemano una organización conveniente para la capital del mundo. De esta primera división resultó pronto un inconveniente. Es que al permanecer siempre la tribu de los albanos[33] y la de los sabios[34] en el mismo estado, mientras la de los extranjeros[35] crecía sin cesar por la afluencia perpetua de éstos, esta última no tardó en superar a las otras dos. El remedio que Servio encontró a este peligroso abuso fue cambiar la división, y la de las razas, que abolió, fue sustituida por otra basada en los lugares de la villa ocupados por cada tribu. En lugar de tres tribus, hizo de ellas cuatro, cada una de las cuales ocupaba una de las colinas de Roma y llevaba su nombre. Remediando de este modo la desigualdad presente, la previno aun para el futuro; y a fin de que esta división no fuera sólo de lugares, sino de hombres, prohibió a los habitantes de un barrio trasladarse a otro, lo cual impidió a las razas confundirse.

Dobló también las tres antiguas centurias de caballería y les añadió otras doce, pero siempre bajo los antiguos nombres: medio simple y juicioso por el que acabó de distinguir el cuerpo de los caballeros del cuerpo del pueblo, sin hacer murmurar a este último.

A estas cuatro tribus urbanas añadió Servio otras quince llamadas tribus rústicas, porque estaban formadas por habitantes de la campiña, divididos en otros tantos cantones. Posteriormente se hicieron otras tantas nuevas, y finalmente el pueblo romano se halló dividido en treinta y cinco tribus; número en el que quedaron fijas hasta el fin de la república.

De esta distinción de las tribus de la ciudad y de las tribus de la campiña resultó un ejemplo digno de ser observado, porque no hay otro ejemplo igual, y porque Roma debió a ella a un tiempo la conservación de sus costumbres y el acrecentamiento de su imperio. Podría creerse que las tribus urbanas se arrogarían pronto el poder y los honores, y que no tardarían en despreciar a las tribus rústicas; fue todo lo contrario. Ya es sabido el gusto de los primeros romanos por la vida campestre. Este gusto les venía del sabio fundador que unió a la libertad los trabajos rústicos y militares, y relegó, por así decir, a la ciudad las artes, los oficios, la intriga, la fortuna y la esclavitud.

De este modo, viviendo todo cuanto tenía de ilustre Roma en los campos y cultivando las tierras, se acostumbraron a no buscar sino en ellos los sostenes de la república. Por ser este estado el de los patricios más dignos, fue honrado por todo el mundo; la vida sencilla y laboriosa de los aldeanos fue preferida a la vida ociosa y relajada de los burgueses de Roma, y una persona que no hubiera sido más que un desgraciado proletario en la ciudad, como labrador en los campos se convirtió en un ciudadano respetado. No carece de motivo, decía Varrón*, el que nuestros magnánimos antepasados establecieran en la aldea el vivero de estos robustos y valientes hombres que los defendían en tiempo de guerra y los nutrían en tiempo de paz. Plinio** dice positivamente que las tribus de los campos eran honradas a causa de los hombres que las componían: mientras que se transfería, por ignominia, a las de la ciudad a los cobardes a quienes se quería degradar. El sabio Apio Claudio, venido a establecerse en Roma, fue colmado allí de honores e inscrito en una tribu

* Varrón, *De re rustica*, III, I.
** Plinio, *Hist. Nat.*, XVIII, 3.

rústica que en adelante tomó el nombre de su familia. Finalmente, los libertos entraban todos en las tribus urbanas, jamás en las rurales; no hay durante toda la república un solo ejemplo de alguno de esos libertos que llegara a la magistratura, aunque se hubiera hecho ciudadano.

Esta máxima era excelente; pero fue llevada tan lejos que, en última instancia, resultó de ella un cambio y ciertamente un abuso en la organización civil.

En primer lugar, los censores, tras haberse arrogado durante mucho tiempo el derecho de transferir arbitrariamente los ciudadanos de una tribu a otra, permitieron a la mayor parte hacerse inscribir en la que les placía; permiso que con toda seguridad no era bueno para nada y que privaba a la censura de uno de los grandes resortes. Además, al hacerse inscribir todos los grandes y los poderosos en las tribus de la campiña, y quedar los libertos, hechos ciudadanos, con el populacho en las de la ciudad, las tribus en general no tuvieron ya lugar ni territorio; pero todos se hallaron tan mezclados que no se podía ya discernir los miembros de cada una por los registros, de suerte que la idea de la palabra *tribu* pasó de este modo de lo real a lo personal, o mejor, se volvió casi una quimera.

Ocurrió también que estando más a mano las tribus de la ciudad resultaron con frecuencia las más fuertes en los comicios, y vendieron el Estado a aquellos que se dignaban comprar los sufragios de la canalla que las componía.

Respecto a las curias, habiendo hecho el fundador diez en cada tribu, todo el pueblo romano encerrado entonces en los muros de la ciudad se encontró compuesto por treinta curias, cada una de las cuales tenía sus templos, sus dioses, sus oficiales, sus sacerdotes, y sus fiestas denominadas *compitalia*, semejantes a las *paganalia* que tuvieron luego las tribus rústicas.

Con la nueva división de Servio, al no poderse repartir por igual ese número de treinta entre sus cuatro tribus, no quiso tocarlo, y las curias independientes de las tribus formaron otra división aparte de los habitantes de Roma. Pero ni en las tribus rústicas ni en el pueblo que las componía se trató de curias, porque, habiéndose convertido las tribus en una institución puramente civil, y habiéndose introducido en ellas otra organización para la leva de tropas, las divisiones militares de Rómulo resultaron ya superfluas. De este modo, aunque todo ciudadano estuviera inscrito en una tribu, no era completamente necesario que lo estuviera en una curia.

Servio hizo además una tercera división que no tenía relación alguna con las dos precedentes, y que por sus efectos resultó la más importante de todas. Distribuyó todo el pueblo romano en seis clases, que no distinguió ni por el lugar ni por los hombres, sino por los bienes; de suerte que las primeras clases eran nutridas por los ricos, las últimas por los pobres, y las del medio por quienes gozaban de una fortuna media. Estas seis clases estaban subdivididas en 193 cuerpos llamados centurias, y estos cuerpos estaban tan distribuidos que la primera clase comprendía, sólo ella, más de la mitad, y la última no formaba más que uno solo. Resultó así que la clase menos numerosa en hombres era la más numerosa en centurias, y que la última clase, entera, sólo contaba como una subdivisión, aunque ella sola contuviese más de la mitad de los habitantes de Roma.

A fin de que el pueblo se percatase menos de las consecuencias de esta última forma, Servio afectó darle un aire militar: insertó en la segunda clase dos centurias de armeros, y dos de instrumentos de guerra en la cuarta. En cada clase, excepto en la última, distinguió los jóvenes de los viejos, es decir, aquellos que estaban obligados a llevar armas y aquellos a quienes su edad eximía de ellas por las leyes; distinción que como la de los bienes, originó la necesidad de rehacer a menudo el censo o empadronamiento. Finalmente quiso que la asamblea se celebrara en el campo de Marte, y que cuantos estuvieran en edad de servir acudieran allí con sus armas.

La razón por la que no aplicó en la última clase esta misma división de jóvenes y viejos es que no se concedía al populacho de que estaba compuesta el honor de llevar las armas por la patria; había que tener hogares para obtener el derecho a defenderlos, y de esos innúmeros tropeles de míseros con que resplandecen hoy los ejércitos de los reyes, tal vez no haya uno solo que no hubiera sido expulsado con desdén de una cohorte romana cuando los soldados eran los defensores de la libertad.

Sin embargo, también en la última clase se distinguió a los *proletarios* de aquellos que se llamaban *capite censi*. Los primeros, no reducidos por completo a nada, daban al menos ciudadanos al Estado, a veces incluso soldados en las necesidades apremiantes. En cuanto a los que no tenían absolutamente nada y que no podían ser empadronados más que por sus cabezas, eran enteramente considerados nulos, y Mario fue el primero que se dignó enrolarlos*.

Sin decidir aquí si este tercer empadronamiento era bueno o malo en sí mismo, creo poder afirmar que sólo las costumbres sencillas de los primeros romanos, su desinterés, su gusto por la agricultura, su desprecio por el comercio y por el afán de lucro pudieron hacerlo practicable. ¿Dónde está el pueblo moderno en el que la voraz avidez, el espíritu inquieto, la intriga, los continuos desplazamientos, las perpetuas revoluciones de las fortunas pudieran permitir que durase veinte años semejante organización sin trastornar todo el Estado? Y hay que observar incluso que las costumbres y la censura, más fuertes que esta institución, corrigieron su vicio en Roma, y que rico hubo que se vio relegado a la clase de los pobres, por haber hecho alarde de su riqueza.

* En otros libros *(Economía política, Gobierno de Polonia)*, Rousseau atacará a Mario calificándolo de nefasto para el ejército romano.

De todo esto puede comprenderse fácilmente por qué casi nunca se mencionan más que cinco clases, aunque realmente hubo seis. La sexta no proporcionaba ni soldados al ejército ni votantes al campo de Marte[36], y al no tener casi uso alguno en la república, rara vez contaba para algo.

Tales fueron las diferentes divisiones del pueblo romano. Veamos ahora el efecto que produjeron en las asambleas. Estas asambleas legítimamente convocadas se llamaban *comicios;* tenían lugar ordinariamente en la plaza de Roma o en el campo de Marte, y se distinguían en comicios por curias, comicios por centurias y comicios por tribus, según para cuál de estas tres formas estuvieran reguladas: los comicios por curias eran institución de Rómulo, los comicios por centurias de Servio, los comicios por tribus de los tribunos del pueblo. Ninguna ley recibía sanción, ningún magistrado era elegido sino en los comicios, y como no había ningún ciudadano que no estuviera inscrito en una curia, en una centuria o en una tribu, de ello se sigue que ningún ciudadano estaba excluido del derecho de sufragio, y que el pueblo romano era verdaderamente soberano de derecho y de hecho.

Para que los comicios fueran legítimamente reunidos y para que lo que en ellos se hacía tuviera fuerza de ley, se requerían tres condiciones: la primera, que el cuerpo o el magistrado que las convocaba estuviera revestido para ello de la autoridad necesaria; la segunda, que la asamblea se hiciera uno de los días permitidos por la ley; la tercera, que los augurios fueran favorables.

La razón de la primera ordenanza no necesita ser explicada. La segunda es un asunto de organización: así, no estaba permitido celebrar los comicios los días feriados y de mercado, en los que las gentes de la campiña que venían a Roma para sus asuntos no tenían tiempo para pasarse el día en la plaza pública. Por la tercera, el senado embridaba a un pueblo orgulloso e inquieto, y templaba oportunamente el ardor de los tribunos sediciosos; pero éstos hallaron más de un medio para librarse de tal obstáculo.

Las leyes y la elección de los jefes no eran los únicos puntos sometidos al juicio de los comicios; habiendo usurpado el pueblo romano las funciones más importantes del gobierno, puede decirse que la suerte de Europa era regulada en sus asambleas. Tal variedad de objetos daba lugar a las diversas formas que adoptaban estas asambleas según las materias sobre las que tenía que pronunciarse el pueblo.

Para juzgar sobre estas diversas formas basta compararlas. Al instituir las curias, Rómulo se proponía contener al senado mediante el pueblo y al pueblo mediante el senado, dominando igualmente sobre todos. Por tanto dio al pueblo, mediante esta forma, toda la autoridad del número para contrapesar la del poder y de las riquezas que dejaba a los patricios. Pero de acuerdo con el espíritu de la monarquía, dejó sin embargo más ventaja a los patricios gracias a la influencia de sus clientes en la pluralidad de los sufragios. Esta admirable institución de los patrones y de los clientes fue una obra maestra de política y de humanidad sin la que el patriciado, tan contrario al espíritu de la república, no habría podido subsistir. Sólo Roma ha tenido el honor de dar al mundo este hermoso ejemplo, del que jamás resultó abuso y que sin embargo jamás ha sido seguido.

Habiendo subsistido esta misma forma de las curias bajo los reyes hasta Servio, y al no contarse como legítimo el reinado del último Tarquino, vinieron a distinguirse generalmente las leyes regias con el nombre de *leges curiatæ*.

Bajo la república, las curias, siempre limitadas a las cuatro tribus urbanas, y sin contener nada más que el populacho de Roma, no podían convenir ni al senado que estaba a la cabeza de los patricios, ni a los tribunos que, aunque plebeyos, estaban a la cabeza de los ciudadanos acomodados. Cayeron por tanto en descrédito, y su degradación fue tal que sus treinta lictores reunidos hacían lo que hubieran debido hacer los comicios por curias.

La división por centurias era tan favorable a la aristocracia, que en primer lugar no se comprende cómo el senado no prevalecía siempre en los comicios que llevaban este nombre y por los que se elegían los cónsules, los censores y los demás magistrados curules. En efecto, de las ciento noventa y tres centurias que formaban las seis clases de todo el pueblo romano, por comprender la primera clase noventa y ocho y no contándose los votos sino por centurias, esta primera clase, sola, dominaba en número de votos a todas las demás. Cuando todas sus centurias estaban de acuerdo, ni siquiera se continuaba recogiendo sufragios; lo que había decidido el número más pequeño pasaba por decisión de la multitud, y puede decirse que en los comicios por centurias los asuntos se regulaban a pluralidad de escudos antes que a la de votos*.

Pero esta extrema autoridad se templaba por dos medios. Primero, como por lo general los tribunos y siempre un gran número de plebeyos estaban en la clase de los ricos, contrapesaban el crédito de los patricios en esta primera clase.

El segundo medio consistía en que, en lugar de hacer votar primero a las centurias por su orden, cosa que habría hecho necesario comenzar por la primera, se sacaba una a sorteo, y ésta[37] sola procedía a la elección; tras lo cual las centurias convocadas otro día según su rango repetían la misma elección, y por regla general la confirmaban. Así se quitaba al rango la autoridad del ejemplo para dársela al sorteo según el principio de la democracia.

* Traduzco *pluralité* por pluralidad, consciente del escaso empleo que esta palabra tiene en su significado de *mayoría,* término éste que ha sustituido casi por entero en el lenguaje moderno a *pluralidad.* Pero el mismo fenómeno se ha producido en francés, que dice exclusivamente *majorité.* El diccionario de la Academia registra ese giro, a *pluralidad de votos:* por mayoría.

De esta costumbre resultaba otra ventaja todavía: es que los ciudadanos de la campiña tenían tiempo, entre las dos elecciones, de informarse del mérito del candidato provisionalmente nombrado, a fin de no dar su voto sino con conocimiento de causa. Pero so pretexto de celeridad, este uso terminó por ser abolido, y las dos elecciones se hicieron el mismo día.

Los comicios por tribunos eran, propiamente, el consejo del pueblo romano. No eran convocados más que por los tribunos; allí eran elegidos los tribunos y allí se aprobaban sus plebiscitos. Allí no sólo el senado no tenía rango, no tenía siquiera el derecho de asistir, y obligados a obedecer a leyes que no habían podido votar, los senadores eran en este punto menos libres que los últimos ciudadanos. Esta injusticia era muy mal comprendida, y bastaba ella sola para invalidar los decretos de un cuerpo en el que no todos sus miembros eran admitidos. Aunque todos los patricios hubieran asistido a estos comicios por el derecho que a ello tenían como ciudadanos, convertidos en simples particulares apenas habrían influido en una forma de sufragios que se recogían por cabeza, y en la que el menor proletario podía tanto como el príncipe del senado.

Se ve, pues, que además del orden que resultaba de estas diversas distribuciones para la recogida de los sufragios de un pueblo tan vasto, estas distribuciones no se reducían a formas indiferentes en sí mismas, sino que cada una tenía efectos relativos a las miras que la hacían preferible.

Sin entrar en mayores detalles sobre el tema, resulta de las aclaraciones precedentes que los comicios por tribu eran los más favorables al gobierno popular, y los comicios por centurias a la aristocracia. Respecto a los comicios por curias, en los que el populacho solo formaba la mayoría, como no servían más que para favorecer la tiranía y los malos designios, hubieron de caer en el descrédito, absteniéndose los mismos sediciosos de un medio que ponía demasiado al descubierto sus proyectos. Es cierto que toda la majestad del pueblo romano sólo se encontraba en los comicios por centurias, únicos que eran completos; dado que a los comicios por curias faltaban las tribus rústicas, y que a los comicios por tribus faltaban el Senado y los patricios.

En cuanto a la manera de recoger los sufragios, era entre los primeros romanos tan sencilla como sus costumbres, aunque menos sencilla aún que en Esparta. Cada uno daba su sufragio en alta voz, y un escribano los iba apuntando; la mayoría de votos en cada tribu determinaba el sufragio del pueblo, y así con las curias y con las centurias. Este uso fue bueno mientras la honestidad reinó entre los ciudadanos, y mientras todos sintieron vergüenza de dar públicamente su sufragio a una opinión injusta o a un sujeto indigno; pero cuando el pueblo se corrompió y se compraron los votos, resultó conveniente que se diesen en secreto para contener a los compradores mediante la desconfianza y proporcionar a los bribones el medio de no ser traidores.

Sé que Cicerón* censura este cambio y que le atribuye en parte la ruina de la república. Pero aunque soy consciente del peso que aquí debe tener la autoridad de Cicerón, no soy de su opinión. Pienso, por el contrario, que por no haber realizado suficientes cambios análogos se aceleró la pérdida del Estado. Así como el régimen de personas sanas no es propio para los enfermos, no hay que pretender gobernar a un pueblo corrompido por las mismas leyes que convienen a un buen pueblo. Nada prueba mejor esta máxima que la duración de la república de Venecia, cuyo simulacro aún existe porque sus leyes sólo convienen a hombres malvados.

Se distribuyó, pues, a los ciudadanos tablillas por las que cada cual podía votar sin que se supiera cuál era su opinión. También se establecieron nuevas formalidades para la reco-

* Cicerón, *De legibus,* III, 15; aunque Rousseau debió inspirarse para esta cita de Cicerón en Montesquieu, *Espíritu de las leyes,* II, II.

gida de las tablillas, el recuento de los votos, la comparación de los números, etc. Lo cual no impidió que la fidelidad de los oficiales encargados de estas funciones[38] fuera con frecuencia sospechosa. Finalmente, para impedir la intriga y el tráfico de sufragios se promulgaron edictos cuya abundancia demuestra su inutilidad.

Hacia los últimos tiempos, se vieron obligados con frecuencia a recurrir a expedientes extraordinarios para suplir la insuficiencia de las leyes. Unas veces inventaban prodigios; pero este medio que podía infundir respeto al pueblo no lo infundía a quienes lo gobernaban; otras se convocaba repentinamente una asamblea antes de que los candidatos hubieran tenido tiempo de preparar sus manejos; otras, se gastaba toda una sesión hablando cuando se veía al pueblo ya ganado y dispuesto a adoptar un mal partido: pero, en última instancia, la ambición lo eludió todo; y lo más increíble es que en medio de tantos abusos, ese pueblo inmenso, gracias a sus antiguas ordenanzas no dejaba de elegir magistrados, de aprobar leyes, de juzgar causas, de despachar asuntos particulares y públicos casi con tanta facilidad como hubiera podido hacerlo el mismo senado.

Capítulo V. Del tribunado

Cuando no se puede establecer una proporción exacta entre las partes constitutivas del Estado, o cuando causas indestructibles alteran sin cesar las relaciones, entonces se instituye una magistratura particular que no forma cuerpo con las otras, que vuelve a poner cada término en su verdadera relación, y que constituye su enlace o un término medio bien entre el príncipe y el pueblo, bien entre el príncipe y el soberano, bien las dos cosas a la vez si es necesario.

Este cuerpo, que yo llamaría *tribunado,* es el conservador de las leyes y del poder legislativo. Sirve en ocasiones para proteger al soberano frente al gobierno, como hacían en Roma los tribunos del pueblo, en ocasiones para sostener al gobierno frente al pueblo, como hace ahora en Venecia el Consejo de los Diez, y en ocasiones para mantener el equilibrio de las partes, como hacían los éforos en Esparta.

El tribunado no es una parte constitutiva de la ciudad, y no debe tener ninguna porción del poder legislativo ni del ejecutivo; pero ahí radica precisamente que el suyo sea mayor: porque, aunque no puede hacer nada, puede impedir todo. Es más sagrado y más venerado como defensor de las leyes que el príncipe que las ejecuta y que el soberano que las da. Es lo que se vio claramente en Roma cuando aquellos orgullosos patricios, que siempre despreciaron a todo el pueblo, fueron obligados a inclinarse ante un simple oficial del pueblo, que no tenía ni auspicios ni jurisdicción.

El tribunado sabiamente moderado es el apoyo más firme de una buena constitución; pero por poca fuerza que tenga de más, echa abajo todo; respecto a la debilidad, tampoco está en su naturaleza, y con tal que sea algo nunca es menos de lo que debe ser.

Degenera en tiranía cuando usurpa el poder ejecutivo, del que no es más que moderador, y cuando quiere dispensar las leyes* que sólo debe proteger. El enorme poder de los éforos, que existió sin peligro mientras Esparta conservó sus costumbres, aceleró la corrupción una vez iniciada ésta. La sangre de Agis, degollado por estos tiranos, fue vengada por su sucesor: el crimen y el castigo de los éforos apresuraron asimismo la pérdida de la república, y después de Cleomenes ya no fue nada Esparta. Roma pereció también por la misma vía, y el poder excesivo de los tribunos, gradualmen-

* Utiliza Rousseau un neologismo, «dispenser *les lois*» cuyo sentido queda explicado en la *Economía política:* «administrar las leyes», es decir, asegurar su ejecución, según explica Derathé. El *dispensare* latino tiene ese sentido en algunos pasajes de Cicerón y de Cornelio Népote, llegando en Ovidio a significar disponer, ordenar, regular.

te usurpado, sirvió en última instancia, con la ayuda de las leyes hechas para la libertad, de salvaguarda a los emperadores que la destruyeron. En cuanto al Consejo de los Diez en Venecia, es un tribunal de sangre, tan horrible para los patricios como para el pueblo, y que, lejos de proteger claramente las leyes, no sirve ya, tras su envilecimiento, más que para asestar en las tinieblas golpes de los que nadie osa darse por enterado.

Como el gobierno, el tribunado se debilitó por la multiplicación de sus miembros. Cuando los tribunos del pueblo romano, al principio en número de dos, luego de cinco, quisieron doblar este número, el senado los dejó hacer, completamente seguro de contener a unos mediante los otros; cosa que no dejó de suceder.

El mejor medio de prevenir las usurpaciones de un cuerpo tan temible, medio del que ningún gobierno se ha dado cuenta hasta ahora, sería no hacer permanente a ese cuerpo, sino regular los intervalos en los que quedaría suprimirlo. Estos intervalos, que no deben ser lo bastante grandes para dejar a los abusos tiempo de afirmarse, pueden ser fijados por la ley, de forma que sea fácil abreviarlos en caso necesario mediante comisiones extraordinarias.

Me parece que este medio no tiene inconvenientes porque, como he dicho, al no formar el tribunado parte de la constitución, puede ser suprimido sin que ella sufra; y me parece eficaz, porque una magistratura recientemente restablecida no parte del poder que tenía su predecesora, sino de aquel que la ley le da.

Capítulo VI. De la dictadura

La inflexibilidad de las leyes, que las impide plegarse a los acontecimientos, puede hacerlas perniciosas en ciertos casos, y causar por ellas mismas la pérdida del Estado en su crisis. El orden y la lentitud de las formas exigen un espacio de tiempo que a veces las circunstancias niegan. Pueden presentarse mil casos que el legislador no ha previsto, y es una previsión muy necesaria darse cuenta de que no se puede prever todo.

Por tanto, no hay que querer afirmar las instituciones políticas hasta el punto de privarse uno del poder de suspender su efecto. La propia Esparta dejó dormir sus leyes.

Pero solamente los mayores peligros pueden contrapesar el de alterar el orden público, y nunca debe detenerse el poder sagrado de las leyes sino cuando se trata de la salvación de la patria. En estos casos raros y manifiestos se atiende a la seguridad pública mediante un acto particular que pone su carga en manos del más digno. Esta comisión puede darse de dos maneras según la clase del peligro.

Si para remediarlo basta con aumentar la actividad del gobierno, hay que concentrarla en uno o dos de sus miembros: de este modo no es la autoridad de las leyes lo que se altera, sino solamente la forma de su administración. Y si el peligro es tal que el aparato de las leyes es un obstáculo para prevenirlo, entonces se nombra un jefe supremo que haga callar todas las leyes y suspenda por un momento la autoridad soberana; en tal caso la voluntad general no es dudosa, y es evidente que la primera intención del pueblo es que el Estado no perezca. De esta manera la suspensión de la autoridad legislativa no la abolía; el magistrado que la hace callar no puede hacerla hablar, la domina sin poder representarla; puede hacer todo, excepto leyes.

El primer medio era empleado por el senado romano cuando encargaba a los cónsules, mediante una fórmula consagrada, que atendiesen a la salvación de la República; el segundo tenía lugar cuando uno de los dos cónsules nombraba un dictador[39], uso del que Alba había dado ejemplo a Roma.

En los inicios de la república se recurrió muy a menudo a la dictadura porque el Estado no tenía aún una base lo bastante fija para poder sostenerse por la fuerza de su constitución. Haciendo superfluas entonces las costumbres muchas precauciones que hubieran sido precisas en otro tiempo, no se temía ni que un dictador abusase de su autoridad, ni que intentase conservarla más allá del término. Al contrario, parecía que un poder tan grande fuera una carga para quien se hallaba revestido de él: tanto se apresuraba a deshacerse del mismo; ¡como si hubiera sido un puesto demasiado penoso y demasiado peligroso ocupar el lugar de las leyes!

Por eso no es el peligro del abuso, sino el del envilecimiento lo que hace condenar el uso indiscreto de esta suprema magistratura en los primeros tiempos. Porque mientras se la prodigaba en elecciones, en consagraciones, en cosas de pura formalidad, era de temer que se hiciera menos temible en la necesidad, y que se acostumbraran a mirar como un título vano aquel que se empleaba sólo en vanas ceremonias.

Hacia el final de la república, los romanos, que se habían vuelto más circunspectos, escatimaron la dictadura con tan poca razón como la había prodigado antes. Era fácil ver que su temor era infundado, que la debilidad de la capital constituía entonces su seguridad frente a los magistrados que tenía en su seno, que un dictador podía en determinados casos defender la libertad pública sin poder atentar jamás contra ella, y que las cadenas de Roma no serían forjadas en la propia Roma, sino en los ejércitos: la escasa resistencia que hicieron Mario a Sila, y Pompeyo a César, mostró de sobra lo que podía esperarse de la autoridad del interior contra la fuerza del exterior.

Este error les llevó a cometer grandes faltas. Eso fue, por ejemplo, el no haber nombrado un dictador en el asunto de Catilina; porque como sólo se trataba del interior de la ciudad, y todo lo más de alguna provincia de Italia, con la autoridad sin límites que las leyes daban al dictador, fácilmente hubiera disipado éste la conjuración, que sólo fue ahogada por un concurso de afortunados azotes que jamás debía esperar la prudencia humana.

En lugar de esto, el senado se contentó con entregar todo su poder a los cónsules; de donde sucedió que, para actuar con eficacia, Cicerón se vio obligado a rebasar ese poder en un punto capital, y que, aunque los primeros transportes de alegría hicieron aprobar su conducta, luego con justicia se le pidió cuentas de la sangre de los ciudadanos vertida contra las leyes; reproche que no se hubiera podido hacer a un dictador. Pero la elocuencia del cónsul superó todo; y él mismo, aunque romano, prefiriendo más su gloria que su patria, no buscaba tanto el medio más legítimo y más seguro de salvar el Estado como el de llevarse todo el honor de aquel asunto[40]. Por eso fue honrado justamente como liberador de Roma, y justamente castigado como infractor de las leyes. Por brillante que fuera su llamamiento, es cierto que fue una gracia*.

Por lo demás, sea cualquiera la forma en que se confiera esta importante comisión, importa fijar la duración a un término muy corto que jamás pueda prolongarse; en las crisis que hacen establecerla, el Estado queda destruido o salvado pronto, y pasada la necesidad acuciante la dictadura se vuelve o tiránica o vana. En Roma la mayor parte de los dictadores, que no lo eran más que por seis meses, abdicaron antes de este plazo. Si el plazo hubiera sido más largo, quizá hubieran sido tentados a prolongar aún, como hicieron los decenviros, al de un año. El dictador no tenía más tiempo que el de

* Cuando Cicerón, en medio de sus negociaciones para llegar a un acuerdo entre caballeros y senadores que asegurase el orden del Estado, sofocó la conjuración de Catilina, fue abandonado por los demócratas; además, su vanidad le acarreó los celos de Pompeyo y las iras de Clodio, luego tribuno de la plebe. Abandonado por los triunviros, fue condenado al exilio por haber ejecutado sin juicio a los cómplices de Catilina en -58. Al año siguiente era llamado de nuevo, aunque a partir de entonces, dudando entre César y Pompeyo, se redujera a nada su papel político. A esa llamada del exilio del -57 se refiere Rousseau.

atender a la necesidad que lo había hecho elegir, no tenía el de pensar en otros proyectos.

Capítulo VII. De la censura

Así como la declaración de la voluntad general se hace por la ley, la declaración del juicio público se hace por la censura; la opinión pública es la especie de ley de la que el censor es el ministro, y que él no hace más que aplicar a los casos particulares a ejemplo del príncipe.

Así pues, lejos de ser el tribunal censorial el árbitro de la opinión del pueblo, no es más que su declarador, y tan pronto como se aparta de ella, sus decisiones son vanas y sin efecto.

Es inútil distinguir las costumbres de una nación de los objetos de su estima: porque todo esto afecta al mismo principio y se confunde necesariamente con él. En todos los pueblos del mundo no es la naturaleza, sino la opinión la que decide la elección de sus placeres. Corregid las opiniones de los hombres y sus costumbres se depurarán por sí mismas. Se ama siempre lo que es noble o lo que se cree tal, pero es en este juicio donde uno se equivoca; por tanto, es este juicio lo que se trata de arreglar. Quien juzga sobre las costumbres juzga sobre el honor, y quien juzga sobre el honor toma su ley de la opinión.

Las opiniones de un pueblo nacen de su constitución; aunque la ley no regule las costumbres, es la legislación la que las hace nacer; cuando la legislación se debilita, las costumbres degeneran; pero entonces el juicio de los censores no hará lo que no haya hecho la fuerza de las leyes.

De ello se sigue que la censura puede ser útil para conservar las costumbres, nunca para restablecerlas. Estableced censores durante el vigor de las leyes; tan pronto como lo hayan perdido, todo es inútil; nada legítimo tiene ya fuerza cuando las leyes ya no la tienen.

La censura mantiene las costumbres impidiendo a las opiniones corromperse, conservando su rectitud mediante sabias aplicaciones, fijándolas a veces incluso cuando todavía son inciertas. El uso de segundos en los duelos, que hacía furor en el reino de Francia, fue abolido por estas solas palabras de un edicto del rey: *en cuanto a los que tienen la cobardía de nombrar segundos.* Este juicio, anticipándose al del público, lo determinó de pronto de manera definitiva. Pero cuando los mismos edictos quisieron sentenciar que también era una cobardía batirse en duelo, cosa que es muy cierta pero contraria a la opinión común, el público se burló de esta decisión sobre la que ya estaba su juicio formado.

En otra parte he dicho[41] que al no estar sometida la opinión pública a la coacción, no debía haber vestigio alguno de ésta en el tribunal establecido para representarla. Nunca podrá admirarse demasiado con qué arte era manejado entre los romanos, y aún mejor entre los lacedemonios, este resorte, completamente perdido entre los modernos.

Habiendo propuesto un hombre de malas costumbres una buena idea al consejo de Esparta, los éforos sin tomarla en cuenta hicieron proponer la misma idea a un ciudadano virtuoso. ¡Qué honor para uno, qué vergüenza para otro sin haber elogiado ni censurado a ninguno de los dos! Ciertos borrachos de Samos* mancillaron el tribunal de los éforos; al día siguiente, mediante edicto público, se permitió a los samios ser villanos. Un verdadero castigo hubiera sido me-

* Anotación de Rousseau en su ejemplar: «Eran de Quíos y no de Samos; pero vista la cosa de que se trata, no me atreví a emplear nunca esa palabra en el texto. Creo, sin embargo, ser tan osado como cualquier otro; pero a nadie le está permitido ser sucio y grosero, en ningún caso. Los franceses han puesto tanta decencia en su lengua, que ya no se puede decir la verdad.» Y en la edición de 1782 de esta nota: «Eran de otra isla, que la delicadeza de nuestra lengua prohíbe nombrar en esta ocasión.» Quíos es en francés Chio, que podía dar lugar a un juego de palabras con *chier* = cagar, convirtiendo el párrafo en algo grotesco. Plutarco refiere la anécdota en *Hechos notables de los Lacedemonios.*

nos severo que semejante impunidad. Cuando Esparta sentenció sobre lo que es o no es honesto, Grecia no apeló sus juicios.

Capítulo VIII. De la religión civil

Los hombres no tuvieron al principio más reyes que los dioses, ni más gobierno que el teocrático. Se hicieron el razonamiento de Calígula, y entonces razonaban bien. Es menester una prolongada alteración de los sentimientos y de las ideas para que pueda uno decidirse a tomar a su semejante por amo, y a preciarse de que así se encontrará uno bien.

Del solo hecho de poner a Dios a la cabeza de cada sociedad política, se sigue que hubo tantos dioses como pueblos. Dos pueblos extraños el uno al otro, y casi siempre enemigos, no pudieron durante mucho tiempo reconocer un mismo amo: dos ejércitos librando batalla no podrían obedecer a un mismo jefe. De este modo, de las divisiones nacionales resultó el politeísmo, y de ahí la intolerancia teológica y civil, que naturalmente es la misma, como se dirá enseguida.

La fantasía que tuvieron los griegos de encontrar sus dioses en los pueblos bárbaros vino de la que también habían tenido de considerarse como los soberanos naturales de esos pueblos. Pero en nuestros días es una erudición muy ridícula la que gira sobre la identidad de los dioses de diversas naciones: como si Moloch, Saturno y Cronos pudieran ser el mismo Dios; como si el Baal de los fenicios, el Zeus de los griegos y el Júpiter de los latinos pudieran ser el mismo; como si pudiera quedar algo común en seres quiméricos que llevan nombres diferentes.

¿Que alguien pregunta cómo no había guerras de religión en el paganismo, en el que cada Estado tenía su culto y sus dioses? Respondo que precisamente porque cada Estado tenía su culto propio, igual que su gobierno, no distinguía entre sus dioses y sus leyes. La guerra política era también teológica; las jurisdicciones de los dioses estaban fijadas, por así decir, por los límites de las naciones. El dios de un pueblo no tenía ningún derecho sobre los demás pueblos. Los dioses de los paganos no eran dioses celosos; se repartían entre ellos el imperio del mundo: Moisés mismo y el pueblo hebreo se prestaban a veces a esta idea al hablar del Dios de Israel. Es cierto que consideraban nulos los dioses de los cananeos, pueblos proscritos, condenados a la destrucción, y cuyo puesto ellos debían ocupar; pero ved cómo hablaban de las divinidades de los pueblos vecinos a los que les estaba prohibido atacar: *La posesión de lo que pertenece a Camos vuestro Dios,* decía Jefté a los amonitas, *¿no os es legítimamente debida? Por el mismo título poseemos nosotros las tierras que nuestro Dios vencedor se ha ganado*[42]. Había ahí, en mi opinión, una paridad perfectamente reconocida entre los derechos de Camos y los del Dios de Israel.

Pero cuando los judíos, sometidos a los reyes de Babilonia y luego a los reyes de Siria, quisieron obstinarse en no reconocer a más dios que el suyo, esta negativa, mirada como una rebelión contra el vencedor, les atrajo las persecuciones que se leen en su historia y de las que no se ve ningún otro ejemplo antes del cristianismo[43].

Estando, pues, cada religión vinculada únicamente a las leyes del Estado que la prescribía, no había otra manera de convertir a un pueblo que esclavizarlo, ni más misioneros que los conquistadores, y por ser la obligación de cambiar de culto ley de los vencidos, había que comenzar por vencer antes de hablar de ello. Lejos de combatir los hombres por los dioses, eran, como en Homero, los dioses los que combatían por los hombres; cada cual pedía al suyo la victoria, y la pagaba mediante nuevos altares. Antes de tomar una plaza, los romanos conminaban a sus dioses a abandonarla, y si dejaron a los tarentinos sus dioses irritados, fue porque entonces miraban a esos dioses como sometidos a los suyos y forzados a rendirles homenaje. Dejaban a los vencidos sus dioses como les dejaban sus leyes. Una corona al Júpiter del Capitolio era con frecuencia el único tributo que imponían.

Finalmente, habiendo extendido los romanos, con su imperio, su culto y sus dioses, y habiendo adoptado ellos mismos con frecuencia los de los vencidos, concediendo a unos y otros el derecho de ciudadanía, los pueblos de este vasto imperio se encontraron insensiblemente con que tenían multitudes de dioses y de cultos, más o menos los mismos por todas partes; y he aquí cómo el paganismo no fue conocido finalmente en el mundo más que como una sola y misma religión.

Fue en estas circunstancias cuando Jesús vino a establecer sobre la Tierra un reino espiritual; lo cual, separando el sistema teológico del sistema político, hizo que el Estado dejara de ser uno, y causó las divisiones intestinas que jamás han dejado de agitar a los pueblos cristianos. Ahora bien, no habiendo podido entrar nunca en la cabeza de los paganos esta idea nueva de un reino del otro mundo, miraron siempre a los cristianos como verdaderos rebeldes que, bajo una sumisión hipócrita, no buscaban sino el momento de hacerse independientes y amos, y de usurpar hábilmente la autoridad que fingían respetar en su debilidad. Tal fue la causa de las persecuciones.

Lo que los paganos habían temido llegó: entonces todo cambió de faz, los humildes cristianos cambiaron de lenguaje, y muy pronto se vio a aquel pretendido reino del otro mundo convertirse bajo su jefe visible en el más violento despotismo en éste.

Sin embargo, como siempre hubo un príncipe y leyes civiles, de este doble poder resultó un perpetuo conflicto de jurisdicción que ha hecho imposible en los Estados cristianos toda buena organización política; y jamás se ha podido llegar a saber a cuál de los dos, al amo o al sacerdote, estaba obligado uno a obedecer.

No obstante, varios pueblos, incluso en Europa o en su vecindad, quisieron conservar o restablecer el antiguo sistema, pero sin éxito; el espíritu del cristianismo lo ha ganado todo. El culto sagrado ha permanecido siempre o ha vuelto a hacerse independiente del soberano, y sin vinculación necesaria en el cuerpo del Estado. Mahoma tuvo miras muy sanas, ató bien su sistema político, y mientras la forma de su gobierno subsistió bajo los califas que le sucedieron, este gobierno fue exactamente uno, y bueno en esto. Pero al volverse los árabes florecientes, letrados, refinados, muelles y cobardes, fueron sojuzgados por los bárbaros; entonces la división entre los dos poderes volvió a empezar; aunque sea menos aparente entre los mahometanos que entre los cristianos, sin embargo existe, sobre todo en la secta de Alí, y hay Estados, como Persia, donde no cesa de hacerse sentir.

Entre nosotros, los reyes de Inglaterra se han constituido en jefes de la Iglesia, y otro tanto han hecho los zares; pero con este título se han vuelto menos amos que ministros; no han adquirido tanto el derecho de cambiarla como el poder de mantenerla. No son en ella legisladores, sólo son príncipes. Por doquiera el clero forma cuerpo[44], es amo y legislador en su parte. Hay, por tanto, dos poderes, dos soberanos, en Inglaterra y en Rusia, igual que en cualquier sitio.

De todos los autores cristianos, el filósofo Hobbes es el único que ha visto bien el mal y el remedio, que ha osado proponer la reunión de las dos cabezas del águila y reducir todo a la unidad política, sin la cual nunca ni Estado ni gobierno estarán bien constituidos. Pero ha debido ver que el espíritu dominador del cristianismo era incompatible con su sistema, y que el interés del sacerdote será siempre más fuerte que el del Estado. No es tanto lo que hay de horrible y de falso en su política como lo que hay de justo y de verdadero en ella lo que la ha hecho odiosa[45].

Creo que desarrollando desde este punto de vista los hechos históricos, se refutarían fácilmente las opiniones opuestas de Bayle y de Warburton, uno de los cuales pretende que ninguna religión es útil al cuerpo político, y otro sostiene por el contrario que el cristianismo es el apoyo más firme. Al primero se le probaría que jamás se fundó Estado alguno al que la religión no sirviera de base, y al segundo que la ley cristiana es en el fondo más perjudicial que útil para la constitución fuerte del Estado. Para acabar de hacerme entender, basta con dar un poco más de precisión a las ideas demasiado vagas de religión relativas a mi tema.

La religión considerada en relación con la sociedad, que es general o particular, puede también dividirse en dos especies: a saber, la religión del hombre y la del ciudadano. La primera, sin templos, sin altares, sin ritos, limitada al culto puramente interior del Dios supremo y a los deberes eternos de la moral, es la pura y simple religión del Evangelio, el verdadero teísmo, y lo que se puede llamar el derecho divino natural. La otra, inscrita en un solo país, le da sus dioses, sus patronos propios y tutelares; tiene sus dogmas, sus ritos, su culto exterior prescrito por las leyes; salvo la única nación que la sigue, para ella todo es infiel, extranjero, bárbaro; no extiende los deberes y los derechos del hombre más allá de sus altares. Así fueron todas las religiones de los primeros pueblos, a las que se puede dar el nombre de derecho divino civil o positivo.

Hay una tercera especie de religión más extraña que, dando a los hombres dos legislaciones, dos jefes, dos patrias, los somete a deberes contradictorios y les impide poder ser a la vez devotos y ciudadanos. Tal es la religión de los lamas, tal es la de los japoneses, tal es el cristianismo romano. Se puede llamar a ésta la religión del sacerdote. De ella resulta una especie de derecho mixto e insociable que no tiene nombre.

Considerando políticamente estas tres especies de religiones, todas tienen sus defectos. La tercera es tan evidentemente mala que es perder el tiempo entretenerse en demostrarlo. Todo cuanto rompe la unidad social nada vale: todas las instituciones que ponen al hombre en contradicción consigo mismo nada valen.

La segunda es buena en que reúne el culto divino y el amor de las leyes, y en que, al hacer de la patria el objeto de la adoración de los ciudadanos, les enseña que servir al Estado es servir al Dios tutelar. Es una especie de teocracia, en la que no debe haber más pontífice que el príncipe, ni más sacerdotes que los magistrados. Entonces morir por su país es ir al martirio, violar las leyes es ser impío, y someter un culpable a la execración pública es consagrarlo a la ira de los dioses: *sacer estod.*

Pero es mala en que, por estar fundada sobre el error y sobre la mentira, engaña a los hombres, los vuelve crédulos, supersticiosos, y ahoga el verdadero culto de la divinidad en un vano ceremonial. Es mala también cuando, volviéndose exclusiva y tiránica, hace a un pueblo sanguinario e intolerante; de suerte que no respira más que muerte y matanza, y cree hacer una acción santa matando a todo aquel que no admite sus dioses. Esto pone a semejante pueblo en un estado natural de guerra con todos los demás, muy nocivo para su propia seguridad.

Queda, pues, la religión del hombre o el cristianismo, no el de hoy, sino el del evangelio, que es totalmente diferente. Por esta religión santa, sublime, verdadera, los hombres, hijos del mismo Dios, se reconocen todos por hermanos, y la sociedad que los une no se disuelve siquiera con la muerte.

Pero al no tener esta religión ninguna relación particular con el cuerpo político, deja a las leyes la sola fuerza que ellas sacan de sí mismas sin añadirles ninguna otra, y por ello queda sin efecto uno de los grandes vínculos de la sociedad particular. Más aún: lejos de destinar los corazones de los ciudadanos al Estado, los despega de él como de todas las cosas de la tierra: no conozco nada más contrario al espíritu social.

Se nos dice que un pueblo de verdaderos cristianos formaría la sociedad más perfecta que pueda imaginarse. No le veo a esta suposición más que una gran dificultad: es que una sociedad de verdaderos cristianos ya no sería una sociedad de hombres.

Digo incluso que esta misma sociedad supuesta no sería con toda su perfección ni la más fuerte ni la más duradera. A fuerza de ser perfecta, carecería de trabazón; su vicio destructor estaría en su perfección misma.

Cada uno cumpliría su deber; el pueblo estaría sometido a las leyes, los jefes serían justos y moderados, los magistrados íntegros, incorruptibles, los soldados despreciarían la muerte, no habría ni vanidad ni lujo; todo está muy bien, pero veamos más lejos.

El cristianismo es una religión completamente espiritual, ocupada sólo de las cosas del cielo: la patria del cristiano no es de este mundo. Cumple su deber, es cierto, pero lo cumple con una profunda indiferencia sobre el buen o mal resultado de sus desvelos. Con tal que no tenga nada que reprocharse, poco le importa que todo vaya bien o mal aquí abajo. Si el Estado es floreciente, apenas se atreve a gozar de la felicidad pública cuando ya teme enorgullecerse de la gloria de su país; si el Estado languidece, bendice la mano de Dios que pesa sobre su pueblo.

Para que la sociedad fuera pacífica y la armonía se mantuviese, sería menester que todos los ciudadanos sin excepción fueran igualmente buenos cristianos; pero si por desgracia se encuentra un solo ambicioso, un solo hipócrita, un Catilina, por ejemplo, un Cromwell, ése sin duda alguna dará buena cuenta de sus piadosos compatriotas. La caridad cristiana no permite fácilmente pensar mal de su prójimo. Desde el momento en que haya encontrado mediante algún ardid el arte de imponerse a ellos y de apoderarse de una parte de la autoridad pública, ya tenemos al hombre constituido en dignidad; Dios quiere que se le respete; he ahí pronto un poder; Dios quiere que se le obedezca. ¿Que el depositario de ese poder abusa de él? Es la verga con que Dios castiga a sus hijos. Habría escrúpulo de expulsar al usurpador; sería preciso perturbar el reposo público, usar la violencia, derramar sangre; todo esto concuerda mal con la dulzura del cristiano; y después de todo, ¿qué importa que uno sea libre o siervo en ese valle de miserias? Lo esencial es ir al paraíso, y la resignación no es sino un medio más para ello.

¿Que sobreviene alguna guerra extranjera? Los ciudadanos marchan sin esfuerzo al combate; ninguno de ellos piensa en huir; cumplen su deber, pero sin pasión por la victoria; saben mejor morir que vencer. Que sean vencedores o vencidos, ¿qué importa? ¿No sabe la providencia mejor que ellos lo que necesitan? Imagínese el partido que puede sacar de su estoicismo un enemigo intrépido, impetuoso, apasionado. Ponedlos frente a uno de esos pueblos generosos a los que devoraba el ardiente amor de la gloria y de la patria, suponed vuestra república cristiana frente a Esparta o a Roma; los piadosos cristianos serán batidos, aplastados, destruidos, antes de haber tenido tiempo de analizar lo que hay que hacer, o sólo deberán su salvación al desprecio que sus enemigos concebirán por ellos. Era un hermoso juramento, para mi gusto, el de los soldados de Fabio; no juraron vencer o morir, juraron volver vencedores, y mantuvieron su juramento. Jamás los cristianos hubieran hecho algo parecido; habrían creído tentar a Dios.

Pero me equivoco al decir una república cristiana; cada una de estas dos palabras excluye a la otra. El cristianismo no predica más que servidumbre y dependencia. Su espíritu es demasiado favorable a la tiranía para que ésta no lo aproveche siempre. Los verdaderos cristianos están hechos para ser esclavos; lo saben y no se conmueven apenas por ello; esta breve vida tiene poco valor a sus ojos.

Las tropas cristianas son excelentes, nos dicen. Lo niego. Que me las muestren. Por lo que a mí se refiere, no conozco tropas cristianas. Se me citarán las cruzadas. Sin disputar sobre el valor de los cruzados, haré observar que muy lejos de ser cristianos, eran soldados del sacerdote, eran ciudadanos de la Iglesia; se batían por su país espiritual, que ella había convertido en temporal no se sabe cómo. Bien mirado, esto es paganismo: como el evangelio no establece una religión nacional, toda guerra sagrada es imposible entre los cristianos.

Bajo los emperadores paganos, los soldados cristianos eran valientes; todos los autores cristianos lo aseguran, y lo creo: era una emulación del honor frente a las tropas paganas. Desde el momento en que los emperadores fueron cristianos, esta emulación no subsistió más, y cuando la cruz hubo expulsado al águila, todo el valor romano desapareció.

Pero dejando a un lado las consideraciones políticas, volvamos al derecho, y fijemos los principios sobre este importante punto. El derecho que el pacto social da al soberano sobre los súbditos no pasa, como he dicho*, los límites de la utilidad pública[46]. Los súbditos no deben, por tanto, cuentas al soberano de sus opiniones, salvo que estas opiniones importen a la comunidad. Ahora bien, importa mucho al Estado que cada ciudadano tenga una religión que le haga amar sus deberes; pero los dogmas de esta religión no interesan ni al Estado ni a sus miembros sino en tanto que esos dogmas se refieren a la moral y a los deberes que quien la profesa está obligado a cumplir para con otro. Todos pueden tener además las opiniones que les plazcan, sin que corresponda al soberano conocerlas: porque como no tiene ninguna competencia en el otro mundo, cualquiera que sea la suerte de los súbditos en la vida futura no es asunto suyo, con tal que sean buenos ciudadanos aquí abajo.

Hay por tanto una profesión de fe puramente civil cuyos artículos corresponde al soberano fijar, no precisamente como dogmas de religión, sino como sentimientos de socia-

* Libro II, cap. IV, pág. 54 y *passim* de esta edición.

bilidad, sin los cuales es imposible ser buen ciudadano ni súbdito fiel[47]. Sin poder obligar a nadie a creer en ellos, puede desterrar del Estado a todo el que no los crea; puede desterrarlo no como a impío, sino como a insociable, como a incapaz de amar sinceramente las leyes, la justicia, y de inmolar en la necesidad su vida a su deber. Que si alguien, tras haber reconocido públicamente estos mismos dogmas, se conduce como no creyendo en ellos, sea condenado a muerte*; ha cometido el mayor de los crímenes, ha mentido ante las leyes.

Los dogmas de la religión civil deben ser simples, pocos, enunciados con precisión, sin explicaciones ni comentarios. La existencia de la divinidad poderosa, inteligente, bienhechora, previsora y providente, la vida por venir, la felicidad de los justos, el castigo de los malvados, la santidad del contrato social y de las leyes: he ahí los dogmas positivos. En cuanto a los dogmas negativos, los limito a uno solo: es la intolerancia; entra en los cultos que hemos excluido.

Los que distinguen la intolerancia civil y la intolerancia teológica se equivocan en mi opinión. Estas dos intolerancias son inseparables. Es imposible vivir en paz con gentes a las que se cree condenadas; amarlas sería odiar a Dios que las castiga; es absolutamente necesario convertirlas o atormentarlas. Donde quiera que es admitida la intolerancia teológica, es imposible que no tenga algún efecto civil[48]; y tan pronto como lo tiene, el soberano ya no es soberano, ni siquiera en lo temporal; desde ese momento los sacerdotes son los verdaderos amos; los reyes no son más que sus oficiales.

Ahora que ya no hay y que no puede haber más religión nacional exclusiva, deben tolerarse todas aquellas que tole-

* En *La Nouvelle Héloïse*, sin embargo, dirá (V^{a} parte, carta V): «Si yo fuera magistrado y la ley condenase a los ateos a la pena de muerte, comenzaría por mandar quemar como tal a quienquiera que viniese a denunciar a otro.»

ran a las demás, siempre que sus dogmas no tengan nada contrario a los deberes del ciudadano. Pero quien se atreva a decir: *fuera de la Iglesia no hay salvación,* debe ser echado del Estado, a menos que el Estado sea la Iglesia, y que el príncipe sea el pontífice. Tal dogma no es bueno más que en un gobierno teocrático; en cualquier otro es pernicioso. La razón por la que se dice que Enrique IV abrazó la religión romana debería hacer que la abandonara todo hombre honrado, y sobre todo cualquier príncipe que supiera razonar*.

Capítulo IX. Conclusión

Tras haber sentado los verdaderos principios del derecho político y procurado fundar el Estado sobre su base, quedaría respaldarlo con sus relaciones externas: lo cual comprendería el derecho de gentes, el comercio, el derecho de guerra y de conquista, el derecho público, las ligas, las negociaciones, los tratados, etc. Pero todo esto forma un nuevo tema demasiado vasto para mis cortas miras; habría debido fijarlas siempre más cerca de mí.

* Hardonin de Péréfixe, obispo de Rodez, escribe en su *Histoire du roy Henry le Grand* la anécdota, según la cual respondió a un doctor de la Iglesia católica, para quien era indiferente una u otra religión con tal que se viviese correctamente: «La prudencia quiere que yo sea de su religión y no de la vuestra, porque siendo de la suya me salvo según ellos y según vos, y siendo de la vuestra me salvo según vos, pero no según ellos.»

Discurso

que ha obtenido el premio de la Academia de Dijon, en el año 1750

Sobre esta cuestión propuesta por la misma Academia: Si el restablecimiento de las Ciencias y las Artes ha contribuido a depurar las costumbres

Por un ciudadano de Ginebra*

*Barbarus hic ego sum quia non intelligor illis***
OVID

* El nombre de Rousseau en portada aparece por vez primera en la edición ginebrina (Barillot, in 8.º, 55 págs., 1750). El motivo de esa firma tan completa, *Rousseau, de Genève,* se debe a su intento de distinguirse de un Jean-Baptiste Rousseau de París y de otro Pierre Rousseau de Toulouse.

** «Bárbaro soy aquí, puesto que no me entienden» (Ovidio, *Tristes,* X, 37). En ese *barbarus* ovidiano hay una antífrasis que Rousseau no recoge. El mismo verso encabeza los *Dialogues: Rousseau Juge de Jean-Jacques,* para insistir en esa impresión de exilio.

Advertencia*

¿Qué es la celebridad? He aquí la desventurada obra a que debo la mía. Cierto que esta pieza que me valió un premio y que me dio un nombre es, todo lo más, mediocre, y me atrevo a añadir que una de las menores de todo este volumen. ¿Qué abismo de miserias no habría evitado el autor si este primer escrito no hubiera sido recibido más que como merecería serlo? Mas era preciso que un favor entonces injusto me acarrease gradualmente un rigor que aún lo es más.

* Esta advertencia figura en el manuscrito R. 89 y fue publicada con algunas variantes en la edición Du Peyrou de 1781. Fue escrita en 1763 para un volumen que debía contener el *Discurso sobre las ciencias y las artes*, el *Discurso sobre el origen de la desigualdad*, la *Carta sobre los Espectáculos*, el *Emilio*, *La Nueva Eloísa* y *Del Contrato social* y que fue editado por Duchesne en 1764; sin embargo, no aparece en esa edición, a la que Rousseau se refiere en la frase «una de las menores de todo este volumen».

Prefacio

He aquí una de las grandes y más hermosas cuestiones que hayan sido nunca debatidas. En este discurso no se trata en absoluto de esas sutilezas metafísicas que han ganado todas las partes de la Literatura, y de las que no siempre están exentos los programas de Academia; se trata de una de esas verdades que atañen a la dicha del género humano.

Preveo que a duras penas se me ha de perdonar el partido que he tenido la osadía de adoptar. Al afrontar todo cuanto hoy causa la admiración de los hombres, no puedo esperarme más que una censura universal; y no por haber sido honrado con la aprobación de algunos sabios* debo contar con la del público: tan adoptado está mi partido que no me preocupo de agradar ni a los hombres cultos ni a las gentes a la moda. En todo tiempo habrá hombres hechos para ser subyugados por las opiniones de su siglo, de su país, de su sociedad: eso hace hoy el incrédulo y el filósofo, que, por igual razón, no habría sido más que un fanático en tiempos de la

* Alusión clara a los académicos de Ginebra por un lado; por otro quizá a personas que como Diderot, D'Alembert, etc., lo habían leído.

Liga*. No hay que escribir para semejantes lectores cuando uno quiere sobrevivir a su siglo.

Una palabra más, y concluyo. Contando poco con el honor que he recibido, después de enviarlo había refundido y aumentado este discurso, hasta el punto de hacer de él, en cierto modo, otra obra; hoy me he creído obligado a restablecerlo en el estado en que fue coronado. Solamente he puesto algunas notas y dejado dos adiciones fáciles de reconocer** y que quizá la Academia no habría aprobado. He pensado que la equidad, el respeto y el reconocimiento exigían de mí esta advertencia.

* Confederación del partido católico formada por el duque de Guisa para derrocar a Enrique III y substituirle en el trono; el pretexto fue defender a la Iglesia católica frente al calvinismo; cuando Enrique III abjuró esa religión (1793), las fuerzas de la Liga (también denominada Santa Liga o Santa Unión) se desvanecieron, aunque ya habían mermado considerablemente pese al apoyo que les prestaba Felipe II de España.

** La crítica se muestra dividida a la hora de designar esos dos pasajes; para unos serían algunas líneas que elogian a los suizos (pág. 189, línea 4). Para otros, algunos pasajes de republicanismo decidido.

Discurso

*Decipimur specie recti**

¿Ha contribuido el restablecimiento de las ciencias y de las artes a depurar o a corromper las costumbres**? He ahí lo que se trata de examinar. ¿Qué partido debo adoptar en esta cuestión? El que conviene, señores, a un hombre honesto que nada sabe y que no por ello se estima menos.

Será difícil, lo sé, adecuar lo que tengo que decir al tribunal ante el que comparezco. ¿Cómo atreverse a censurar las ciencias ante una de las más sabias sociedades de Europa, alabar la ignorancia en una Academia célebre y conciliar el desprecio por el estudio con el respeto por los verdaderos sabios? He visto estas contradicciones, y no me han desalenta-

* Horacio, *Epístola a los Pisones (Arte Poética)*, V, 25: «[La mayoría de los poetas...] somos seducidos por las apariencias de bien.» (Trad. Lorenzo Riber, «Virgilio-Horacio», *Obras completas*. Aguilar, Madrid, 1967, pág. 1067; en su nomenclatura, *Epístolas*, libro II, epístola III). Podría traducirse también: «somos engañados por las apariencias del bien».

** Rousseau añade esa disyuntiva «o a corromper», que justifica el camino que va a tomar su disertación.

do. No es la ciencia lo que maltrato, me he dicho; es la virtud lo que defiendo ante hombres virtuosos. La probidad es más cara aún a las gentes de bien que la erudición a los doctos. ¿Qué tengo, pues, que temer? ¿Las luces de la asamblea que me escucha? Sí, lo confieso: pero es por la constitución del discurso y no por el sentir del orador. Los soberanos equitativos jamás han vacilado en condenarse a sí mismos en discusiones dudosas; y la posición más ventajosa en buen derecho es tener que defenderse contra una parte íntegra e ilustrada, juez en su propia causa.

A este motivo que me alienta se une otro que me determina: y es que después de haber sostenido según mi luz natural el partido de la verdad, cualquiera que sea mi éxito hay un premio que no puede faltarme: lo encontraré en el fondo de mi corazón.

Primera parte

Es un espectáculo grande y hermoso ver al hombre salir en cierto modo de la nada por sus propios esfuerzos; disipar, mediante las luces de su razón, las tinieblas en que la naturaleza lo había envuelto; alzarse por encima de sí mismo; elevarse por el espíritu hasta las regiones celestes; recorrer a paso de gigante cual el sol la vasta extensión del universo; y lo que aún es más grande y más difícil, penetrar en sí mismo para estudiar ahí al hombre y conocer su naturaleza, sus deberes y su fin. Todas estas maravillas se han renovado desde hace pocas generaciones.

Europa había recaído en la barbarie de las primeras edades. Los pueblos de esta parte del mundo, tan ilustrada hoy, vivían hace algunos siglos en un estado peor que la ignorancia. No sé qué jerga científica, más despreciable aún que la ignorancia, había usurpado el nombre del saber, y oponía a su retorno un obstáculo casi invencible. Hacía falta una revolución para devolver a los hombres al sentido común; vino por fin del lado que menos se habría esperado. Fue el estúpido musulmán, fue el eterno azote de las letras el que las hizo renacer entre nosotros. La caída del trono de Constantino llevó a Italia los despojos de la antigua Grecia. Francia se enriqueció a su vez con esos preciosos despojos. Pronto las ciencias siguieron a las letras; el arte de escribir se unió al arte de pensar; gradación que parece extraña y que quizá no sea sino demasiado natural; y se comenzó a sentir la principal ventaja del comercio con las musas, la de volver a los hombres más sociables inspirándoles el deseo de agradarse unos a otros por medio de obras dignas de su aprobación mutua.

El espíritu, como el cuerpo, tiene sus necesidades. Éstas hacen los fundamentos de la sociedad, las otras hacen su atractivo. Mientras el gobierno y las leyes subvienen a la seguridad y al bienestar de los hombres congregados, las ciencias, las letras y las artes, menos despóticas y más poderosas quizá, extienden guirnaldas de flores sobre las cadenas de hierro de que están cargados, ahogan en ellos el sentimiento de esa libertad original para la que parecían haber nacido, les hacen amar su esclavitud y así forman lo que se denomina pueblos civilizados. La necesidad alzó los tronos; las ciencias y las artes los han afirmado. Potencias de la Tierra, amad a los talentos, y proteged a quienes los cultivan[1]. Pueblos civilizados, cultivadlos: esclavos felices, los debéis ese gusto delicado y fino del que os jactáis; esa dulzura de carácter y esa urbanidad de costumbres que entre vosotros vuelve el trato tan comunicativo y tan fácil; en una palabra, las apariencias de todas las virtudes sin tener ninguna.

Por esa clase de cortesía, más estimable cuanto menos aparenta mostrarse, se distinguieron antaño Atenas y Roma en los días tan alabados de su magnificencia y esplendor; por ella sin duda nuestro siglo y nuestra nación prevalecerán sobre todos los tiempos y sobre todos los pueblos. Un tono filosófico sin pedantería, maneras naturales y, sin embargo, solícitas, tan alejadas de la rusticidad tudesca como de la pantomima ultramontana: tales son los frutos del gusto adquirido mediante buenos estudios y perfeccionado en el comercio del mundo.

¡Cuán dulce sería vivir entre nosotros si el continente exterior fuera siempre imagen de las disposiciones del corazón; si la decencia fuera virtud; si nuestras máximas nos sirvieran de reglas; si la verdadera filosofía fuera inseparable del título de filósofo! Mas tantas cualidades van demasiado rara vez juntas, y la virtud apenas camina en tan gran pompa. La riqueza del ornato puede anunciar a un hombre opulento, y su elegancia a un hombre de gusto; el hombre sano y robusto se reconoce por otras señales; es bajo el atuendo rústico de un labrador, y no bajo los dorados de un cortesano, donde se encuentra la fuerza y el vigor del cuerpo. El ornato no es menos extraño a la virtud que la fuerza y el vigor del alma*. El hombre de bien es un atleta que se place en combatir desnudo: desprecia todos esos viles ornamentos que estorbarían el uso de sus fuerzas, y que en su mayor parte sólo se han inventado para ocultar alguna deformidad.

Antes que el Arte hubiera dado forma a nuestras maneras y enseñado a nuestras pasiones a hablar un lenguaje afectado, nuestras costumbres eran rústicas, aunque naturales; y

* La *virtus* en Rousseau ha sido estudiada por Alb. Schinz en *La pensée de J.-J. Rousseau:* para él hay tres clases, tres sentidos de esa virtud: virtud-sabiduría para la felicidad; virtud-renuncia, de sentido religioso, que ordena al hombre hacia el más allá y virtud-inocencia. En este primer *Discurso* su sentido sería ambiguo, mezcla de la virtud-renuncia y de la virtud-sabiduría. Para M. G. Pire y para Bouchardy, sin embargo, aquí se trataría de la virtud de los hombres ilustres de que habla Plutarco, lectura preferida desde la infancia por Rousseau. Volviendo a la virtud «que es la fuerza y el vigor del alma», Rousseau no abandonará nunca esa concepción activa, combativa, aunque la matice en otros libros, por ejemplo en *Economía política.* Véase además la nota a la misma palabra en *Del Contrato social,* pág. 77.

la diferencia de procederes anunciaba al primer golpe de vista la de los caracteres. La naturaleza humana, en el fondo, no era mejor; mas los hombres hallaban su seguridad en la facilidad de convencerse recíprocamente, y esta ventaja, cuyo precio ya no sentimos, les ahorraba muchos vicios.

Hoy que indagaciones más sutiles y un gusto más fino han reducido el arte de agradar a principios, reina en nuestras costumbres una vil y falaz uniformidad, y todos los espíritus parecen haber sido arrojados en un mismo molde; sin cesar la cortesía exige, la conveniencia ordena; sin cesar se siguen los usos, nunca el genio propio. Nadie se atreve ya a parecer lo que no es; y en esta coacción perpetua, los hombres que forman ese rebaño llamado sociedad, puestos en las mismas circunstancias, harán todos las mismas cosas si motivos más poderosos no los apartan de ello. Por tanto, nunca se sabrá a ciencia cierta con quién tiene uno que habérselas; para conocer al amigo, habrá pues que esperar a las grandes ocasiones, es decir, esperar a que ya no sea tiempo de ello, pues que para esas ocasiones es precisamente para lo que hubiera sido esencial conocerle.

¿Qué cortejo de vicios no acompañará a esta incertidumbre? No más amistades sinceras; no más estima auténtica; no más confianza fundada. Las sospechas, las sombras, los temores, la frialdad, la reserva, el odio, la traición se ocultaban sin cesar bajo ese velo uniforme y pérfido de cortesanía, bajo esa urbanidad tan ponderada que debemos a las luces de nuestro siglo. No se profanará ya con juramentos el nombre del amo del universo, pero se le insultará con blasfemias sin que nuestros escrupulosos oídos se ofendan por ello. No elogiará uno su propio mérito, pero se rebajará el ajeno. No se ultrajará ya groseramente al enemigo, pero se le calumniará con maña. Los odios nacionales se apagarán, pero será juntamente con el amor a la patria. La ignorancia despreciada será substituida por un peligroso pirronismo. Habrá excesos proscritos, vicios deshonrados, pero otros serán condecorados con el nombre de virtudes; habrá que tenerlos o afectarlos. Alabe quien quiera la sobriedad de los sabios de la época, por mi parte sólo veo en ella un refinamiento de intemperancia tan indigno de mi elogio como su artificiosa sencillez[2].

Tal es la pureza que nuestras costumbres han adquirido. Así es como nos hemos vuelto gentes de bien. A las letras, a las ciencias y a las artes toca reivindicar lo que les pertenece en una obra tan saludable. Añadiré tan sólo una reflexión, y es que un habitante de alguna comarca alejada que tratara de formarse una idea de las costumbres europeas por el estado de las ciencias entre nosotros, por la perfección de nuestras artes, por el decoro de nuestros espectáculos, por la cortesanía de nuestras maneras, por la afabilidad de nuestras conversaciones, por nuestras perpetuas demostraciones de benevolencia, y por ese concurso tumultuoso de hombres de toda edad y estado que parecen afanados desde el alba hasta el crepúsculo por agradarse recíprocamente, ese extranjero, repito, adivinaría de nuestras costumbres exactamente lo contrario de lo que son.

Donde no hay efecto alguno, no hay causa que buscar; pero aquí el efecto es cierto, la depravación real, y nuestras almas se han corrompido a medida que nuestras ciencias y nuestras artes han avanzado a la perfección*. ¿Dirá alguien que es ésta una desgracia peculiar de nuestra edad? No, se-

* Mantengo el giro que Rousseau da al verbo francés y que le fue reprochado por gramaticalmente incorrecto por Lecat, académico de Dijon que le rehusó su voto, según él mismo dice en su *Réfutation du Discours* que puede verse en Rousseau, *Œuvres complètes*, Du Seuil, 1971, pág. 161-a. En francés se emplea sin embargo *s'avancer au combat* (= avanzar al combate); ambos idiomas –francés y castellano– son iguales en esta construcción, salvo que la primera lengua emplea el reflexivo. El reproche de Lecat es el siguiente: «Se dice ir a la perfección y no *avanzar a la perfección*, sino avanzar *hacia* la perfección; como se dice *ir a París*, y no *avanzar a París*, sino más bien *avanzar hacia París;* y la razón es muy simple, es que quien va a un lugar, se supone que lo alcanza, que va hasta

ñores; los males causados por nuestra vana curiosidad son tan viejos como el mundo. La elevación y el descenso diario de las aguas del océano no han estado sometidas con mayor regularidad al curso del astro que nos ilumina durante la noche como la suerte de las costumbres y de la probidad al progreso de las ciencias y de las artes. Se ha visto a la virtud escaparse a medida que su luz se alzaba sobre nuestro horizonte, y el mismo fenómeno se ha observado en todo tiempo y lugar.

Fijaos en Egipto, esa primera escuela del universo, ese clima tan fértil bajo un cielo de bronce, esa comarca célebre de la que Sesostris partió antaño para conquistar el mundo. Se vuelve madre de la filosofía y de las bellas artes, e inmediatamente después la conquista de Cambises, luego la de los griegos, los romanos, los árabes y finalmente los turcos.

Fijaos en Grecia, antaño poblada de héroes que vencieron dos veces al Asia, una delante de Troya y otra en sus propios lares. Las nacientes letras no habían llevado aún la corrupción al corazón de sus habitantes; pero el progreso de las artes, la disolución de las costumbres y el yugo del macedonio se siguieron de cerca; y Grecia, siempre sabia, siempre voluptuosa y siempre esclava, ya no experimentó en sus revoluciones más que cambios de amos. Toda la elocuencia de Demóstenes no pudo reanimar nunca un cuerpo que el lujo y las artes habían enervado*.

Es en los tiempos de los Ennios y de los Terencios cuando

allí, mientras que quien avanza hacia alguna cosa, muy bien puede no dar más que algunos pasos hacia ella, y quedarse ahí. Tratándose de ciencias, no miraría tan de cerca, en ellas sacrifico de buena gana la pureza del lenguaje a una expresión más neta y más fuerte; pero un orador debe ser escrupuloso con la lengua.»

* En su ataque al lujo Rousseau apunta sobre todo a Voltaire y a su obra *Le Mondaine,* que, junto a otros títulos y autores del momento, había hecho apología del bienestar, puesto de relieve los inconvenientes políticos y económicos de la proscripción de la industria y de las artes, la utilidad del lujo como fuente de trabajo, etcétera.

Roma, fundada por un pastor e ilustrada por labradores, comienza a degenerar. Pero después de los Ovidios, los Catulos, los Marciales y esa multitud de autores obscenos cuyos solos nombres alarman el pudor, Roma, antaño templo de la virtud, se vuelve el teatro del crimen, el oprobio de las naciones y el juguete de los bárbaros. Esa capital del mundo cae finalmente bajo el yugo que ella había impuesto a tantos pueblos, y el día de su caída fue la víspera de aquel en que se dio a uno de sus ciudadanos el título de árbitro del buen gusto*.

¿Qué diré de esa metrópoli del imperio de Oriente, qué por su posición parecía deber serlo del mundo entero, de ese asilo de las ciencias y de las artes proscritas del resto de Europa, quizá más por sabiduría que por barbarie? Todo lo que de más vergonzoso tienen el exceso y la corrupción: las traiciones, los asesinatos y los venenos más negros, el concurso de todos los crímenes más atroces, eso es lo que forma la trama de la historia de Constantinopla; he ahí la fuente pura de donde nos emanaron las luces de que nuestro siglo se gloría.

Mas, ¿por qué buscar en tiempos remotos las pruebas de una verdad de la que ante nuestros ojos tenemos testimonios subsistentes? Hay en Asia una región inmensa en que las letras, honradas, conducen a las primeras dignidades del Estado. Si las ciencias depurasen las costumbres, si enseñaran a los hombres a verter su sangre por la patria, si animasen el valor, los pueblos de China deberían ser sabios, libres e invencibles. Pero si no hay vicio que no los domine ni crimen que no les sea familiar; si ni las luces de los ministros ni la pretendida sabiduría de las leyes, ni la multitud de habitantes de ese vasto imperio han podido garantizarla del yugo del tártaro ignorante y grosero, ¿de qué le han servido todos sus sabios? ¿Qué fruto ha sacado de los honores de que están

* Petronio, *arbiter elegantiarum* o *elegantiae*, bajo el reinado de Nerón. Tácito, *Anales*, XVI, 8.

colmados? ¿Sería el de estar poblado de esclavos y de malvados?

Opongamos a estos cuadros el de las costumbres del pequeño número de pueblos que, preservados de ese contagio de los vanos conocimientos, han hecho con sus virtudes su propia felicidad y el ejemplo de las demás naciones. Tales fueron los primeros persas, nación singular en la que se aprendía la virtud como entre nosotros se aprende la ciencia; que sojuzgó el Asia con tanta facilidad, y que es la única en tener la gloria de que la historia de sus instituciones haya pasado por una novela de filosofía*. Tales fueron los escitas, de quienes nos han dejado tan magníficos elogios. Tales los germanos, cuya simplicidad, inocencia y virtudes pintó con alivio una pluma harta de trazar los crímenes y las negruras de un pueblo instruido, opulento y voluptuoso. Tal había sido Roma misma en los tiempos de su pobreza y de su ignorancia. Tal finalmente se ha mostrado hasta nuestros días esa nación rústica** tan alabada por su valor, que la adversidad no ha podido abatir, y por su fidelidad, que el ejemplo no ha podido corromper[3].

No es por estupidez por lo que éstos prefirieron otros ejercicios a los del espíritu. No ignoraban que en otras comarcas hombres ociosos pasaban su vida disputando sobre el soberano bien, sobre el vicio y sobre la virtud, y que, razonadores orgullosos, otorgándose a sí mismos los mayores elogios, confundían a los demás pueblos bajo el nombre despectivo de bárbaros; pero éstos consideraron sus costumbres y aprendieron a desdeñar su doctrina[4].

¿Olvidaré que fue en el seno mismo de Grecia donde se vio alzarse esa ciudad tan célebre por su feliz ignorancia

* La *Ciropedia.*

** Suiza, país libre y simple que según Saint-Preux *(La Nouvelle Héloïse)*, está habitado por «hombres antiguos en los tiempos modernos». Su valor alude a su resistencia frente a los Habsburgo; su fidelidad al mantenimiento de su «paz perpetua» con Francia, firmada en 1516.

como por la sabiduría de sus leyes, esa República de semidioses más que de hombres? ¡Tan superiores a la humanidad parecían sus virtudes! ¡Oh, Esparta! ¡Oprobio eterno de una doctrina vana! Mientras los vicios guiados por las bellas artes se introducían en tropel en Atenas, mientras un tirano reunía en ella con tanto cuidado las obras del príncipe de los poetas, tú expulsabas de tus muros las artes y los artistas, las ciencias y los sabios*.

El acontecimiento puso de manifiesto esta diferencia: Atenas llegó a ser morada de la urbanidad y del buen gusto, el país de los oradores y de los filósofos. La elegancia de las construcciones respondía allí a la del lenguaje. Por todas partes se veía el mármol y la tela animados por las manos de los maestros más hábiles. Es de Atenas de donde han salido esas obras sorprendentes que servirán de modelos en todas las edades corrompidas. El cuadro de Lacedemonia es menos brillante. *Allí,* decían los demás pueblos, los *hombres nacen virtuosos, y el aire mismo del país parece inspirar la virtud.* De sus habitantes no nos queda más que la memoria de sus acciones heroicas. ¿Tales monumentos valdrán para nosotros menos que los curiosos mármoles que Atenas nos ha dejado?

Cierto que algunos sabios resistieron al torrente general y se protegieron del vicio en la morada de las Musas. Mas óigase el juicio que el primero y más desgraciado de ellos hacía de los sabios y de los artistas de su tiempo.

* Fue Pisístrato quien ordenó recoger los poemas homéricos. Este fragmento hace el paralelo entre Esparta y Atenas, que era tradicional y tópico en el siglo XVIII, aunque con resultados distintos: Rousseau llegó incluso a redactar una historia de Lacedemonia de la que nos ha quedado un fragmento; la idealización de Esparta, ya sentada cuando la recoge Plutarco, será proseguida por Rousseau y sus discípulos, pero no por Voltaire y su escuela, que hacían de Esparta objeto «de una reprobación absoluta». En estos fragmentos es evidente el influjo de la lectura de los *Ensayos* de Montaigne, como pone de manifiesto la cita.

«He examinado», dice, «a los poetas, y los miro como personas cuyo talento infunde respeto a sí mismos y a los demás, que se tienen por sabios, que como a tales los toman, y que ni mucho menos lo son.»

«De los poetas», continúa Sócrates, «he pasado a los artistas. Nadie desconocía las artes más que yo; nadie estaba más convencido de que los artistas poseían muy hermosos secretos. Sin embargo, me he percatado de que su condición no es mejor que la de los poetas, y de que unos y otros están en el mismo prejuicio. Porque los más hábiles de entre ellos sobresalen en su ramo, se miran como los más sabios de los hombres. Esta presunción ha empañado completamente su saber a mis ojos. De suerte que poniéndome en el lugar del oráculo y preguntándome lo que preferiría ser, lo que yo soy o lo que son ellos, saber lo que ellos han aprendido o saber que no sé nada, me he respondido a mí mismo y al dios: "Quiero seguir siendo lo que soy".»

«Ni los sofistas, ni los poetas, ni los oradores, ni los artistas, ni yo, sabemos lo que es lo verdadero, lo bueno y lo bello. Pero hay entre nosotros esta diferencia: que aunque esas personas nada sepan, todas creen saber algo. Mientras que yo, si no sé nada, al menos no tengo dudas sobre ello. De suerte que toda esta superioridad de sabiduría que me otorgó el oráculo, se reduce sólo a estar bien convencido de que ignoro lo que no sé*.»

He ahí, pues, al más sabio de los hombres a juicio de los dioses, y al más sabio de los atenienses en el sentir de Grecia entera, a Sócrates ¡haciendo el elogio de la ignorancia! ¿Cree alguien que si resucitara entre nosotros, nuestros sabios y nuestros artistas le harían cambiar de opinión? No, señores,

* La traducción de este fragmento de la *Apología de Sócrates*, de Platón, muy libre, se debe según unos a Diderot; la traducción francesa que sirvió de base a Diderot, si es que fue él el autor de esos textos, había sido publicada en 1643 por Giry.

ese hombre justo continuaría despreciando nuestras vanas ciencias; no ayudaría a engrosar ese tropel de libros que por todas partes nos inunda, y, como hizo, a sus discípulos y a nuestros nietos no les dejaría por precepto más que el ejemplo y la memoria de su virtud. ¡Así sí que es hermoso instruir a los hombres!

Sócrates había comenzado en Atenas, el viejo Catón* continuó en Roma desenfrenándose contra aquellos griegos artificiosos y sutiles que seducían la virtud y amollentaban el valor de sus conciudadanos. Pero las ciencias, las artes y la dialéctica prevalecieron aún: Roma se llenó de filósofos y de oradores; la disciplina militar se descuidó, se despreció la agricultura, se abrazaron sectas y se olvidó la patria. A los nombres sagrados de libertad, de desinterés, de obediencia a las leyes, sucedieron los nombres de Epicuro, de Zenón, de Arcesilao. *Desde que los doctos comenzaron a aparecer entre nosotros,* decían sus propios filósofos, *las gentes de bien se han eclipsado***. Hasta entonces los romanos se habían contentado con practicar la virtud; todo se perdió cuando comenzaron a estudiarla.

¡Oh, Fabricio***! ¡Qué habría pensado vuestra gran alma, si, devuelto a la vida para vuestra desgracia, hubierais

* Se trata de Catón el Censor (234-149), cuya vida había leído Rousseau en Plutarco *(Vidas de Hombres Ilustres).* Defendió la antigua moralidad nacional romana contra las novedades corruptoras venidas de Grecia.

** La cita de Séneca, traducida por Rousseau, aparece en los *Essais* de Montaigne (I, cap. XXV) en latín: *Postquam docti proderiunt boni desunt* (Epístola 95 a Luciano). Con ella atacaba Séneca a epicúreos, estoicos y escépticos de la nueva Academia.

*** Fabricio, símbolo del gran hombre virtuoso, derivaba evidentemente de las lecturas de Plutarco *(Vida de Pirro,* XLV). Esta prosopopeya fue escrita por Rousseau «en aquel mismo lugar» de la inspiración súbita cuando iba a ver a Diderot, prisionero en Vincennes. Véase el pasaje citado de las *Cartas a Malesherbes,* en *Las ensoñaciones del paseante solitario,* ed. cit., págs. 182-184.

visto la faz pomposa de aquella Roma salvada por vuestro brazo y a la que había hecho más ilustre vuestro respetable nombre que todas sus conquistas? «¡Dioses!», habríais dicho, «¿en qué se han convertido aquellos techos de bálago y aquellos rústicos hogares que antaño habitaban la moderación y la virtud? ¿Qué funesto esplendor ha sucedido a la sencillez romana? ¿Qué es ese lenguaje extranjero? ¿Qué son esas costumbres afeminadas? ¿Qué significan esas estatuas, esos cuadros, esos edificios? Insensatos, ¿qué habéis hecho? Vosotros, los dueños de las naciones, ¿os habéis vuelto esclavos de los hombres frívolos a quienes habíais vencido? ¿Son rétores los que os gobiernan? ¿Para enriquecer arquitectos, pintores, estatuarios e histriones habéis regado con vuestra sangre Grecia y Asia? Los despojos de Cartago ¿presa de un tañedor de flauta*? Romanos, apresuraos a derribar esos anfiteatros; romped esos mármoles; quemad esos cuadros, expulsad a esos esclavos que os someten y cuyas funestas artes os corrompen. Que otras manos se ilustren con talentos vanos; el único talento digno de Roma es el de conquistar el mundo y hacer reinar en él la virtud. Cuando Cineas tomó nuestro Senado por una asamblea de reyes, no quedó deslumbrado ni por una pompa vana ni por una elegancia rebuscada. No oyó en él esa elocuencia frívola, estudio y seducción de hombres fútiles. ¿Qué vio, pues, Cineas tan majestuoso? ¡Oh, ciudadanos! Vio un espectáculo que no producirán nunca vuestras riquezas ni todas vuestras artes; el espectáculo más hermoso que jamás haya aparecido bajo el cielo, la asamblea de doscientos hombres virtuosos, dignos de mandar en Roma y de gobernar la Tierra.»

Mas franqueemos la distancia de tiempos y lugares, y veamos qué ha pasado en nuestro suelo y ante nuestros ojos; o mejor, apartemos pinturas odiosas que herirían nuestra delicadeza, y ahorrémonos el trabajo de repetir las

* Nerón. Cfr. Suetonio, *Nerón,* § 10.

mismas cosas con otros nombres. No en vano evocaba yo los males de Fabricio; ¿y qué he hecho decir a ese gran hombre que no hubiera podido poner en boca de Luis XII, o de Enrique IV? Cierto que entre nosotros Sócrates no habría bebido la cicuta; pero hubiera bebido en una copa aún más amarga la burla insultante y el desprecio cien veces peor que la muerte.

He ahí cómo el lujo, la disolución y la esclavitud han sido desde siempre el castigo de los esfuerzos orgullosos que hemos hecho para salir de la feliz ignorancia en que la eterna sabiduría nos había colocado. El espeso velo con que cubrió todas sus operaciones parecía advertirnos sobradamente que no nos ha destinado a vanas indagaciones. Mas, ¿hay alguna de sus lecciones que hayamos sabido aprovechar, o que hayamos descuidado impunemente? Pueblos, sabed pues de una vez que la naturaleza ha querido preservarnos de la ciencia como una madre arranca un arma peligrosa de las manos de su hijo; que todos los secretos que os oculta son otros tantos males de que os protege, y que la dificultad que halláis en instruiros no es el menor de sus beneficios. Los hombres son perversos; peores serían aún si hubieran tenido la desgracia de nacer sabios.

¡Cuán humillantes son estas reflexiones para la humanidad! ¡Cuán mortificado debe estar por ello nuestro orgullo! ¡Cómo! ¿Sería la probidad hija de la ignorancia? ¿Serían incompatibles la ciencia y la virtud? ¿Qué consecuencias no se sacarían de tales prejuicios? Pero para conciliar estas contradicciones aparentes, basta con examinar de cerca la vanidad y la nada de esos títulos orgullosos que nos deslumbran y que tan gratuitamente damos a los conocimientos humanos. Consideremos, pues, las ciencias y las artes en sí mismas. Veamos lo que de su progreso debe resultar; y no vacilemos en reconocer la verdad de todos aquellos puntos en que nuestros razonamientos se hallen de acuerdo con las inducciones históricas.

Segunda parte

Era tradición antigua que pasó de Egipto a Grecia que un dios enemigo del descanso de los hombres fue el inventor de las ciencias[5]. ¿Qué opinión tenían, pues, que tener de ellas los propios egipcios, entre quienes habían nacido? Es que veían de cerca las fuentes que las habían producido. En efecto, tanto si se estudian los anales del mundo como si se completan las crónicas inciertas con indagaciones filosóficas, no encontraremos a los conocimientos humanos un origen que responda a la idea que queremos formarnos de ellos. La astronomía ha nacido de la superstición; la elocuencia, de la ambición, del odio, de la adulación, de la mentira; la geometría, de la avaricia; la física, de una vana curiosidad; todas, la moral incluso, del orgullo humano. Ciencias y artes deben, pues, su nacimiento a nuestros vicios*; menos dudosos estaríamos de sus ventajas si lo debieran a nuestras virtudes.

El defecto de su origen nos lo recuerdan sobradamente sus fines. ¿Qué haríamos de las artes, sin el lujo que las nutre? Sin las injusticias de los hombres, ¿para qué serviría la jurisprudencia? ¿En qué se convertiría la historia si no hubiera ni tiranos, ni guerras, ni conspiradores? En una palabra, ¿quién querría pasar su vida en estériles contemplaciones, si cada cual, no consultando más que los deberes del hombre y las necesidades de la naturaleza, no tuviera tiempo más que para la patria, para los desgraciados y para sus amigos? ¿Estamos hechos, pues, para morir atados a los bordes del pozo a que la verdad se ha retirado? Esta sola reflexión debería desanimar desde los primeros pasos a cualquier

* La imagen era tradicional; en la polémica con Gautier, saldrá a relucir esta «imagen decepcionante», pero tan vieja como la filosofía como responde Gautier; en efecto, Lactancio en sus *Instituciones* adjudica a Demócrito la frase *quasi in puteo quodam veritatem jacere,* que probablemente llegó a Rousseau a través de Saint-Aubin *(Traité historique de l'Opinion,* I, 9).

hombre que busque seriamente instruirse mediante el estudio de la filosofía.

¡Cuántos peligros! ¡Cuántas falsas rutas en la investigación de las ciencias! ¡Por cuántos errores, mil veces más peligrosos de lo que útil es la verdad, no hay que pasar para llegar a ella! La desventaja es evidente; porque lo falso es susceptible de una infinidad de combinaciones; mas la verdad sólo tiene una manera de ser. ¿Quién hay, además, que la busque sinceramente? Incluso con la mejor voluntad, ¿por qué señales está uno seguro de reconocerla? En este tropel de sentimientos diferentes, ¿cuál será nuestro *Criterium** para juzgar bien[6]? Y lo más difícil, si para suerte nuestra terminamos encontrándola, ¿quién de nosotros sabrá hacer buen uso de ella?

Si nuestras ciencias son vanas en el objeto que se proponen, son aún más peligrosas por los efectos que producen. Nacidas en la ociosidad, la nutren a su vez; y la pérdida irreparable del tiempo es el primer perjuicio que causan necesariamente a la sociedad. En política, como en moral, es un gran mal no hacer el bien; y todo ciudadano inútil puede ser mirado como un hombre pernicioso. Respondedme, pues, filósofos ilustres, vosotros por quienes sabemos por qué razones los cuerpos se atraen en el vacío: ¿cuáles son, en las revoluciones de los planetas, las relaciones de las áreas recorridas en tiempos iguales? ¿Qué curvas tienen puntos conjugados, puntos de inflexión y de reversión?; ¿cómo ve todo el hombre en Dios?; ¿cómo se corresponden sin comunicación, como harían dos relojes, el alma y el cuerpo?; ¿qué as-

* Hay en esta página dos neologismos, *investigation* y *criterium:* el primero, con algunos ejemplos anteriores en la escritura clásica, le fue reprochado por Lecat en la polémica subsiguiente a la publicación del discurso. Fue registrado por vez primera por la Academia en 1798: «He querido, explica Rousseau en su respuesta a Lecat, prestar servicio a la lengua introduciendo en ella un término dulce y armonioso cuyo sentido ya es conocido y que no tiene sinónimo en francés.»

tros pueden estar habitados?; ¿qué insectos se reproducen de una manera extraordinaria*? Respondedme, digo, vosotros, de quienes tantos sublimes conocimientos hemos recibido; aun cuando nunca nos hubierais enseñado nada de esas cosas, ¿seríamos menos numerosos, estaríamos peor gobernados, seríamos menos temibles, menos florecientes o más perversos? Volved, pues, sobre la importancia de vuestras producciones; y si los trabajos de los más esclarecidos de nuestros sabios y de nuestros mejores ciudadanos nos procuran tan poca utilidad, decidnos qué debemos pensar de esa turba de escritores oscuros y de letrados ociosos, que devoran sin provecho alguno la sustancia del Estado.

¿Qué digo ociosos? ¡Pluguiera a Dios que en efecto lo fueran! Las costumbres serían con ello más sanas y la sociedad más apacible. Mas esos vanos y fútiles declamadores van por todas partes armados de sus funestas paradojas zapando los fundamentos de la fe y aniquilando la virtud. Sonríen desdeñosamente a esas viejas palabras de patria y de religión y consagran sus talentos y su filosofía a destruir y envilecer todo cuando hay de sagrado entre los hombres. Y no es que en el fondo odien la virtud ni nuestros dogmas; es de la opinión pública de lo que son enemigos; y para traerlos de nuevo a los pies de los altares, bastaría con relegarlos entre los ateos. ¡Oh, furor de distinguirse, ¿qué no puedes?!

¡Qué gran mal el mal uso del tiempo! Otros males peores aún siguen a las letras y a las artes. Como el lujo, nacido como ellas de la ociosidad y de la vanidad de los hombres. Raramente va el lujo sin las ciencias y las artes, y nunca van éstas sin él. Sé que nuestra filosofía, siempre fecunda en má-

* La ironía de Rousseau descarga sobre las búsquedas científicas coetáneas que tanto interesaban, por ejemplo, a Voltaire: las alusiones alcanzan a Malebranche, a Leibniz (visión en Dios, el alma y el cuerpo), Fontenelle (la pluralidad de los mundos), Newton (sistema del mundo) y Réaumur, cuyas *Mémoires pour servir à l'histoire des insectes* datan de 1734-1742.

ximas singulares, pretende, contra la experiencia de todos los siglos, que el lujo hace el esplendor de los Estados; pero, después de haber olvidado la necesidad de las leyes suntuarias, ¿osará negar todavía que las buenas costumbres son esenciales a la duración de los imperios, y que el lujo se opone diametralmente a las buenas costumbres? Que el lujo sea un signo cierto de riquezas, que sirva incluso si se quiere para multiplicarlas, ¿qué habrá que concluir de esta paradoja tan digna de haber nacido en nuestros días, y qué será de la virtud cuando haya que enriquecerse a cualquier precio? Los antiguos políticos hablaban sin cesar de costumbres y de virtud; los nuestros no hablan más que de comercio y de dinero. Uno os dirá que un hombre vale en tal zona la suma por la que se lo vendería en Argel; siguiendo este cálculo, otro encontrará países en que un hombre no vale nada, y otros en que vale menos que nada. Evalúan a los hombres como a rebaños de ganado. Según ellos, un hombre no le vale al Estado más que el consumo que le hace. Así, un sibarita bien habría valido treinta lacedemonios. Adivínese, pues, cuál de esas dos Repúblicas, Esparta o Síbaris, fue sojuzgada por un puñado de campesinos, y cuál hizo temblar al Asia.

La monarquía de Ciro fue conquistada con treinta mil hombres por un príncipe más pobre que el menor de los sátrapas de Persia; y los escitas, el más miserable de todos los pueblos, resistió a los más poderosos monarcas del universo*. Dos famosas repúblicas se disputaron el imperio del mundo; una era muy rica, la otra no tenía nada, y fue ésta la que destruyó a la otra. El Imperio Romano, a su vez, tras haber engullido todas las riquezas del universo, fue presa de gentes que no sabían siquiera lo que era riqueza. Los francos conquistaron las Galias, los sajones Inglaterra sin más tesoros que su bravura y su pobreza. Un tropel de pobres mon-

* Es Rousseau quien hace concordar el verbo con la aposición.

tañeses cuya avidez toda se limitaba a unas cuantas pieles de cordero, tras haber domeñado la soberbia austríaca, aplastó a esa opulenta y temible Casa de Borgoña que hacía temblar a los potentados de Europa*. En fin, todo el poder y toda la sabiduría del heredero de Carlos V, sostenidos por todos los tesoros de las Indias, vinieron a estrellarse contra un puñado de pescadores de arenque**. Dígnense nuestros políticos suspender sus cálculos para reflexionar en estos ejemplos, y aprendan de una vez que se tiene de todo con dinero, excepto costumbres y ciudadanos.

Pues, ¿de qué se trata precisamente en esta cuestión del lujo? De saber qué importa más a los imperios, si ser brillantes y momentáneos, o virtuosos y duraderos. Brillantes, digo, ¿mas de qué esplendor? El gusto del fausto apenas se asocia en las mismas almas con el de la honestidad. No, no es posible que espíritus degradados por una multitud de precauciones fútiles se alcen nunca a nada grande; y aun cuando tuvieran la fuerza para ello, les faltaría el valor.

Todo artista quiere ser aplaudido. Los elogios de sus contemporáneos son la parte más preciosa de su recompensa. ¿Qué hará, pues, para obtenerlos, si tiene la desgracia de haber nacido en un pueblo y en tiempos en que los sabios vueltos moda han puesto a una juventud frívola en situación de dar el trono, en que los hombres han sacrificado su gusto a los tiranos de su libertad[7], en que, no atreviéndose a aprobar uno de los sexos sino lo que está proporcionando con la plusilanimidad del otro, se dejan caer obras maestras de

* Esta alusión a Suiza es, para algunos críticos, uno de los dos añadidos que la Advertencia citaba. Otros la consideran muy improbable.

** Alusión incierta, que puede referirse tanto a las guerras de Felipe II contra los Países Bajos como al desastre de la Armada Invencible: en el *Jugement sur la paix perpétuelle,* Rousseau completa: «la rebelión de los Países Bajos, los armamentos contra Inglaterra, las guerras civiles de Francia, habían agotado las fuerzas de España y los tesoros de las Indias».

poesía dramática, y en que prodigios de armonía son rechazados? ¿Qué hará, señores? Abajará su genio al nivel de su siglo, y preferirá componer obras comunes que se admiren durante su vida antes que maravillas que sólo se admirarían mucho tiempo después de su muerte. Decidnos, célebre Arouet*, ¿cuántas bellezas varoniles y fuertes habéis sacrificado a nuestra falsa delicadeza, y cuántas cosas grandes os ha costado el espíritu de galantería, tan fértil en pequeñas?

Así es como la disolución de las costumbres, secuela necesaria del lujo, entraña a su vez la corrupción del gusto. Que si por casualidad se encuentra entre los hombres extraordinarios por sus talentos alguno que tenga firmeza en el alma y que rehúse prestarse al genio de su siglo y envilecerse con producciones pueriles, ¡desgraciado! Morirá en la indigencia y en el olvido. Que no es esto un pronóstico que aquí hago, sino una experiencia que refiero. Carle, Pierre**, ha llegado el momento en que ese pincel destinado a aumentar la majestad de nuestros templos con imágenes sublimes y santas caiga de vuestras manos, o será prostituido adornando con pinturas lascivas los paneles de un *vis-a-vis****. Y tú,

* Alusión a Voltaire; para G. R. Havens, en la utilización de ese apellido, que el autor de *Zadig* había sustituido desde 1718 por el de Voltaire, habría un velado ataque por haber abandonado la sencillez original de sus primeros tiempos por el espíritu mundano.

** Carle (1705-1765) y Pierre van Loo (1713-1789), pintores amigos de los enciclopedistas; el primero, director de la Escuela de alumnos privilegiados en 1749, será pintor real tres años más tarde; en cuanto a Pierre, fue «quien hizo el dibujo de la lámina que encabeza mi primer discurso, y está muy mal», comenta Rousseau en *Correspondance Générale*, III, pág. 246.

*** *Vis-a-vis:* «Especie de coche en forma de berlina, pero en el que no hay más que una plaza en cada fondo» (Dic. Acad. Francesa, 1740); de ahí ese nombre (ant. francés *visage*, del lat. *visus)* que se emplea en ocasiones como galicismo en castellano por: frente a frente, cara a cara. Por lo que a las pinturas escandalosas que adornaban portezuelas o paneles de los carruajes, en *La Nouvelle Héloïse*, Rousseau vuelve a insistir: Vª parte, carta II, *Œuvres complètes*, págs. 530-531: «En cuanto al lujo

rival de los Praxiteles y de los Fidias, tú, cuyo cincel los antiguos habrían empleado en hacerles dioses capaces de excusar a nuestros ojos su idolatría, inimitable Pigalle*, tu mano tendrá que decidirse a rebajar el vientre de un monigote grotesco, o deberá permanecer ociosa.

No puede uno reflexionar sobre las costumbres sin que plazca recordar la imagen de la simplicidad de los primeros tiempos. Es ésta una hermosa orilla, adornada por las solas

de magnificencia y vanidad, sólo se ve lo que no ha podido ella rehusar al gusto de su padre; todavía se sigue reconociendo el suyo, que consiste en dar a las cosas menos lustre y esplendor que elegancia y gracia. Cuando le hablo de los medios que diariamente se inventan en París o en Londres para hacer más suave la suspensión de las carrozas, lo aprueba bastante; pero cuando le digo hasta qué precio se ha llevado el barniz, ya no me comprende y siempre me pregunta si esos hermosos barnices hacen las carrozas más cómodas. No duda de que no exagero mucho sobre las pinturas escandalosas con que adornan con grandes gastos esos coches en lugar de las armas que se ponían en ellos antaño, como si fuera más hermoso anunciarse a los transeúntes por hombre de malas costumbres que por hombre de calidad. Lo que sobre todo la ha sublevado ha sido saber que las mujeres habían introducido o apoyado tal uso, y que sus carrozas no se distinguían de las de los hombres más que por cuadros algo menos lascivos. Me he visto obligado a citarle sobre esto una frase de vuestro ilustre amigo que le ha costado mucho digerir. Estaba yo con él cierto día en que se le enseñaba un *vis-a-vis* de esta especie. Apenas hubo puesto los ojos sobre los paneles cuando partió diciendo al dueño: "Mostrad esa carroza a las mujeres de la corte; un hombre honesto no tendría la osadía de utilizarla."» En el borrador, Rousseau tacha tras «hacen las carrozas más cómodas» el siguiente fragmento: «¿Qué diría si yo osara hablarle de las escandalosas pinturas con que han adornado los paneles de esos coches y de las que m. parecen alardear con más descaro que los hombres?» En su edición de esta novela, D. Mornet anota que el barnizado de un coche, con pinturas incluidas, llegaba a costar la fabulosa cifra de 16.000 libras según la revista de la época *L'Ami des hommes.*

* Jean Baptiste Pigalle (1714-1785), escultor célebre en aquellos momentos, hasta el punto de que podría calificarse de «escultor oficial» a partir de 1750. El *magot* del texto, que traduzco por *monigote,* era: figura grotesca de porcelana, piedra, etc., sentido que el Diccionario de la Academia francesa admite por vez primera en 1762.

manos de la naturaleza, hacia la que uno vuelve incesantemente los ojos, y de la que uno siente alejarse con pena. Cuando los hombres inocentes y virtuosos gustaban de tener a los dioses por testigos de sus acciones, moraban juntos bajo las mismas cabañas; pero vueltos muy pronto malvados, se cansaron de aquellos incómodos espectadores y los relegaron a templos magníficos. Finalmente los expulsaron de ahí para instalarse ellos mismos, o al menos los templos de los dioses no se distinguieron ya de las casas de los ciudadanos. Aquello fue entonces el colmo de la depravación; los vicios nunca fueron más estimulados que cuando se los vio sostenidos, por así decir, a la entrada de los palacios de los grandes sobre columnas de mármol, y grabados sobre capiteles corintios.

Mientras las comodidades de la vida se multiplican, mientras las artes se perfeccionan y el lujo se extiende, el verdadero valor se enerva, las virtudes militares se desvanecen, y también es esto obra de las ciencias y de todas esas artes que se ejercen en la sombra del gabinete. Cuando los godos devastaron Grecia, no se salvaron del fuego todas las bibliotecas sino por esta opinión propagada por uno de ellos, la de que había que dejar a los enemigos muebles tan idóneos para apartarlos del ejercicio militar y para entretenerlos con ocupaciones ociosas y sedentarias. Carlos VIII se vio dueño de Toscana y del reino de Nápoles sin haber sacado casi la espada; y toda su corte atribuyó esta facilidad inesperada a que los príncipes y la nobleza de Italia se entretenían más en volverse ingeniosos y doctos de lo que se ejercitaban en volverse vigorosos y guerreros. En efecto, dice el hombre sensato* que refiere esos dos hechos históricos, todos los ejem-

* Montaigne, *Essais,* I, cap. XXIV: el pasaje de Rousseau sobre los godos y Carlos VIII está casi calcado de ese texto de Montaigne, de quien proceden términos como «propagar» *(sémer),* «mueble» (porque Montaigne se refiere a las estanterías *[librairies])* en concreto.

plos nos enseñan que en la organización marcial y en todas cuantas le son semejantes el estudio de las ciencias es más propio para amollecer y afeminar los bríos que para afirmarlos y animarlos.

Los romanos confesaron que la virtud militar se había ido extinguiendo entre ellos a medida que comenzaron a ser entendidos en cuadros, en grabados, en vasos de orfebrería, y a cultivar las bellas artes; y como si esta tierra famosa estuviera destinada a servir constantemente de ejemplo a los demás pueblos, el encumbramiento de los Médicis y el restablecimiento de las letras hicieron caer nuevamente, y quizá para siempre, esa reputación guerrera que Italia parecía haber recobrado hace algunos siglos.

Las antiguas repúblicas de Grecia, con esa sabiduría que brillaba en la mayoría de sus instituciones, habían prohibido a sus ciudadanos todos esos oficios tranquilos y sedentarios que, postrando y corrompiendo el cuerpo, enervan tan pronto el vigor del alma. En efecto, ¿con qué ojo se piensa que pueden considerar el hambre, la sed, las fatigas, los peligros y la muerte, hombres que la menor necesidad abruma, y que el menor esfuerzo desanima? ¿Con qué coraje soportarán los soldados esfuerzos excesivos en los que no tienen ningún hábito? ¿Con qué ardor harán marchas forzadas al mando de oficiales que no tienen siquiera fuerza para viajar a caballo? Que no se me objete el valor renombrado de todos esos modernos guerreros tan sabiamente disciplinados. Se me pondera mucho su bravura un día de batalla, mas no se me dice cómo soportan el exceso de trabajo, cómo resisten el rigor de las estaciones y las intemperies del aire. Basta un poco de sol o de nieve, basta la privación de algunas superfluidades para derretir y destruir en pocos días el mejor de nuestros ejércitos. Guerreros intrépidos, sufrid una vez la verdad que tan raramente oís: sois valientes, lo sé; hubierais triunfado con Aníbal en Cannas y en Trasimeno; César hubiera pasado con vosotros el Rubicón y sometido a su país;

mas no es con vosotros con quienes el primero hubiera atravesado los Alpes, ni el otro hubiera vencido a vuestros antepasados.

No siempre los combates hacen el éxito de la guerra, y hay para los generales un arte superior al de ganar batallas. Tal corre al combate con intrepidez y no deja por ello ser un pésimo oficial; en el soldado incluso, algo más de fuerza y de vigor sería quizá más necesario que tanta bravura que no le garantiza de la muerte; y nada importa al Estado que sus tropas perezcan por la fiebre y el frío, o por el hierro del enemigo.

Si el cultivo de las ciencias es perjudicial para las cualidades guerreras, aún lo es más para las cualidades morales. Es desde nuestros primeros años cuando una educación insensata adorna nuestro ingenio y corrompe nuestro juicio. Veo por todas partes establecimientos inmensos en los que costosamente se educa a la juventud para enseñarle todas las cosas, excepto sus deberes. Vuestros hijos ignorarán su propia lengua, pero hablarán otras que no están en uso en parte alguna; sabrán componer versos que apenas podrán comprender; sin saber discernir el error de la verdad, poseerán el arte de hacerlos irreconocibles a los demás mediante argumentos especiosos; pero esas palabras de magnanimidad, de templanza, de humanidad, de valor, no sabrán lo que son; ese dulce nombre de patria no herirá jamás su oído; y si oyen hablar de Dios, será menos por temor de él que por tenerle miedo* [8]. Preferiría, decía un sabio, que mi estudiante hubiera pasado el tiempo en un juego de pelota, al menos ten-

* *Pensées philosophiques,* de Diderot, VIII: «Hay gentes de las que no hay que decir que temen a Dios, es más bien que le tienen miedo.» *Craindre* está empleado aquí en el sentido de «venerar», «respetar». *Temer* no ha conservado ese significado en castellano, aunque queda temor de Dios, que el Diccionario de la Academia Española define como: «Miedo reverencial y respetuoso que se debe tener a Dios. Es uno de los dones del Espíritu Santo.» Esta explicación elimina el aparente contrasentido de la frase de Rousseau.

dría el cuerpo más ágil. Sé que hay que ocupar a los niños, y que la ociosidad es para ellos el peligro más de temer. ¿Qué deben, entonces, aprender? ¡Buena pregunta esa, desde luego! Que aprendan lo que deben hacer cuando sean hombres[9], y no lo que deben olvidar.

Nuestros jardines están adornados con estatuas y nuestras galerías con cuadros. ¿Qué pensaríais que representan esas obras maestras del arte expuestas a la admiración pública? ¿Los defensores de la patria? ¿O esos hombres, más grandes aún, que la han enriquecido por sus virtudes? No. Son imágenes de todos los extravíos del corazón y de la razón, cuidadosamente sacadas de la antigua mitología y presentadas tempranamente a la curiosidad de nuestros hijos; a fin, sin duda, de que tengan ante sus ojos modelos de malas acciones, antes incluso de saber leer.

¿De dónde nacen todos estos abusos si no es de la funesta desigualdad introducida entre los hombres por la distinción de los talentos y por el envilecimiento de las virtudes? He ahí el efecto más evidente de todos nuestros estudios, y la más peligrosa de todas sus consecuencias. Ya no se pregunta de un hombre si tiene probidad, sino si tiene talentos; ni de un libro si es útil, sino si está bien escrito. Las recompensas son prodigadas al hombre culto, y la virtud queda sin honores. Hay mil premios para los discursos bellos, ninguno para las buenas acciones. Dígaseme, sin embargo, si la gloria vinculada al mejor de los discursos que han de ser coronados en esta Academia es comparable al mérito de haber fundado el premio.

El sabio no corre tras la fortuna; pero no es insensible a la gloria; y cuando la ve tan mal distribuida, su virtud, que un poco de emulación habría animado y vuelto ventajosa para la sociedad, cae en languidez y se extingue en la miseria y en el olvido. Tal es lo que a la larga debe producir por doquiera la preferencia de los talentos agradables sobre los talentos útiles, cosa que la experiencia no ha hecho sino confirmar sobradamente desde la renovación de las ciencias y las artes. Tenemos físicos, geómetras, químicos, astrónomos, poetas, músicos, pintores; no tenemos ya ciudadanos*, o si aún nos quedan dispersos en nuestras campiñas abandonadas, perecen en la indigencia y despreciados. Tal es el estado a que están reducidos, tales son los sentimientos que obtienen de nosotros quienes nos dan el pan, y quienes dan la leche a nuestros hijos.

He de confesar, sin embargo, que el mal no es tan grande como hubiera podido llegar a ser. La previsión eterna, poniendo al lado de diversas plantas perjudiciales los sencillos salutíferos, y en la substancia de muchos animales dañinos el remedio a sus heridas, ha enseñado a los soberanos que son sus ministros a imitar su sabiduría. Fue a ejemplo suyo como del seno mismo de las ciencias y las artes, fuentes de mil desarreglos, ese gran monarca** cuya gloria no hará sino adquirir de edad en edad nuevo esplendor, sacó estas sociedades célebres, encargadas a un tiempo del peligroso depósito de los conocimientos humanos y del depósito sagrado de las costumbres, por la atención que prestan para mantener en ellas toda la pureza, y para exigirla a los miembros que reciben.

Estas sabias instituciones, afirmadas por su augusto sucesor e imitadas por todos los reyes de Europa, servirán al menos de freno a los hombres de letras que, por aspirar todos al honor de ser admitidos en las Academias, se vigilarán a sí

* Sobre el sentido de esta frase y en concreto de la palabra *citoyen*, véase *Del Contrato social*, I, VI. «Respecto a los asociados, toman colectivamente el nombre de *pueblo* y en particular se llaman *ciudadanos* como partícipes en la autoridad soberana, y *súbditos* en cuanto sometidos a las leyes del Estado. Pero estos términos se confunden con frecuencia y se toman unos por otros; basta saber distinguirlos cuando se emplean en su total precisión.»

** Luis XIV de Francia, durante cuyo reinado se fundaron varias academias.

mismos y tratarán de hacerse dignos de ellas mediante obras útiles y costumbres irreprochables. Aquellas sociedades que, de entre éstas, mediante el premio con que honran el mérito literario, escojan temas idóneos para reanimar el amor a la virtud en los corazones de los ciudadanos, mostrarán que este amor reina en su seno y darán a los pueblos ese placer tan raro y tan dulce de ver sociedades doctas consagrándose a derramar sobre el género humano no sólo luces agradables sino también instrucciones salutíferas.

Que no se me oponga, pues, una objeción que para mí no es sino una nueva prueba. Tantos cuidados no muestran sino sobradamente la necesidad de tomarlos, y no se buscan remedios a males que no existen. ¿Por qué han de tener también éstos, por su insuficiencia, el carácter de los remedios ordinarios? Tantos establecimientos hechos en provecho de los doctos no son sino más capaces para imponer respeto sobre los objetos de las ciencias y para volver los espíritus a su cultivo. Por las precauciones que se adoptan parece que hubiese demasiados labriegos y que se teme que falten filósofos. No quiero aventurar aquí una comparación entre la agricultura y la filosofía: no sería soportable. Me limitaré a preguntar: ¿qué es la filosofía? ¿Qué contienen los escritos de los filósofos más conocidos? ¿Cuáles son las lecciones de esos amigos de la sabiduría? Al oírles, ¿no se les tomaría por una pandilla de charlatanes gritando, cada cual por su lado en una plaza pública: venid a mí, yo soy el único que no engaña? El uno pretende que no hay cuerpo y que todo es como representación. El otro que no hay más substancia que la materia, ni más dios que el mundo. Éste expone que no hay ni virtudes ni vicios, y que el bien y el mal moral son quimeras. Aquél, que los hombres son lobos y pueden devorarse con la conciencia tranquila*. ¡Oh grandes filósofos! ¡Que

* *Uno...* Alusión a Berkeley, cuyos *Diálogos entre Hylas y Philonús* fueron traducidos al francés por Alcifrón. El año de la publicación del *Dis-*

no reservéis para vuestros amigos y para vuestros hijos esas provechosas lecciones! Pronto recibiríais vosotros el premio, y nosotros no temeríamos encontrar entre los nuestros alguno de vuestros sectarios.

He ahí, pues, los hombres maravillosos a quienes se ha prodigado en vida la estima de sus contemporáneos y reservado la inmortalidad después de su muerte. ¡He ahí las sabias máximas que hemos recibido de ellos y que nosotros transmitiremos de edad en edad a nuestros descendientes! El paganismo, librado a todos los extravíos de la razón humana, ¿ha dejado a la posteridad algo que pueda compararse a los monumentos vergonzosos que le ha preparado la imprenta bajo el reinado del Evangelio? Los escritos impíos de los Leucipos y de los Diágoras perecieron con ellos*. Aún no se había inventado el arte de eternizar las extravagancias del espíritu humano. Mas gracias a los caracteres tipográficos[10] y al uso que de ellos hacemos, las peligrosas elucubraciones de los Hobbes y de los Spinozas permanecerán para siempre. Id, escritos célebres, de los que la ignorancia y rusticidad de nuestros mayores no habrían sido capaces, acompañad en nuestros descendientes a esas obras más peligrosas aún de las que se exhala la corrupción de las costumbres de nuestro siglo, y llevad juntamente a los siglos futuros una historia fiel del progreso y de las ventajas de nuestras ciencias y de nuestras artes. Si os leen, no les dejaréis perplejidad

curso apareció otra nueva versión por Coste. *Otro...* puede ser Holbach o La Mettrie (*Historia natural del alma,* 1745, *El hombre máquina,* 1748). *Éste...;* la alusión a los relativismos parece apoyarse en Mandevilla *(The Fable of Bees)* o en Saint-Aubin; *Aquél,* Hobbes y su frase del hombre como lobo.

* Leucipo, maestro de Demócrito, que inició la doctrina atomística. Sólo se conserva un fragmento suyo; en las fuentes antiguas sus teorías son las mismas de Demócrito; quizá los textos atribuidos a éste sean fruto de un trabajo en común. Introdujo tres conceptos: el de vacío absoluto; el de átomos que se mueven en ese vacío y el de la necesidad mecánica. Diágoras, apodado el «ateo», fue discípulo de Demócrito.

alguna sobre la cuestión que hoy tratamos: y a menos que sean más insensatos que nosotros, alzarán sus manos al cielo y dirán en la amargura de su corazón: «Dios todopoderoso, tú que tienes en tus manos los espíritus, líbranos de las luces y de las funestas artes de nuestros padres, y devuélvenos la ignorancia, la inocencia y la pobreza, únicos bienes que pueden hacer nuestra felicidad y que son preciosos ante ti.»

Mas si el progreso de las ciencias y de las artes no ha añadido nada a nuestra verdadera felicidad, si ha corrompido nuestras costumbres y si la corrupción de las costumbres ha perjudicado la pureza del gusto, ¿qué pensaremos de esa turba de autores elementales que han apartado del templo de las Musas los obstáculos que defendían su acceso, y que la naturaleza había diseminado allí como prueba de las fuerzas de quienes fueran tentados a saber? ¿Qué pensaremos de esos compiladores de obras que han roto indiscretamente la puerta de las ciencias e introducido en su santuario un populacho indigno de acercarse a ellas, cuando sería de desear que todos aquellos que no podían avanzar lejos en la carrera de las letras, hubieran sido rechazados de entrada, y se hubieran colocado en artes útiles a la sociedad? Ese que toda su vida será un mal versificador, un geómetra subalterno, quizá se hubiera convertido en un gran fabricante de telas. No necesitaron maestros aquellos a quienes la naturaleza destinaba a hacer discípulos*. Los Verulam, los Descartes y los Newton, esos preceptores del género humano, no los tuvieron ellos mismos, y ¿qué guías les hubieran conducido hasta donde su vasto genio los llevó? Maestros ordinarios no habrían podido menos que contraer su entendimiento encerrándolo en la estrecha capacidad del suyo. Con los prime-

* En la respuesta a Bordes insistirá Rousseau en el tema de los genios sin maestros, únicos capaces de crear ciencia. Verulam es segundo apellido de F. Bacon, que había respondido a las críticas contra las artes en *De dignitate et augmentis scientiarum;* líneas más adelante vuelve a citarlo como canciller de Inglaterra.

ros obstáculos es como aprendieron a hacer esfuerzos, y como se ejercitaron en franquear el espacio inmenso que recorrieron. Si hay que permitir a ciertos hombres entregarse al estudio de las ciencias y de las artes, sólo ha de ser a quienes sientan en sí la fuerza de caminar solos tras sus huellas, y de superarlos. Es a ese pequeño número al que corresponde alzar los monumentos a la gloria del espíritu humano. Mas si se quiere que nada haya por encima de su genio, es preciso que nada esté por debajo de sus esperanzas. Ése es el único aliento que necesitan. El alma se adecua insensiblemente a los objetos que la ocupan, y son las grandes ocasiones las que hacen los grandes hombres. El príncipe de la elocuencia fue cónsul de Roma*, y el mayor, quizá, de los filósofos, canciller de Inglaterra. ¿Cree alguien que si uno no hubiera ocupado sino una cátedra en alguna universidad, y el otro no hubiera obtenido otra cosa que una módica pensión de Academia, cree alguien, digo, que sus obras no se resentirían de su estado? Que no desdeñen, pues, los reyes admitir en sus consejos a las personas más capaces de aconsejarles bien; que renuncien a ese viejo prejuicio inventado por el orgullo de los grandes, según el cual el arte de guiar a los pueblos es más difícil que el de ilustrarlos: como si fuera más fácil inducir a los hombres a obrar bien de buen grado que obligarlos a ello por la fuerza. Que los sabios de primer orden encuentren en sus cortes asilos honorables. Que obtengan ahí la única recompensa digna de ellos: la de contribuir con su solvencia a la felicidad de los pueblos a los que habrían enseña-

* Cicerón. El pensamiento ilustrado aumenta las pretensiones de aquellos «consejeros de príncipes» medievales, y sus «regimientos de príncipes» de que hay cuantiosos ejemplos en la literatura castellana. A partir del XVIII, época en que se constituye la «intelectualidad» como cuerpo cerrado, las pretensiones alcanzan la exigencia de ese oficio de «ilustradores» del Príncipe y su gobierno. Leblanc, sin embargo, algo más tarde desconfía de los hombres de letras, porque según la experiencia no son «capaces de grandes asuntos».

do la sabiduría. Sólo entonces se verá cuánto pueden la virtud, la ciencia y la autoridad animadas por una noble emulación y trabajando de concierto en la felicidad del género humano. Pero mientras el poder esté solo a un lado, y las luces y la sabiduría solas a otro, raramente pensarán los sabios grandes cosas, más raramente aún las harán bellas los príncipes, y los pueblos continuarán siendo viles, corrompidos y desgraciados.

En cuanto a nosotros, hombres vulgares a quienes el cielo no ha deparado tan grandes talentos y que no destina a gloria tanta, permanezcamos en nuestra oscuridad. No corramos tras una reputación que se nos escaparía y que, en el estado actual de las cosas, nunca nos reportaría lo que nos hubiera costado, aunque poseyésemos todos los títulos para obtenerla. ¿A qué buscar nuestra felicidad en la opinión ajena si podemos encontrarla en nosotros mismos? Dejemos a otros el cuidado de instruir a los pueblos en sus deberes, y limitémonos a cumplir bien los nuestros; no tenemos necesidad de saber más.

¡Oh, virtud! Ciencia sublime de las almas sencillas, ¿tanto esfuerzo y aparato son precisos para conocerte? ¿No están tus principios grabados en todos los corazones, y no basta para aprender tus leyes con recogerse en uno mismo y escuchar la voz de la propia ciencia en el silencio de las pasiones? He ahí la verdadera filosofía, sepamos contentarnos con ella; y, sin envidiar la gloria de esos hombres célebres que se inmortalizan en la república de las letras, tratemos de poner entre ellos y nosotros esa distinción gloriosa que se observaba antaño entre dos grandes pueblos: que uno sabía bien decir, y el otro, bien obrar*.

* Montaigne, *Essais*, I, cap. XXV. «Nuevo paralelo entre Esparta y Atenas»: «Iban a otras villas de Grecia a buscar retóricos, pintores y músicos; pero a Lacedemonia, legisladores, magistrados y caudillos. En Atenas se aprendía a bien decir, y aquí a bien obrar.»

Discurso
sobre el origen y los fundamentos
de la desigualdad entre los hombres

Por Jean-Jacques Rousseau
ciudadano de Ginebra*

Non in depravatis, sed in his
quae bene secundum naturam se habent,
*considerandum est quid sit naturale***

ARISTOT, *Politic.* L. 2.

* «Ciudadano de Ginebra» es una aposición que Rousseau emplea como título significativo; él solo basta para reemplazar los títulos nobiliarios con que los grandes personajes completaban su nombre. Sobre «ciudadano», véase la nota * de la página 196.

** «Qué sea lo natural hemos de buscarlo no en los depravados, sino en aquellos que se comportan conforme a la naturaleza.» Aristóteles, *Política,* I, V, 1254-a. La frase sirve en el texto aristotélico de introducción al célebre desarrollo en que se demuestra la existencia de esclavos «por naturaleza», rechazada por Rousseau en *Del Contrato,* I, II, líneas 18 y siguientes.

A la República de Ginebra*

MAGNÍFICOS, MUY HONORABLES Y SOBERANOS SEÑORES,

Convencido de que sólo al ciudadano virtuoso toca rendir a su patria honores que ella pueda reconocer por suyos, hace treinta años que trabajo para merecer el de ofreceros un ho-

* Esta dedicatoria a la República, es decir, la colectividad de los ciudadanos, fue escrita en junio de 1754, poco antes de su viaje a Ginebra según nos informan las *Confesiones.* La oportunidad de la dedicatoria había de atormentarle constantemente, como demuestran una carta al pastor Jean Perdriau (28 de noviembre de 1754) y su recuerdo en las *Confesiones.* Quería Rousseau obtener con ella el beneplácito del Consejo de la República, a cuyos síndicos trató de hacer llegar los primeros ejemplares; la correspondencia con el primer síndico, Jean-Louis Chouet, a propósito de la dedicatoria, demuestra la cordialidad social del intercambio de cartas, aunque posteriormente Rousseau expresara su amargura por el frío recibimiento que tuvo: «Esta dedicatoria que me había dictado el más puro patriotismo no hizo más que atraerme enemigos en el seno del Consejo y celosos entre la burguesía» *(Confesiones,* libro VIII). Una de las hipótesis que Rousseau elabora para explicar la hostilidad de sus conciudadanos –a los que no volvería a ver tras ese fugaz viaje a Ginebra de 1754– tiene por base el «mal éxito» del

menaje público; y supliendo en parte esta feliz ocasión lo que mis esfuerzos no han podido hacer, he creído que aquí me sería permitido consultar el celo que me anima más que el derecho que debiera autorizarme. Habiendo tenido la dicha de nacer entre vosotros, ¿cómo podría meditar sobre la igualdad que la naturaleza ha puesto entre los hombres, y sobre la desigualdad que éstos han instituido, sin pensar en la profunda sabiduría con que una y otra, felizmente combinadas en este Estado, concurren, de la manera más cercana a la ley natural y más favorable para la sociedad, al mantenimiento del orden público y a la felicidad de los particulares*? Al buscar las mejores máximas que dictar pueda la sensatez sobre la constitución de un gobierno, he quedado tan sorprendido de verlas todas practicadas en el vuestro que, incluso sin haber nacido entre vuestros muros, habría creído imposible dispensarme de ofrecer este cuadro de la sociedad humana al único pueblo que me parece poseer las mayores ventajas y haber prevenido mejor los abusos.

Si hubiera tenido que escoger el lugar de mi nacimiento,

Discurso sobre la desigualdad: «Yo sabía que el *Discurso sobre la desigualdad* había excitado contra mí en el seno del Consejo un odio tanto más peligroso cuanto que no osaba manifestarse» *(Confesiones,* libro XI). Hay que destacar entre las críticas coetáneas la que recibió esta dedicatoria de un antiguo primer síndico de la ciudad, Du Pan, quien observa diferencias entre la Ginebra ideal pintada por Rousseau y la Ginebra real: «Habéis seguido en vuestra epístola dedicatoria los movimientos de vuestro corazón, y temo que parezca que nos elogiáis demasiado; nos representáis tal como deberíamos ser, y no tal como somos.» Y el *Journal des Savants* hablará de esa pintura amable de un gobierno dulce y feliz: «... mas no nos atrevemos a decidir si el amor más sincero del bien público, si el patriotismo de más celo bastan para justificar el egoísmo perpetuo, el tono dogmático y las lecciones imperiosas de que está llena».

* Starobinski anota este pasaje: «Retengamos la fórmula. El ideal político de Rousseau no es la igualdad pura y simple, sino una *combinación* de la igualdad natural y de la desigualdad civil. Rousseau no preconizará ninguna nivelación.»

habría escogido una sociedad de grandeza limitada por la extensión de las facultades humanas, es decir, por la posibilidad de ser bien gobernada, y en la que, bastando cada cual a su empleo, nadie hubiera estado obligado a encomendar a otros las funciones de que estaba encargado: un Estado en el que, conociéndose todos los particulares entre sí, ni las maniobras obscuras del vicio, ni la modestia de la virtud hubieran podido sustraerse a las miradas y al juicio del público, y en el que el dulce hábito de verse y conocerse hiciera del amor a la patria el amor por los ciudadanos antes que el amor por la tierra.

Habría querido nacer en un país en el que el soberano y el pueblo no pudieran tener más que un solo y mismo interés, a fin de que todos los movimientos de la máquina no tendieran jamás sino al bien común; y como esto no podría hacerse a menos que el pueblo y el soberano fueran una misma persona, de ello se sigue que habría querido nacer bajo un gobierno democrático, sabiamente moderado.

Habría querido vivir y morir libre, es decir, sometido de tal modo a las leyes que ni yo ni nadie pudiera sacudir su honroso yugo; ese yugo saludable y dulce que las cabezas más altivas llevan tanto más dócilmente cuanto que están hechas para no llevar ningún otro.

Habría querido, pues, que nadie en el Estado hubiera podido pretenderse por encima de la ley, y que nadie desde fuera pudiera imponer ninguna que el Estado fuese obligado a reconocer. Porque cualquiera que pueda ser la constitución de un gobierno, si se encuentra en ese pueblo un solo hombre que no esté sometido a la ley, todos los demás están necesariamente a merced de ése[1]; y si hay un jefe nacional y otro extranjero*, sea el que fuere el reparto de autoridad que puedan hacer, es imposible que uno y otro sean bien obedecidos y que el Estado esté bien gobernado.

* El papa romano.

No habría querido habitar una república de nueva institución, por buenas que fueran las leyes que pudiera tener, por miedo a que, no conviniendo a los nuevos ciudadanos el gobierno, constituido quizá de modo distinto a como sería necesario en ese momento, o los ciudadanos al nuevo gobierno, el Estado quedara sujeto a perturbaciones y a la destrucción casi desde su nacimiento. Porque ocurre con la libertad como con esos alimentos sólidos y suculentos, o como con esos vinos generosos, aptos para nutrir y fortificar los temperamentos robustos habituados, pero que agobian, enferman y embriagan a los débiles y delicados que no están hechos a ellos. Una vez acostumbrados los pueblos a amos, no se hallan ya en estado de prescindir de ellos. Si intentan sacudir el yugo, se alejan tanto más de la libertad cuanto que, tomando por libertad una licencia desenfrenada que le es opuesta, sus revoluciones los entregan casi siempre a corruptores que no hacen más que agravar sus cadenas. El propio pueblo romano, ese modelo de todos los pueblos libres, no se encontró en condiciones de gobernarse al salir de la opresión de los Tarquinos. Envilecido por la esclavitud y los trabajos ignominiosos que le habían impuesto, no era al principio más que un estúpido populacho al que hubo que tratar con tino y gobernar con la mayor sabiduría, a fin de que, acostumbrándose poco a poco a respirar el aire saludable de la libertad, aquellas almas enervadas o, mejor, embrutecidas bajo la tiranía, adquiriesen gradualmente esa severidad de costumbres y esa presencia de ánimo que finalmente le hicieron el más respetable de todos los pueblos. Habría buscado, pues, por patria mía una república feliz y tranquila cuya antigüedad se perdiese en cierto modo en la noche de los tiempos; que no hubiera experimentado sino alteraciones idóneas para poner de manifiesto y afirmar en sus habitantes el valor y el amor a la patria, y en que los ciudadanos, acostumbrados desde antiguo a una sabia independencia, fuesen no solamente libres sino dignos de serlo.

Habría querido escogerme una patria alejada, por una afortunada impotencia, del feroz amor de las conquistas, y garantizada, por una posición aún más afortunada, del temor a convertirse ella misma en conquista de otro Estado: una villa libre situada entre muchos pueblos*, ninguno interesado en invadirla, y todos y cada uno en impedir a los demás que la invadiesen; una república, en una palabra, que no tentase la ambición de sus vecinos y que pudiera contar razonablemente con su ayuda en la necesidad. De ello se deduce que, en una posición tan afortunada, no habría tenido nada que temer más que de sí misma, y que, si sus ciudadanos se hubieran ejercitando en las armas, habría sido más por mantener en ellos ese ardor guerrero y esa presencia de ánimo que tan bien sienta a la libertad y que nutre el gusto por ella misma más que por la necesidad de proveer a la propia defensa.

Habría buscado un país en que el derecho de legislación fuera común a todos los ciudadanos; porque ¿quién mejor que ellos puede saber bajo qué condiciones les conviene vivir juntos en una misma sociedad? Mas no habría aprobado plebiscitos semejantes a los de los romanos, en los que los jefes del Estado y los más interesados en su conservación estaban excluidos de las deliberaciones de que a menudo dependía su salvación, y en los que, por una absurda inconsecuencia, los magistrados estaban privados de los derechos de que gozaban los simples ciudadanos.

Por el contrario, habría deseado que no todos tuvieran el poder de proponer nuevas leyes según su fantasía; para así cortar proyectos interesados y mal concebidos, y las innovaciones peligrosas que perdieron finalmente a los atenienses; que tal derecho perteneciese sólo a los magistrados**; que lo

* Francia, Saboya y los cantones suizos. Francia, por ejemplo, gozaba de empréstitos y amplias relaciones comerciales con los banqueros ginebrinos, protestantes en su mayoría.

** El Consejo General de la República de Ginebra, que agrupaba a todos los ciudadanos, poseía el derecho de elección, de legislación, de es-

usasen incluso con tanta circunspección, que por su parte el pueblo fuera tan reservado en dar su consentimiento a esas leyes, y que la promulgación sólo pudiera hacerse con tanta solemnidad que antes de que la constitución fuera socavada hubiera tiempo de convencerse de que es sobre todo la gran antigüedad de las leyes lo que las hace santas y venerables, de que el pueblo desprecia al punto aquellas que ve cambiar todos los días, y de que, si se acostumbran a descuidar los antiguos usos so pretexto de hacerlo mejor, con frecuencia se introducen grandes males para corregir otros menores.

Habría huido sobre todo, por necesariamente mal gobernada, de una república en que el pueblo, creyendo poder prescindir de sus magistrados o no dejarles más que una autoridad precaria, se hubiera reservado imprudentemente la administración de los asuntos civiles y la ejecución de sus propias leyes; tal debió ser la grosera constitución de los primeros gobiernos al salir directamente del estado de naturaleza, y tal fue también uno de los vicios que perdieron a la república de Atenas.

Habría escogido en cambio aquella en que los particulares, contentándose con sancionar las leyes y con decidir corporativamente y por el dictamen de los jefes los asuntos públicos más importantes, establecieran tribunales respetados, distinguieran con cuidado los diversos departamentos, eligieran año tras año a los más capaces y más íntegros de sus conciudadanos para administrar justicia y gobernar el Estado; y en la que dando de este modo la virtud de los magistrados testimonio de la sabiduría del pueblo, uno y otros se honrarían mutuamente. De suerte que si alguna vez funestos

tablecimiento de impuestos y el de contratación; sin embargo, los temas que podía discutir ese Consejo General pasaban antes por el tamiz del Consejo de los Veinticinco, que debía aprobar los que pasaban a tratarse en el Consejo de los Doscientos; éste aprobaba los temas a tratar por el Consejo General. Aquellos consejos, el de los Veinticinco y el de los Doscientos, estaban controlados por las familias patricias.

malentendidos vienen a turbar la concordia pública, incluso esas épocas de enceguecimiento y de errores estén marcadas por testimonios de moderación, de estima recíproca, y de común respeto por las leyes, presagios y garantías de una reconciliación sincera y perpetua*.

Tales son, MAGNÍFICOS, MUY HONORABLES Y SOBERANOS SEÑORES, las ventajas que habría buscado en la patria que habría escogido para mí. Y si la providencia le hubiera añadido además una situación encantadora, un clima templado, un suelo fértil y el aspecto más delicioso que bajo el cielo haya, no habría deseado para colmar mi dicha más que gozar todos estos bienes en el seno de vuestra feliz patria, viviendo apaciblemente en dulce compañía con mis conciudadanos, ejerciendo para con ellos y a ejemplo suyo la humanidad, la amistad y todas las virtudes, y dejando tras de mí la honorable memoria de un hombre de bien y de un patriota honesto y virtuoso.

Si, menos feliz o demasiado tarde sabio, me hubiera visto reducido a concluir en otros climas una achacosa y lánguida carrera, echando de menos inútilmente el reposo y la paz de que una juventud imprudente me hubiera privado, habría nutrido al menos en mi alma esos mismos sentimientos que no habría podido ejercer en mi país, y, penetrado de un afecto tierno y desinteresado por mis lejanos conciudadanos, les habría dirigido desde el fondo de mi corazón, poco más o menos, el siguiente discurso:

* Velada alusión a los sucesos del 21 de agosto de 1737, en que las milicias burguesas de la ciudad tomaron las armas y ocuparon casi toda la ciudad, enfrentándose a las tropas de la guarnición. El motivo había sido un juicio político, y la revuelta fue motivo de intervención de Francia y de los cantones suizos en la ciudad. «Durante las perturbaciones de la república estos dos ciudadanos se lanzaron a dos partidos contrarios: el hijo al de la burguesía, el padre al de los magistrados, y cuando se tomaron las armas en 1737, vi, estando en Ginebra, salir armados al padre y al hijo de la misma casa, uno para subir al Ayuntamiento, otro para dirigirse a su barrio, seguros de encontrarse dos horas después frente a

«Mis queridos conciudadanos, o mejor mis hermanos, puesto que los lazos de la sangre, así como las leyes, nos unen a casi todos, dulce me es no poder pensar en vosotros sin pensar al mismo tiempo en todos los bienes de que gozáis y cuyo precio ninguno de vosotros siente quizá mejor que yo que los he perdido. Cuanto más reflexiono sobre vuestra situación política y civil, menos puedo imaginar que la naturaleza de las cosas humanas puede implicar una mejor. En todos los demás gobiernos, cuando se trata de asegurar el mayor bien del Estado, todo se limita siempre a proyectos ideales, y todo lo más a simples posibilidades. Para vosotros, vuestra felicidad está completamente labrada, no hay más que gozarla, y para volveros perfectamente felices no necesitáis más que saber contentaros con serlo. Adquirida vuestra soberanía, o recobrada con la punta de la espada, y conservada durante dos siglos a fuerza de valor y de sabiduría, al fin está plena y universalmente reconocida. Tratados honorables fijan vuestros límites, aseguran vuestros derechos, y afirman vuestro descanso. Vuestra constitución es excelente, dictada por la razón más sublime, y garantizada por potencias amigas y respetables; vuestro Estado es tranquilo, no tenéis ni guerras ni conquistadores que temer; no tenéis más amos que sabias leyes que vosotros habéis hecho, administradas por magistrados íntegros elegidos por vosotros; no sois ni lo bastante ricos para enervaros con la molicie y perder en vanas delicias el gusto de la verdadera felicidad y de las virtudes sólidas, ni lo bastante pobres para necesitar más ayudas extranjeras de las que os procura vuestra industria; y esta preciosa libertad que en las grandes naciones sólo se mantiene a base de impuestos exorbitantes, no os cuesta casi nada conservarla.

»¡Ojalá dure siempre, para felicidad de sus ciudadanos y ejemplo de los pueblos, una república tan sabia y tan feliz-

frente, expuestos a degollarse entre sí. Este espectáculo horroroso me causó una impresión tan viva que juré no participar jamás en ninguna guerra civil, ...» (*Confesiones*, libro V).

mente constituida! He aquí el único voto que os queda por hacer, y el único cuidado que os queda por tomar. En adelante a vosotros solos toca, no labrar vuestra felicidad, vuestros antepasados os han evitado ese esfuerzo, sino hacerla duradera por la sabiduría de usarla bien. De vuestra unión perpetua, de vuestra obediencia a las leyes, de vuestro respeto por sus ministros es de lo que depende vuestra conservación. Si queda entre vosotros el menor germen de acritud o de desconfianza, apresuraos a destruirlo como a levadura funesta de la que tarde o temprano resultarían vuestra desgracia y la ruina del Estado. Yo os conjuro a penetrar en el fondo de vuestro corazón y a consultar la voz secreta de vuestra conciencia. ¿Alguien de entre vosotros conoce en el universo un cuerpo más íntegro, más esclarecido, más respetable que el de vuestra magistratura? ¿No os dan todos sus miembros ejemplos de moderación, de sencillez de costumbres, de respeto por las leyes y de la reconciliación más sincera? Rendid, pues, sin reservas a tan sabios jefes esa saludable confianza que la razón debe a la virtud; pensad que son de vuestra elección, que la justifican, y que los honores debidos a quienes vosotros habéis constituido en dignidad recaen necesariamente sobre vosotros mismos. Ninguno de vosotros es tan poco ilustrado como para ignorar que donde cesan el vigor de las leyes y la autoridad de sus defensores no puede haber ni seguridad ni libertad para nadie. ¿De qué se trata, pues, entre vosotros si no es de hacer de buen grado y con justa confianza lo que siempre estaríais obligados a hacer por verdadero interés, por deber, y por razón? Que una culpable y funesta indiferencia por el mantenimiento de la constitución no os haga nunca desoír, en el momento necesario, las sabias opiniones de los más ilustres y llenos de celo de entre vosotros. Al contrario, que la equidad, la moderación, la más respetuosa firmeza, continúen regulando todos vuestros pasos y mostrando a todo el universo con vosotros el ejemplo de un pueblo altivo y modesto, tan celoso de su gloria como de su libertad.

Guardaos sobre todo, y éste será mi último consejo, de escuchar nunca interpretaciones secretas y discursos envenenados cuyos secretos motivos son a menudo más peligrosos que las acciones que tienen por objeto*. Toda una casa se despierta y se mantiene en estado de alarma a los primeros gritos de un guardián bueno y fiel que sólo ladra cuando se acercan los ladrones; pero se odia la importunidad de esos animales ruidosos que perturban sin cesar el descanso público, y cuyas advertencias continuas y fuera de lugar no se hacen escuchar siquiera en el momento en que son necesarias.»

Y vosotros, MAGNÍFICOS Y MUY HONORABLES SEÑORES, vosotros, dignos y respetables magistrados de un pueblo libre: permitidme ofreceros en particular mis homenajes y mis respetos. Si hay en el mundo un rango propio para hacer ilustres a quienes lo ocupan, es sin duda el que dan los talentos y la virtud, ése del que os habéis hecho dignos y al que os han elevado vuestros conciudadanos. Su propio mérito añade todavía al vuestro un nuevo esplendor, y escogidos por hombres capaces de gobernar a otros para que los gobernéis a ellos mismos, me parecéis tan por encima de los demás magistrados como un pueblo libre, y sobre todo el que tenéis el honor de conducir, lo está gracias a sus luces y a su razón del populacho de otros Estados.

Séame permitido citar un ejemplo del que deberían quedar mejores huellas, y que siempre estará presente en mi corazón. No recuerdo sin la más dulce emoción la memoria del virtuoso ciudadano de quien recibí el ser y que a menudo alimentó mi infancia con el respeto que os era debido. Aún lo veo viviendo del trabajo de sus manos, y nutriendo su alma de las verdades más sublimes**. Veo a Tácito, a Plutarco, y a

* Ataque a la burguesía ginebrina que, descontenta con el edicto de 1738, aprovechaba cualquier ocasión para manifestarlo.

** En las páginas iniciales de las *Confesiones* se extiende Rousseau sobre los primeros años de su vida al lado del padre, y las lecturas que ambos hacían.

Grocio mezclados ante él junto a los instrumentos de su oficio. Veo a su lado a un hijo querido recibiendo con harto poco fruto las tiernas instrucciones del mejor de los padres. Pero si los extravíos de una loca juventud me hicieron olvidar durante un tiempo tan sabias lecciones, tengo la dicha de comprobar finalmente que, cualquiera que sea la inclinación que se tenga hacia el vicio, es difícil que una educación a la que el corazón se mezcla esté perdida para siempre.

Tales son, MAGNÍFICOS Y MUY HONORABLES SEÑORES, los ciudadanos e incluso los sencillos habitantes nacidos en el Estado que gobernáis*; tales son esos hombres instruidos y sensatos de quienes, bajo el nombre de obreros y de pueblo, se tiene en las demás naciones ideas tan bajas y tan falsas. Mi padre, lo confieso con alegría, no era distinguido entre sus conciudadanos; no lo era más de lo que lo son todos, y, tal cual era, no hay comarca donde su compañía no fuera buscada, cultivada, e incluso con fruto, por las personas más honradas. No me corresponde a mí, y gracias al cielo tampoco es necesario, hablaros de las atenciones que pueden esperar de vosotros hombres de ese temple, iguales vuestros por la educación, así como por los derechos de la naturaleza y del nacimiento; inferiores vuestros por su voluntad, por la preferencia que debían y que han concedido a vuestro mérito, y por la que vosotros les debéis a vuestra vez cierto reconocimiento. Observo con viva satisfacción con cuánta dulzura y condescendencia moderáis con ellos la gravedad conveniente a los ministros de las leyes, cuánto devolvéis en estima y en atenciones lo que os deben en obediencia y en respeto; con-

* En Ginebra había distintas categorías de personas: los naturales o ciudadanos, y los habitantes; estos últimos no gozaban más que de los derechos de residencia y de trabajo. Al lado de esta división había otra: los ciudadanos se dividían por su clase social en ciudadanos altos y bajos: a estos últimos pertenecían Rousseau y su padre, Isaac Rousseau, humilde zapatero que en 1722 (cuando Rousseau tenía diez años) hubo de expatriarse a raíz de una disputa con un militar perteneciente a una de las familias poderosas de la ciudad.

ducta llena de justicia y de sabiduría, idónea para alejar más y más la memoria de acontecimientos desgraciados que hay que olvidar para no volver a verlos jamás; conducta tanto más juiciosa cuanto que este pueblo equitativo y generoso hace un placer de su deber, gusta naturalmente de honraros, y los más ardientes en sostener sus derechos son los más dispuestos a respetar los vuestros.

No debe ser sorprendente que los jefes de una sociedad civil amen la gloria y la felicidad, pero lo es demasiado para la tranquilidad de los hombres que quienes se miran como los magistrados, o mejor, como los amos de una patria más santa y más sublime, den testimonio de cierto amor por la patria terrestre que los nutre. ¡Cuán dulce me es poder hacer en favor nuestro una excepción tan rara, y poner en el rango de nuestros mejores ciudadanos a esos celosos depositarios de los dogmas sagrados autorizados por las leyes, a esos venerables pastores de almas cuya viva y dulce elocuencia lleva tanto mejor a los corazones las máximas del Evangelio cuanto que siempre comienzan por practicarlas ellos mismos! Todo el mundo sabe con qué éxito se cultiva en Ginebra el arte del púlpito*; pero demasiado acostumbrados a ver hablar de una manera y obrar de otra, pocas personas saben hasta qué punto el espíritu del cristianismo, la santidad de las costumbres, la severidad para consigo y la dulzura para los demás, reinan en la corporación de nuestros ministros. Quizá sólo a la ciudad de Ginebra le corresponda mostrar el edificante ejemplo de una unión tan perfecta entre una sociedad de teólogos y de hombres de letras**. Sobre su sabiduría y su moderación reconocidas, sobre su celo por la prosperidad del

* En Ginebra no sólo los pastores cultivaban el púlpito; a él tenían también acceso los laicos; en el libro I de las *Confesiones,* por ejemplo, se habla de los sermones compuestos por Bernard Rousseau, tío del escritor, y de los que como ejercicio componían tanto éste como su primo en la adolescencia.

** Alusión a la Academia, fundada por Calvino en 1559.

Estado es en gran parte sobre lo que fundo la esperanza de su eterna tranquilidad; y observo, con un placer mezclado al asombro y al respeto, cuánto horror tienen por las horribles máximas de esos hombres sagrados y bárbaros de quienes la historia proporciona más de un ejemplo, y que para sostener los presuntos derechos de Dios, es decir, sus intereses, eran tanto menos avaros de la sangre humana cuanto que se jactaban de que la suya sería siempre respetada.

¿Podría olvidar a esa preciosa mitad de la república que hace las delicias de la otra, y cuya dulzura y sabiduría mantienen la paz y las buenas costumbres? Amables y virtuosas ciudadanas, el destino de vuestro sexo será siempre gobernar el nuestro. ¡Dichoso él, cuando vuestro casto poder, ejercido solamente en la unión conyugal, no se deja sentir más que para la gloria del Estado y la felicidad pública! Así es como las mujeres mandaban en Esparta, y así es como merecéis mandar en Ginebra. ¿Qué hombre bárbaro podría resistir a la voz del honor y de la razón en boca de una tierna esposa? ¿Y quién no despreciaría un vano lujo viendo vuestro sencillo y modesto atavío, que por el esplendor que recibe de vosotras parece ser el más favorable a la belleza? A vosotras corresponde mantener siempre, con vuestro estimable e inocente imperio y con vuestro espíritu insinuante, el amor a las leyes en el Estado y la concordia entre los ciudadanos; reunir mediante felices matrimonios a las familias divididas; y sobre todo corregir mediante la dulzura persuasiva de vuestras lecciones y las modestas gracias de vuestra conversación, los defectos que nuestros jóvenes van a adquirir a otros países, de donde, en lugar de tantas cosas útiles de que podrían aprovecharse, tan sólo traen, junto con un tono pueril y aires ridículos adquiridos entre mujeres perdidas, la admiración por no sé qué pretendidas grandezas, frívolas compensaciones de la servidumbre, que no valdrán nunca lo que la augusta libertad. Sed, pues, siempre lo que sois, las castas guardianas de las costumbres y los dulces vínculos de la paz, y continuad haciendo valer en toda ocasión los derechos del corazón y de la naturaleza en provecho del deber y de la virtud.

Me jacto de no verme desmentido por los hechos, al fundar sobre tales fiadores la esperanza de la dicha común de los ciudadanos y de la gloria de la república. Confieso que con todas estas ventajas, no brillará con ese resplandor que deslumbra la mayoría de los ojos y cuyo pueril y funesto gusto es el enemigo más mortal de la dicha y de la libertad. Que una juventud disoluta vaya a buscar en otra parte placeres fáciles y de largos arrepentimientos. Que las pretendidas personas de gusto admiren en otros lugares la grandeza de los palacios, la belleza de las carrozas, los soberbios ajuares, la pompa de los espectáculos, y todos los refinamientos de la molicie y del lujo. En Ginebra no se encontrará más que hombres, pero semejante espectáculo bien tiene su valor, y quienes lo busquen de sobra valdrán por los admiradores del resto.

Dignaos, magníficos, muy honorables y soberanos señores, recibir todos con igual bondad los respetuosos testimonios de interés que hago por vuestra prosperidad común. Si yo fuera lo bastante desgraciado para ser culpable de algún arrebato indiscreto en esta viva efusión de mi corazón, os suplico lo perdonéis en honor al tierno afecto de un verdadero patriota y al celo ardiente y legítimo de un hombre que no cree que para él haya mayor felicidad que la de veros a todos dichosos.

Con el más profundo respeto soy,

MAGNÍFICOS, MUY HONORABLES
Y SOBERANOS SEÑORES,

vuestro muy humilde y muy obediente
servidor y conciudadano.

JEAN-JACQUES ROUSSEAU
En Chambéry, 12 de junio de 1754

Prefacio

El más útil y menos avanzado de todos los conocimientos humanos me parece ser el del hombre[2], y me atrevo a decir que la sola inscripción del templo de Delfos* contenía un precepto más importante y más difícil que todos los gruesos libros de los moralistas. Por eso considero el tema de este Discurso como una de las cuestiones más interesantes que la filosofía puede proponer, y, desgraciadamente para nosotros, como una de las más espinosas que los filósofos puedan resolver. Porque, ¿cómo conocer la fuente de la desigualdad entre los hombres si no se empieza por conocerles a ellos mismos? ¿Y cómo conseguirá el hombre verse tal cual lo ha formado la naturaleza, a través de todos los cambios que la sucesión de los tiempos y de las cosas ha debido producir en su constitución original, y separar lo que atañe a su propio fondo de lo que las circunstancias y sus progresos han añadido o cambiado de su estado primitivo? Semejante a la estatua de Glauco** que el tiempo, la mar y las

* La inscripción délfica (socrática): «Conócete a ti mismo.»

** Glauco, hijo de Antedón, o de Poseidón, dios marino símbolo del poderío cretense (Virgilio, *Metamorfosis,* XIII, 924). Platón *(República,*

tormentas habían desfigurado de tal manera que se parecía menos a un dios que a una bestia feroz, el alma humana, alterada en el seno de la sociedad por mil causas constantemente renacientes, por la adquisición de una multitud de conocimientos y de errores, por los cambios ocurridos en la constitución de los cuerpos, y por el choque continuo de las pasiones, ha cambiado, por así decir, de apariencia hasta el punto de ser casi irreconocible; y en lugar de un ser que actúa siempre por principios ciertos e invariables, en lugar de esa celeste y majestuosa sencillez con que su autor le había marcado, ya sólo se encuentra el disforme contraste de la pasión que cree razonar y del entendimiento en delirio.

Lo que hay de más cruel todavía es que todos los progresos de la especie humana la alejan sin cesar de su estado primitivo; cuantos más conocimientos nuevos acumulamos, tanto más nos privamos de los medios de adquirir el más importante de todos: y es que, en un sentido, a fuerza de estudiar al hombre nos hemos puesto al margen de la posibilidad de conocerle.

Es fácil ver que en estos cambios sucesivos de la constitución humana es donde hay que buscar el primer origen de las diferencias que distinguen a los hombres, los cuales, según la opinión común, son por naturaleza tan iguales entre sí como lo eran los animales de cada especie antes de que diversas causas físicas hubieran introducido en algunos las variedades que observamos. En efecto, es inconcebible que esos primeros cambios, sea cual fuere el medio por el que hayan ocurrido, hayan alterado a la vez y de la misma manera a todos los individuos de la especie; pero mientras unos se perfeccionaban o deterioraban, y conseguían diversas cualidades buenas o malas que no eran inherentes a su

X, 611) convierte la estatua desfigurada en metáfora de la condición del alma unida al cuerpo.

naturaleza, otros permanecieron mucho más tiempo en su estado original; y ésa fue entre los hombres la primera fuente de la desigualdad, lo cual es más fácil de demostrar así en líneas generales que determinar con precisión sus verdaderas causas.

Que mis lectores no se imaginen, pues, que me atrevo a jactarme de haber visto lo que tan difícil de ver me parece. He iniciado algunos razonamientos; he aventurado algunas conjeturas, menos con la esperanza de resolver la cuestión que con la intención de aclararla y de reducirla a su verdadero estado. Fácilmente otros podrán ir más lejos por la misma ruta, sin que le sea fácil a nadie llegar al término. Porque no es liviana empresa separar lo que hay de originario y de artificial en la naturaleza actual del hombre, ni conocer bien un estado que ya no existe, que quizá no haya existido, que probablemente no existirá jamás, y del que sin embargo es necesario tener nociones precisas para juzgar bien nuestro estado presente*. Quien se decida a determinar exactamente las precauciones a tomar para hacer sobre este tema observaciones sólidas, necesitaría incluso más filosofía de lo que se piensa; y una buena solución del problema siguiente no me parecería indigna de los Aristóteles y los Plinios de nuestro siglo. *¿Qué experiencias serían necesarias para llegar a conocer al hombre natural, y cuáles son los medios de realizar esas experiencias en el seno de la sociedad?* Lejos de emprender la resolución de este problema, creo haber meditado bastante

* Rousseau parece admitir la no existencia del hombre natural en la *Lettre à Christophe de Beaumont*: «Este hombre no existe, diréis: de acuerdo. Pero puede existir por suposición», teoría que concuerda con las de Lévi-Strauss, quien considera necesaria la definición del estado de naturaleza aunque no haya existido: «El hombre natural no es ni anterior ni exterior a la sociedad; nos corresponde a nosotros hallar su forma, inmanente al estado social fuera del cual la condición humana es inconcebible» *(Tristes Tropiques)*. De cualquier modo, esa misma hipótesis la había leído Rousseau en Pufendorf.

el tema para atreverme a responder por adelantado que los mayores filósofos no serán lo suficientemente buenos para dirigir esas experiencias ni los soberanos más poderosos para hacerlas; concurso que apenas es razonable esperar, sobre todo con la perseverancia o mejor con la continuidad de luces y de buena voluntad necesaria de una y otra parte para llegar al éxito.

Estas investigaciones tan difíciles de hacer, y en las que tan poco se ha pensado hasta aquí son, sin embargo, los únicos medios que nos quedan para allanar una multitud de dificultades que nos ocultan el conocimiento de los fundamentos reales de la sociedad humana. Es esta ignorancia de la naturaleza del hombre la que arroja tanta incertidumbre y obscuridad sobre la verdadera definición del derecho natural: porque la idea del derecho, dice el señor Burlamaqui*, y más aún la del derecho natural, son manifiestamente ideas relativas a la naturaleza del hombre. Es por tanto de esa naturaleza misma del hombre, prosigue, de su constitución y de su estado, de donde hay que deducir los principios de esta ciencia.

Se observa, no sin sorpresa ni sin escándalo, el escaso acuerdo que reina sobre esta importante materia entre los diversos autores que la han tratado. Entre los escritores más graves apenas se encuentran dos que sean de la misma opinión en este punto. Sin hablar de los antiguos filósofos, que parecen haber tomado por tarea contradecirse entre sí sobre los principios más fundamentales, los jurisconsultos romanos someten indistintamente al hombre y a todos los

* Jean-Jacques Burlamaqui (1694-1748), profesor de la Academia de Ginebra, y autor de: *Principes du droit naturel* (Ginebra, 1747) y *Principes du droit politique* (Ginebra, 1751). Para Robert Derathé *(Rousseau et la science politique de son temps,* París, P.U.F., 1950, páginas 84-89) la influencia de Burlamaqui sobre Rousseau habría sido superficial.

demás animales a la misma ley natural, porque bajo este nombre consideran más la ley que la naturaleza se impone a sí misma que la que prescribe; o mejor, a causa de la acepción particular según la cual esos jurisconsultos entienden la palabra ley, parecen no haberla tomado en esta ocasión más que por expresión de las relaciones generales establecidas por la naturaleza entre todos los seres animados, para su común conservación*. Los modernos, que no reconocen bajo el nombre de ley más que una regla prescrita a un ser moral, es decir, inteligente, libre, y considerado en sus relaciones con otros seres, limitan consecuentemente al solo animal dotado de razón, es decir, al hombre, la competencia de la ley natural; pero al definir cada uno esa ley a su modo, todos la establecen sobre principios tan metafísicos que incluso entre nosotros hay muy pocas personas en situación de comprender estos principios, cuando no pueden encontrarlos por sí mismos. De suerte que todas las definiciones de estos sabios hombres, por otro lado en perpetua contradicción entre sí, concuerdan solamente en esto, en que es imposible comprender la ley de la naturaleza, y en consecuencia obedecerla, sin ser un grandísimo razonador y un profundo metafísico. Lo cual significa precisamente que los hombres han debido emplear para el establecimiento de la sociedad luces que sólo se desarrollan con mucho esfuerzo y para muy pocas personas en el seno de la sociedad misma.

* Montesquieu se acerca más a los jurisconsultos romanos en su definición de ley que Rousseau: «Las leyes, en la significación más amplia, son las relaciones necesarias que derivan de la naturaleza de las cosas; y en este sentido, todos los seres tienen sus leyes; la Divinidad tiene sus leyes; el mundo material tiene sus leyes; las inteligencias superiores al hombre tienen sus leyes; los animales tienen sus leyes; el hombre tiene sus leyes» (*Esprit des lois,* I, I.) [Ver Robert Shackleton, *Montesquieu, a critical Biography,* Londres, 1961, y sobre todo el capítulo XI: «Montesquieu's conception of Law», págs. 244-264.]

Conociendo tan poco la naturaleza y entendiéndose tan mal sobre el sentido de la palabra *ley,* sería muy difícil convenir en una buena definición de la ley natural. Por eso todas las que se encuentran en los libros, además del defecto de no ser uniformes, tienen aún el de estar deducidas de muchos conocimientos que los hombres no poseen naturalmente, y ventajas cuya idea sólo pueden concebir después de haber salido del estado de naturaleza. Se comienza por buscar aquellas reglas que, en orden a la utilidad común, sería idóneo que los hombres conviniesen entre sí; y luego se da el nombre de ley natural a la colección de esas reglas sin más pruebas que el bien que se piensa que resultaría de su práctica universal. He ahí con toda seguridad una manera muy cómoda de componer definiciones, y de explicar la naturaleza de las cosas por conveniencias casi arbitrarias.

Mas en tanto no conozcamos al hombre natural, es en vano que queramos determinar la ley que ha recibido o la que mejor conviene a su constitución. Todo lo que podemos ver muy claro respecto a esta ley, es que no sólo es preciso, para que sea ley, que la voluntad de aquel a quien obliga pueda someterse a ella con conocimiento, sino que para que sea natural es preciso además que hable de modo inmediato por voz de la naturaleza.

Dejando de lado, pues, todos los libros científicos que no nos enseñan sino a ver a los hombres tal cual ellos se han hecho, y meditando sobre las primeras y más simples operaciones del alma humana, creo percibir dos principios anteriores a la razón*, uno de los cuales nos interesa vivamente

* La piedad y el amor de sí mismo son temas claves en el desarrollo ideológico de Rousseau, que vuelve sobre ellos en el *Emilio,* libro IV, en la primera parte de este Discurso, en la nota 15, en los *Diálogos,* en las *Ensoñaciones del paseante solitario,* y en el *Ensayo sobre el origen de las lenguas;* hasta el punto de que las divergencias halladas entre el capítulo X de ese *Ensayo* y el presente discurso han servido para que se entablara

para bienestar nuestro y para la conservación de nosotros mismos, y el otro nos inspira una repugnancia natural a ver perecer o sufrir a cualquier ser sensible, y principalmente a nuestros semejantes. Del concurso y de la combinación que nuestro espíritu es capaz de hacer de estos dos principios, sin que sea necesario hacer entrar ahí el de la sociabilidad, es de donde me parece que derivan todas las reglas del derecho natural; reglas que la razón se ve luego forzada a restablecer sobre otros fundamentos, cuando por sus desarrollos sucesivos termina por ahogar a la naturaleza.

De esta manera, no está uno obligado a hacer del hombre un filósofo antes de hacerlo un hombre; sus deberes hacia el prójimo no le son únicamente dictados por las tardías lecciones de la sabiduría; y mientras no oponga resistencia al impulso interior de la conmiseración, jamás hará daño a otro hombre, ni siquiera a ningún ser sensible, salvo en el caso legítimo en que, hallándose interesada su conservación, está obligado a darse preferencia a sí mismo. Por este medio se acaban también las antiguas disputas sobre la participación de los animales en la ley natural. Porque es evidente que, desprovistos de luces y de libertad, no pueden reconocer esta ley; mas por parecerse en algo a nuestra naturaleza por la sensibilidad de que están dotados, es fácil creer que deben participar también del derecho natural, y que el hombre está sujeto respecto a ellos a cierta especie de deberes. En efecto, parece que si estoy obligado a no hacer ningún mal a mi semejante, es menos por ser un ser razonable que por ser un ser sensible: cualidad ésta que, siendo común al animal y al hombre, deba dar a aquél por lo menos el derecho de no ser maltratado inútilmente por éste.

polémica sobre la fecha de redacción de aquél. Véanse mis ediciones de esos títulos citados en la bibliografía; y puede verse el aprovechamiento que de estas tesis de Rousseau hace el marqués de Sade en *La filosofía en el tocador,* también citada.

Este mismo estudio del hombre original, de sus verdaderas necesidades, y de los principios fundamentales de sus deberes, sigue siendo el único medio bueno que puede emplearse para allanar ese tropel de dificultades que se presentan sobre el origen de la desigualdad moral, sobre los verdaderos fundamentos del cuerpo político, sobre los derechos recíprocos de sus miembros y sobre otras mil cuestiones semejantes, tan importantes como mal esclarecidas.

Considerando la sociedad humana con mirada tranquila y desinteresada, no parece mostrar a primera vista más que la violencia de los hombres poderosos y la opresión de los débiles; el espíritu se revuelve contra la dureza de unos; uno se ve llevado a deplorar la ceguera de los otros; y como nada hay menos estable entre los hombres que esas relaciones exteriores que con más frecuencia produce el azar que la sabiduría, y que se llaman debilidad o potencia, riqueza o pobreza, las instituciones humanas parecen fundadas al primer golpe de vista sobre montones de arena movediza; sólo después de haberlas examinado de cerca, sólo después de haber apartado el polvo y la arena que rodean el edificio, se percibe la base inquebrantable sobre la que se alza, y se aprende a respetar sus fundamentos. Ahora bien, sin el estudio serio del hombre, de sus facultades naturales, y de sus desarrollos sucesivos, jamás se conseguirá hacer esas distinciones, ni separar en la actual constitución de las cosas lo que la voluntad divina ha hecho de lo que el arte humano ha pretendido hacer. Las investigaciones políticas y morales a que da lugar la importante cuestión que examino son, pues, útiles de todos modos, y la historia hipotética de los gobiernos es para el hombre una lección instructiva por todos los conceptos. Al considerar lo que nos habríamos vuelto abandonados a nosotros mismos, debemos aprender a bendecir a aquel cuya mano bienhechora, corrigiendo nuestras instituciones y dándoles un asiento inquebrantable, previno los desórdenes que de ellas deberían resultar, e hizo nacer nuestra felicidad de medios que parecían deber colmar nuestra miseria.

Quem te Deus esse
Jussit, et humanâ quâ parte locatus es in re,
*Disce**.

* Persio, *Sátiras*, III, 71-73: «Aprende lo que la divinidad te ha ordenado ser, y cuál es tu sitio en el mundo humano.»

Advertencia sobre las notas

*He añadido algunas notas a esta obra según mi costumbre perezosa de trabajar a ratos perdidos. Estas notas se apartan a veces del tema lo bastante como para que no sea preciso leerlas con el texto. Las he relegado por tanto al final del Discurso**, *en el que he intentado seguir lo mejor que he podido el camino más recto. Quienes tengan el valor de volver a empezar, podrán entretenerse la segunda vez dando una batida por los matorrales e intentando echar una ojeada a las notas; poco ha de importar que los demás no las lean siquiera.*

* En la presente edición figuran en las páginas 330-365.

Cuestión
propuesta por la Academia de Dijon:

Cuál es el origen de la desigualdad entre los hombres, y si está autorizada por la ley natural*

* *Mercure de France,* noviembre de 1753, páginas 65-66: «El premio de moral para el año 1753, consistente en una medalla de oro de treinta pistolas de valor, será adjudicado a quien mejor haya resuelto el problema siguiente: *Cuál es la fuente de la desigualdad entre los hombres, y si está autorizada por la ley natural.*

»Podrá ser escrita en francés o en latín, y la lectura no deberá exceder tres cuartos de hora. Las Memorias, francas de porte, serán dirigidas a M. Petit, Secretario de la Academia, rue du Vieux Marché, en Dijon, que no las admitirá pasado el primero de abril.»

Discurso sobre el origen y los fundamentos de la desigualdad entre los hombres

Es del hombre de quien tengo que hablar, y la cuestión que examino me dice que voy a hablar a hombres, porque no se propone uno cuestiones semejantes cuando se teme honrar la verdad. Defenderé, pues, confiado la causa de la humanidad ante los sabios que a ello me invitan, y no quedaré descontento de mí mismo si me vuelvo digno de mi tema y de mis jueces*.

Concibo en la especie humana dos clases de desigualdad: una, que yo llamo natural o física, porque se halla establecida por la naturaleza, y que consiste en la diferencia de las edades, de la salud, de las fuerzas del cuerpo, y de las cualidades del espíritu, o del alma; otra, que se puede llamar desigualdad moral, o política, porque depende de una especie de convención, y se halla establecida, o al menos autorizada, por el consentimiento de los hombres. Consiste ésta en los

* Un borrador, tachado, de este inicio del *Discurso* precisa mejor el sentido: («Es del hombre de quien tengo que hablar y [ilegible]. La cuestión que examino me enseña además que voy a hablar [que tendré que hablar ante el hombre y que es] a hombres [a quienes voy a hablar: porque hay menos valor en proponerla que en resolverla, y quienes hacen conocer la verdad sobre tales materias no se honran] menos que aquellos que

diferentes privilegios de que algunos gozan en perjuicio de otros, como el de ser más ricos, más respetados, más poderosos que ellos, o incluso el de hacerse obedecer.

No puede uno preguntarse cuál es la fuente de la desigualdad natural, porque la respuesta se hallaría enunciada en la simple definición de la palabra. Menos se puede aún buscar si habría alguna vinculación esencial entre esas dos desigualdades; porque eso sería preguntar en otros términos si quienes mandan valen necesariamente más que quienes obedecen, y si la fuerza del cuerpo o del espíritu, la sabiduría o la virtud, se hallan siempre en los mismos individuos proporcionadas al poder o a la riqueza: cuestión buena quizá para ser debatida entre esclavos escuchados por sus amos, pero que no conviene a hombres razonables y libres que buscan la verdad.

¿De qué se trata entonces exactamente en este discurso? De señalar en el progreso de las cosas el momento en que, sucediendo el derecho a la violencia, la naturaleza fue sometida a la ley; de explicar por qué encadenamiento de prodigios pudo el fuerte decidirse a servir al débil, y el pueblo a comprar una tranquilidad ideal* al precio de una felicidad real.

Los filósofos que han examinado los fundamentos de la sociedad han sentido la necesidad de remontarse hasta el estado de naturaleza, pero ninguno ha llegado hasta él. Unos** no han vacilado en suponer en el hombre en ese estado la noción de lo justo y de lo injusto, sin preocuparse de

osan sostenerla».) Figura en *Lettres inédites de J.-J. Rousseau à Marc-Michel Rey* (su editor), París, 1958.

* El texto francés dice *en idée;* la segunda acepción de *ideal* es: «que no es físico, real o verdadero, sino que está en la fantasía». He querido mantener la contraposición de los términos franceses *ideal-real* en vez de traducir el primero por una simplificación como *hipotética, teórica,* etcétera.

** Grocio, en el discurso preliminar a su tratado *De iure belli ac pacis.*

mostrar si debió tener esa noción, ni siquiera si le fue útil. Otros* han hablado del derecho natural que cada cual tiene de conservar lo que le pertenece, sin explicar lo que entendían ellos por pertenecer; otros**, otorgando desde el primer momento la más fuerte autoridad sobre el más débil, han hecho nacer al punto el gobierno, sin pensar en el tiempo que debió transcurrir antes de que el sentido de las palabras autoridad y gobierno pudiera existir entre los hombres. Finalmente todos, hablando sin cesar de necesidad, de avidez, de opresión, de deseos y de orgullo, han transferido al estado de naturaleza ideas que habían cogido en la sociedad. Hablaban del hombre salvaje y pintaban al hombre civil. En el espíritu de la mayoría de los nuestros no ha entrado siquiera la duda de que no haya existido el estado de naturaleza, cuando por la lectura de los Libros Sagrados es evidente que el primer hombre, por haber recibido inmediatamente de Dios las luces y los preceptos, no se hallaba en ese estado, y que concediendo a los escritos de Moisés la fe que les debe todo filósofo cristiano, hay que negar que se hayan encontrado los hombres alguna vez, incluso antes del diluvio, en estado puro de naturaleza, a menos que hayan vuelto a caer en él por algún acontecimiento extraordinario. Paradoja muy embarazosa de defender, y, desde luego, imposible de probar.

Comencemos, pues, por dejar a un lado todos los hechos***, porque no afectan a la cuestión. No hay que tomar

* Samuel Pufendorf, *De jure naturae et gentium,* IV, c. IV; y sobre todo Locke, *Second Treatise of civil Government,* cap. II («On the State of Nature»).

** Hobbes, *De Cive,* I, XIV.

*** El ardid de aceptar la tesis de la Sagrada Escritura formalmente para buscar mediante una hipótesis distinta el origen de la humanidad tenía por objeto aplacar a la autoridad eclesiástica; no fue Rousseau el primero en utilizarlo: el oratoriano P. Lamy y, sobre todo, Condillac en su *Essai sur l'origine des connaisances humaines,* imagina al principio de la segunda parte una segunda caída ocurrida tras el diluvio; Diderot, en

las investigaciones que se puedan realizar sobre este tema por verdades históricas, sino sólo por razonamientos hipotéticos y condicionales, más propios para esclarecer la naturaleza de las cosas que para mostrar su verdadero origen, y semejantes a los que todos los días hacen nuestros físicos sobre la formación del mundo*. La religión nos ordena creer que, por haber sacado el mismo Dios a los hombres del estado de naturaleza inmediatamente después de la creación, son desiguales porque él quiso que lo fuesen; pero no nos prohíbe formar conjeturas sacadas únicamente de la naturaleza del hombre y de los seres que lo rodean, sobre lo que habría podido devenir el género humano de haber quedado abandonado a su suerte. Esto es lo que se me pregunta, y lo que me propongo examinar en este discurso. Por interesar mi tema al hombre en general, trataré de adoptar un lenguaje que convenga a todas las naciones, o, mejor, olvidando tiempos y lugares para pensar sólo en los hombres a quienes hablo, me supondré en el liceo de Atenas, repitiendo las lecciones de mis maestros, teniendo a los Platones y a los Xenócrates** por jueces, y al género humano por oyente.

¡Oh hombre, de cualquiera región que seas, cualesquiera que sean tus opiniones, escucha! He aquí tu historia, tal cual yo he creído leerla no en los libros de tus semejantes que son falaces, sino en la naturaleza que no miente nunca. Todo cuanto sea de ella, será verdadero. No habrá de falso sino lo que yo haya puesto de mi cosecha sin querer. Los tiempos de

su *Apologie de l'abbé de Prades*, distingue el hombre de la creación y el hombre de la naturaleza, para considerar la evolución de éste como un progreso que le lleva, de una situación de igualdad con los animales, hasta el máximo estado de dignidad, el de hombre, desde el cual llegará a tomar posesión del paraíso mediante su dinamismo en eterna ascensión.

* Alusión a la *Théorie de la Terre* de Buffon, y probablemente también al *Essai de Cosmologie* de Maupertuis.

** Xenócrates (-394-314), discípulo de Platón, de gran pureza de costumbres y templanza.

que voy a hablar están muy lejanos. ¡Cuánto has cambiado de como eras! Por así decir, es la vida de tu especie lo que te voy a describir según las cualidades que recibiste, que tu educación y tus hábitos han podido depravar, pero que no han podido destruir. Siento que hay una edad en la que el hombre individual querría detenerse; tú buscarás la edad en que desearías que tu especie se hubiera detenido. Descontento de tu estado presente, por razones que anuncian a tu desventurada posteridad mayores descontentos aún, quizá querrías poder retroceder; y este sentimiento debe hacer el elogio de tus primeros antepasados, la crítica de tus contemporáneos y el espanto de quienes tengan la desgracia de vivir después que tú*.

Primera parte

Por importante que sea, para juzgar correctamente sobre el estado natural del hombre, para considerarlo desde su origen y examinarlo, por así decir, en el primer embrión de la especie, no seguiré su organización a través de sus sucesivos desarrollos. No me detendré a buscar en el sistema animal lo que pudo ser al comienzo para convertirse finalmente en lo que es; no examinaré si, como piensa Aristóteles, sus uñas alargadas fueron primero garras ganchudas; si era velludo como un oso y si, por caminar a cuatro patas[3], sus miradas dirigidas hacia tierra y limitadas a un horizonte de algunos pasos, no marcaban a la vez el carácter y los límites de sus ideas**. No podría formar sobre este tema más que conjeturas vagas, y casi imaginarias. La anatomía comparada ha

* Rousseau desarrolla, frente a las teorías de Diderot, sus tesis sobre la degradación progresiva de la humanidad.

** Rousseau sigue toda la tradición clásica sobre el *homo silvestris*, los elogios y cantos a la verticalidad humana, etcétera.

progresado aún demasiado poco, las observaciones de los naturalistas son aún demasiado inciertas, para que se pueda establecer sobre semejantes fundamentos la base de un razonamiento sólido; así, sin recurrir a los conocimientos sobrenaturales que tenemos sobre este punto, y sin tomar en consideración los cambios que debieron sobrevenir en la conformación tanto interior como exterior del hombre a medida que aplicaba sus miembros a nuevos usos, y a medida que se nutría con nuevos alimentos, lo supondré conformado desde siempre como lo veo hoy, caminando sobre dos pies, sirviéndose de sus manos como nosotros hacemos de las nuestras, dirigiendo su mirada sobre toda la naturaleza, y midiendo con los ojos la vasta extensión del cielo*.

Al despojar a este ser así constituido de todos los dones sobrenaturales que ha podido recibir, y de todas las facultades artificiales que no ha podido adquirir sino mediante grandes progresos, al considerarlo, en una palabra, tal como debió salir de las manos de la naturaleza, veo un animal menos fuerte que unos, menos ágil que otros, pero en conjunto organizado más ventajosamente que cualquiera de todos ellos. Le veo saciándose bajo un roble, apagando su sed en el primer arroyo, encontrando su lecho al pie del mismo árbol que le ha proporcionado su comida, y ya están sus necesidades satisfechas.

La tierra abandonada a su fertilidad natural[4], y cubierta de bosques inmensos que el hacha no mutiló jamás, ofrece a cada paso provisiones y refugios a los animales de toda especie. Los hombres, diseminados entre ellos, observan, imitan su industria, y se elevan así hasta el instinto de las bestias, con la ventaja de que cada especie sólo tiene el suyo propio, y de que el hombre, sin tener quizá ninguno que le pertenezca, se los apropia todos, se alimenta igualmente de la mayoría de los alimentos diversos[5] que los demás anima-

* Véase Ovidio, *Metamorfosis*, I, versos 84-86.

les se reparten, y encuentra por consiguiente su subsistencia con más facilidad que cualquiera de ellos.

Acostumbrados desde la infancia a las intemperies del aire y al rigor de las estaciones, ejercitados en la fatiga y forzados a defender, desnudos y sin armas, su vida y su presa contra las demás bestias feroces, o a escapar de ellas corriendo, los hombres se forjan un temperamento robusto y casi inalterable. Los niños, que traen al mundo la excelente constitución de sus padres y la fortifican mediante los mismos ejercicios que la produjeron, adquieren de este modo todo el vigor de que es capaz la especie humana. La naturaleza obra exactamente con ellos como la ley de Esparta con los hijos de los ciudadanos*; vuelve fuertes y robustos a los que están bien constituidos, y hace perecer a todos los demás; difiere en esto de nuestras sociedades, en las que el Estado, al hacer a los niños onerosos para sus padres, los mata indistintamente** antes de su nacimiento.

Al ser el cuerpo del hombre salvaje el único instrumento que conoce, lo emplea para diversos usos, para los que, por falta de ejercicio, los nuestros son incapaces, y es nuestra industria la que nos priva de la fuerza y la agilidad que la necesidad le obliga a él a adquirir. Si hubiera tenido un hacha, ¿rompería su muñeca tan fuertes ramas? Si hubiera tenido una honda, ¿lanzaría con la mano una piedra a tanta velocidad? Si hubiera tenido una escala, ¿treparía tan ligeramente a un árbol? Si hubiera tenido un caballo, ¿sería tan rápido en la carrera? Dejad al hombre civilizado el tiempo de reunir todas sus máquinas en torno suyo: no hay duda de que supe-

* El incumplimiento de esta ley espartana por parte de la naturaleza se comprueba en la vida de Rousseau, nacido casi moribundo y vivo sólo por los cuidados de su tía Suzon: «Querida tía, os perdono haberme hecho vivir», según él mismo declara en las primeras páginas de las *Confesiones.*

** Voltaire subraya en el ejemplar del libro de Rousseau *los mata indistintamente* y escribe al margen: «Oscuro y mal situado.»

ra fácilmente al hombre salvaje; pero si queréis ver un combate todavía más desigual, ponedlos desnudos y desarmados uno frente a otro, y al punto reconoceréis cuál es la ventaja de tener constantemente todas las fuerzas a disposición propia, de estar siempre preparado para cualquier acontecimiento, y de llevarse siempre uno mismo, por así decir, todo entero consigo[6].

Hobbes* pretende que el hombre es naturalmente intrépido y que no busca más que atacar y combatir. Un filósofo ilustre** piensa, por el contrario, y Cumberland y Pufendorf*** lo aseguran también, que no hay nada tan tímido como el hombre en estado de naturaleza, y que siempre está temblando y dispuesto a huir al menor ruido que llame su atención, al menor movimiento que perciba. Quizá ocurra esto con los objetos que no conoce, y no dudo que se asuste ante todos los espectáculos nuevos que se le ofrezcan, siempre que no pueda distinguir el bien y el mal físicos que debe esperar de ellos, ni comparar sus fuerzas con los peligros que ha de correr; circunstancias raras en el estado de naturaleza, en el que todas las cosas ocurren de manera tan uniforme, y en el que la faz de la tierra no está sometida a esos cambios bruscos y continuos que en ella causan las pasiones y la inconstancia de los pueblos reunidos. Pero al vivir disperso el hombre salvaje entre los animales, y encontrarse desde temprana edad en situación de medirse con ellos, hace pronto la comparación, y sintiendo que los supera en astucia más de lo que le superan en fuerza, aprende a dejar de temerlos. Enfrentad a un oso, o a un lobo, con un salvaje robusto, ágil, co-

* En *De Cive*, I, 4 y 12, y en *Leviathan*, I, 13, Hobbes califica a la guerra de todos contra todos como un aspecto de la igualdad natural.

** Montesquieu, *Esprit des lois*, I, cap. II.

*** Richard Cumberland refutó a Hobbes en *De legibus naturae* (1672). Rousseau podía conocerlo en la traducción francesa editada en 1744: *Traité philosophique des lois naturelles*. Pufendorf, *De jure naturae et gentium*, caps. I y II.

rajudo como lo son todos, armado de piedras y de un buen garrote, y veréis que el peligro será por lo menos recíproco, y que tras varias experiencias semejantes, las bestias feroces, que no gustan de atacarse entre sí, atacarán de mala gana al hombre, a quien habrán encontrado tan feroz como ellas. Respecto a los animales que han recibido más fuerza que él destreza, éste se halla frente a ellos en el caso de las demás especies más débiles, que no dejan de subsistir; con la ventaja para el hombre de que, no menos dispuesto que ellos para la carrera, y encontrando en los árboles un refugio casi seguro, tiene a su arbitrio por doquiera el tomar o dejar el encuentro y la elección de la huida o el combate. Añadamos que, al parecer, ningún animal hace naturalmente la guerra al hombre, salvo en el caso de defensa propia o de hambre extrema, ni da contra él testimonio de esas violentas antipatías que parecen anunciar que una especie ha sido destinada por la naturaleza a servir de pitanza a otra.

He ahí, indudablemente, las razones de que los negros y los salvajes se cuiden tan poco de las bestias feroces que pueden encontrarse en los bosques. Los caribes de Venezuela, entre otros, viven a este respecto en la seguridad más completa y sin el menor inconveniente. Aunque estén casi desnudos, dice Francisco Coreal, no dejan de exponerse audazmente en los bosques, armados sólo de la flecha y del arco; pero jamás se ha oído decir que alguno de ellos haya sido devorado por las bestias*.

Otros enemigos más temibles, y contra los que no tiene el hombre los mismos medios para defenderse, son los achaques naturales, la infancia, la vejez y las enfermedades de toda especie; tristes signos de nuestra debilidad, de los cua-

* Este párrafo fue añadido por Rousseau en la edición de 1782, tras la lectura de *Voyages de François Coréal aux Indes Occidentales* (París, 1722, 2 vols. nueva edición). Francisco Coreal, nacido en Cartagena (1648-1708), fue autor de un *Viaje a las Indias occidentales,* utilizado sobre todo por Buffon.

les los dos primeros son comunes a todos los animales, y el último afecta principalmente al hombre que vive en sociedad. Respecto a la infancia observo incluso que por llevar la madre por doquiera a su hijo consigo, tiene mucha más facilidad para alimentarlo de la que tienen las hembras de otros animales, que están forzadas a ir y venir sin cesar con mucha fatiga, por un lado para buscar su comida, y por otro para amamantar a sus pequeños. Cierto que si la mujer llega a perecer, el niño corre grave riesgo de perecer con ella; pero este peligro es común a otras cien especies, cuyos pequeños tardan bastante en poder ir a buscar por sí mismos su alimento, y si la infancia es más larga entre nosotros, al ser la vida más larga también, todo viene a ser más o menos igual en este punto[7], aunque sobre la duración de la primera edad y sobre el número de los pequeños[8] haya otras reglas, que no pertenecen a mi tema. En los viejos, que se mueven y transpiran poco, la necesidad de alimentos disminuye con la facultad de procurárselos; y como la vida salvaje aleja de ellos la gota y los reumatismos, y como la vejez es de todos los males el que menos pueden consolar los auxilios humanos, se extinguen finalmente sin que nadie se dé cuenta de que cesan de existir, y casi sin darse cuenta ellos mismos.

Respecto a las enfermedades, no repetiré las vanas y falsas declamaciones que contra la medicina hace la mayoría de las personas con buena salud; pero preguntaré si hay alguna observación sólida de la que se pueda concluir que en los países en que este arte está mas descuidado, la vida media del hombre es más corta que en aquellos en que se cultiva con el mayor de los cuidados. ¡Y cómo podría no ser así si nosotros mismos nos procuramos más males que remedios puede proporcionarnos la medicina*! La extrema desigualdad en

* Es el único fragmento de Rousseau en que se aboga por la medicina; los médicos serán brutalmente atacados en el *Emilio,* y en el tercer discurso de *Rousseau juez de Jean-Jacques.* Sus opiniones personales sobre

la manera de vivir, el exceso de ociosidad en unos, el exceso de trabajo en otros, la facilidad para excitar y para satisfacer nuestros apetitos y nuestra sensualidad, los alimentos demasiado rebuscados de los ricos que los nutren de jugos ardientes y los agobian a indigestiones, la mala alimentación de los pobres, de la que carecen incluso la mayoría de las veces, y cuya falta les lleva a sobrecargar ávidamente su estómago cuando se presenta la ocasión, las vigilias, los excesos de toda especie, los transportes inmoderados de todas las pasiones, las fatigas, y el agotamiento del espíritu, los pesares y las penas sin número que se experimentan en todos los estados y que perpetuamente roen las almas: he ahí las funestas garantías de que la mayoría de nuestros males son nuestra propia obra, y de que habríamos evitado casi todos conservando la forma de vivir sencilla, uniforme y solitaria que nos fue prescrita por la naturaleza. Si ella nos destinó a ser sanos, casi me atrevo a asegurar que el estado de reflexión es un estado contra natura, y que el hombre que medita es un animal depravado*. Cuando se piensa en la buena

los médicos y la medicina figuran en el testimonio que Bernardin de Saint-Pierre hizo a su muerte en un intento de ensayo biográfico abandonado, *Rousseau,* que recogí en mi edición de *Las ensoñaciones del paseante solitario:* «Al fin se curó de sus males renunciando a la medicina y a los médicos. No los llamaba siquiera en los accidentes imprevistos [...]. Es la naturaleza la que cura, decía, no los hombres. En las enfermedades internas se ponía a dieta y quería estar solo, pretendiendo que entonces el reposo y la soledad eran tan necesarios al cuerpo como al alma [...]. Luego iba a herborizar por los campos, el sombrero bajo el brazo a pleno sol, incluso en la canícula. Pretendía que la acción del sol le hacía bien [...]. Yo atribuyo a estos paseos abrasadores una enfermedad que sufrió en el verano de 1777. Era una revolución de bilis, con vómitos y crispaciones de nervios tan violentos que me confesó no haber sufrido nunca tanto. Su última enfermedad acaecida al año siguiente, en la misma estación, a consecuencia de los mismos ejercicios, muy bien podría haber tenido la misma causa.» *(Ensoñaciones,* ed. cit., págs. 209-210).

* Esta declaración de fe antirracionalista defiende la opinión contraria de Diderot: «Quien no quiere razonar renunciando a la cualidad de

constitución de los salvajes, por lo menos de aquellos a quienes no hemos echado a perder con nuestros licores fuertes, cuando se sabe que casi no conocen más enfermedades que las heridas y la vejez, uno se siente tentado a creer que se haría fácilmente la historia de las enfermedades humanas siguiendo la de las sociedades civiles. Al menos ésa es la opinión de Platón que, por ciertos remedios empleados o aprobados por Podalirio y Macaón en el sitio de Troya, juzga que diversas enfermedades, que esos remedios debían excitar, no eran entonces conocidas todavía entre los hombres. Y Celso refiere que la dieta, tan necesaria hoy, no fue inventada hasta que lo hizo Hipócrates*.

Con tan pocas fuentes de enfermedades, el hombre en estado de naturaleza apenas tiene, pues, necesidad de remedios, menos aún de médicos; la especie humana tampoco es en este aspecto de peor condición que las demás, y es fácil saber por los cazadores si en sus correrías encuentran muchos animales enfermos. Muchos hallan ellos que han recibido heridas considerables muy bien cicatrizadas, que han tenido huesos, e incluso miembros, rotos y recuperados sin más cirujano que el tiempo, sin más régimen que su vida ordinaria, y que no están menos cabalmente curados por no haber sido atormentados con incisiones, envenenados con drogas, ni extenuados con ayunos. En fin, por útil que pueda

hombre, debe ser tratado como un animal desnaturalizado» (*Enciclopedia,* art. «Derecho natural»). La frase de Rousseau, utilizada con distintos fines en abundantes polémicas, no debe sacarse sin embargo de su contexto.

* Platón cita a estos hijos en Asclepios (Esculapio) en *República,* III. Figuran también en diversos cantos de la *Ilíada.* En cuanto a Cornelio Celso, enciclopedista romano que vivió entre las dos eras, cita los orígenes del arte médico en su tratado *De medicina.* Sin embargo, el escrito sobre *La antigua medicina,* que es una de las obras más antiguas de la colección hipocrática, cita la dieta como un remedio tradicional de orígenes remotos. La última frase (desde «Y Celso refiere...») es un añadido de la edición de 1782.

ser entre nosotros la medicina bien administrada, siempre es cierto que si el salvaje enfermo abandonado a sí mismo no tiene nada que esperar sino de la naturaleza, a cambio nada tiene que temer más que de su enfermedad, lo cual torna a menudo su situación preferible a la nuestra.

Guardémonos, pues, de confundir al hombre salvaje con los hombres que tenemos ante los ojos. La naturaleza trata a todos los animales abandonados a sus cuidados con una predilección que parece indicar cuán celosa está de ese derecho. El caballo, el gato, el toro, el asno mismo, tienen en su mayoría una talla más alta, y todos una constitución más robusta, más vigor, fuerza y valor en los bosques que en nuestras casas; pierden la mitad de estas ventajas al volverse domésticos, y diríase que todos nuestros cuidados por tratar bien y nutrir a estos animales no sirven sino a bastardearlos. Así es con el hombre mismo: al volverse sociable y esclavo, se vuelve débil, temeroso, rastrero, y su manera de vivir muelle y afeminada acaba por enervar a un tiempo su fuerza y su valor. Añadamos que entre las condiciones salvaje y doméstica la diferencia de hombre a hombre debe ser mayor aún que la de bestia a bestia; porque, tratados de igual manera el animal y el hombre por la naturaleza, cuantas comodidades se proporciona el hombre a sí mismo más que a los animales que domestica son otras tantas causas particulares que le hacen degenerar más sensiblemente.

Para esos primeros hombres no es pues desgracia tan grande, ni sobre todo tan gran obstáculo a su conservación, la desnudez, la falta de vivienda, y la privación de todas esas inutilidades que nosotros creemos tan necesarias. Si no tienen la piel velluda, no la necesitan en los países cálidos, y en los países fríos saben pronto apropiarse la de las bestias que han vencido; si no tienen más que dos pies para correr, tienen dos brazos para proveer a su defensa y a sus necesidades; sus hijos caminan quizá tarde y con dificultades, pero las madres los llevan encima con facilidad; ventaja que falta a las demás especies en las que, de ser perseguida la madre se ve obligada a abandonar a sus pequeños o a regular su paso al de ellos. Puede haber en esto algunas excepciones. Por ejemplo, la de ese animal de la provincia de Nicaragua que se parece a un zorro, que tiene los pies como las manos de un hombre, y que según Coreal, tiene bajo el vientre una bolsa donde la madre mete a sus pequeños cuando se ve obligada a huir. Es, sin duda, el mismo animal que en México se llama Tlaquatzin, y a cuya hembra Laët atribuye bolsa semejante para el mismo uso*. En fin, a menos de suponer esas concurrencias singulares y fortuitas de las circunstancias de que hablaré a continuación**, y que muy bien podían no darse nunca, es evidente en todo caso que el primero que se hizo vestidos o un alojamiento, se procuró con ello cosas poco necesarias, puesto que había prescindido de ellas hasta entonces, y puesto que no vemos por qué no habría podido soportar, hecho hombre, un género de vida que soportaba desde su infancia.

Solo, ocioso, y siempre vecino del peligro, al hombre salvaje debe gustarle dormir, y debe tener el sueño ligero como los animales que, al pensar poco, duermen, por así decir, todo el tiempo en que no piensan. Al hacer de su propia conservación casi su único cuidado, sus facultades más ejercitadas deben ser aquellas que tienen por objeto principal el ataque y la defensa, bien para someter a su presa, bien para

* Este fragmento desde «Puede haber en esto algunas excepciones... a cuya hembra Laët atribuye una bolsa semejante para el mismo uso», es un añadido de la edición de 1782. El animal a que Laët se refiere es descrito por Buffon como la zarigüeya. Jean Laët (1593-1649) fue un geógrafo y naturalista flamenco que redactó en neerlandés su *Novus orbis seu descriptio Indiæ occidentalis,* donde recogió las observaciones de dos navegantes, Marcgrav y Pison. En 1650 apareció la traducción francesa: *L'Histoire du Nouveau Monde ou description des Indes Occidentales.*

** En el comienzo de la IIª parte, páginas 277-278.

librarse de ser él presa de algún otro animal: por el contrario, los órganos que no se perfeccionan más que con la molicie y la sensualidad deben permanecer en un estado de grosería que excluye en él toda especie de delicadeza; y hallándose divididos sus sentidos en este punto, tendrá el tacto y el gusto de una rudeza extrema; la vista, el oído y el olfato de la mayor sutileza. Tal es el estado animal en general, y tal es también, según informe de los viajeros, el de la mayoría de los pueblos salvajes. Por eso no hay que extrañarse de que los hotentotes del cabo de Buena Esperanza descubran a simple vista los barcos en alta mar, desde tan lejos como los holandeses con los catalejos, ni de que los salvajes de América olfatearan a los españoles por el rastro, como habrían podido hacer los mejores perros, ni de que todas esas naciones bárbaras soporten sin pena su desnudez, agucen su gusto a fuerza de pimienta, y beban los licores europeos como si fuera agua.

No he considerado hasta aquí más que al hombre físico. Tratemos ahora de mirarlo por el lado metafísico y moral.

No veo en cualquier animal más que una máquina ingeniosa, a la que la naturaleza ha dado sentidos para estimularse a sí misma, y para protegerse, hasta cierto punto, de cuanto tiende a destruirla o a perturbarla. Percibo precisamente las mismas cosas en la máquina humana, con la diferencia de que la naturaleza hace todo por sí sola en las operaciones de la bestia, mientras que el hombre concurre a las suyas en calidad de agente libre. La una escoge o rechaza por instinto, el otro por un acto de libertad; lo cual hace que la bestia no pueda apartarse de la regla que le está prescrita, ni siquiera cuando le sería ventajoso hacerlo, y que el hombre se aparte de ella con frecuencia para perjuicio suyo. Así es como un pichón morirá de hambre junto a una fuente llena de las mejores carnes, y un gato sobre un montón de frutos, o de grano, aunque ambos bien podrían nutrirse del alimento que desdeñan si se les hubiera ocurrido intentarlo. Así es como los hombres disolutos se entregan a excesos que les causan la fiebre y la muerte; porque el espíritu deprava los sentidos, y la voluntad sigue hablando cuando la naturaleza calla.

Todo animal tiene ideas, puesto que tiene sentidos, combina incluso esas ideas hasta cierto punto, y el hombre sólo difiere a este respecto de la bestia por la cantidad. Algunos filósofos han afirmado incluso que hay más diferencias entre tal hombre y tal otro, que de tal hombre a tal bestia; no es, pues, tanto el entendimiento lo que constituye, entre los animales, la distinción específica del hombre como su cualidad de agente libre. La naturaleza da una orden a todo animal, y la bestia obedece. El hombre experimenta la misma impresión, pero se reconoce libre de asentir, o de resistir; y es sobre todo en la conciencia de esta libertad donde se muestra la espiritualidad de su alma*: pues la física explica en cierta manera el mecanismo de los sentidos y la formación de las ideas; pero en la facultad de querer o, mejor, de escoger, y en la conciencia de esa facultad no encontramos más que actos puramente espirituales, de los que nada se explica mediante las leyes de la mecánica.

Pero aun cuando las dificultades que rodean todas estas cuestiones dejarán pie para disputar sobre esta diferencia del hombre y del animal, hay otra cualidad muy específica que los distingue sobre la que no puede haber réplica: es la

* Voltaire escribe al margen: «He aquí una metafísica bastante mala», refiriéndose al dualismo cartesiano (o también derivado de Malebranche), aunque Descartes negó a los animales el entendimiento y el poder de formar ideas. Esta exaltación de la vida animal será negada por el propio Rousseau en *Profesión de fe del vicario saboyano;* si aquí tenemos una nostalgia de la animalidad al describir la felicidad física de las bestias, en la *Profesión* Rousseau desea por el contrario una humanización teñida de cierto carácter divinizador: «¡Cómo! ¿Para impedir al hombre ser malvado, hay que limitarle al instinto y hacerlo bestia? No, Dios de mi alma, nunca te reprocharé haberlo hecho a tu imagen, a fin de que yo pudiese ser libre, bueno y dichoso como tú.»

facultad de perfeccionarse; facultad que, con la ayuda de las circunstancias, desarrolla sucesivamente todas las demás, y reside entre nosotros tanto en la especie como en el individuo, mientras que un animal, al cabo de algunos meses es lo que será toda su vida, y su especie, al cabo de mil años, lo que era el primero de esos mil años*. ¿Por qué sólo el hombre está expuesto a volverse imbécil? ¿No es así como retorna a su estado primitivo y como, mientras la bestia, que nada ha adquirido y que tampoco tiene nada que perder, permanece siempre con su instinto, el hombre, volviendo a perder por la vejez u otros accidentes todo cuanto su *perfectibilidad*** le había hecho adquirir, vuelve a caer más bajo que la bestia misma? Sería triste para nosotros vernos forzados a convenir que esta facultad distintiva, y casi ilimitada, es la fuente de todas las desgracias del hombre; que es ella la que a fuerza de tiempo le saca de esa condición originaria, en la que pasaría sus días tranquilos e inocentes; que es ella la que, haciendo surgir con los siglos sus luces y sus errores, sus vicios y sus virtudes, lo torna a la larga tirano de sí mismo y de la naturaleza[9]. Sería horrible vernos obligados a elogiar como a un ser bienhechor en aquel que sugirió, el primero, al habitante de las riberas del Orinoco el uso de esas tablillas que aplica sobre las sienes de sus hijos y que al menos le aseguran una parte de su imbecilidad y de su felicidad original***.

* Nueva anotación de Voltaire: «Los animales perfeccionan su instinto por el uso.»

** Neologismo creado por Rousseau que figuraría en la edición del Diccionario de la Academia de 1798 en la acepción que le da nuestro escritor. Aparece en febrero de 1755 en la *Correspondance littéraire,* en un texto con bastantes semejanzas con este pasaje del *Discurso sobre la desigualdad,* obra de Grimm o de Raynal; pero para esa fecha el editor tenía hacía tiempo el manuscrito de Rousseau.

*** Voltaire anota: «Los salvajes aplanan la frente de sus hijos para que tiren a los pájaros que pasan por encima de sus cabezas.» El dato lo toma Rousseau de Coreal.

El hombre salvaje, entregado por la naturaleza al solo instinto, o mejor compensado quizá del que le falta por facultades capaces de suplirlo al principio, y de elevarlo luego muy por encima de ella, comenzará pues por las funciones puramente animales[10]: percibir y sentir será su primer estado, que le será común con todos los animales. Querer y no querer, desear y temer serán las primeras y casi únicas operaciones de su alma, hasta que nuevas circunstancias causen en él nuevos desarrollos.

A pesar de lo que digan los moralistas, el entendimiento humano debe mucho a las pasiones que, a la recíproca, le deben mucho también; es gracias a su actividad por lo que nuestra razón se perfecciona; sólo tratamos de conocer porque deseamos gozar, y no es posible concebir por qué quien no tenga ni deseos ni temores ha de darse la molestia de razonar. Las pasiones, a su vez, extraen su origen de nuestras necesidades, y su progreso de nuestros conocimientos; porque sólo se puede desear o temer las cosas por las ideas que de ellas se puedan tener o por el simple impulso de la naturaleza; y el hombre salvaje, privado de toda suerte de luces, sólo experimenta las pasiones de esta última especie; sus deseos no van más allá de sus necesidades físicas[11]; los únicos bienes que conoce en el universo son la comida, una hembra y el descanso; los únicos males que teme son el dolor y el hambre; digo el dolor y no la muerte; porque jamás sabrá el animal lo que es morir, y el conocimiento de la muerte, y de sus terrores, es una de las primeras adquisiciones que hizo el hombre, alejándose con ello de la condición animal.

Fácil me sería, si me fuera necesario, apoyar este sentir con hechos, y hacer ver que, en todas las naciones del mundo, los progresos del espíritu fueron exactamente proporcionados a las necesidades que los pueblos habían recibido de la naturaleza, o a las que las circunstancias los habían sometido, y consiguientemente a las pasiones que los llevaban a proveer a tales necesidades. Mostraría, en Egipto, a las artes naciendo y extendiéndose con los desbordamientos del Nilo; seguiría su progreso entre los griegos, donde se las vio germinar, crecer y elevarse hasta los cielos por entre las arenas y los peñascos del Ática, sin poder arraigar en las orillas fértiles del Eurotas; haría observar que, por regla general, los pueblos del Norte son más industriosos que los del Mediodía, porque no pueden dejar de serlo*, como si la naturaleza quisiera igualar de este modo las cosas dando a los espíritus la fertilidad que rehúsa a la tierra.

Mas, sin recurrir a los testimonios inciertos de la Historia, ¿quién no ve que todo parece alejar al hombre salvaje de la tentación y los medios de dejar de serlo? Su imaginación no le pinta nada; su corazón nada le pide. Sus módicas necesidades se encuentran tan cómodamente al alcance de la mano, y tan lejos está él del grado de conocimientos necesarios para desear adquirirlos mayores que no puede tener ni previsión ni curiosidad. El espectáculo de la naturaleza se le hace indiferente a fuerza de hacérsele familiar. Es siempre el mismo orden, son siempre las mismas revoluciones; no tiene talento para asombrarse de las mayores maravillas; y no es en él donde hay que buscar la filosofía que el hombre necesita para saber observar una vez lo que ha visto todos los días. Su alma, que nada agita, se entrega al sentimiento único de su existencia actual, sin ninguna idea del porvenir, por próximo que pueda estar, y sus proyectos, limitados como sus miras, se extienden apenas hasta el fin de la jornada. Tal es, aún hoy, el grado de previsión del caribe: vende por la mañana su lecho de algodón, y viene llorando por la tarde para volverlo a comprar, por no haber previsto que lo necesitaría para la noche próxima.

Cuanto más se medita sobre este tema, más se agranda ante nuestros ojos la distancia entre las puras sensaciones y

* «Esto no es cierto, todas las artes vienen de los países cálidos», anota Voltaire.

los conocimientos más simples; y es imposible concebir cómo habría podido un hombre, por sus solas fuerzas, sin la ayuda de la comunicación y sin el aguijón de la necesidad, franquear un intervalo tan grande. ¿Cuántos siglos habrán transcurrido antes de que los hombres hayan estado en condiciones de ver otro fuego que el del cielo? ¿Cuántos azares diferentes no necesitaron para aprender los usos más comunes de ese elemento? ¿Cuántas veces no lo dejaron apagarse antes de haber adquirido el arte de reproducirlo? ¿Y cuántas veces habrá muerto cada uno de esos secretos con su descubridor? ¿Qué diremos de la agricultura, arte que exige tanto trabajo como previsión, que atañe a otras artes, que, con toda evidencia, sólo es practicable en una sociedad por lo menos comenzada, y que no nos sirve tanto para sacar de la tierra alimentos que ella de sobra proporcionaría sin eso como para forzarla a preferencias que son más de nuestro gusto? Pero supongamos que los hombres se hubieran multiplicado tanto que las producciones naturales no hubieran bastado para alimentarlos; suposición que, para decirlo de pasada, mostraría una gran ventaja para la especie humana en esta manera de vivir; supongamos que sin forjas, y sin talleres, los instrumentos de labranza hubieran caído del cielo entre las manos de los salvajes; que esos hombres hubieran vencido el mortal odio que todos tienen por un trabajo continuo; que hubieran aprendido a prever de lejos sus necesidades con tanta antelación que habrían adivinado cómo hay que cultivar la tierra, sembrar el grano y plantar los árboles; que hubieran encontrado el arte de moler el trigo, y de poner la uva en fermentación; cosas todas que necesariamente les fueron enseñadas por los dioses porque no concebimos cómo las habrían aprendido por sí mismos*; tras esto, ¿quién sería el hombre lo bastante insensato para atormentarse con el cultivo de un campo del que le despojará el

* «No, hicieron dioses de sus benefactores», anota Voltaire.

primero que llegue, hombre o bestia, indistintamente, al que convenga esa cosecha, y cómo podrá nadie resolverse a pasar la vida en un trabajo penoso cuyo premio está tanto más seguro de no recoger cuanto más le sea necesario? En una palabra, ¿cómo podrá llevar a los hombres tal situación a cultivar la tierra, mientras no se reparta entre ellos, es decir, mientras no sea totalmente suprimido el estado de naturaleza?

Aun cuando quisiéramos suponer un hombre salvaje tan hábil en el arte de pensar como nos lo pintan nuestros filósofos; aun cuando, a ejemplo suyo, nosotros hiciéramos de él un filósofo que descubre por sí solo las verdades más sublimes, y que se impone, mediante series de razonamientos muy abstractos, máximas de justicia y de razón sacadas del amor por el orden en general, o de la voluntad conocida de su Creador; en una palabra, aun cuando le supusiéramos en el espíritu tanta inteligencia y luces como debería tener, en vez de la torpeza y estupidez que en realidad se le encuentra, ¿qué utilidad sacaría la especie de toda esta metafísica que no podría comunicarse y que perecería con el individuo que la hubiera inventado? ¿Qué progreso podría hacer el género humano diseminado en los bosques entre los animales? ¿Y hasta qué punto podrían perfeccionarse e ilustrarse mutuamente hombres que, sin tener ni domicilio fijo ni necesidad alguna uno de otro, quizá se encontraran apenas dos veces en su vida, sin conocerse ni hablarse?

Piénsese cuántas ideas debemos al uso de la palabra; cuánto ejercita y facilita la gramática las operaciones del espíritu; y piénsese en los inconcebibles esfuerzos, y en el tiempo infinito que ha debido costar la primera invención de las lenguas; únanse estas reflexiones a las precedentes, y podrá juzgarse cuántos millares de siglos han sido necesarios para desarrollar sucesivamente en el espíritu humano las operaciones de que era capaz.

Séame permitido considerar por un instante las dificultades del origen de las lenguas*. Podría contentarme con citar o repetir aquí las investigaciones que el señor abate de Condillac ha hecho sobre esta materia, todas las cuales confirman plenamente mi sentir, y quizá me dieron la primera idea al respecto. Pero por la forma en que ese filósofo resuelve las dificultades que él mismo se plantea sobre el origen de los signos instituidos, demostrando que ha supuesto lo que yo pongo en cuestión, a saber, una especie de sociedad ya establecida entre los inventores del lenguaje, creo deber, al remitir a sus reflexiones, unir las mías para exponer las mismas dificultades a la luz que conviene a mi tema. La primera que se presenta es imaginar cómo pudieron volverse necesarias las lenguas; porque no teniendo los hombres ninguna correspondencia entre sí, ni necesidad alguna de tenerla, no se concibe ni la necesidad de esa invención ni su posibilidad si no fue indispensable. Diría, como muchos otros, que las lenguas nacieron en el trato doméstico de padres, madres e hijos; pero además de que esto no resolvería las objeciones, sería cometer el error de quienes, al razonar sobre el estado de naturaleza, llevan al tema ideas adquiridas en la sociedad, ven siempre a la familia reunida en una misma vivienda y a sus miembros guardando entre sí una unión tan íntima y tan permanente como entre nosotros, donde tantos intereses comunes los reúnen; mientras que al no haber ni casas, ni cabañas**, ni propiedad de ninguna especie en aquel estado

* Las hipótesis que Rousseau hace aquí sobre el origen de las lenguas deben ser relacionadas con el texto de su *Ensayo sobre el origen de las lenguas.* A partir de «La primera que se presenta...» el texto fue aprovechado por la *Enciclopedia,* artículo *Lengua,* redactado por Beauzée, quien contradice totalmente las tesis rousseaunianas de la contingencia del lenguaje, adquisición sobrevenida en el curso de una larga historia y no ligada a la esencia del hombre. Para Beauzée la lengua sería un don divino.

** «Ridícula suposición», apostilla Voltaire al margen de *cabañas.*

primitivo, cada cual se alojaba al azar y con frecuencia para una sola noche; los machos y las hembras se unían fortuitamente según el encuentro, la ocasión y el deseo, sin que la palabra fuera un intérprete muy necesario de las cosas que tenían que decirse; se dejaban con la misma facilidad[12]. La madre amamantaba al principio a sus hijos por necesidad propia, luego, al habérselos hecho queridos la costumbre, los alimentaba después por la de ellos; tan pronto como tenían fuerzas para buscar su pitanza, no tardaban en dejar a la madre misma; y como casi no había otro medio de volverse a encontrar que no perderse de vista, pronto se daba el caso de no reconocerse siquiera unos a otros. Observad además que por tener el niño que explicar todas sus necesidades, y, en consecuencia, más cosas que decir a la madre que la madre al niño, es él quien debe hacer los mayores esfuerzos de invención, y la lengua que emplea debe ser en gran parte obra propia*; lo cual multiplica tanto las lenguas como individuos hay para hablarlas, a lo que contribuye además la vida errante y vagabunda, que no deja a ningún idioma tiempo de tomar consistencia; porque decir que la madre dicta al niño las palabras de que deberá servirse para pedirle tal o cual cosa muestra bien cómo se enseñan las lenguas ya formadas, pero no dice en modo alguno cómo se forman.

Supongamos vencida esta primera dificultad; franqueemos por un momento el espacio inmenso que debió haber entre el puro estado de naturaleza y la necesidad de las lenguas; y busquemos, suponiéndolas necesarias[13], cómo pudieron comenzar a establecerse. Nueva dificultad, peor aún

* Son las hipótesis de Condillac en el *Ensayo sobre el origen de los conocimientos humanos.* Condillac contestaría a las apostillas de Rousseau en una nota de su *Gramática.* Han influido también sobre esta parte consagrada al origen de las lenguas la lectura de Du Bos: *Réflexions critiques sur la poésie et sur la peinture* (también leído por Condillac), la *Rhétorique* del P. Lamy, al que cita en el *Ensayo sobre el origen de las lenguas,* etcétera.

que la precedente; porque si los hombres necesitaron la palabra para aprender a pensar, mayor necesidad tuvieron de saber pensar para encontrar el arte de la palabra; y aunque se comprendiera cómo fueron tomados los sonidos de la voz por intérpretes convencionales de nuestras ideas, siempre quedaría por saber cuáles han podido ser los intérpretes mismos de esta convención para ideas que, por no tener un objeto sensible, no podían indicarse ni por el gesto ni por la voz; de suerte que apenas se pueden formar conjeturas que resistan sobre el nacimiento de este arte de comunicar los pensamientos y de establecer un comercio entre los espíritus: arte sublime que tan lejos está ya de su origen, pero que el filósofo ve aún a una distancia de su perfección tan prodigiosa que no hay hombre lo bastante audaz para asegurar que habrá de llegar jamás a ella, aun cuando las revoluciones que el tiempo necesariamente ocasiona fueran suspendidas en su favor, aun cuando los prejuicios saliesen de las academias o se callasen ante ellas, y aun cuando ellas pudieran ocuparse de ese espinoso tema durante siglos enteros sin interrupción.

El primer lenguaje del hombre, el lenguaje más universal, el más enérgico, el único que fue necesario antes de que hubiera que persuadir a los hombres reunidos, es el grito de la naturaleza. Como ese grito sólo le era arrancado por una especie de instinto en las ocasiones acuciantes, para implorar ayuda en los grandes peligros o alivio en los males violentos, no era de gran uso en el curso ordinario de la vida, en el que reinan sentimientos más moderados. Cuando las ideas de los hombres comenzaron a extenderse y a multiplicarse y se estableció entre ellos una comunicación más estrecha, buscaron mayor número de signos y un lenguaje más amplio: multiplicaron las inflexiones de la voz y le unieron los gestos, que, por su naturaleza, son más expresivos, y cuyo sentido depende menos de una determinación anterior. Expresaban, pues, los objetos visibles y móviles por gestos, y aquellos que hieren el oído, por sonidos imitativos: pero como el gesto apenas indica más que los objetos presentes, o fáciles de describir, y las acciones visibles; como no es de uso universal, puesto que la obscuridad y la interposición de un cuerpo lo vuelven inútil, y como exige atención antes de excitarla, se les ocurrió en última instancia sustituirlo por las articulaciones de la voz, que, sin tener la misma relación con ciertas ideas, son más aptas para representarlas a todas, como signos instituidos; sustitución que no puede hacerse, más que por consentimiento común, y de una manera bastante difícil de practicar para hombres cuyos órganos groseros aún no tenían ningún ejercicio, y más difícil todavía de concebir en sí misma, puesto que este acuerdo unánime debió estar motivado, y puesto que la palabra parece haber sido muy necesaria para establecer el uso de la misma.

Debe pensarse que las primeras palabras de que los hombres hicieron uso tuvieron en su espíritu una significación mucho más amplia de la que tienen las que se emplean en las lenguas ya formadas, y que, ignorando la división del discurso en sus partes constitutivas, al principio dieron a cada palabra el sentido de una proposición entera. Aun cuando comenzaron a distinguir el sujeto del atributo y el verbo del nombre, cosa que no fue un esfuerzo mediocre de genio, los substantivos no fueron al principio más que otros tantos nombres propios, el presente del infinitivo* fue el único tiempo de los verbos, y, respecto a los adjetivos, su noción sólo a duras penas debió desarrollarse, porque todo adjetivo es una palabra abstracta y las abstracciones son operaciones penosas y poco naturales.

Cada objeto recibió al principio un nombre particular, sin miramientos para los géneros y las especies, que aquellos primeros fundadores no estaban en condiciones de distinguir; y todos los individuos se presentaron aislados a su es-

* Variante de la edición de 1782. La primera decía: «otros tantos nombres propios, el infinitivo...».

píritu, como lo están en el cuadro de la naturaleza. Si un roble se llama A, otro roble se llamaba B*, porque la primera idea que se saca de dos cosas es que no son la misma; y con frecuencia se necesita mucho tiempo para observar lo que tienen en común; de suerte que cuanto más limitados eran los conocimientos, tanto más extenso se hizo el diccionario. La confusión de toda esta nomenclatura no pudo eliminarse fácilmente, porque para ordenar los seres bajo las denominaciones comunes y genéricas era preciso conocer las propiedades y las diferencias; eran precisas observaciones y definiciones, es decir, la historia natural y la metafísica, en cantidad mucho mayor de la que los hombres de aquel tiempo podían tener.

Por otro lado, las ideas generales sólo pueden introducirse en el espíritu con la ayuda de las palabras, y el entendimiento sólo las capta mediante proposiciones. Es ésta una de las razones por las que los animales no podrían formarse ideas semejantes, ni conseguir jamás la perfectibilidad que de ella depende. Cuando un mono pasa sin duda de una nuez a otra, ¿piensa alguien que tiene la idea general de esa clase de fruto, y que compara su arquetipo con esos dos individuos? Indudablemente no; pero la vista de una de esas nueces trae a su memoria las sensaciones que ha recibido de la otra; y sus ojos, modificados de cierta manera, anuncian a su gusto la modificación que va a recibir. Toda idea general es puramente intelectual; por poco que la imaginación se mezcle a ella, la idea deviene enseguida particular. Tratad de trazaros la imagen de un árbol en general, nunca llegaréis a la meta; pese a vosotros mismos tendréis que verlo pequeño o grande, ralo o espeso, claro u oscuro; y si dependiese de vosotros no ver en él sino lo que se encuentra en todo árbol, tal ima-

* Voltaire anota al margen: «Por lo menos se llamaba AB puesto que se parecía a A.» El párrafo siguiente, hasta «para observar lo que tienen en común», es un añadido de la edición de 1782.

gen no se parecería ya a un árbol. Los seres puramente abstractos se ven del mismo modo, o no se conciben más que por el discurso. La sola definición del triángulo os da la verdadera idea de él; tan pronto como os figuráis uno en vuestro espíritu, es tal triángulo, y no otro, y no podéis evitar hacer las líneas sensibles, o el plano coloreado. Es preciso, por tanto, enunciar proposiciones; es preciso, por tanto, hablar para tener ideas generales; porque tan pronto como la imaginación se detiene, el espíritu no camina más que con la ayuda del discurso. Por tanto, si los primeros inventores no pudieron dar nombres más que a las ideas que ya tenían, se deduce que los primeros sustantivos no pudieron ser nunca otra cosa que nombres propios.

Pero cuando, por medios que yo no concibo, nuestros nuevos gramáticos comenzaron a propagar sus ideas, y a generalizar sus palabras, la ignorancia de los inventores debió someter este método a límites muy estrechos; y así como al principio multiplicaron demasiado los nombres de los individuos, dado que desconocían los géneros y las especies, hicieron luego demasiado pocas especies y géneros por no haber considerado a los seres según todas sus diferencias. Para llevar suficientemente lejos las divisiones, hubieran sido precisas más experiencia y más luces de las que podían tener, y más búsquedas y más trabajo de lo que querían emplear en ello. Ahora bien, si incluso hoy se descubren cada día especies que hasta aquí habían escapado a todas nuestras observaciones, piénsese cuántas debieron ocultarse a hombres que no juzgaban las cosas más que por su primer aspecto. En cuanto a las clases primitivas y a las nociones más generales, es superfluo añadir que debieron escapárseles también: ¿cómo, por ejemplo, habrían imaginado o entendido las palabras de materia, espíritu, substancia, modo, figura, movimiento, si nuestros filósofos, que se sirven de ellas desde hace mucho tiempo, a duras penas logran entenderlas, y cuando, por ser las ideas que se han vinculado a esas palabras puramente metafísicas, no encontraban ningún modelo para ellas en la naturaleza?

Me detengo en estos primeros pasos, y suplico a mis jueces que suspendan aquí su lectura, para considerar, a partir de la invención sola de los sustantivos físicos, es decir, a partir de la parte de la lengua más fácil de encontrar, el camino que les queda por recorrer para expresar todos los pensamientos de los hombres, para adoptar una forma constante, poder ser hablada en público e influir sobre la sociedad. Les suplico que reflexionen en el tiempo y conocimientos que han sido necesarios para encontrar los números[14], las palabras abstractas, los aoristos, y todos los tiempos de los verbos, las partículas, la sintaxis, para ligar las proposiciones, los razonamientos, y formar toda la lógica del discurso. Por lo que a mí respecta, asustado por las dificultades que se multiplican, y convencido de la imposibilidad casi demostrada de que las lenguas hayan podido nacer y establecerse por medios puramente humanos*, dejo a quien quiera emprenderla la discusión de este difícil problema: ¿qué ha sido más necesario, si la sociedad ya formada para la institución de las lenguas, o si las lenguas ya inventadas para el establecimiento de la sociedad?

* Voltaire subraya «medios puramente humanos» y escribe al margen: «Lamentable.» En efecto, aunque en hipótesis, Rousseau hace una concesión a los partidarios de la institución divina del lenguaje, que sería aprovechada por Nicolás Beauzée, dando a entender que no bastan los medios humanos para justificar la invención de las lenguas: Beauzée aprovecha esta indecisión de Rousseau –y que es una concesión por su parte lo demuestra el *Ensayo sobre el origen de las lenguas*– para echar tierra sobre toda la tesis doctrinal del *Discurso sobre la desigualdad entre los hombres:* «El filósofo de Ginebra se ha dado perfectamente cuenta de que la desigualdad de las condiciones era una consecuencia necesaria del establecimiento de la sociedad; que el establecimiento de la sociedad y la institución del lenguaje se suponían mutuamente, puesto que considera como problema difícil discutir cuál de las dos ha sido para la otra de una necesidad antecedente más considerable. ¿No se da-

Sea lo que fuere de estos orígenes, al menos se ve, por el poco cuidado que se tomó la naturaleza en acercar a los hombres por las necesidades mutuas, y en facilitarles el uso de la palabra, cuán poco preparó su sociabilidad, y cuán poco puso ella de su parte en todo lo que ellos hicieron, para establecer los vínculos. En efecto, es imposible imaginar por qué, en ese estado primitivo, habría de tener más necesidad el hombre de otro hombre que un mono o un lobo de su semejante*, ni supuesta esta necesidad, qué motivo podría comprometer al otro a satisfacerla, ni siquiera, en este último caso, cómo podrían convenir entre ellos las condiciones. Sé que constantemente se nos repite que nada habría sido tan miserable como el hombre en ese estado; y si es cierto, como creo haberlo probado, que sólo tras muchos siglos pudo tener el deseo y la ocasión de salir de él, habría que procesar a la naturaleza, y no a quien ella habría constituido de esta manera. Mas, si entiendo bien ese término de *miserable,* es una palabra que no tiene ningún sentido, o que sólo significa una privación dolorosa y el sufrimiento del cuerpo o del alma. Ahora bien, me gustaría que me ex-

ban incluso algunos pasos? Habiendo visto de una manera demostrativa que las lenguas no pueden apoyar la hipótesis del hombre nacido salvaje, ni ser establecida por medios puramente humanos, ¿no concluye eso mismo de la sociedad? ¿No abandona por completo su hipótesis, como incapaz de explicar tanto la una como la otra? Además, la suposición de un hecho que nosotros sabemos, por el testimonio más seguro, no haber sido, lejos de ser admisible como principio explicativo de hechos reales, sólo debe ser mirado como una ficción quimérica y propia para desorientar [...]. Es, pues, Dios mismo quien, no contento con dar a los primeros individuos del género humano la preciosa facultad de hablar, la puso incluso al instante en pleno ejercicio, inspirándoles inmediatamente el deseo y el arte de imaginar las palabras y los giros necesarios para las necesidades de la sociedad naciente.» Ed. citada, páginas 134-135 y *passim.*

* Voltaire explica al margen: «Porque hay en el hombre un instinto y una aptitud que no está en el simio.»

plicasen cuál puede ser el género de miseria de un ser libre cuyo corazón está en paz y el cuerpo en salud. Pregunto qué vida, la civil o la natural, está más sometida a volverse insoportable para quienes disfrutan de ella. Casi no vemos en torno nuestro más que gentes que se quejan de su existencia, muchos incluso que se privan de ella cuando pueden, y la reunión de las leyes divina y humana apenas basta a detener este desorden. Yo pregunto si alguna vez se ha oído decir que un salvaje en libertad haya pensado siquiera en quejarse de la vida y en darse la muerte. Júzguese, pues, con menos orgullo de qué lado está la verdadera miseria. Nada, por el contrario, habría sido tan miserable como el hombre salvaje deslumbrado por las luces, atormentado por las pasiones, y razonando sobre un estado diferente al suyo. Fue gracias a una providencia muy sabia cómo las facultades que tenía en potencia no debían desarrollarse más que con las ocasiones de ejercerlas, a fin de que no le fueran ni superfluas y una carga antes de tiempo, ni tardías e inútiles en la necesidad. En el solo instinto tenía cuanto necesitaba para vivir en estado de naturaleza, de igual modo que en una razón cultivada no tiene sino lo que necesita para vivir en sociedad.

Parece en primer lugar que, no teniendo entre sí los hombres en ese estado ninguna clase de relación moral, ni de deberes conocidos, no podían ser buenos ni malos, y no tenían ni vicios ni virtudes, a menos que, tomando estas palabras en un sentido físico, se llame vicios en el individuo a aquellas cualidades que pueden perjudicar su propia conservación, y virtudes a las que pueden contribuir a ella; en cuyo caso, habría que calificar de más virtuoso a quien menos resistencia oponga a los simples impulsos de la naturaleza. Pero sin apartarnos del sentido ordinario, lo oportuno es suspender el juicio que podríamos hacer sobre tal situación, y desconfiar de nuestros prejuicios hasta que, balanza en mano, se haya examinado si hay más virtudes que vicios entre los hombres civilizados, o si sus virtudes son más ventajosas de lo que funestos son sus vicios, o si el progreso de sus conocimientos es compensación suficiente a los males que mutuamente se hacen, a medida que se enteran del bien que debieran hacerse, o si, considerado todo, no estarían en una situación más feliz, sin mal que temer ni bien que esperar de nadie, que estando sometidos a una dependencia universal y obligarse a recibir todo de quienes no se obligan a darles nada.

No vayamos sobre todo a concluir con Hobbes* que, por no tener ninguna idea de la bondad, el hombre es naturalmente malvado, que es vicioso porque no conoce la virtud, que rehúsa siempre a sus semejantes servicios que no cree deberles, ni que en virtud del derecho, que con razón se atribuye, a las cosas que necesita, se imagina neciamente que es el único propietario de todo el universo. Hobbes ha visto bien el defecto de todas las definiciones modernas del derecho natural; pero las consecuencias que saca de la suya muestran que la toma en un sentido no menos falso. Al razonar sobre los principios que establece, este autor debiera decir que, siendo el estado de naturaleza aquel en que el cuidado de nuestra conservación es menos perjudicial para la del prójimo, dicho estado es por consiguiente el más apto para la paz, el más conveniente para el género humano. Dice precisamente lo contrario por haber introducido inadecuadamente en el cuidado de la conservación del hombre salvaje la necesidad de satisfacer una multitud de pasiones que son obra de la sociedad y que han hecho necesarias las leyes. El malvado**, dice, es un niño robusto; queda por saber si el

* Una cita de Pufendorf ofrece el texto de Hobbes aquí atacado: «En el estado de naturaleza no se encuentran más que pasiones que reinan en libertad, guerras que teme, miedo, pobreza, horror, soledad, barbarie, ignorancia, ferocidad.»

** Voltaire subraya esta palabra y anota al margen: «El salvaje sólo es malvado como un lobo que tiene hambre.» La hipótesis refutada por

hombre salvaje es un niño robusto. Y aunque se lo concediéramos, ¿qué se concluiría de ello? Que si, cuando es robusto, este hombre es tan dependiente de los demás como cuando es débil, no hay clase de excesos a la que no se entregue, que no golpee a su madre cuando ésta tarde demasiado en darle el pecho, que no estrangule a uno de sus hermanos menores cuando sea incomodado, que no muerda la pierna de los demás cuando tropiece con ella o esté enfadado; pero son dos suposiciones contradictorias en el estado de naturaleza ser robusto y dependiente; el hombre es débil cuando es dependiente, y se emancipa antes de ser robusto. Hobbes no ha visto que la misma causa que impide a los salvajes usar de su razón, como pretenden nuestros jurisconsultos, les impide al mismo tiempo abusar de sus facultades, como él mismo pretende; de suerte que podría decirse que los salvajes no son precisamente malvados porque no saben lo que es ser buenos; porque no es ni el desarrollo de las luces, ni el freno de la ley, sino la calma de las pasiones y la ignorancia del vicio lo que les impide obrar mal: *tanto plus in illis proficit vitiorum ignoratio, quam in his cognitio virtutis**. Hay, además, otro principio del que Hobbes no se ha percatado y que, dado al hombre para suavizar en ciertas circunstancias la ferocidad de su amor propio, o el deseo de conservarse antes del nacimiento de ese amor[15], templa el ardor que tiene por su bienestar mediante una repugnancia innata a ver sufrir a su semejante. No creo que haya que temer ninguna contradicción al conceder al hombre la única virtud natural que el detractor más extremado de las virtudes humanas se

Rousseau se encuentra en Hobbes: *De Cive*, «Prefacio ad lectores: ...ita ut vir malus idem fere sit, quod puer robustus, vel vir animo puerili...».

* «Tan provechosa es en ellos la ignorancia de los vicios como en éstos el conocimiento de la virtud», cita de Justino, *Historiæ* (lib. II, cap. I, núm. 15) referida a los escitas, que Rousseau debió hallar en Grocio *(De jure belli ac pacis,* II, cap. II).

vio obligado a reconocerle*. Hablo de la piedad**, disposición conveniente a unos seres tan débiles y sometidos a tantos males como somos; virtud tanto más universal y tanto más útil al hombre cuanto que precede en él al uso de toda reflexión, y tan natural que las bestias mismas dan a veces signos sensibles de ella. Sin hablar de la ternura de las madres por sus hijos, y de los peligros que arrostran para protegerlos, todos los días observamos la repugnancia que los caballos tienen a pisotear un cuerpo vivo; un animal no pasa sin inquietud junto a un animal de su especie muerto; hay incluso algunos que les dan una especie de sepultura; y los

* Mandeville, al que resume más abajo. Bernard Mandeville, nacido en 1670, realizó estudios de medicina en Leiden para luego afincarse en Inglaterra. En su obra principal, *The Fable of the Bees, or private Vices public Benefits* (Fábula de las abejas, o vicios privados, beneficios públicos, Londres, 1723), mantiene una posición «cínica» ante el ordenamiento social: «... Es necesario que el fraude, el lujo y la vanidad subsistan, si queremos que retornen los dulces frutos... El vicio es tan necesario en un estado floreciente como el hambre es necesaria para obligarnos a comer. Es imposible que la virtud sola haga nunca a una nación célebre y gloriosa. Para hacer revivir el feliz siglo de oro, es imperiosamente necesario que la honestidad recobre la bellota que sirvió de alimento a nuestros primeros padres.» Rousseau resume a continuación un amplio pasaje de Mandeville.

** El tema de la piedad en Rousseau ha sido objeto de abundantes enfrentamientos entre los críticos: precisamente este fragmento del *Discurso sobre la desigualdad,* otro del *Ensayo sobre las lenguas,* y otro más del libro IV del *Emilio,* difieren de modo considerable; en el *Ensayo* parece admitir la idea de Hobbes de guerra de todos contra todos, manteniendo una concepción más intelectualista de la piedad que le acercaría a Wollaston. En los primeros tiempos, los hombres «no estaban unidos por ninguna idea de fraternidad común, y sin más arbitrio que la fuerza se creían enemigos unos de otros. Eran su debilidad y su ignorancia las que les daban esta opinión. No conocían nada, temían todo, atacaban para defenderse. Un hombre abandonado solo sobre la faz de la Tierra a merced del género humano debe ser un animal feroz. Estaba presto a hacer a los demás todo el mal que temía de ellos. El temor y la debilidad son las fuentes de la crueldad. Las afecciones sociales no se desarrollan en nosotros más que con nuestras luces. La piedad, aunque natural en

tristes mugidos del ganado al entrar en un matadero anuncian la impresión que reciben del horrible espectáculo que los hiere. Con placer vemos al autor de la *Fábula de las abejas,* forzado a reconocer al hombre como un ser compasivo y sensible, salir, en el ejemplo que de ello nos da, de su estilo frío y sutil, para ofrecernos la patética imagen de un hombre encerrado que percibe fuera a una bestia feroz arrancando del regazo de su madre a un niño, destrozando bajo su dentadura asesina los débiles miembros y desgarrando con sus uñas las entrañas palpitantes de ese niño. ¡Qué horrible agitación no experimenta ese testigo de un suceso en el que ningún interés personal tiene! ¡Qué angustias no sufre ante esta visión por no poder llevar ningún socorro a la madre desvanecida ni al hijo moribundo!

Tal es el movimiento puro de la naturaleza, anterior a toda reflexión: tal la fuerza de la piedad natural, que tanto les cuesta todavía destruir a las costumbres más depravadas, pues todos los días vemos en nuestros espectáculos enternecerse y llorar por las desgracias de un infortunado que, si estuviera en el puesto del tirano, agravaría más aún los tormentos de su enemigo, igual que el sanguinario Sila, tan sensible a los males que no había él causado, o que ese Alejandro de Feres que no se atrevía a asistir a la representación de ninguna tragedia por miedo a que le vieran gemir con

el corazón del hombre, permanecería eternamente inactiva sin la imaginación que la pone en juego. ¿Cómo nos dejamos conmover por la piedad? Transportándonos fuera de nosotros mismos, identificándonos con el ser que sufre; no es en nosotros, es en él en quien sufrimos. ¡Piénsese cuánto supone de conocimientos humanos esta translación! ¿Cómo imaginaría males de los que no tengo ninguna idea? ¿Cómo sufriría viendo sufrir a otro si no sé siquiera que sufre, si ignoro lo que hay de común entre él y yo? Quien no ha reflexionado nunca no puede ser ni clemente ni justo, ni piadoso: no puede ser siquiera malvado ni vengativo. Quien nada imagina, nada siente más que a sí mismo: está solo en medio del género humano» *(Ensayo sobre el origen de las lenguas,* cap. IX).

Andrómaca y Príamo, mientras que escuchaba sin emoción los gritos de tantos ciudadanos que degollaban todos los días por orden suya.

Mollisima corda
Humano generi dare se Natura fatetur,
*Quæ lacrymas dedit**.

Mandeville se ha dado perfectamente cuenta de que, con toda su moral, los hombres jamás habrían sido otra cosa que monstruos si la naturaleza no les hubiera dado la piedad en apoyo de la razón; pero no ha visto que de esta sola cualidad se desprenden todas las virtudes sociales que quiere disputar a los hombres. En efecto, ¿qué es la generosidad, la clemencia, la humanidad, sino la piedad aplicada a los débiles, a los culpables, o a la especie humana en general? La benevolencia y la amistad incluso son, si bien se mira, productos de una piedad constante, fijada sobre un objeto particular; porque desear que alguien no sufra, ¿qué es, sino desear que sea feliz? Aun cuando fuera cierto que la conmiseración no es sino

* Corazones blandísimos, eso es el don que la naturaleza testimonia haber dado al género humano dándole las lágrimas (Juvenal, *Sátiras,* XV, 131-133. Desde «igual que el sanguinario Sila...» hasta estos versos de Juvenal, es un añadido de la edición de 1782, que Rousseau toma de su *Lettre a D'Alembert sur les Spectacles* (salvo los versos). Sobre Sila, Rousseau manejaba los datos que Plutarco da en su *Vida de Sila (Vidas de los hombres ilustres);* en cuanto a Alejandro de Feres, la anécdota se encuentra en Plutarco *(Vida de Pelópidas* [XXIX]), y en los *Ensayos* de Montaigne: el tirano de Feres (ciudad de la Grecia antigua, en Tesalia, hoy llamada Velestino) fue asesinado a instigación de su mujer Tebe en el año -358. Según el testimonio de Plutarco, enterraba vivos a sus enemigos o los vestía de osos para lanzar contra ellos sus mejores perros de caza. Hijo de Polidoro y sobrino de Jasón, luchó por ser reconocido como ταγός, jefe supremo, por las demás ciudades tesalias. Tebas mandó en ayuda de éstas a Pelópidas, que venció a Alejandro, apoyado por Atenas, en Cinoscéfalos (-364), aunque la victoria supuso la muerte del caudillo tebano. Feres fue obligada a incorporarse entonces a la Liga Beocia, y a reconocer la libertad de las restantes ciudades tesalias.

un sentimiento que nos pone en el lugar del que sufre, sentimiento oscuro y vivo en el hombre salvaje, desarrollado pero débil en el hombre civilizado, ¿qué importaría esta idea a la verdad de lo que digo, si no es para darle más fuerza? En efecto, la conmiseración será tanto más enérgica cuanto más íntimamente se identifique el animal espectador con el animal sufriente. Ahora bien, es evidente que esta identificación ha debido ser infinitamente más estrecha en el estado de naturaleza que en el estado de razonamiento. Es la razón la que engendra el amor propio*, y es la reflexión la que lo fortifica; es ella la que repliega al hombre sobre sí mismo; es ella la que lo separa de cuanto le molesta y aflige; es la filosofía la que lo aísla; por ella es por lo que dice en secreto, ante la visión de un hombre que sufre: perece si quieres, yo estoy a salvo. Sólo los peligros de la sociedad entera turban el sueño tranquilo del filósofo y le arrancan de su lecho. Se puede degollar impunemente a un semejante bajo su ventana; no tiene más que taparse los oídos y argumentar un poco** para impedir a la naturaleza, que se revuelve en él, identificarle con ése a quien se asesina. El hombre salvaje no tiene ese admirable talento; y falto de sabiduría y de razón, se le ve siempre entregarse atolondradamente al sentimiento primero de la humanidad. En las revueltas, en las peleas callejeras, el populacho se agolpa, el hombre prudente se aleja: es la canalla, son las verduleras quienes separan a los combatientes, y quienes impiden a las personas honradas degollarse entre sí***.

* Voltaire subraya «la razón la que engendra el amor propio» y anota: «¡Vaya idea! ¿Se necesitan entonces razonamientos para querer el bienestar?»

** Voltaire subraya el término francés «argumenter», quizá por el empleo insólito que de él hace Rousseau de «darse razones». Cuando el *Littré* explica esta acepción de «argumenter» emplea precisamente este pasaje de Rousseau.

*** Una nota del capítulo VIII de las *Confesiones,* añadida al manuscrito bastante tardíamente, atribuye este pasaje a la malquerencia de Diderot, que fue quien lo inspiró: al hablar de la utilidad de los consejos de

Es cierto por tanto que la piedad es un sentimiento natural que, moderando en cada individuo la actividad del amor de sí mismo, concurre a la conservación mutua de toda la especie. Es ella la que, sin reflexión, nos lleva en socorro de aquellos a quienes vemos sufrir; es ella la que, en el estado de naturaleza, hace de leyes, de costumbres y de virtud, con la ventaja de que nadie se siente tentado a desobedecer a su dulce voz: es ella la que hará desistir a todo salvaje robusto de quitar a un débil niño, o a un viejo inválido, su subsistencia adquirida con esfuerzo, si él mismo espera poder encontrar la suya en otra parte*; es ella la que, en lugar de esta máxima sublime de justicia razonada, *haz con otro lo que quieras que hagan contigo*** inspira a todos los hombres esta otra máxima de bondad natural mucho menos perfecta, pero más útil quizá que la precedente: *Haz tu bien con el menor mal posible para otro.* En una palabra, es en ese sentimiento natural más que en los argumentos sutiles donde hay que buscar la causa de la repugnancia que todo hombre experimentaría en hacer el mal, independientemente incluso

Diderot sobre este discurso, Rousseau añade: «En la época en que lo escribía no tenía aún ninguna sospecha del gran complot de Diderot y de Grimm; de haberla tenido, fácilmente habría reconocido cuánto abusaba el primero de mi confianza dando a mis escritos ese tono duro y ese aire negro que más tarde, cuando él cesó de dirigirme, no tuvieron. El trozo del filósofo que se argumenta tapándose los oídos para endurecerse a las quejas de un desgraciado es de su cosecha, y me había proporcionado otros, más fuertes aún, que no pude decidirme a emplear. Pero atribuyendo aquel humor negro al que le había dado la cárcel de Vincennes, y del que en su *Clairval* se encuentra una dosis bastante fuerte, jamás se me ocurrió sospechar la menor maldad en ello» (O. C. I., *Les Confessions,* pág. 389). En una carta a M. de Saint-Germain de 26 de febrero de 1770 *(Correspondance Générale,* t. XIX, pág. 246) Rousseau va más lejos aún, aludiendo a trozos de la cosecha de Diderot «que él me hizo insertar casi a pesar mío».

* Voltaire anota al margen: «Cualquiera diría que los iroqueses son más compasivos que nosotros.»

** *Evangelio según San Mateo,* 7, 12; *según San Lucas,* 6, 31.

de las máximas de la educación. Aunque pueda ser propio de Sócrates y de los espíritus de su temple adquirir la virtud racionalmente, hace mucho tiempo que el género humano no existiría ya si su conservación hubiera dependido solamente de los razonamientos de quienes lo componen.

Con pasiones tan poco activas, y un freno tan saludable, los hombres, más huraños que malvados, y más atentos a protegerse del mal que podían recibir que tentados a hacérselo a otros, no estaban sujetos a reyertas muy peligrosas*: como no tenían entre sí ninguna especie de trato, ni conocían, por consiguiente, ni la vanidad, ni la consideración, ni la estima, ni el desprecio; como no tenían la menor noción de lo tuyo y de lo mío, ni ninguna idea verdadera de la justicia; como miraban las violencias que podían recibir como un mal fácil de reparar, y no como una injuria que hay que castigar; y como no pensaban siquiera en la venganza a no ser maquinalmente y de forma inmediata, como el perro que muerde la piedra que se le tira, sus disputas raramente habrían tenido secuelas sangrientas si no hubieran tenido un tema más sensible que el alimento: pero veo uno más peligroso, del que aún me queda que hablar.

Entre las pasiones que agitan el corazón del hombre, hay una ardiente, impetuosa, que hace un sexo necesario para el otro, pasión terrible que arrostra todos los peligros, derriba todos los obstáculos, y que, en sus furores, parece propia para destruir el género humano que está destinada a conser-

* Este fragmento, dirigido en su totalidad contra Hobbes, mereció la siguiente nota al margen de Voltaire: «Estás loco, ¿no sabes que los americanos septentrionales se han exterminado mediante la guerra?» Y en su carta a Rousseau incidirá en el mismo tema: «No puedo embarcarme para ir en busca de los salvajes del Canadá, en primer lugar porque las enfermedades a que estoy condenado me hacen necesario un médico de Europa; [...] y en segundo lugar, porque hay guerra en ese país, y los ejemplos de nuestras naciones han vuelto a los salvajes casi tan malvados como nosotros» (*Correspondance générale*, t. II, pág. 203).

var. ¿En qué se convertirán los hombres presa de esta rabia desenfrenada y brutal, sin pudor, sin contención, y disputándose cada día sus amores al precio de su sangre?

En primer lugar, hay que convenir que, cuanto más violentas son las pasiones, más necesarias son las leyes para contenerlos; pero, además de que los desórdenes y los crímenes que aquéllas causan diariamente entre nosotros, muestran de sobra la insuficiencia de las leyes a este respecto, también sería bueno examinar si estos desórdenes no han nacido con las leyes mismas; porque entonces, aunque fueran capaces de reprimirlos, lo menos que debería exigírseles sería que detuvieran un mal que sin ellas no existiría en modo alguno.

Comencemos por distinguir la moral de lo físico en el sentimiento del amor. Lo físico es ese deseo general que lleva a un sexo a unirse al otro; lo moral es lo que determina ese deseo y lo fija sobre un solo objeto exclusivamente, o que al menos le da un grado mayor de energía para este objeto preferido. Ahora bien, es fácil ver que la moral del amor es un sentimiento ficticio; nacido del uso de la sociedad, y celebrado por las mujeres con mucha habilidad y cuidado para establecer su imperio, y convertir en dominante al sexo que debería obedecer*. Hallándose fundado ese sentimiento sobre ciertas nociones del mérito o de la belleza, que un salvaje no está en condiciones de tener, y sobre comparaciones que no está en situación de hacer, debe ser casi nulo para él. Porque igual que su espíritu no ha podido formarse ideas

* Voltaire subraya «que debería obedecer» y anota al margen: «¿Por qué?» Voltaire mantuvo, en distintos pasajes de sus obras, la plena igualdad de la mujer y del hombre; en su correspondencia *(Carta a Berger)* puede leerse: «Las mujeres son capaces de todo lo que nosotros hacemos y... la única diferencia que hay entre ellas y nosotros es que son más amables.» En cambio, Rousseau afirma la existencia entre los dos sexos de una «desigualdad natural» que somete a la mujer a la obediencia del hombre.

abstractas de regularidad ni de proporción, tampoco su corazón es susceptible de sentimientos de admiración y de amor que, incluso sin que uno se dé cuenta, nacen de la aplicación de estas ideas; escucha únicamente el temperamento que ha recibido de la naturaleza, y no el desagrado* que no ha podido adquirir, y cualquier mujer es buena para él.

Limitados sólo a lo físico del amor, y bastante afortunados para ignorar estas preferencias que irritan el sentimiento amoroso y aumentan las dificultades, los hombres deben sentir con menos frecuencia y menor viveza los ardores del temperamento y, por consiguiente, tener entre sí disputas más raras y menos crueles. La imaginación, que tantos estragos hace entre nosotros, no habla a los corazones salvajes; cada cual espera pacíficamente el impulso de la naturaleza, se entrega a él sin elección, con más placer que furor, y, satisfecha la necesidad, todo el deseo se extingue.

Es, pues, una cosa indiscutible que el amor mismo, así como todas las demás pasiones, sólo en la sociedad ha adquirido ese ardor impetuoso que lo hace con frecuencia tan funesto para los hombres, y es tanto más ridículo representar a los salvajes degollándose entre sí constantemente para saciar su brutalidad cuanto que esa opinión es totalmente contraria a la experiencia, y cuanto que los caribes, de todos los pueblos existentes el que menos se ha apartado hasta aquí de la naturaleza, son precisamente los más pacíficos en sus amores, y los menos sujetos a celos**, aunque viven bajo un clima ardiente que siempre parece dar a estas pasiones una actividad mayor.

* La primera edición decía: «el agrado».

** Voltaire anota al margen: «Y tú qué sabes: ¿has visto a los salvajes hacer el amor?» En el libro IV del *Emilio,* Rousseau precisará más los «desmanes de la imaginación que transforman en vicio las pasiones de todos los seres limitados... Siempre he visto que los jóvenes tempranamente corrompidos, y entregados a las mujeres y a la corrupción, eran inhumanos y crueles; la fogosidad del temperamento los volvía impa-

Respecto a las inducciones que podrían sacarse de varias especies de animales, los combates de los machos que ensangrientan constantemente nuestros corrales o que en primavera hacen resonar nuestras selvas con sus gritos al disputarse la hembra, hay que comenzar por excluir todas las especies en que la naturaleza ha establecido manifiestamente, en la potencia relativa de los sexos, relaciones distintas a las nuestras: así, los combates de los gallos no constituyen inducción alguna para la especie humana. En las especies en que la proporción está mejor observada, esos combates no pueden tener por motivos más que la escasez de hembras en proporción al número de machos, o los intervalos exclusivos, durante los que la hembra rehúsa constantemente la aproximación del macho, lo cual equivale a la primera causa; porque si cada hembra sólo tolera al macho durante dos meses del año, es, a este respecto, como si el número de hembras fuera menor en cinco sextas partes. Ahora bien, ninguno de estos dos casos es aplicable a la especie humana, en la cual el número de hembras supera generalmente al de los machos*, y en la que jamás se ha observado, ni siquiera entre los salvajes, que las hembras tengan, como las de las demás especies, épocas de celo y de exclusión. Además entre varios de esos animales, al entrar toda la especie en efervescencia a la vez, se produce un momento terrible de ardor común, de tumulto, de desorden, y de combate: momento que no se da en la especie humana, en la cual nunca es el amor periódico. De los combates de ciertos animales por la posesión de las hembras no se puede, por lo tanto, concluir que lo mismo le ocurriría al hombre en el estado de naturaleza; y

cientes, vengativos, furiosos: su imaginación, llena de un solo objeto, se negaba a todo lo demás; no conocían ni piedad, ni misericordia, habrían sacrificado padre, madre, y el universo entero al menor de sus placeres».

* Nota marginal de Voltaire: «Nacen más machos, pero al cabo de veinte años el número de hembras los superan.»

aunque pudiera sacarse esta conclusión, como tales disensiones no destruyen las demás especies, debe pensarse por lo menos que no serían más funestas para la nuestra, y es muy verosímil que causarían aún menos estragos de lo que hacen en la sociedad, sobre todo en países en que, contando aún bastante las costumbres, los celos de los amantes y la venganza de los esposos provocan cada día duelos, asesinatos y cosas peores aún; en que el deber de una eterna fidelidad no sirve más que para originar adulterios, y en que las leyes mismas de la continencia y del honor extienden necesariamente el desenfreno y multiplican los abortos.

Concluyamos* que, errante en las selvas, sin industria, sin habla, sin domicilio, sin guerra y sin vínculos, sin ninguna necesidad de sus semejantes, tanto como sin deseo alguno de perjudicarles, quizá incluso sin reconocer nunca a ninguno individualmente, el hombre salvaje, sometido a pocas pasiones y bastándose a sí mismo, no tenía más que los sentimientos y las luces propias de tal estado, que no sentía más que sus verdaderas pasiones, ni miraba más que aquello que creía le interesaba ver, y que su inteligencia no hacía más progresos que su vanidad. Si por casualidad hacía algún descubrimiento, mal podía comunicarlo cuando no reconocía siquiera a sus hijos. El arte perecía con el inventor; no había allí ni educación ni progreso, las generaciones se multiplicaban inútilmente; y partiendo todas siempre del mismo punto, los siglos transcurrían con toda la grosería de las primeras edades; la especie ya era vieja y el hombre permanecía siempre niño.

Si me he extendido tanto tiempo en el supuesto de esta condición primitiva es porque, habiendo antiguos errores y prejuicios inveterados que destruir, he creído que debía cavar hasta la raíz y mostrar, en el cuadro del verdadero estado de naturaleza, cuán lejos está la desigualdad, incluso la na-

* Anotación de Voltaire: «Es concluir una novela muy mala.»

tural, de tener en ese estado tanta realidad e influencia como pretenden nuestros escritores.

En efecto, es fácil ver que entre las diferencias que distinguen a los hombres, pasan por naturales muchas que son únicamente obra del hábito y de los diversos géneros de vida que los hombres adoptan en la sociedad. Así, un temperamento robusto o delicado, la fuerza o la debilidad que de él dependen, proceden a menudo más de la manera dura o afeminada en que ha sido educado que de la constitución primitiva de los cuerpos. Lo mismo ocurre con las fuerzas del espíritu, y no sólo la educación pone diferencias entre los espíritus cultivados y los que no lo están, sino que aumenta la que se encuentra entre los primeros en proporción a la cultura; porque si un gigante y un enano caminan por la misma ruta, cada paso que uno y otro den dará nueva ventaja al gigante. Ahora bien, si se compara la diversidad prodigiosa de educaciones y de géneros de vida que reina en los diferentes órdenes del estado civil con la sencillez y la uniformidad de la vida animal y salvaje, en la que todos se nutren de los mismos alimentos, viven de la misma manera y hacen exactamente las mismas cosas, se comprenderá cuán menor debe ser la diferencia de hombre a hombre en el estado de naturaleza que en el de sociedad, y cuánto debe aumentar la desigualdad natural en la especie humana por la desigualdad de institución.

Mas, aunque la naturaleza presentara, en la distribución de sus dones, tantas preferencias como pretenden, ¿qué ventaja sacarían de ello los más favorecidos, en perjuicio de los demás, en un estado de cosas que casi no admitiría ninguna clase de relación entre ellos? Allí donde no hay amor, ¿de qué serviría la belleza?* ¿De qué sirve el ingenio a gentes que no hablan, y la astucia a los que no tienen negocios? Oigo siempre repetir que los más fuertes oprimirán a los débiles; pero

* Nueva anotación de Voltaire: «La belleza excitará el amor y el espíritu producirá las artes.»

que me expliquen qué quieren decir con esa palabra de opresión. Unos dominarán con violencia; otros gemirán esclavizados a todos sus caprichos: eso es precisamente lo que observo entre nosotros, pero no veo cómo podría decirse esto de hombres salvajes, a quienes habría costado incluso hacer entender lo que es servidumbre y dominación. Un hombre podrá, desde luego, apoderarse de los frutos que otro ha cogido, de la caza que ha matado, del antro que le sirve de asilo; pero ¿cómo conseguirá jamás hacerse obedecer, y cuáles podrán ser las cadenas de la dependencia entre hombres que no poseen nada? Si me echan de un árbol, soy libre de ir a otro; si en un lugar me atormentan, ¿quién me impedirá pasar a otra parte? ¿Que hay un hombre de fuerza bastante superior a la mía, y además lo bastante depravado, lo bastante perezoso, y lo bastante feroz para obligarme a proveer a su subsistencia mientras él permanece ocioso? Tendrá que decidirse a no perderme de vista un solo instante, a tenerme atado con mucho cuidado durante su sueño, por miedo a que me escape o a que lo mate: es decir, que está obligado a exponerme voluntariamente a un trabajo mucho mayor que el que quiere evitar, y que el que me da a mí mismo. Y además de todo esto, ¿que su vigilancia se relaja un momento?, ¿que un ruido imprevisto le hace volver la cabeza?... me adentro veinte pasos en la selva, mis grillos quedan rotos, y no me vuelve a ver en su vida.

Para no prolongar inútilmente estos pormenores, cada cual debe ver que, al no formarse los lazos de la servidumbre más que de la dependencia mutua de los hombres y de las necesidades recíprocas que los unen, es imposible esclavizar a un hombre sin haberlo puesto previamente en situación de no poder prescindir de otro; situación que, por no existir en el estado de naturaleza, deja a todos libres del yugo, y hace vana la ley del más fuerte.

Tras haber probado que la desigualdad apenas es sensible en el estado de naturaleza, y que su influencia es en él casi nula, me queda por mostrar su origen, y sus progresos en los desarrollos sucesivos del espíritu humano. Después de haber mostrado que la *perfectibilidad**, las virtudes sociales y las demás facultades que el hombre natural había recibido en potencia no podían desarrollarse jamás por sí mismas, que tenían necesidad para eso del concurso fortuito de varias causas extrañas que podían no nacer jamás, y sin las cuales habría permanecido eternamente en su primitiva condición, me falta por considerar y cotejar los diferentes azares que han podido perfeccionar la razón humana deteriorando la especie, hacer un ser malvado haciéndolo sociable, y de un término tan alejado traer finalmente al hombre y al mundo hasta el punto en que lo vemos.

Confieso que por haber podido ocurrir de varias maneras los acontecimientos que tengo que describir, sólo por conjeturas puedo decidirme a escoger; pero aparte de que esas conjeturas se vuelven razones cuando son las más probables que pueden sacarse de la naturaleza de las cosas y los únicos medios que pueden tenerse de descubrir la verdad, las consecuencias que quiero deducir de las mías no serán por ello conjeturales, puesto que, sobre los principios que acabo de establecer no podría formarse ningún otro sistema que no me proporcionara los mismos resultados y del que no pudiera sacar yo las mismas conclusiones.

Esto me dispensará de ampliar mis reflexiones sobre la manera en que el lapso de tiempo compensa la poca verosimilitud de los acontecimientos; sobre la potencia sorprendente de causas muy ligeras cuando actúan sin descanso; sobre la imposibilidad en que uno está, por un lado, para destruir ciertas hipótesis si, por el otro, no se halla en situación de darles el grado de certidumbre de los hechos; sobre el hecho de que, dados dos hechos como reales, para ser

* Voltaire anota subrayando la palabra *perfectibilidad:* «Es que no ves que las necesidades mutuas lo han hecho todo.»

vinculados por una sucesión de hechos intermediarios, desconocidos o considerados tales, es a la historia, cuando la hay, a quien corresponde dar los hechos que los vinculan; y, en su defecto, corresponde a la filosofía determinar hechos semejantes que pueden vincularlos; finalmente, sobre la circunstancia de que en materia de acontecimientos la similitud reduce los hechos a un número de clases diferentes mucho menor de lo que se imagina. Me basta con ofrecer estas materias a la consideración de mis jueces; me basta con haber obrado de tal suerte que los lectores vulgares no tengan necesidad de considerarlos.

Segunda parte

El primero al que, tras haber cercado un terreno, se le ocurrió decir *esto es mío* y encontró personas lo bastante simples para creerle, fue el verdadero fundador de la sociedad civil. Cuántos crímenes, guerras, asesinatos, miserias y horrores no habría ahorrado al género humano quien, arrancando las estacas o rellenando la zanja, hubiera gritado a sus semejantes: «¡Guardaos de escuchar a este impostor!; estáis perdidos si olvidáis que los frutos son de todos y que la tierra no es de nadie*.» Pero es lógico suponer que, para entonces, las cosas habían llegado ya al punto de no poder durar como estaban;

* Voltaire arremete furibundo contra este fragmento: «¡Conque el que ha plantado, sembrado y cercado no tiene derecho al fruto de sus esfuerzos! –¡Conque ese hombre injusto, ese ladrón habría sido el benefactor del género humano! He ahí la filosofía de un bribón que quisiera que los ricos fueran robados por los pobres.» En el pasaje de Rousseau hay más implicaciones: en la fecha de escritura y publicación del *Discurso* comienza a extenderse por Francia el cercado de los terrenos rurales con objeto de mejorar el rendimiento, tal como había demostrado la práctica inglesa: Locke había sido el primero, a finales del XVII, que había dado a luz la idea de que la propiedad derivada del trabajo de uno es un «derecho natural». El *cercado* del texto aludía, por lo tanto, a muchos

porque esa idea de propiedad, dependiente de muchas ideas anteriores que sólo han podido nacer sucesivamente, no se formó de golpe en el espíritu humano. Hubo que hacer muchos progresos, adquirir mucha industria y luces, transmitirlas y aumentarlas de edad en edad antes de llegar a este último término del estado de naturaleza. Tomemos, por lo tanto, las cosas de más arriba y tratemos de reunir desde un solo punto de vista esta lenta sucesión de acontecimientos y de conocimientos, en su orden más natural.

El primer sentimiento del hombre fue el de su existencia; su primer cuidado, el de su conservación. Los productos de la tierra le proporcionaban todos los socorros necesarios, el instinto le llevó a usarlos. El hambre y otros apetitos le hacían probar, una tras otra, diversas maneras de existir, y hubo una que le invitó a perpetuar su especie; y esta inclinación ciega, desprovista de todo sentimiento del corazón, no producía más que un acto puramente animal. Satisfecha la necesidad, los dos sexos ya no se reconocían, y el hijo mismo no era nada para la madre tan pronto como podía prescindir de ella. Tal fue la condición del hombre al nacer; tal fue la vida de un animal limitado al principio a las puras sensaciones, y que a duras penas aprovechaba los dones que le ofrecía la naturaleza, lejos todavía de pensar él en arrancarle nada; pero pronto se presentaron dificultades, hubo que aprender a vencerlas: la altura de los árboles que le impedía alcanzar sus frutos, la competencia de los animales que buscaban alimentarse con ellos, la ferocidad de los que amenazaban su propia vida, todo le obligó a aplicarse a ejercicios corpora-

propietarios que trataban de mejorar los cultivos, de aumentar la producción de cabezas de ganado: luego serían los trabajadores campesinos y braceros los encargados de sudar sobre la tierra, cosechándola a sueldo de los propietarios; al desaparecer los pastos comunales por los cercados, los campesinos sin propiedad rural organizaron hasta mediados del siglo XIX protestas y actos de violencia, más individual o comarcal que nacional, en Francia, que de nada sirvieron.

les; hubo de volverse ágil, rápido en la carrera, vigoroso en el combate. Las armas naturales que son las ramas de árbol y las piedras se hallaron pronto en su mano. Aprendió a superar los obstáculos de la naturaleza, a combatir en caso de necesidad con los demás animales, a disputar su subsistencia a los hombres mismos, o a resarcirse de lo que había que ceder al más fuerte.

A medida que el género humano se extendió, las penalidades se multiplicaron con los hombres. La diferencia de los terrenos, de los climas, de las estaciones, pudo forzarlos a introducirla en sus maneras de vivir. Años estériles, inviernos largos y rudos, estíos ardientes que consumen todo, exigieron de ellos una nueva industria. En las orillas del mar, y de los ríos, inventaron la caña y el anzuelo, y se convirtieron en pescadores e ictiófagos. En las selvas, hicieron arcos y flechas, y se convirtieron en cazadores y guerreros. En los países fríos se cubrieron con las pieles de las bestias que habían matado. El rayo, un volcán, o algún venturoso azar, les hizo conocer el fuego, nuevo recurso contra el rigor del invierno; aprendieron a conservar este elemento, luego a reproducirlo, y finalmente a preparar con él las carnes que antes devoraban crudas.

Esta aplicación reiterada de seres diversos para consigo mismo, y de los unos para con los otros, debió engendrar naturalmente en el espíritu del hombre percepciones de determinadas relaciones. Estas relaciones que nosotros expresamos por las palabras grande, pequeño, fuerte, débil, rápido, lento, miedoso, audaz, y otras ideas parecidas, comparadas en la necesidad y casi sin pensarlo, produjeron en él finalmente una especie de reflexión, o, mejor, una prudencia mecánica que le indicaba las precauciones más necesarias para su seguridad.

Las nuevas luces que resultaron de este desarrollo aumentaron su superioridad sobre los demás animales, haciéndosela conocer. Se ejerció en tenderles trampas, los engañó de mil maneras, y aunque muchos le superaban en fuerza en el combate, o en rapidez en la carrera, de aquellos que podían servirle o perjudicarle llegó a convertirse, con el tiempo, en dueño de unos y azote de los otros. Así fue como la primera mirada que dirigió sobre sí mismo produjo el primer movimiento de orgullo; así fue como sabiendo apenas distinguir aún las categorías, y contemplándose en la primera por su especie, se preparaba de antemano a pretenderla para su individualidad.

Aunque sus semejantes no fueran para él lo que son para nosotros, y aunque no tuviera más trato con ellos que con los demás animales, no fueron olvidados en sus observaciones. Las analogías que el tiempo pudo hacerle percibir entre ellos, su hembra y él mismo, le hicieron juzgar de las que no percibía, y al ver que todos se conducían como él lo habría hecho en circunstancias semejantes, concluyó que su manera de pensar y de sentir era completamente análoga a la suya; y esta importante verdad, bien establecida en su fuero interno, le hizo deducir, por un presentimiento tan seguro y más rápido que la dialéctica, las mejores reglas de conducta que, para su provecho y su seguridad, le convino guardar con ellos.

Instruido por la experiencia de que el amor del bienestar es el único móvil de las acciones humanas, se halló en situación de distinguir las raras ocasiones en que el interés común debía hacerle contar con la ayuda de sus semejantes, y aquéllas, más raras aún, en que la competencia debía hacerle desconfiar de ellos. En el primer caso se unía con ellos en tropel, o todo lo más mediante alguna especie de asociación libre que no obligaba a nadie, y que sólo duraba lo que la necesidad pasajera que la había formado. En el segundo caso buscaba sacar su provecho, bien a viva fuerza si creía poder hacerlo, bien con maña y sutileza si se sentía el más débil.

He ahí como insensiblemente pudieron adquirir los hombres alguna tosca idea de los compromisos mutuos, y de la ventaja de cumplirlos, pero sólo mientras podía exigirlo el interés presente y sensible; porque la previsión nada era para ellos, y, lejos de ocuparse de un futuro remoto, no pensaban siquiera en el día siguiente. Si se trataba de coger un ciervo, todos sentían de sobra que para ello debían guardar fielmente su puesto; pero si una liebre acertaba a pasar al alcance de uno de ellos, no hay que dudar de que la perseguía sin escrúpulos, y que una vez alcanzada su presa se preocupaba muy poco de que, por su culpa, los compañeros perdiesen la suya.

Es fácil comprender que semejante trato no exigía un lenguaje mucho más refinado que el de las cornejas o el de los simios, que se agrupan de forma más o menos semejante. Gritos inarticulados, muchos gestos y algunos ruidos imitativos debieron componer durante mucho tiempo la lengua universal, a la que se unían en cada comarca algunos sonidos articulados y convencionales cuya institución, como ya he dicho, no es demasiado fácil explicar: hubo lenguas particulares, pero groseras, imperfectas y semejantes poco más o menos a las que aún hoy tienen diversas naciones salvajes. Recorro como una flecha multitudes de siglos, forzado por el tiempo que se escurre, por la abundancia de cosas que tengo que decir y por el progreso casi insensible de los comienzos; cuanto más lentos en sucederse eran los acontecimientos, más rápidos son de describir*.

Estos primeros progresos pusieron finalmente al hombre en situación de hacerlos más rápidos. Cuanto más se ilustraba el espíritu, tanto más se perfeccionó la industria. Dejando pronto de recogerse bajo el primer árbol, o de retirarse a las cavernas, aparecieron algunas clases de hachas de piedras duras y cortantes, que sirvieron para cortar madera, cavar la tierra y hacer chozas de ramajes, que enseguida se les ocurrió endurecer con arcilla y barro. Fue ésta la época de una primera revolución que dio lugar al establecimiento y a la diferen-

* Al margen de este párrafo Voltaire anota: «Ridículo.»

ciación de las familias, y que introdujo una especie de propiedad; de ahí quizá nacieron ya muchas querellas y combates. Sin embargo, como los más fuertes fueron verosímilmente los primeros en hacerse alojamientos que se sentían capaces de defender, es de creer que a los débiles les pareció más rápido y más seguro imitarles que intentar desalojarlos; y en cuanto a los que ya tenían cabañas, no debieron tener demasiadas intenciones de apropiarse la de su vecino, no tanto porque no le pertenecía como porque le resultaba inútil y porque no podía apoderarse de ella sin exponerse a un combate encarnizado con la familia que la ocupaba.

Las primeras manifestaciones del corazón fueron el efecto de una situación nueva que reunía en una habitación común a maridos y mujeres, a padres e hijos; el hábito de vivir juntos hizo nacer los más dulces sentimientos que hayan conocido los hombres, el amor conyugal y el amor paternal. Cada familia se convirtió en una pequeña sociedad tanto mejor unida cuanto que el apego recíproco y la libertad eran sus únicos vínculos; y es entonces cuando se establece la primera diferencia en la manera de vivir de los dos sexos, que hasta aquí sólo tenían una. Las mujeres se volvieron más sedentarias y se acostumbraron a guardar la cabaña y los hijos, mientras que el hombre iba a buscar la subsistencia común*. Los dos sexos comenzaron además a perder, por una vida algo más muelle, algo de su ferocidad y de su vigor: pero si cada cual por separado se hizo menos apto para combatir a las bestias salvajes, a cambio fue más fácil reunirse para resistirles en común.

En este nuevo estado, con una vida sencilla y solitaria, con unas necesidades muy limitadas, y con los instrumentos que habían inventado para proveer a ellas, los hombres, que go-

* La etnología y la prehistoria contemporánea admiten que la primera división del trabajo se realizó por una socialización de la diferencia sexual en aquellos grupos en que la caza se volvió predominante.

zaban de grandísimo ocio, lo emplearon en procurarse diversas clases de comodidades desconocidas por sus padres; y éste fue el primer yugo que se impusieron sin darse cuenta, y la primera fuente de males que prepararon a sus descendientes; porque además de que continuaron así amollentando el cuerpo y el espíritu, por haber perdido por el hábito esas comodidades casi todo su encanto y haber degenerado al mismo tiempo en verdaderas necesidades, su privación resultó mucho más cruel de lo dulce que les fuera su posesión, y eran infelices al perderlas, sin haber sido felices al poseerlas*.

Aquí se advierte algo mejor cómo el uso de la palabra se establece o perfecciona insensiblemente en el seno de cada familia; y hasta puede conjeturarse cómo pudieron extender el lenguaje diversas causas particulares y acelerar su progreso haciéndolo más necesario. Grandes inundaciones o terrenos rodearon de aguas o de precipicios cantones habitados; revoluciones del globo desgajaron y cortaron en islas porciones del continente. Es fácilmente concebible que entre hombres así acercados y forzados a vivir juntos debiera formarse un idioma común mejor que entre aquellos que erraban libremente en las selvas de tierra firme. Así, es muy posible que tras sus primeros ensayos de navegación los insulares introdujeran entre nosotros el uso de la palabra; y es por lo menos muy verosímil que la sociedad y las lenguas hayan nacido en las islas y se hayan perfeccionado allá antes de ser conocidas en el continente**.

Todo comienza a cambiar de aspecto. Los hombres, errantes hasta aquí por las selvas, tras haber tomado un asiento más fijo, se acercan lentamente, se reúnen en diversos grupos, y forman finalmente en cada comarca una na-

* Buffon influye sobre todo en este párrafo y en muchos otros aspectos de las hipótesis de Rousseau sobre historia natural.

** En el *Ensayo sobre el origen de las lenguas* Rousseau repite: «Las asociaciones de hombres son en gran parte obra de los accidentes de la naturaleza: los diluvios particulares, los mares extravasados, las erupcio-

ción particular, unida en costumbres y caracteres no por reglamentos ni leyes, sino por el mismo género de vida y de alimentos, y por la influencia común del clima. Una vecindad permanente no puede dejar de engendrar en última instancia alguna unión entre diversas familias. Jóvenes de diferentes sexos habitan cabañas vecinas, el pasajero trato que exige la naturaleza les lleva pronto a otro no menos dulce y más permanente por la frecuentación mutua. Se acostumbran a considerar diferentes objetos y a hacer comparaciones; adquieren insensiblemente ideas de mérito y de belleza que producen sentimientos de preferencia. A fuerza de verse, no pueden ya prescindir de seguir viéndose. Un sentimiento tierno y dulce se insinúa en el alma, y a la menor oposición se vuelve furor impetuoso: los celos se despiertan con el amor; la discordia triunfa y la más dulce de las pasiones recibe sacrificios de sangre humana*.

A medida que las ideas y los sentimientos se suceden, que la mente y el corazón se ejercitan, el género humano continúa amansándose, las relaciones se extienden y se estrechan los vínculos. Solían reunirse delante de las cabañas o en torno a un gran árbol: el canto y la danza, verdaderos hijos del amor y del tiempo libre, se convirtieron en la diversión o, mejor, la ocupación de hombres y mujeres ociosos y agrupados**. Todos comenzaron a mirar a los demás y a querer ser

nes de los volcanes, los grandes temblores de tierra, los incendios encendidos por el rayo y que destruían los bosques, todo lo que debió asustar y dispersar a los salvajes habitantes de una comarca debió luego reunirlos para reparar en común las pérdidas comunes» (cap. IX).

* Voltaire anota al margen: «Una pasión que recibe sacrificios», desaprobando el estilo.

** En la *Lettre à D'Alembert* Rousseau opone a esta fiesta primitiva (también descrita con mayor amplitud en el capítulo IX del *Ensayo sobre el origen de las lenguas)* la fiesta civilizada, la fiesta cívica, de los ciudadanos, en que el individuo desaparece con sus pasiones, su orgullo, su afán de distinguirse o de ser preferido, para insertarse en la colectividad, en igualdad perfecta a las miradas de todos, en transparencia

mirado uno mismo, y la estima pública tuvo un precio*. Aquel que cantaba o danzaba el mejor; el más bello, el más fuerte, el más diestro o el más elocuente se convirtió en el más considerado, y éste fue el primer paso hacia la desigualdad, y hacia el vicio al mismo tiempo: de estas primeras preferencias nacieron, por un lado, la vanidad y el desprecio, por otro, la vergüenza y la envidia; y la fermentación causada por estas nuevas levaduras produjo finalmente compuestos funestos para la dicha y la inocencia.

Tan pronto como los hombres hubieron comenzado a apreciarse mutuamente, y tan pronto como la idea de la consideración se formó en su espíritu, todos pretendieron tener derecho a ella, y ya no fue posible que impunemente le faltara a nadie. De ahí salieron los primeros deberes de la civilización, incluso entre salvajes, y de ahí toda sinrazón voluntaria se convirtió en ultraje, porque en el mal que resultaba de la injuria el ofendido veía el desprecio de su persona, más insoportable con frecuencia que el mal mismo. Así es como, castigando cada cual el desprecio que se le había manifestado de modo proporcionado al caso que hacía de sí mismo, las venganzas se volvieron terribles y los hombres sanguinarios y crueles. He ahí precisamente el grado a que había llegado la mayoría de los pueblos salvajes que nos son conocidos; y por culpa de haber distinguido suficientemente las ideas, y observado cuán lejos estaban ya esos pueblos del primer estado de naturaleza es por lo que algunos se han apresurado a concluir que el hombre es naturalmente cruel y que hay necesidad de organización para dulcificarlo, cuando nada hay tan dulce como él en su estado primitivo**, cuando, colocado por naturaleza a igual distancia de la estu-

como subraya Jean Starobinski en *J.-J. Rousseau: la transparence et l'obstacle.*

* Voltaire subraya, sin comentar, las palabras *pública* y *un precio.*

** Voltaire anota al margen tras subrayar *nada es tan dulce... en su estado primitivo:* «Y aunque tenía que disputar con la naturaleza.»

pidez de los brutos y de las luces funestas del hombre civilizado, y limitado igualmente por el instinto y por la razón a protegerse del mal que lo amenaza, es moderado por la piedad natural a no hacer mal a nadie, sin nunca ser incitado a ello por nada, ni siquiera después de haberlo recibido él. Porque según el axioma del sabio Locke, *no podría haber injuria, donde no hay propiedad.*

Pero hay que observar que la sociedad iniciada y las relaciones ya establecidas entre los hombres exigían en ellos cualidades diferentes de aquellas que tenían en su constitución primitiva: que al comenzar a introducirse la moralidad en las acciones humanas, y por ser cada uno, antes de las leyes, único juez y vengador de las ofensas que había recibido, la bondad conveniente al puro estado de naturaleza ya no era la que convenía a la sociedad naciente; que era preciso que los castigos se volviesen más severos a medida que las ocasiones de ofender se volvían más frecuentes, y que tocaba al terror a las venganzas ocupar el lugar del freno de las leyes. Así, aunque los hombres se hubieran vuelto menos pacientes, y aunque la piedad natural hubiera sufrido ya alguna alteración, este período del desarrollo de las facultades humanas, manteniendo un justo medio* entre la indolencia del estado primitivo y la impetuosa actividad de nuestro amor propio, debió ser la época más feliz y más durable. Cuanto más se piensa en ello, más se llega a la conclusión de que ese estado era el menos sujeto a revoluciones, el mejor para el hombre[16], y que sólo debió salir de él por algún funesto azar que, en bien de la utili-

* Nuevo subrayado de Voltaire: *justo medio:* y anota al margen «¡Vaya quimera la de ese justo medio!». El *Journal des Savants,* de junio de 1756, critica también esta idea concluyendo: «Nosotros le respondemos [a Rousseau] ...que todo lo que su ejemplo prueba es que están menos avanzados que nosotros en el camino de la perfectibilidad, pero que, infaliblemente, la perfectibilidad, mediante la sucesión del tiempo y de las circunstancias, los traerá poco más o menos al mismo punto que a nosotros.»

dad común no hubiera debido ocurrir jamás. El ejemplo de los salvajes, que han sido hallados casi todos en este punto, parece confirmar que el género humano estaba hecho para quedarse siempre en él, que ese estado es la verdadera juventud del mundo, y que todos los progresos ulteriores han sido, en apariencia, otros tantos pasos hacia la perfección del individuo, y en realidad, hacia la decrepitud de la especie.

Mientras los hombres se contentaron con sus cabañas rústicas, mientras se limitaron a coser sus vestidos de pieles con espinas de plantas o raspas, a adornarse con plumas y con conchas, a pintarse el cuerpo de diversos colores, a perfeccionar o embellecer sus arcos y sus flechas, a tallar con piedras afiladas algunas canoas de pescadores o algunos groseros instrumentos de música; en una palabra, mientras sólo se aplicaron a obras que podía hacer uno solo y a artes que no necesitaban del concurso de varias manos, vivieron libres, sanos, buenos y felices tanto como podían serlo por su naturaleza, y continuaron gozando entre ellos de las dulzuras de un trato independiente: pero desde el instante en que un hombre tuvo necesidad del socorro de otro, desde que se dio cuenta de que era útil para uno solo tener provisiones para dos, la igualdad desapareció, se introdujo la propiedad, el trabajo se hizo necesario, y las vastas selvas se trocaron en campiñas risueñas que hubo que regar con el sudor de los hombres, y en las que pronto se vio la esclavitud y la miseria germinar y crecer con las mieses.

La metalurgia y la agricultura fueron las dos artes cuyo invento produjo esta gran revolución. Para el poeta son el oro y la plata, pero para el filósofo son el hierro y el trigo los que civilizaron a los hombres y perdieron al género humano; uno y otro eran desconocidos de los salvajes de América, que por eso permanecieron siempre tales*; los demás pue-

* Anotación de Voltaire: «Los mexicanos y los peruanos subyugados por los salvajes españoles eran muy civilizados. México era tan bello como Amsterdam.»

blos parecen, incluso, haber permanecido bárbaros mientras practicaron una de estas artes sin la otra; y quizá una de las mejores razones de que Europa haya sido, si no antes al menos más constantemente y mejor civilizada que las demás partes del mundo, es que es a un tiempo la más abundante en hierro y la más fértil en trigo*.

Es muy difícil conjeturar cómo llegaron los hombres a conocer y emplear el hierro; porque no es verosímil que por sí mismos hayan pensado en sacar la materia de la mina y darle las preparaciones necesarias para ponerla en fusión antes de saber lo que resultaría. Por otro lado, mucho menos se puede atribuir este descubrimiento a algún incendio accidental, puesto que las minas no se forman más que en lugares áridos y desprovistos de árboles y plantas, de suerte que se diría que la naturaleza había tomado precauciones para sustraernos ese fatal secreto**. No queda, pues, más que la circunstancia extraordinaria de algún volcán, que, vomitando materias metálicas en fusión, habría dado a los observadores la idea de imitar esa operación de la naturaleza; aún así hay que suponerles mucho valor y previsión para emprender un trabajo tan penoso y prever de tan lejos las ventajas que podían sacar de ello; lo cual apenas si cuadra únicamente a espíritus más ejercitados de lo que ellos debían ser.

En cuanto a la agricultura, su principio fue conocido mucho tiempo antes de que su práctica se estableciese, y apenas es posible que hombres ocupados constantemente en sacar su subsistencia de los árboles y las plantas, no tuvieran desde muy temprano idea de las vías que la naturaleza emplea para la generación de los vegetales; pero su industria probablemente sólo se volvió muy tarde hacia ese lado, bien porque

* Tras subrayar *en trigo,* Voltaire escribe: «Falso.» El autor de *Cándido* había estudiado el problema económico y geográfico de la producción de cereales en las *Questions sur l'Enciclopédie* (1770).

** Voltaire anota al margen: «El hierro se produce en masa en los Pirineos.»

los árboles, que con la caza y la pesca proveían a su nutrición, no tenían necesidad de sus cuidados, bien por desconocer el uso del trigo, bien por falta de instrumentos para cultivarlo, bien por falta de previsión para la necesidad futura, bien finalmente por falta de medios para impedir a los demás apropiarse del fruto de su trabajo. Una vez aumentada su industria, puede creerse que con piedras aguzadas y estacas puntiagudas comenzaron cultivando algunas legumbres o raíces en torno de sus cabañas, mucho tiempo antes de que supieran preparar el trigo y de tener los instrumentos necesarios para el cultivo masivo, sin contar con que, para entregarse a esta ocupación y sembrar las tierras, hay que decidirse a perder antes algo para ganar mucho luego; precaución muy alejada de la capacidad mental del hombre salvaje que, como he dicho, bastante tiene con pensar por la mañana en sus necesidades de la tarde.

La invención de las demás artes fue, pues, necesaria para forzar al género humano a aplicarse a la de la agricultura. Desde que hubo menester de hombres para fundir y forjar el hierro, hubo menester de otros hombres para nutrir a aquéllos. Cuanto más llegó a multiplicarse el número de obreros, menos manos se emplearon en proveer a la subsistencia común, sin que por ello hubiera menos bocas para consumir; y como unos necesitaran productos a cambio de su hierro, los otros hallaron por fin el secreto de emplear el hierro en la multiplicación de los productos. De ahí nacieron, por un lado, el laboreo y la agricultura, y por el otro, el arte de trabajar los metales y de multiplicar sus usos*.

Del cultivo de tierras se siguió necesariamente su reparto, y de la propiedad, una vez reconocida, las primeras reglas de justicia: porque para dar a cada uno lo suyo es preciso que cada cual pueda tener algo; además, al empezar a poner los

* Este párrafo, que debe algo a Platón (*República,* II), es citado como los dos siguientes por el propio Rousseau en el *Emilio* (libro III).

hombres sus miras en el futuro y verse todos con algunos bienes que perder, ninguno había que no tuviera que temer para sí la represalia de los daños que pudiera causar a otro. Este origen es tanto más natural cuanto que es imposible concebir la idea de la propiedad surgiendo de otra parte que de la mano de obra; porque no se ve cómo, para apropiarse cosas que no ha hecho, puede poner en ellas algo más que su trabajo. Sólo el trabajo es el que, dando derecho al cultivador sobre el producto de la tierra que ha laborado, se lo da consecuentemente sobre el suelo, al menos hasta la recolección, y así de año en año, lo cual, al hacer continua una posesión, se transforma fácilmente en propiedad*. Cuando los antiguos, dice Grocio, dieron a Ceres el epíteto de legisladora, y a una fiesta celebrada en su honor el nombre de Tesmoforias**, hicieron entender con ello que el reparto de tierras había producido una nueva clase de derecho. Es decir, el derecho de propiedad diferente del que resulta de la ley natural.

Las cosas, en este estado, hubieran podido permanecer iguales si los talentos hubieran sido iguales y si, por ejemplo, el empleo del hierro y el consumo de alimentos hubieran estado siempre en exacto equilibrio; pero la proporción, que nada mantenía, pronto fue rota; el más fuerte hacía más labor; el más diestro sacaba mejor partido de la suya; el más ingenioso hallaba medios para abreviar el trabajo; el campesino tenía más necesidad de hierro, o el forjador más necesi-

* Rousseau habla ahora del reparto de tierras como historiador que comprueba unos hechos, olvidando el anatema que contra los cercados lanzara algunas páginas más arriba. También en el *Discurso sobre la Economía política* Rousseau hablará del derecho de propiedad como del «más sagrado de todos los derechos de los ciudadanos». En el *Emilio* expresará pensamientos sobre la propiedad en elaboración, que adquirirán su estado definitivo en el *Contrato social* (I, cap. IX).

** Fiestas griegas en honor de Ceres, conocida como η θεσμοφέρος, de θεσμός lo que coloca o establece, reglamento; y φέρω, yo llevo.

dad de trigo y, trabajando lo mismo, el uno ganaba mucho mientras el otro apenas tenía para vivir. Así es como la desigualdad natural se despliega insensiblemente con la de combinación, y como las diferencias de los hombres, desarrolladas por las de las circunstancias, se vuelven más sensibles, más permanentes en sus efectos, y comienzan a influir en igual proporción sobre el destino de los particulares.

Llegadas a este punto las cosas, es fácil imaginar el resto. No me detendré a describir la invención sucesiva de las demás artes, el progreso de las lenguas, la prueba y el empleo de los talentos, la desigualdad de las fortunas, el uso o el abuso de las riquezas ni todos los detalles que se desprenden de éstos, y que cada cual puede suplir fácilmente. Sólo me limitaré a echar una ojeada sobre el género humano colocado en este nuevo orden de cosas.

He aquí, pues, todas nuestras facultades desarrolladas, la memoria y la imaginación en juego, el amor propio interesado, la razón vuelta activa y el espíritu llegado casi al término de la perfección de que es susceptible. He aquí todas las cualidades naturales puestas en acción, el rango y la suerte de cada hombre establecidos no sólo con arreglo a la cantidad de bienes y al poder de servir o de perjudicar, sino con arreglo al espíritu, la belleza, la fuerza o la destreza, con arreglo al mérito y los talentos; y siendo estas cualidades las únicas que podían conseguir la consideración, pronto hubo que tenerlas o afectarlas, en provecho propio hubo que mostrarse diferente de lo que uno era en efecto. Ser y parecer llegaron a ser dos cosas totalmente diferentes, y de esta distinción salieron el fausto imponente, la astucia falaz y todos los vicios que son su cortejo. Por otro lado, de libre e independiente que era antes el hombre, helo ahí sometido por una multitud de nuevas necesidades, por así decir, a toda la naturaleza, y sobre todo a sus semejantes de los que se hace esclavo en cierto sentido, incluso aunque se vuelva su amo; rico, necesita sus servicios; pobre, necesita sus ayudas; y la medianía no le pone en situación de prescindir de ellos. Es preciso por tanto que trate constantemente de interesarlos en su suerte, y de hacerles encontrar, en realidad o en apariencia, beneficio propio trabajando por el suyo: lo cual le hace trapacero y artificioso con unos, imperioso y duro con otros, y le pone en la necesidad de abusar de todos aquellos que necesita cuando no puede hacerse temer y cuando no redunda en interés propio servirlos con utilidad. Finalmente, la ambición devoradora, el ansia de elevar su fortuna relativa, menos por necesidad auténtica que por ponerse por encima de los demás, inspiran a todos los hombres una negra inclinación a perjudicarse mutuamente, una envidia secreta, tanto más peligrosa cuanto que para hacer su jugada con mayor seguridad adopta a menudo la máscara de la benevolencia; en una palabra, competencia y rivalidad por un lado, por otro oposición de intereses y siempre el oculto deseo de lograr un beneficio a costa del otro, todos estos males son el primer efecto de la propiedad y el cortejo inseparable de la desigualdad naciente.

Antes de que se hubieran inventado los signos representativos de las riquezas, apenas podían éstas consistir en otra cosa que en tierras y bestias, únicos bienes reales que los hombres pueden poseer. Ahora bien, cuando las heredades se fueron incrementando en número y en extensión al punto de cubrir todo el suelo y de tocarse entre sí, unas no pudieron agrandarse más que a expensas de otras, y los supernumerarios a quienes la debilidad o la indolencia había impedido adquirirlas a su vez, vueltos pobres sin haber perdido nada porque al cambiar todo en torno a ellos sólo ellos no habían cambiado, fueron obligados a recibir o a arrebatar su subsistencia de la mano de los ricos, y de ahí comenzaron a nacer, según los diversos caracteres de unos y de otros, la dominación y la servidumbre, o la violencia y las rapiñas. Por su parte apenas conocieron los ricos el placer de dominar, despreciaron pronto todos los demás, y sirviéndose de sus antiguos esclavos para someter a otros nuevos, no pensaron más que en sojuzgar y someter a sus vecinos, semejantes a esos lobos hambrientos que habiendo gustado una vez carne humana rechazan cualquier otro alimento y no quieren otra cosa sino devorar hombres.

Así es como haciendo los más poderosos o los más miserables de su fuerza o de sus necesidades una especie de derecho a los bienes ajenos, equivalente según ellos al de propiedad, a la igualdad rota siguió el más horroroso desorden; así fue como las usurpaciones de los ricos, los bandidajes de los pobres, las pasiones desenfrenadas de todos, ahogando la piedad natural y la voz aún débil de la justicia, volvieron a los hombres avaros, ambiciosos y malvados. Entre el derecho del más fuerte y el derecho del primer ocupante se alzaba un conflicto perpetuo que no terminaba sino mediante combates y asesinatos[17]. La sociedad naciente dio paso al más horrible estado de guerra*: el género humano, envilecido y desolado, sin poder volver ya sobre sus pasos ni renunciar a las desventuradas adquisiciones que había hecho, y trabajando exclusivamente para vergüenza suya por el abuso de las facultades que le honran, se puso él mismo en vísperas de su ruina.

Attonitus novitate mali, divesque miserque,
*Efugere optat opes, et quæ modo voverat, odit***.

* Separándose de la teoría de Hobbes de la guerra de todos contra todos, origen del contrato entre los miembros de la sociedad, Rousseau sitúa la guerra fuera de la naturaleza humana; cuando se produce, el hombre está ya «desnaturalizado», aunque la sociedad civil no haya nacido; es la propiedad la causa de la guerra, como repetirá en sus fragmentos sobre el *État de guerre*. Diderot, sin embargo, sigue más de cerca las teorías de Hobbes.

** «Espantado por un mal tan nuevo, rico y miserable a la vez,/ desea escapar a las riquezas, y lo que antes había deseado lo odia.» Ovidio, *Metamorfosis*, XI, 217.

Es imposible que los hombres no hayan terminado haciendo reflexiones sobre una situación tan miserable, ni sobre las calamidades por las que estaban agobiados. Los ricos, sobre todo, debieron sentir pronto cuán desventajosa les era una guerra perpetua cuyo costo pagaban ellos solos y en la que el riesgo de la vida era común y el de los bienes particular. Por otra parte, fuera el que fuese el color que pudieran dar a sus usurpaciones, de sobra sabían que sólo estaban fundadas en un derecho precario y abusivo, y que, adquiridas sólo por la fuerza, la fuerza podía quitárselas sin que pudieran tener motivo de queja. Incluso aquellos a quienes sólo la industria propia había enriquecido apenas podían fundar su propiedad sobre mejores títulos. Podían muy bien decir: soy yo quien ha construido este muro; yo he ganado este terreno con mi trabajo. ¿Quién os ha dado las lindes, se le podía responder, y en virtud de qué pretendéis ser pagado a nuestras expensas de un trabajo que nosotros no os hemos impuesto? ¿Ignoráis que una multitud de hermanos vuestros perece, o sufre la falta de lo que a vosotros os sobra, y que necesitáis un consentimiento expreso y unánime del género humano para apropiaros, por lo que se refiere a la subsistencia común, de todo lo que exceda de la vuestra? Carente de razones válidas para justificarse, y de fuerzas suficientes para defenderse; aplastando fácilmente a un particular, pero aplastado él mismo por tropas de bandidos, solo contra todos y sin poder unirse, debido a las envidias mutuas, con sus iguales contra enemigos unidos por la esperanza común del pillaje, el rico, acuciado por la necesidad, concibió finalmente el proyecto más meditado que jamás haya entrado en mente humana: fue emplear en su favor las fuerzas mismas de quienes lo atacaban, hacer defensores suyos de sus adversarios, inspirarles otras máximas, y darles otras instituciones que le fuesen tan favorables como contrario le era el derecho natural.

Con esta mira, tras haber expuesto a sus vecinos el horror

de una situación que armaba a todos unos contra otros, que les volvía tan onerosas sus posesiones como sus necesidades, y en la que nadie hallaba seguridad ni en la pobreza ni en la riqueza, fácilmente inventó razones especiosas para traerles a su objetivo: «Unámonos, les dijo, para proteger de la opresión a los débiles, contener a los ambiciosos, y asegurar a cada uno la posesión de lo que le pertenece. Instituyamos reglamentos de justicia y de paz con los que todos estén obligados a conformarse, que no hagan acepción de persona, y que reparen en cierto modo los caprichos de la fortuna sometiendo por igual al poderoso y al débil a deberes mutuos. En una palabra, en lugar de volver nuestras fuerzas contra nosotros mismos, reunámoslas en un poder supremo que nos gobierne según leyes sabias, que proteja y defienda a todos los miembros de la asociación, rechace a los enemigos comunes y nos mantenga en concordia eterna.»

Se necesitó mucho menos del equivalente de este discurso para arrastrar a hombres toscos, fáciles de seducir, que por otra parte tenían demasiados asuntos que desembrollar entre sí para poder prescindir de árbitros, y demasiada avaricia y ambición para poder prescindir durante mucho tiempo de amos. Todos corrieron al encuentro de sus cadenas creyendo asegurar su libertad; porque con suficiente razón para sentir las ventajas de una organización política, no tenían bastante experiencia para prever sus peligros; los más capaces para presentir los abusos eran precisamente quienes contaban con aprovecharse de ellos, y los mismos sabios vieron que era menester resolverse a sacrificar una parte de su libertad a la conservación de la otra, lo mismo que un herido se hace cortar el brazo para salvar el resto del cuerpo.

Tal fue, o debió ser, el origen de la sociedad y de las leyes, que dieron nuevos obstáculos al débil y nuevas fuerzas al rico[18], destruyeron sin remisión la libertad natural, fijaron para siempre la ley de la propiedad y de la desigualdad, hicieron de una hábil usurpación un derecho irrevocable, y sometieron desde entonces, para provecho de algunos ambiciosos, a todo el género humano al trabajo, a la servidumbre y a la miseria. Es fácil ver cómo el establecimiento de una sola sociedad hizo indispensable el de todas las demás, y cómo, para hacer frente a fuerzas unidas, hubo que unirse a su vez. Al multiplicarse o extenderse rápidamente, pronto cubrieron las sociedades toda la superficie de la tierra, y ya no fue posible encontrar un solo rincón en el universo en el que pudiera uno librarse del yugo y sustraer su cabeza a la espada, mal guiada con frecuencia, que cada hombre vio suspendida perpetuamente sobre la suya. Convertido así el derecho civil en regla común de los ciudadanos, la ley de naturaleza sólo se dio entre las diversas sociedades en que, bajo el nombre de derecho de gentes, fue atemperada por algunas convenciones tácitas para hacer posible el comercio y suplir a la conmiseración natural, que, al perder de sociedad en sociedad casi toda la fuerza que tenía de hombre a hombre, ya no reside más que en algunas grandes almas cosmopolitas, que franquean las barreras imaginarias que separan los pueblos y que, a ejemplo del ser soberano que las ha creado, abarcan a todo género humano en su benevolencia*.

Los cuerpos políticos, al quedar de este modo en estado de naturaleza entre sí, se resintieron pronto de los inconvenientes que habían forzado a los particulares a salir de él, y ese estado se hizo aún más funesto entre esos grandes cuerpos de lo que antes lo había sido entre los individuos de que estaban compuestos. De ahí salieron las guerras nacionales, las batallas, los asesinatos, las represalias que hacen estremecerse a la naturaleza y chocan a la razón, y todos esos prejuicios horribles que sitúan en el rango de las virtudes al honor

* En un ejemplar que Rousseau remitió a Richard Davenport en 1767, hizo una corrección autógrafa en este pasaje acribillado de relativos: «algunas grandes almas cosmopolitas dignas de franquear las barreras imaginarias que separan los pueblos, y de abarcar a todo el género humano, a ejemplo del Ser Supremo que las ha creado».

de derramar la sangre humana. Las personas más honestas aprendieron a contar entre sus deberes el de degollar a sus semejantes; se vio finalmente a los hombres masacrarse a millares sin saber por qué; y se cometían más asesinatos en un solo día de combate y más horrores en la toma de una sola ciudad de los que se habían cometido en estado de naturaleza durante siglos enteros en toda la faz de la Tierra. Tales son los primeros efectos que se perciben de la división del género humano en diferentes sociedades. Volvamos a su institución.

Sé que algunos han dado otros orígenes a las sociedades políticas, como las conquistas del más poderoso o la unión de los débiles, y la opción entre estas causas es indiferente para lo que quiero dejar sentado: sin embargo, la que acabo de exponer me parece la más natural por las siguientes razones: 1. Que en el primer caso, al no ser el derecho de conquista un derecho no ha podido fundar ningún otro, al subsistir siempre entre el conquistador y los pueblos el estado de guerra, a menos que la nación, de vuelta a plena libertad, escogiera voluntariamente al vencedor por su jefe. Hasta entonces cualesquiera capitulaciones que hayan podido hacerse, como no han estado fundadas sino en la violencia y como, por consiguiente, son nulas por ese mismo hecho, no puede haber en esta hipótesis ni verdadera sociedad ni cuerpo político ni más ley que la del más fuerte. 2. Que estas palabras de *fuerte* y de *débil* son equívocas en el segundo caso; que en el intervalo que existe entre el establecimiento del derecho de propiedad o de primer ocupante, y el de los gobiernos políticos, el sentido de estos términos viene dado mejor por los de *pobre* y *rico*, porque, de hecho, un hombre antes de las leyes no tenía más medio de someter a sus iguales que el de atacar sus bienes o darles alguna parte de los suyos. 3. Que al no tener los pobres nada que perder sino su libertad, hubiera sido gran locura en ellos privarse voluntariamente del único bien que les quedaba para no ganar nada a cambio; que, siendo por el contrario los ricos, por así decir, más sensibles en todas las partes de sus bienes, era mucho más fácil hacerles daño; que, por consiguiente, tenían que adoptar más precauciones para protegerse y que, finalmente, es lógico pensar que una cosa ha sido inventada por aquellos a quienes es útil antes que por aquellos a quienes perjudica.

El gobierno al nacer no tuvo una forma constante y regular. La falta de filosofía y de experiencia no dejaba advertir más que los inconvenientes presentes, y no se pensaba en remediar los demás sino a medida que se presentaban. Pese a todos los trabajos de los más sabios legisladores, el estado político siguió siendo siempre imperfecto, porque era casi obra del azar y porque, mal iniciado, al descubrir el tiempo los defectos y sugerir los remedios, nunca pudo reparar los vicios de constitución. Lo recomponían sin cesar, cuando habría sido menester comenzar limpiando el campo y desechando todos los materiales viejos, como hizo Licurgo en Esparta, para levantar luego un buen edificio. La sociedad no consistió al principio más que en algunas convenciones generales que todos los particulares se comprometían a observar y de las que la comunidad se convertía en garantía ante cada uno de ellos. Fue preciso que la experiencia mostrase cuán débil era una constitución así, y cuán fácil era a los infractores evitar la convicción o el castigo de faltas de que sólo el público debía ser testigo y juez; fue preciso que la ley resultara eludida de mil modos; fue preciso que los inconvenientes y los desórdenes se multiplicasen continuamente para que, por fin, se pensara en confiar a particulares el peligroso depósito de la autoridad pública y se encomendase a magistrados el cuidado de hacer observar las deliberaciones del pueblo: porque decir que los jefes fueron escogidos antes de que se hiciera la confederación y que los ministros de las leyes existieron antes que las leyes mismas, es una suposición que no merece ser atacada en serio.

No sería más razonable creer que los pueblos se arrojaron al principio en los brazos de un dueño absoluto, sin condiciones y sin remisión, ni que el primer medio de proveer a la seguridad común imaginado por hombres orgullosos e indómitos fue precipitarse en la esclavitud. En efecto, ¿por qué se dieron unos superiores, si no fue para que los defendieran contra la opresión y protegiesen sus bienes, sus libertades y sus vidas, que son, por así decir, los elementos constitutivos de su ser? Ahora bien, si en las relaciones de hombre a hombre lo peor que puede ocurrirle a uno es verse a merced de otro, ¿no habría ido contra la sensatez empezar por despojarse, en las manos de un jefe, de las únicas cosas para cuya conservación necesitaban su ayuda? ¿Qué equivalente hubiera podido ofrecerles por la concesión de un derecho tan hermoso? Y si hubiera osado exigirlo so pretexto de defenderlos, ¿no habría recibido al punto la respuesta del apólogo: qué más nos haría el enemigo?*. Resulta pues indiscutible, y es la máxima fundamental de todo el derecho político, que los pueblos se dieron jefes para defender su libertad y no para que los esclavizasen: *Si tenemos un príncipe,* le decía Plinio a Trajano, *es para que nos preserve de tener un amo***.

Sobre el amor a la libertad los políticos hacen los mismos sofismas que los filósofos han hecho sobre el estado de naturaleza***; por las cosas que ven juzgan sobre cosas muy diferentes que no han visto, y atribuyen a los hombres una inclinación natural a la servidumbre por la paciencia con que los que tienen ante su mirada soportan la suya, sin pensar que ocurre con la libertad como con la inocencia y la virtud, cuyo precio no se siente hasta que uno mismo las disfruta, y cuyo gusto se pierde tan pronto como se las ha perdido.

* El apólogo aludido parece ser la fábula VIII del sexto libro de *Fables* de La Fontaine, titulado *Le vieillard et l'âne.*

** Plinio, *Panegírico de Trajano,* LV, 7.

*** En la edición de 1782 hay dos variantes significativas: «nuestros políticos ... nuestros filósofos».

«Conozco las delicias de tu país, decía Brasidas a un sátrapa que comparaba la vida de Esparta a la de Persépolis, pero tú no puedes conocer los placeres del mío*.»

Como un corcel indómito eriza sus crines, golpea la tierra con el pie y se debate impetuosamente a la sola cercanía del bocado, mientras que un caballo domesticado sufre pacientemente la verga y la espuela, el hombre bárbaro no pliega su cabeza al yugo que el hombre civilizado lleva sin rechistar, y prefiere la más tormentosa de las libertades a un sojuzgamiento tranquilo. No es, pues, por el envilecimiento de pueblos sometidos por lo que hay que juzgar las disposiciones naturales del hombre a favor o en contra de la servidumbre, sino por los prodigios que todos los pueblos libres han hecho para garantizarse de la opresión. Sé que los primeros no hacen más que alabar constantemente la paz y el reposo de que gozan en sus cadenas, y que *miserrimam servitutem pacem appellant***, pero cuando veo a los otros sacrificar los placeres, el reposo, la riqueza, el poder y la vida misma a la conservación de ese único bien tan despreciado por quienes lo han perdido; cuando veo a animales nacidos libres y que aborrecen la cautividad romperse la cabeza contra los barrotes de su prisión, cuando veo multitudes de salvajes completamente desnudos despreciar las voluptuosidades europeas y arrostrar el hambre, el fuego, el hierro y la muerte para no conservar sino su independencia, siento que no es a esclavos a quienes corresponde razonar sobre libertad.

* Por error, Rousseau atribuye a Brasidas la respuesta que Bulis y Sperthias dieron al sátrapa Hidarnes, según cuentan Plutarco y Herodoto (VII, 135).

** «A la servidumbre misérrima llaman paz», Tácito, *Historias,* IV, cap. XVII; Rousseau lo toma del *Discurso sobre el gobierno* de Algernon Sidney, que combatió las teorías de Robert Filmer, defensor de la monarquía hereditaria en su *Patriarcha;* también Locke combatió las teorías sobre la autoridad paterna como fuente del gobierno que Rousseau enuncia más abajo.

En cuanto a la autoridad paterna de que muchos han hecho derivar el gobierno absoluto y toda la sociedad, sin recurrir a las pruebas en contra de Locke y de Sidney, basta señalar que nada hay en el mundo tan lejos del espíritu feroz del despotismo como la dulzura de esa autoridad que mira más al provecho de quien obedece que a la utilidad de quien manda, que por ley de naturaleza el padre sólo es el amo del niño durante el tiempo en que su ayuda le es necesaria, que más allá de este término se vuelven iguales y que entonces el hijo, perfectamente independiente del padre, no le debe más que respeto y no obediencia; porque el reconocimiento es, desde luego, un deber que hay que rendir, pero no un derecho que se pueda exigir. En lugar de decir que la sociedad civil deriva del poder paterno, hay que decir, por el contrario, que es de ella de donde ese poder extrae su principal fuerza: un individuo no fue reconocido por padre de otros sino cuando éstos permanecieron reunidos a su alrededor. Los bienes del padre, de los que es verdaderamente dueño, son los lazos que retienen a sus hijos en su dependencia, y puede darles parte en su sucesión sólo en proporción a lo que de él hayan merecido por una continua deferencia para con sus deseos. Ahora bien, lejos de que puedan esperar los súbditos algún favor semejante de su déspota, como le pertenecen en propiedad, ellos y cuanto ellos poseen, o al menos así lo pretende él, se ven reducidos a recibir como favor lo que les deja de sus propios bienes; hace justicia cuando los despoja; les otorga gracia cuando los deja vivir.

Si seguimos examinando así los hechos por el derecho, no se encontraría más solidez que verdad en el establecimiento voluntario de la tiranía, y sería difícil de mostrar la validez de un contrato que sólo obligaría a una de las partes, en el que se pusiera todo de un lado y nada del otro, y que sólo se convirtiera en perjuicio de aquel que se compromete. Este sistema odioso está muy lejos de ser, incluso hoy, el de los monarcas sabios y buenos, y, sobre todo, de los reyes de

Francia, como puede verse en diversos lugares de sus edictos, y en particular en el pasaje siguiente de un escrito célebre publicado en 1667 en nombre y por orden de Luis XIV: *Que no se diga pues que el soberano no está sometido a las leyes de su Estado, puesto que la proposición contraria es una verdad del derecho de gentes que la adulación ha atacado alguna vez, pero que los buenos príncipes han defendido siempre como una divinidad tutelar de sus Estados. Cuánto más legítimo no es decir, con el sabio Platón, que la perfecta felicidad de un reino es que un príncipe sea obedecido por sus súbditos, que el príncipe obedezca a la ley, y que la ley sea justa y esté dirigida siempre al bien público**. No me detendré en investigar si, por ser la libertad la más noble de las facultades del hombre, no es degradar su naturaleza el ponerse al nivel de las bestias esclavas del instinto, ofender incluso al autor

* *Traité des droits de la reine très chrétienne sur divers États de la monarchie d'Espagne,* 1667, obra anónima escrita por Ant. Bilain y el abate de Bourzéis. En la edición de *Œuvres complètes* de J.-J. Rousseau de 1823 (París, págs. 301-302), el preparador, Musset-Pathay, anota lo siguiente: «Este pasaje de un escrito publicado *en nombre y por orden* de un príncipe que manifestó en todos sus actos de administración interior tanto como en su conducta personal principios directamente contrarios, no ha de sorprender cuando se sepa qué escrito es ése, en qué circunstancias y con qué miras fue publicado. No es otro que la especie de manifiesto publicado en efecto en nombre del rey, cuando tras la muerte de Felipe IV y pese a las renuncias formales consentidas por Luis XIV en su contrato de matrimonio, se preparaba para invadir los Países Bajos. Al hacerse considerar como *sometido a las leyes de su Estado,* y puesto, consiguientemente, por ellas mismas en la necesidad de tomar las armas, no temía atarse a ese vínculo a ojos de las potencias extranjeras, bien seguro de que sus súbditos no le iban a tomar al pie de la letra. Por lo demás, en ese mismo escrito se ve al autor apresurarse a prevenir las consecuencias de la verdad que acaba de enunciar, cuando inmediatamente después del pasaje citado por Rousseau se lee que *los reyes son los autores de las leyes de sus Estados* (pág. 273...). En el *Discurso* de Rousseau, el pasaje presentado aisladamente tiene, como se ve, un carácter completamente distinto, e indudablemente no podía arreglárselas mejor para dar una lección al gobierno existente.»

de su ser el renunciar sin reserva al más precioso de todos sus dones, el someterse a cometer todos los crímenes que él nos prohíbe para complacer a un amo feroz o insensato, y si ese obrero sublime no debe irritarse más por ver destruir que por ver destrozar su obra más bella. Dejaré a un lado si se quiere la autoridad de Barbeyrac, que declara nítidamente siguiendo a Locke que nadie puede vender su libertad hasta el punto de someterse a una potencia arbitraria que lo trate a su capricho: *Porque,* añade, *eso sería vender su propia vida, de la que no es dueño**. Sólo preguntaré con qué derecho quienes no temieron envilecerse a sí mismos hasta ese punto pudieron someter a su posteridad a la misma ignominia y renunciar por ella a bienes que ella no tiene de su liberalidad, y sin los cuales la vida misma es onerosa a todos aquellos que son dignos de ella.

Pufendorf** dice que del mismo modo que uno transfiere sus bienes a otro por convenciones y contratos, también puede uno despojarse de su libertad en favor de alguien. Hay ahí, en mi opinión, un razonamiento pésimo: porque, en primer lugar, el bien que enajeno se convierte para mí en una cosa completamente extraña, cuyo abuso me es indiferente, pero sí me importa que no se abuse de mi libertad, y no puedo exponerme, sin hacerme culpable del mal que se me obligará a cometer, a convertirme en el instrumento del crimen***. Además, al no ser el derecho de propiedad sino de convención y de institución humana, todo hombre puede disponer a su capricho de lo que posee; mas no ocurre lo

* Desde «Pasaré por alto...» es un añadido de la edición de 1782. Rousseau cita la nota 2 del libro VII, cap. VIII, 6, del libro de Pufendorf, que ha tomado de Barbeyrac.

** Pufendorf, *De jure naturae et gentium,* VII, cap. III. En *Del contrato social* (I, cap. IV) aborda el mismo tema, a partir de una proposición de Grocio, para refutarla.

*** Anotación, al margen, de Voltaire: «Muy hermoso»; y al final de este párrafo traza una raya sin hacer ningún comentario.

mismo con los dones esenciales de la naturaleza como la vida y la libertad, cuyo goce le está permitido a todos y cada uno y de las cuales es más dudoso que alguien tenga derecho a despojarse. Al privarse de la una uno degrada su ser; al privarse de la otra lo aniquila tanto como es en sí; y como ningún bien temporal puede resarcir de ninguna de las dos, sería ofender al mismo tiempo a la naturaleza y a la razón renunciar a ellas al precio que fuere. Mas, aun cuando se pudiera enajenar la libertad como los bienes, la diferencia sería muy grande para los niños que no gozan de los bienes del padre sino por transmisión de su derecho, mientras que por ser la libertad un don que reciben de la naturaleza en calidad de hombres, sus padres no tienen ningún derecho para despojarlos de ella; de suerte que, así como para establecer la esclavitud hubo que violentar a la naturaleza, para perpetuar este derecho hubo que alterarla, y los jurisconsultos que sentaron solemnemente que el hijo de un esclavo nacería esclavo, decidieron en otros términos que un hombre no nacería hombre.

Me parece, pues, cierto que no sólo los gobiernos no comenzaron por el poder arbitrario, que no es más que la corrupción, el término extremo, y que, en última instancia, los lleva a la ley del más fuerte, cuyo remedio fueron al principio, sino que incluso, aun cuando hubieran comenzado así, ese poder, al ser por su naturaleza ilegítimo, no pudo servir de fundamento a los derechos de la sociedad, ni, por consiguiente, a la desigualdad institucional.

Sin entrar hoy en investigaciones que están todavía por hacer sobre la naturaleza del pacto fundamental de todo gobierno, me limito, siguiendo la opinión común, a considerar aquí el establecimiento del cuerpo político como un verdadero contrato entre el pueblo y los jefes que se escoge, contrato por el cual las dos partes se obligan a la observación de leyes que en él se estipulan y que forman los vínculos de su unión. Una vez que el pueblo ha reunido, respecto a las relaciones sociales, todas sus voluntades en una sola, todos los artículos sobre los que esa voluntad se expresa se convierten en otras tantas leyes fundamentales que obligan a todos los miembros del Estado sin excepción; una de ellas regula la elección y el poder de los magistrados* encargados de velar por la ejecución de las demás. Este poder se extiende a todo aquello que puede mantener la constitución, sin llegar a cambiarla. Únense a él honores que hacen respetables las leyes y a sus ministros, y para éstos, personalmente, prerrogativas que les resarcen de los penosos trabajos que cuesta una buena administración. El magistrado, por su parte, se obliga a usar del poder que le es confiado sólo según la intención de los comitentes, a mantener a cada uno en el goce pacífico de lo que le pertenece y a preferir en toda ocasión la utilidad pública a su propio interés.

Antes de que la experiencia hubiera mostrado, o antes de que el conocimiento del corazón humano hubiera hecho prever los abusos inevitables de una constitución semejante, debió parecer tanto mejor a quienes estaban encargados de velar por su conservación cuanto que eran ellos mismos los más interesados; porque al no hallarse establecidos, la magistratura y sus derechos, más que sobre las leyes fundamentales, tan pronto como fueran destruidas, los magistrados cesarían de ser legítimos, el pueblo no estaría ya obligado a obedecerles, y como no habría sido el magistrado, sino la ley lo que habría constituido la esencia del Estado, cada cual volvería por derecho a su libertad natural.

A poco que se reflexione atentamente, esto se confirmaría mediante nuevas razones, y por la naturaleza del contrato se vería que no puede ser irrevocable: porque si no hay poder superior que pueda ser garantía de la fidelidad de los contra-

* Un borrador del *Discurso de la economía política* muestra que Rousseau, aunque escribe *magistrado*, está pensando en *rey*, según Starobinski.

tantes, ni forzarles a cumplir sus compromisos recíprocos, las partes resultarían los únicos jueces en su propia causa y cada una de ellas tendría siempre derecho a renunciar al contrato tan pronto como creyera que el otro infringía las condiciones o cesaran éstas de convenirle. En este principio es en el que me parece que puede fundamentarse el derecho a abdicar. Ahora bien, de considerar sólo, como nosotros hacemos, la institución humana, si el magistrado que tiene todo el poder en la mano y que se apropia de todas las ventajas del contrato, tiene, con todo, derecho de renunciar a la autoridad, con mayor motivo el pueblo, que paga todos los errores de los jefes, debería tener el derecho de renunciar a la dependencia. Pero las horribles disensiones, los desórdenes infinitos que necesariamente entrañaría este peligroso poder, muestran mejor que cualquier otra cosa cuánta necesidad tenían los gobiernos humanos de una base más sólida que la sola razón y cuán necesario era al reposo público que la voluntad divina interviniese para dar a la autoridad de los soberanos un carácter sagrado e inviolable que privara a los súbditos del funesto derecho de disponer de él. Aunque la religión no hubiera hecho más que ese bien a los hombres, sería suficiente para que todos debieran amarla y adoptarla, incluso con sus abusos, puesto que ahorra más sangre de la que el fanatismo hace correr*: pero sigamos el hilo de nuestra hipótesis.

Las diversas formas de los gobiernos extraen su origen de las diferencias menores o mayores que se encontraron entre los particulares en el momento de la institución. ¿Que un hombre era eminente en poder, en virtud, en riqueza o en crédito? Sólo él fue elegido magistrado, y el Estado se convirtió en monárquico; si varios, más o menos iguales entre sí, destacaban de todos los demás, fueron elegidos conjunta-

* Rousseau sigue aquí a Pufendorf, lejos aún de la religión civil que afirmará en el último capítulo del *Contrato*.

mente, y se tuvo una aristocracia. Aquellos cuya forma y talento eran menos desproporcionados y que se habían alejado menos del estado de naturaleza, conservaron en común la administración suprema y formaron una democracia. El tiempo demostró cuál de estas formas era más ventajosa para los hombres. Unos quedaron sometidos únicamente a las leyes, los otros obedecieron pronto a los amos. Los ciudadanos quisieron conservar su libertad, los súbditos no pensaron más que en quitársela a sus vecinos, por no poder sufrir que otros gozasen de un bien del que ellos ya no gozaban. En una palabra, a un lado hubo riquezas y conquistas, a otro felicidad y virtud*.

En estos diversos gobiernos, todas las magistraturas fueron al principio electivas; y cuando la riqueza no prevalecía, daban preferencia al mérito que confiere un ascendiente natural, y a la edad que otorga experiencia en los asuntos y sangre fría en las deliberaciones. Los ancianos de los hebreos, los gerontes de Esparta, el Senado de Roma, y la etimología misma de nuestra palabra *seigneur*** muestran cuán respetada era antaño la vejez. Cuanto más recaían las elecciones en hombres de edad avanzada, más frecuentes se volvían y más sus inconvenientes se dejaban sentir; se presentaron artimañas, se formaron facciones, los partidos se agriaron, se encendieron las guerras civiles, finalmente la sangre de los ciudadanos fue sacrificada a la pretendida felicidad del Estado, y estuvieron en vísperas de volver a caer en la anarquía de los tiempos anteriores. La ambición de los principales aprovechó estas circunstancias para perpetuar sus cargos en sus familias: el pueblo, ya acostumbrado a la dependencia, al descanso y a las comodidades de la vida, e incapaz de rom-

* Voltaire anota al margen: «¡Quiá!», tras haber subrayado «felicidad y virtud».

** Del latín *senior*, comparativo de *senex*, anciano; esta misma etimología sirve para el castellano *señor*.

per sus cadenas, consintió en dejar que aumentara su servidumbre para afirmar su tranquilidad, y así fue como los jefes, convertidos en hereditarios, se acostumbraron a mirar su magistratura como un bien de familia, y a mirarse a sí mismos como propietarios del Estado del que al principio no eran más que oficiales, a llamar a sus conciudadanos sus esclavos*, a contarlos como ganado en el número de cosas que les pertenecían y a designarse ellos mismos iguales a los dioses y reyes de reyes**.

Si seguimos el progreso de la desigualdad en estas diferentes revoluciones encontraremos que el establecimiento de la ley y del derecho de propiedad fue su primer mojón, la institución de la magistratura el segundo, que el tercero y último fue el cambio del poder legítimo en poder arbitrario; de suerte que el estado de rico y pobre fue autorizado por la primera época, el de poderoso y débil por la segunda y por la tercera el de amo y de esclavo, que es el último grado de la desigualdad y el término al que conducen finalmente todos los demás hasta que nuevas revoluciones disuelven completamente el gobierno, o lo acercan a la institución legítima.

Para comprender la necesidad de este progreso hay que considerar menos los motivos del establecimiento del cuerpo político que la forma que adopta en su ejecución y los in-

* Variante de un manuscrito de la Bibliothèque Nationale de París, fr. 12760, f.° 615: *súbditos.* Si esta variante apenas merece ser puesta de relieve, no ocurre lo mismo con las que siguen: fueron suprimidas por Rousseau en la versión definitiva, quizá por su virulencia; transcritas por una mano anónima en el manuscrito citado, fueron corregidas por Rousseau: aparecieron publicadas por primera vez en los *Annales J.-J. Rousseau,* t. XXXIV, 1956-1958, por R. A. Leigh.

** El añadido del Ms. citado es aquí: *Entonces las viejas frases del Bien público, de interés del Pueblo, y las viejas máximas del Estado fueron conservadas para servir de exordios a los edictos públicos, pero las que situaban al Estado en las personas que sacrificaban todo el Pueblo a sus menores intereses fueron las únicas admitidas en los Consejos.*

convenientes que entraña consigo*: porque los vicios que vuelven necesarias las instituciones sociales son los mismos que vuelven inevitable el abuso; y como, con la única excepción de Esparta, donde la ley velaba principalmente por la

* Añadido de Ms. citado: *...y los abusos inevitables que entraña consigo. ¿Qué mejor que las leyes para someter a todos los particulares a los mismos deberes mutuos, y defender a los débiles frente a la violencia de los ambiciosos? Pero ¿quién no ve que éstos, sacando ventaja de las precauciones mismas que se toman contra ellos, aprovechan todo el valor de leyes cuya autoridad desafían, y de las que se sirven al aplastar al pueblo débil para quitarle el derecho de defenderse? ¿Qué más útil que magistrados equitativos y atentos que velen por la seguridad de los ciudadanos (particulares), y les garanticen de la opresión? Pero, ¿cómo impedir que estos magistrados no se tornen opresores ellos mismos y no abusen del poder que se les confía, más de lo que abusarían aquellos a quienes impiden ellos usurparlo?* [en nota:// *Quis custodiet ipsos custodes. Juven. Sat. 6*] *¿Qué hay, finalmente, más necesario para el Estado que un jefe intrépido y prudente, siempre pronto a penetrar los proyectos de vecinos sospechosos, y hacer frente al enemigo declarado? Mas si ese jefe, prefiriendo su interés al nuestro, se halla tentado de oprimirnos él mismo cuando siempre habla de defendernos, ¿quién protegerá al Estado contra su protector cuando se convierta en el tirano, y qué habremos ganado sino un enemigo más, al que ni siquiera nos estará permitido resistir? ¿No es, dice el sabio Locke, como si para proteger un patio de gallinas del zorro, se lo pusiera bajo la protección del lobo? En vano vinculará la nación a sus jefes por inútiles capitulaciones, o por esos juramentos siempre violados que no sirven más que para hacer perjuros, y con los que el magistrado divierte a los pueblos, como se divierten los niños haciendo falsas promesas sin ninguna intención de mantenerlas. En vano se reservará el derecho de velar en sus asambleas sobre su conducta: tarde o temprano ellos la impedirán reunirse, o hallarán el arte de comprar al ciudadano al que no puedan asustar, de intimidar al que no puedan corromper, y de hacer perecer a los que no puedan ni corromper ni intimidar. Desde el momento en que ya no esté permitido reunirse, será fácil hacer pasar la justa indignación de un pueblo que reclama su libertad voces sediciosas de un tropel de amotinados. Todo hombre que ame a su país será tratado de súbdito rebelde, y se volverá más peligroso reclamar las leyes que infringirlas. En una palabra, los vicios que hacen necesarios los establecimientos políticos son los mismos que hacen inevitable el abuso.*

educación de los niños* y donde Licurgo estableció costumbres que casi le dispensaban de añadir a ellas leyes, por lo general menos fuertes que las pasiones, contienen a los hombres sin cambiarlos, sería fácil probar que todo gobierno que, sin corromperse ni alterarse, caminase siempre según el fin de su institución, habría sido instituido innecesariamente, y que un país en el que nadie eludiera las leyes ni abusara de la magistratura, no tendría necesidad ni de magistrados ni de leyes**.

Las distinciones políticas conllevan necesariamente distinciones civiles. Al crecer la desigualdad entre el pueblo y sus jefes, al punto se hace sentir entre los particulares y se modifica de mil maneras según las pasiones, los talentos y las circunstancias. El magistrado no podría usurpar un poder ilegítimo sin valerse de hechuras suyas a las que está obligado a ceder alguna parte del mismo. Además, los ciudadanos no se dejan oprimir salvo que, arrastrados por una ambición ciega y mirando más por debajo que por encima de ellos, la dominación se les vuelva más querida que la independencia, y consientan en llevar cadenas para poder ponerlas a su vez. Es muy difícil reducir a la obediencia a quien no busca mandar, y el político más hábil no conseguiría someter a hombres que sólo quieren ser libres; pero la desi-

* Añadido del Ms. citado: *...y como, exceptuada sólo Esparta, donde la ley velaba principalmente por la educación de los niños, las leyes, en general menos fuertes que las costumbres, contienen a los hombres sin cambiarlos...*

** Añadido del Ms. citado: *Ni de magistrado ni de leyes. El cuidado de la seguridad pública, y la fuerza necesaria para rechazar a su agresor injusto y ambicioso era aún otra clase de abuso no menos peligroso y no menos inevitable. Mientras los magistrados hicieron causa común con el pueblo, mientras el jefe y la nación no tuvieron más que el mismo interés, el Estado no tuvo necesidad de otros defensores que los habitantes del país; cada cual combatía por su hogar, y por sus lares, había tantos soldados como ciudadanos, la guerra era un deber para todos sin ser un oficio para nadie; las tropas se...*

gualdad se extiende sin dificultad entre las almas ambiciosas y ruines, siempre dispuestas a correr los riesgos de la fortuna y a dominar o servir casi indiferentemente, según que se les vuelva favorable o contraria. Así es como debió llegar un tiempo en que los ojos del pueblo fueron fascinados a tal extremo que sus guías no tenían más que decir al más pequeño de los hombres: sé grande, tú y toda tu raza, para que al punto pareciese grande a todo el mundo igual que a sus propios ojos, y sus descendientes se elevaran aún más a medida que se alejaban de él; cuanto más remota e incierta era la causa, más aumentaba el efecto; cuantos más holgazanes podían contarse en una familia, más ilustre se volvía.

Si fuera éste el lugar de entrar en detalles, explicaría fácilmente cómo, sin que el gobierno se mezcle a ello siquiera*, la desigualdad de crédito y de autoridad se hace inevitable entre los particulares[19] tan pronto como reunidos en una misma sociedad se ven obligados a compararse entre sí y a tener en cuenta las diferencias que hallan en el uso continuo que unos tienen que hacer de otros. Esas diferencias son de diversas clases, pero, siendo por lo general la riqueza, la nobleza o el rango, el poder y el mérito personal, las distinciones principales por las que miden en sociedad, probaría que el acuerdo o el conflicto de estas fuerzas diversas es la indicación más segura de un Estado bien o mal constituido. Haría ver que entre esas cuatro clases de desigualdad, al ser las cualidades personales el origen de todas las demás, la riqueza es la última a la que se reducen a la postre, porque siendo la más inmediatamente útil al bienestar y la más fácil de comunicar, se sirven cómodamente de ella para comprar todo lo demás. Observación que puede hacer juzgar con bastante exactitud sobre la medida en que cada pueblo se ha alejado de su institución primitiva, y del camino que ha hecho hacia

* «Sin que el gobierno se mezcle a ello siquiera», añadido de la edición de 1782.

el término extremo de la corrupción. Haría observar cuánto ejercita y compara los talentos y las fuerzas este deseo universal de reputación, de honores y de preferencias que nos devora a todos, cuánto excita y multiplica las pasiones, y cuántos reveses, éxitos y catástrofes de toda especie causa haciendo a todos los hombres competidores, rivales, o mejor enemigos, al atraer a la misma lid a tantos pretendientes. Mostraría que es a ese afán por hacer hablar de uno*, a ese furor por distinguirse que nos tiene casi siempre fuera de nosotros mismos, al que debemos lo que hay de mejor y de peor entre los hombres, nuestras virtudes y nuestros vicios, nuestras ciencias y nuestros errores, nuestros conquistadores y nuestros filósofos, es decir, una multitud de cosas malas frente a un pequeño número de buenas. Probaría, en fin, que si se ve a un puñado de poderosos y de ricos en el pináculo de las grandezas y de la fortuna, mientras la multitud se arrastra en la obscuridad y en la miseria, es porque los primeros sólo estiman las cosas de que gozan en la medida en que los otros están privados de ellas, y que, sin cambiar de estado, dejarían de ser felices si el pueblo dejara de ser miserable.

Pero estos detalles serían por sí solos la materia de una obra considerable en la que se sopesarían las ventajas y los inconvenientes de todo gobierno en relación con los derechos del estado de naturaleza, y en la que se descubrirían todos los diferentes aspectos bajo los que la desigualdad se ha mostrado hasta hoy y pueda mostrarse en los siglos futuros** según la naturaleza de esos gobiernos y las revoluciones que el tiempo necesariamente les ha de traer. Se vería a la

* Voltaire subraya *hacer hablar de uno* y anota al margen: «¡Imitamonas de Diógenes, cómo te condenas a ti mismo!»; y un poco más abajo, hace un trazo al margen de las últimas líneas del párrafo y añade: «¡Cómo exageras todo! ¡Cómo pones todo bajo una luz engañosa!» «Imitamonas de Diógenes» *Singe de Diogène* es un insulto frecuente en Voltaire para designar a Rousseau.

** «Futuros» es un añadido de la edición de 1782.

multitud oprimida en el interior por una secuela de las precauciones mismas que había tomado contra lo que la amenazaba en el exterior. Se vería a la opresión incrementarse continuamente sin que jamás pudieran saber nunca los oprimidos qué término tendría, ni qué medios legítimos les quedarían para detenerla. Se vería los derechos de los ciudadanos y las libertades nacionales extinguirse poco a poco, y las reclamaciones de los débiles tratadas de murmullos sediciosos. Se vería a la política restringir a una porción mercenaria del pueblo el honor de defender la causa común; de ahí se vería salir la necesidad de los impuestos, al agricultor desanimado abandonar su campo incluso durante la paz y dejar su arado para ceñir la espada. Se vería nacer las reglas funestas y extravagantes del pundonor. Se vería a los defensores de la patria convertirse tarde o temprano en enemigos, tener constantemente el puñal alzado sobre sus conciudadanos, y vendría un tiempo en que se les oiría decir al opresor de su país:

> *Pectore si fratris gladium juguloque parentis*
> *Condere me jubeas, gravidaeque in viscera partu*
> *Conjugis, invitâ peragam tamen omnia dextrâ**.

De la extrema desigualdad de condiciones y fortunas, de la diversidad de pasiones y talentos, de las artes inútiles, de las artes perniciosas, de las ciencias frívolas saldrían tropeles de prejuicios, igualmente contrarios a la razón, a la felicidad y a la virtud. Se vería fomentar por los jefes todo cuanto puede debilitar a los hombres reunidos para desunirlos; todo cuanto puede dar a la sociedad un aire de concordia aparente y sembrar en él un germen de división real; todo cuanto puede inspirar a los diferentes órdenes una des-

* «Si me ordenaras hundir la espada en el pecho de mi hermano y en la garganta de mi padre, o en las entrañas de mi esposa encinta, pese a mi repugnancia haría todo eso por mi mano.» Lucano, *Farsalia*, I, 376.

confianza y un odio mutuo mediante la oposición de sus derechos y de sus intereses, y fortificar por consiguiente el poder que los contiene a todos*.

Del seno de ese desorden y de esas revoluciones es de donde el despotismo, alzando gradualmente su horrorosa cabeza y devorando todo cuanto hubiera vislumbrado de bueno y sano en todas las partes del Estado, llegaría finalmente a pisotear las leyes y el pueblo, y a establecerse sobre las ruinas de la república. Los tiempos que precedieran a este último cambio serían tiempos de perturbaciones y de calamidades, pero al final todo sería engullido por el monstruo, y los pueblos no tendrían ya jefes ni leyes, sino solamente tiranos. Desde este instante tampoco se trataría ya de costumbres ni de virtud: porque por doquiera que reina el despotismo, *cui ex honesto nulla est spes***, no soporta ningún otro dueño; tan pronto como él habla, no hay ni probidad ni deber que consultar, y la más ciega obediencia es la única virtud que queda a los esclavos.

Aquí radica el último término de la desigualdad, y el punto extremo que cierra el círculo y toca el punto de donde hemos partido***. Aquí es donde todos los particulares vuelven a ser iguales porque no son nada, y donde al no tener los súbditos más ley que la voluntad del amo, ni el amo más regla que sus pasiones, las nociones del bien y los principios de la justicia se desvanecen de nuevo. Aquí es donde todo vuelve a la sola ley del más fuerte y por consiguiente a un nuevo estado de naturaleza, diferente de aquel por el que hemos comenzado en que uno era el estado natural en su pureza, y este últi-

alienación

* Voltaire subraya *el poder que los contiene* y anota al margen: «Si el poder real contiene y reprime todas las facciones, estás haciendo el mayor elogio de la realeza contra la que chillas.»

** «...para el que ninguna esperanza hay de honesto». La cita derivada de Tácito (*Historias*, I, 21: «cui compositis rebus nulla spes»), fue sacada del citado *Discurso sobre el gobierno*, de Sidney.

*** Engels comentará esta página en el *Anti-Dühring*.

mo es el fruto de un exceso de corrupción. Hay tan poca diferencia, por otra parte, entre estos dos estados, y el contrato de gobierno es tan anulado por el despotismo que el déspota sólo es amo durante el tiempo en que es el más fuerte, y tan pronto como se lo puede expulsar, no ha lugar a reclamar contra la violencia. La revuelta que termina por estrangular o destronar a un sultán es un acto tan jurídico como aquellos por los que él disponía la víspera de las vidas y los bienes de sus súbditos. Sólo la fuerza lo mantenía, sólo la fuerza lo derroca; así todo ocurre según el orden natural, y cualquiera que pueda ser el resultado de estas cortas y frecuentes revoluciones, nadie puede quejarse de la injusticia del otro, sino sólo de su propia imprudencia, o de su desgracia.

Al descubrir y seguir de este modo las rutas olvidadas y perdidas que del estado de naturaleza debieron llevar al hombre al estado civil; al restablecer, junto con las posiciones intermedias que acabo de señalar, las que el tiempo que me apremia me hace suprimir, o que la imaginación no me ha sugerido, todo lector atento no podrá dejar de sorprenderse ante el espacio inmenso que separa estos dos estados. En esta lenta sucesión de las cosas es donde verá la solución de una infinidad de problemas de moral y de política que los filósofos no pueden resolver. Sentirá que al no ser el género humano de una edad el género humano de otra edad, la razón por la que Diógenes no encontraba hombres es que buscaba entre sus contemporáneos el hombre de un tiempo que ya no existía: Catón, dirá, pereció con Roma y la libertad, porque estuvo fuera de sitio en su siglo, y el mayor de los hombres no hizo más que dejar asombrado al mundo que hubiera gobernado quinientos años atrás. En una palabra, explicará cómo al alterarse insensiblemente el alma y las pasiones humanas, cambian por así decir de naturaleza; por qué, al desvanecerse gradualmente el hombre original, la sociedad no ofrece ya a los ojos del sabio más que un conjunto de hombres artificiales y de pasiones ficticias que son obra de todas estas nuevas relaciones y que no tienen ningún fundamento verdadero en la naturaleza. Lo que la reflexión nos enseña en esto, lo confirma completamente la observación: el hombre salvaje y el hombre civilizado difieren tanto por el fondo del corazón y las inclinaciones que lo que hace la felicidad suprema del uno reduciría al otro a la desesperación. El primero no respira sino reposo y libertad, sólo quiere vivir y permanecer ocioso, y ni siquiera la ataraxia misma del estoico se acerca a su profunda indiferencia por cualquier otro objeto. Por el contrario, el ciudadano, siempre activo, suda, se agita, se atormenta sin cesar en busca de ocupaciones aún más laboriosas: trabaja hasta la muerte, corre incluso a ella para ponerse en condiciones de vivir, o renuncia a la vida para adquirir la inmortalidad. Corteja a los grandes que odia y a los ricos que desprecia; no escatima nada para obtener el honor de servirles; se jacta orgullosamente de su bajeza y de la protección de ellos y, orgulloso de su esclavitud, habla con desdén de los que no tienen el honor de compartirla. ¡Qué espectáculo para un caribe los penosos y envidiados trabajos de un ministro europeo! ¡Cuántas muertes crueles no preferiría ese indolente salvaje al horror de una vida semejante que a menudo no está siquiera dulcificada por el placer de obrar bien! Mas, para ver la meta de tantos cuidados, sería preciso que esas palabras, *poder* y *reputación*, tuvieran un sentido en su espíritu, que aprendiese que hay una clase de hombres que tienen en mucho las miradas del resto del universo, que saben ser felices y estar contentos de sí mismos con el testimonio de otro más que con el suyo propio. Tal es, en efecto, la verdadera causa de todas estas diferencias: el salvaje vive en sí mismo; el hombre sociable siempre fuera de sí no sabe vivir más que en la opinión de los demás, y, por así decir, es del solo juicio ajeno de donde saca el sentimiento de su propia existencia. No corresponde a mi tema mostrar cómo de semejante disposición nace tanta indiferencia para el bien y para el mal, pese a discursos tan hermosos de moral; cómo al reducirse todo a las apariencias, todo se convierte en ficticio y fingido: honor, amistad, virtud, y con frecuencia hasta los vicios mismos, de los que finalmente se encuentra el secreto de glorificarse; cómo, en una palabra, al pedir siempre a los demás lo que nosotros somos y no atreviéndonos a preguntarnos sobre ello a nosotros mismos, en medio de tanta filosofía, humanidad, educación y máximas sublimes, no tenemos más que un exterior engañoso y frívolo, honor sin virtud, razón sin sabiduría, y placer sin dicha. Me basta con haber probado que no radica ahí el estado original del hombre y que es únicamente el espíritu de la sociedad y la desigualdad que ella engendra los que sí cambian y alteran todas nuestras inclinaciones naturales.

He tratado de exponer el origen y el progreso de la desigualdad, el establecimiento y el abuso de las sociedades políticas, hasta donde tales cosas pueden deducirse de la naturaleza del hombre con las solas luces de la razón, e independientemente de los dogmas sagrados que dan a la autoridad soberana la sanción del derecho divino. Dedúcese de esta exposición que la desigualdad, que es casi nula en el estado de naturaleza, saca su fuerza y su acrecentamiento del desarrollo de nuestras facultades y de los progresos del espíritu humano y se hace finalmente estable y legítima mediante el establecimiento de la propiedad y de las leyes. Se desprende además que la desigualdad moral, solamente autorizada por el derecho positivo, es contraria al derecho natural, siempre que no concurra, en igual proporción, con la desigualdad física; distinción que determina suficientemente lo que debe pensarse a este respecto de la clase de desigualdad que reina entre todos los pueblos civilizados, puesto que va manifiestamente contra la ley de naturaleza, de cualquier forma que se la defina, el que un niño mande a un anciano, el que un imbécil guíe a un hombre sabio y el que un puñado de gentes rebose de superfluidades mientras la multitud hambrienta carece de lo necesario.

Notas de Jean-Jacques Rousseau

Del Contrato social

1. «Las doctas indagaciones sobre el derecho público no son con frecuencia más "que la historia de los antiguos abusos, y cuando uno se ha tomado la molestia de estudiarlas demasiado, se ha obstinado inoportunamente".» *Traité manuscrit des intérêts de la Fr. avec ses voisins; par M.L.M. d'A**. Eso es precisamente lo que ha hecho Grocio.
2. Véase un breve tratado de Plutarco titulado *Que los animales usan la razón.*
3. El verdadero sentido de esta palabra se ha perdido casi por completo entre los modernos; la mayoría toman una villa por una ciudad y un burgués por un ciudadano. No saben que las casas hacen la villa, pero que los ciudadanos hacen la ciudad**. Este mismo error costó caro antiguamente a los cartagineses. No he leído que el título de *Cives* haya sido dado nunca a los súbditos de ningún príncipe, ni siquiera antiguamente a los macedonios, ni en nuestros días a los ingleses, aunque más cerca de la libertad que todos los demás. Sólo los franceses se toman familiarmente ese nombre de *ciudadano*, porque no tienen idea verdadera del mismo, como puede verse en

* El marqués D'Argenson (1694-1757), ministro de Asuntos Extranjeros (1744-1747) y uno de los competidores de Rousseau en el concurso de la Academia de Dijon.

** Rousseau tiene en cuenta el libro de Bodino *Los seis libros de la República*, y en especial el capítulo VI del libro I, «Del ciudadano, y de la diferencia entre el súbdito, el ciudadano, el extranjero, la villa, ciudad y república».

sus diccionarios, sin lo cual incurrirían al usurparlo en delito de lesa majestad: entre ellos este nombre expresa una virtud y no un derecho. Cuando Bodino quiso hablar de nuestros ciudadanos y burgueses, incurrió en la grave equivocación de tomar a los unos por los otros. El señor D'Alembert no se ha equivocado al respecto y ha distinguido bien en su artículo *Ginebra*, los cuatro órdenes de nombres (cinco incluso, contando a los simples extranjeros) que hay en nuestra ciudad, y de los cuales sólo dos componen la república*. Ningún otro autor francés, que yo sepa, ha comprendido el verdadero sentido de la palabra *ciudadano*.

4. Bajo los malos gobiernos esta igualdad sólo es aparente e ilusoria; no sirve más que para mantener al pobre en su miseria y al rico en su usurpación. De hecho las leyes son siempre útiles a los que poseen y perjudiciales a los que no tienen nada: de donde se sigue que el estado social sólo es ventajoso a los hombres en tanto que todos tienen algo y ninguno de ellos tiene nada en demasía.
5. Para que una voluntad sea general no siempre es necesario que sea unánime, pero es necesario que todas las voces sean tenidas en cuenta; toda exclusión formal rompe la generalidad.
6. *Cada interés,* dice el Sr. d'A., *tiene principios diferentes. El acuerdo de los intereses particulares se forma por oposición al de un tercero.* Hubiera podido añadir que el acuerdo de todos los intereses se forma por oposición al de cada uno. Si no hubiera intereses diferentes, apenas se notaría el interés común, que jamás encontraría obstáculo: todo marcharía por sí mismo, y la política dejaría de ser un arte.
7. *Vera cosa è,* dice Maquiavelo, *che alcune divisioni nuocomo alle Republiche, e alcune giovano; quelle nuocono che sono dalle sette e da partigiani accompagnate; quelle giovano che senza sette, seza partigiani si mantegono. Non potendo adunque provedere un fondatore d'una Republica che non siano nimicizie in quella, hà da proveder almeno che non vi siano sette. (Hist. Fiorent.,* L. VIII**.)

* En el artículo «Ginebra», tomo VII de la *Enciclopedia,* dice D'Alembert: «Se distinguen en Ginebra cuatro órdenes de personas: los ciudadanos que son hijos de burgueses y han nacido en la villa: sólo éstos pueden alcanzar la magistratura; los burgueses, que son hijos de burgueses o de ciudadanos, pero nacidos en país extranjero, o que siendo extranjeros, han adquirido el derecho de burguesía que el magistrado puede conferir; pueden ser del consejo general, e incluso del gran consejo llamado de los doscientos. Los habitantes son extranjeros que tienen permiso del magistrado de residir en la villa, y que no son nada más. Finalmente los nativos son los hijos de los habitantes; tienen algunos privilegios más que sus padres, pero están excluidos del gobierno.»

** «Verdad es que hay divisiones que dañan a las repúblicas, otras que le son provechosas; son dañinas las que implican facciones y banderías, provechosas aque-

8. Lectores atentos, no os apresuréis a acusarme aquí de contradicción, os lo suplico. No he podido evitarla en los términos, dada la pobreza de la lengua; mas esperad.
9. Por esta palabra no entiendo sólo una aristocracia o una democracia, sino en general todo gobierno guiado por la voluntad general, que es la ley. Para ser legítimo, no es preciso que el gobierno se confunda con el soberano, sino que sea su ministro: entonces la monarquía misma es república. Esto se aclarará en el libro siguiente.
10. Un pueblo no se vuelve célebre hasta que su legislación comienza a declinar. Se ignora durante cuántos siglos la institución de Licurgo hizo la felicidad de los espartanos antes de que se tratara de ellos en el resto de Grecia.
11. Quienes sólo consideran a Calvino como teólogo, conocen mal la extensión de su genio. La redacción de nuestros sabios edictos, en la que tuvo mucha parte, le honra tanto como su institución. Por muchas revoluciones que el tiempo pueda aportar a nuestro culto, mientras el amor a la patria y a la libertad no se extinga entre nosotros, jamás la memoria de ese gran hombre dejará de ser bendecida en él.
12. *E veramente,* dice Maquiavelo, *mai non fù alcuno ordinatore di legg straordinarie in un popolo, che non ricorresse a Dio, perche altrimenti non sarebbero accettate; perche sono molti beni conosciuti da uno prudente, i quali non hanno in se raggioni evidenti da potergli persuadere ad altrui. (Discorsi sopra Tito Livio,* L. I., c. XI*.*)*
13. Si de dos pueblos vecinos uno no pudiera prescindir del otro, sería ésta una situación muy dura para el primero y muy peligrosa para el segundo. Toda nación sabia, en semejante caso, se esforzará por librar muy de prisa a la otra de esa dependencia. La república de Tlascala, enclavada en el Imperio de México, prefirió pasarse sin sal a comprársela a los mexicanos, e incluso a aceptarla gratuitamente. Los sabios tlascaltecos vieron la trampa oculta bajo aquella liberalidad. Se conservaron libres, y este pequeño Estado encerrado en aquel gran imperio fue finalmente el instrumento de su ruina.
14. ¿Queréis dar al Estado consistencia? Acercad los grados extremos cuanto sea posible; no permitáis ni gentes opulentas ni pordioseros.

llas que sin facciones ni banderías se mantienen. Así pues, como el fundador de una república no puede evitar que las disensiones se manifiesten en ella, debe al menos ordenarla de manera que no se formen facciones en su seno.»

* «En efecto, nunca existió ningún legislador que no recurriese a la mediación de un Dios para hacer aceptar leyes extraordinarias a un pueblo, porque de otro modo no serían aceptadas. Porque cuántas leyes bien conocidas de un legislador prudente que no llevan en sí razones evidentes para persuadir a otro.»

Estos dos estados, inseparables por naturaleza, son igualmente funestos al bien común; del uno salen los fautores de la tiranía, y del otro los tiranos; siempre es entre ellos entre quienes se hace el tráfico de la libertad pública, el uno la compra y el otro la vende.

15. Alguna rama del comercio exterior, dice el señor d'A., apenas si rinde una utilidad falsa para un reino en general; puede enriquecer a algunos particulares, a algunas villas incluso, pero la nación entera nada gana con ello, y el pueblo no está mejor.
16. Por eso es por lo que en Venecia se da al colegio el nombre de *serenísimo Príncipe* aun cuando el Dogo no asista a él.
17. El Palatino de Posnania, padre del rey de Polonia, duque de Lorena.
18. Es evidente que la palabra *optimates* entre los antiguos no quiere decir los mejores, sino los más poderosos.
19. Importa mucho regular mediante leyes la forma de elección de los magistrados; porque al abandonarla a la voluntad del príncipe no se puede evitar caer en la aristocracia hereditaria, como ocurrió en las repúblicas de *Venecia* y de *Berna*. Por eso la primera es desde hace tiempo un Estado disuelto, y la segunda se mantiene gracias a la extrema sabiduría de su senado; es una excepción muy honorable y muy peligrosa.
20. Tácit.: *Hist.*, L. I*.
21. *In civili***.
22. Esto no contradice lo que he dicho antes (L. II, cap. IX) sobre los inconvenientes de los Estados grandes; porque allí se trataba de la autoridad del gobierno sobre sus miembros, y aquí se trata de su fuerza contra los súbditos. Sus miembros dispersos le sirven de puntos de apoyo para actuar a distancia sobre el pueblo, pero ningún punto de apoyo tiene para obrar directamente sobre esos miembros mismos. De este modo, en uno de los casos la longitud de la palanca hace la debilidad, y en el otro la fuerza.
23. Por el mismo principio deben juzgarse los siglos que merecen la preferencia por la prosperidad del género humano. Se ha admirado demasiado a aquellos en que se vieron florecer las letras y las artes, sin penetrar el objetivo secreto de su cultura, sin considerar su funesto efecto, *idque apud imperitos humanitas vocabatur, cum pars servitutis esset****. ¿No veremos nunca en las máximas de los libros el burdo interés que hace hablar a los autores? No, digan lo que

* «Pues el medio más cómodo y más rápido de discernir el bien del mal es lo que tú habrías querido o no habrías querido si otro y no tú hubiera sido rey.»

** Alusión a *La Política* de Platón.

*** Tácito, *Agrícola*, 21: «Los tontos llamaban humanidad a lo que era ya un comienzo de servidumbre.»

quieran, cuando a pesar de su esplendor un país se despuebla, no es cierto que todo vaya bien, y no basta que un poeta tenga cien mil libras de renta para que su siglo sea el mejor de todos. Hay que mirar menos al reposo aparente y la tranquilidad de los jefes que al bienestar de las naciones enteras, y sobre todo de los Estados más numerosos. El granizo asola algunos cantones, pero raramente ocasiona carestía. Las revueltas, las guerras civiles causan mucho pavor a los jefes, pero no constituyen las verdaderas desgracias de los pueblos, que pueden incluso tener descanso mientras se disputa quién los ha de tiranizar. Es de su estado permanente de donde nacen sus prosperidades o sus calamidades reales; cuando todo permanece aplastado bajo el yugo, es entonces cuando todo decae; es entonces cuando los jefes los destruyen a su comodidad, *ubi solitudinem faciunt, pacem apellant**. Cuando las trapacerías de los grandes agitaban el reino de Francia y cuando el coadjutor de París** llevaba al parlamento un puñal en su bolsillo, esto no impedía que el pueblo francés viviese feliz y numeroso en un honesto y libre desahogo. Antaño Grecia florecía en el seno de las guerras más crueles: la sangre corría a oleadas y todo el país estaba cubierto de hombres. Parece, dice Maquiavelo***, que en medio de las muertes, de las proscripciones, de las guerras civiles, nuestra república se hizo más poderosa; la virtud de sus ciudadanos, sus costumbres, su independencia tenían más efecto para fortalecerla que todas sus disensiones para debilitarla. Un poco de agitación da vigor a las almas, y lo que realmente hace prosperar la especie no es tanto la paz como la libertad.

24. La formación lenta y el progreso de la República de Venecia en sus lagunas ofrece un ejemplo notable de esta sucesión; y es muy sorprendente que desde más de mil doscientos años los venecianos parezcan no estar aún más que en el segundo término, que comenzó en el Serrar di Consiglio en 1198. En cuanto a los antiguos Dux que se les reprocha, diga lo que quiera el *squitinio della libertà veneta*****, está probado que no fueron soberanos suyos.

No faltará quien me objete que la República Romana siguió, dirán, un progreso totalmente contrario, pasando de la monarquía a la aristocracia, y de la aristocracia a la democracia. Estoy muy lejos de pensar así.

* *Ibíd.*, 31: «Donde hacen soledad, lo llaman paz.»

** El cardenal de Retz, que lo cuenta en sus memorias (libro III).

*** Adaptación de un pasaje de *Historias florentinas.*

**** Escrito anónimo publicado en 1612, cuyo objetivo era establecer el derecho de soberanía de los emperadores sobre la República de Venecia.

El primer establecimiento de Rómulo fue un gobierno mixto que pronto degeneró en despotismo. Por causas particulares el Estado pereció antes de tiempo, como se ve morir a un recién nacido antes de haber alcanzado la edad adulta. La expulsión de los Tarquinos fue la verdadera época del nacimiento de la República. Pero al principio no adoptó una forma constante, porque al abolir el patriciado no se hizo más que la mitad de la labor. Porque de esta manera la aristocracia hereditaria, que es la peor de las administraciones legítimas, al permanecer en conflicto con la democracia, no fue fijada la forma del gobierno siempre incierta y flotante, como lo ha demostrado Maquiavelo, hasta el establecimiento de los tribunos; sólo entonces hubo un verdadero gobierno y una verdadera democracia. En efecto, entonces el pueblo no era solo soberano, sino también magistrado y juez, el senado no era más que un tribunal subalterno para atemperar* o concentrar el gobierno, y los mismos cónsules, aunque patricios, aunque primeros magistrados, aunque generales absolutos en la guerra, no eran en Roma más que los presidentes del pueblo.

Desde entonces se vio también al gobierno adoptar su inclinación natural y tender fuertemente hacia la aristocracia. Abolido el patriciado como por sí mismo, la aristocracia no estaba ya en el cuerpo de los patricios como está en Venecia y en Génova, sino en el cuerpo del senado compuesto de patricios y de plebeyos, incluso en el cuerpo de los tribunales cuando éstos comenzaron a usurpar un poder activo; porque las palabras nada hacen a las cosas, y cuando el pueblo tiene jefes que gobiernan por él, sea el que fuere el nombre que lleven esos jefes, siempre es una aristocracia.

De los abusos de la aristocracia nacieron las guerras civiles y el triunvirato, Sila, Julio César, Augusto se convirtieron en la práctica en verdaderos monarcas, y finalmente, bajo el despotismo de Tiberio se disolvió el Estado. La historia romana no desmiente por tanto mi principio: lo confirma.

25. *Omnes enim et habentur et dicuntur Tyranni qui potestate utuntur perpetuâ, in sea Civitate quae libertate usa est.* Corn. Nep. *in Miltiad*, cap. VIII**. Es cierto que Aristóteles, *Mor Nicom.* L. VIII. c. 10, distingue el tirano del rey, en que el primero gobierna para su propia utilidad, y el segundo solamente para la utilidad de sus súbditos; pero además de que generalmente todos los autores griegos han tomado la palabra tirano en un sentido distinto, como parece

* En la edición de 1782: «templar y concentrar».

** «Pues se llama tiranos a todos aquellos que se apoderan del poder y lo ejercen perpetuamente en aquellos Estados en que antes disfrutaron de la libertad.» Corn. Nep. *Milcíades*.

sobre todo por el *Hierón*, de Jenofonte, de la distinción de Aristóteles se seguiría que desde el comienzo del mundo no habría existido todavía un solo rey.

26. Aproximadamente según el sentido que se da a este nombre en el Parlamento de Inglaterra. La semejanza de estos empleos hubiera puesto en conflicto a cónsules y tribunos, aun cuando toda jurisdicción hubiera sido suspendida.
27. Adoptar en los países fríos el lujo y la molicie de los orientales, es querer darse a sí mismos cadenas; es someterse a éstas más necesariamente aún que a aquéllos.
28. Es lo que yo me había propuesto hacer en la continuación de esta obra, cuando al tratar de las relaciones externas hubiera llegado a las confederaciones. Materia completamente nueva, y cuyos principios están todavía por establecer.
29. Por supuesto que no se abandona la patria en el momento en que nos necesita para eludir el deber y dispensarse de servir a la patria. Entonces la huida sería criminal y punible; ya no sería retirada, sino deserción.
30. Esto debe entenderse siempre de un Estado libre; pues por lo demás la familia, los bienes, la falta de asilo, la necesidad, la violencia, pueden retener a un habitante en el país a pesar suyo, y entonces su estancia sola no supone ya su consentimiento al contrato o a la violencia del contrato.
31. En Génova se lee delante de las prisiones y en los grilletes de los galeotes la palabra *Libertas.* Esta aplicación de la divisa es hermosa y justa. En efecto, sólo los malhechores de toda condición impiden al ciudadano ser libre. En un país en que todas estas gentes estuvieran en galeras se gozaría de la libertad más perfecta.
32. El nombre de *Roma* que pretenden derivar de *Romulos* es griego, y significa fuerza; el nombre de *Numa* es griego también, y significa *Ley.* ¿No es significativo que los dos primeros reyes de esta ciudad hayan llevado de antemano unos nombres tan bien referidos a lo que hicieron?
33. *Ramnenses.*
34. *Tatienses.*
35. *Luceres.*
36. Digo al *campo de Marte* porque era allí donde se reunían los comicios por centurias; en las otras dos formas, el pueblo se reunía en el *forum* o en otra parte, y entonces los *capite censi* tenían tanta influencia y autoridad como los primeros ciudadanos.
37. Esta centuria, sacada de este modo por sorteo, se llamaba *prae rogativa,* por ser la primera a la que se pedía su sufragio, y de ahí es de donde vino la palabra *prerrogativa.*

38. *Custodes, Diribitores, Rogatores suffragiorum.*
39. Este nombramiento se hacía de noche y en secreto, como si hubiera habido vergüenza de poner a un hombre por encima de las leyes.
40. Es de esto de lo que no podía estar seguro al proponer un dictador, al no osar nombrarse a sí mismo y al no poder asegurar que su colega le nombraría.
41. En este capítulo no hago más que indicar lo que traté más por extenso en la *Lettre à M. D'Alembert.*
42. *Nonne ea quae possidet Chamos deus tuus tibi jure debentur?* Tal es el texto de la Vulgata. El P. de Carrières ha traducido: «¿No creéis tener derecho a poseer lo que pertenece a Camos vuestro Dios?» Ignoro la fuerza del texto hebreo; pero veo que en la Vulgata Jephté reconoce positivamente el derecho del dios Camos, y que el traductor francés debilita ese reconocimiento con un *selon vous* que no está en el latín.
43. Es de la mayor evidencia que la guerra de los focenses, llamada guerra sagrada, no era una guerra de religión. Tenía por objeto castigar a sacrílegos, y no someter incrédulos.
44. Es preciso observar que no son tanto las asambleas formales, como las de Francia, las que unen al clero en un cuerpo, como la comunión de las iglesias. La comunión y la excomunión son el pacto social del clérigo, pacto con el que será siempre el amo de los pueblos y de los reyes. Todos los sacerdotes que comulgan juntos son conciudadanos, aunque sean de los dos extremos del mundo. Esta invención es una obra maestra de política. No había nada semejante entre los sacerdotes paganos; por eso jamás formaron un cuerpo clerical*.
45. Véase, entre otras, en una carta de Grocio a su hermano, del 17 de abril de 1643, lo que ese sabio aprueba y lo que censura en el libro *De cive***. Cierto que, inclinado a la indulgencia, parece perdonar al autor el bien en favor del mal; pero no todo el mundo es tan clemente.
46. *En la república,* dice M. D'Argenson, *cada uno es perfectamente libre en lo que no perjudica a los demás.* He ahí el límite invariable; no

* En la primera versión del *Contrato,* Rousseau decía: «Las asambleas del clero de Francia son a mis ojos los verdaderos estados de la nación.»

** Grocio comenta: «He visto el *Tratado del ciudadano.* Apruebo lo que en él se encuentra en favor de los reyes; pero no podría aprobar los fundamentos sobre los que el autor estableció sus opiniones. Cree que todos los hombres están naturalmente en estado de guerra, y establece algunas otras cosas que no concuerdan con mis principios. Porque llega a sostener que es deber de cada particular seguir la religión aprobada en su patria por la autoridad pública, si no adhiriéndose a ella de corazón, al menos profesándola y sometiéndose a ella por obediencia.»

se lo puede plantear con mayor exactitud. No he podido resistirme al placer de citar a veces ese manuscrito, aunque no sea conocido del público, para hacer honor a la memoria de un hombre ilustre y respetable, que hasta en el Ministerio conservó el corazón de un auténtico ciudadano, y de miras rectas y sanas sobre el gobierno de su país.

47. Defendiendo a Catilina, César trataba de establecer el dogma de la mortalidad del alma; Catón y Cicerón, para refutarle, no se entretuvieron en filosofar: se contentaron con mostrar que César hablaba como mal ciudadano y exponía una doctrina perniciosa para el Estado. He ahí, en efecto, de lo que debía juzgar el senado de Roma, y no de una cuestión de teología.

48. El matrimonio, por ejemplo, por ser un contrato civil, tiene efectos civiles sin los cuales es imposible incluso que la sociedad subsista. Supongamos que un clero consigue atribuirse exclusivamente el derecho de autorizar ese acto; derecho que necesariamente debe usurpar en toda religión intolerante. ¿No resulta entonces evidente que, haciendo valer a propósito la autoridad de la Iglesia, hará vana la del príncipe que no tendrá ya más súbditos que los que el clero tenga a bien darle? Dueño de casar o de no casar a las gentes según que tengan o no tengan tal o cual doctrina, según que admitan o rechacen tal o cual formulario, según que le sean más o menos adictos, conduciéndose prudentemente y manteniéndose firme, ¿no es evidente que dispondrá él solo de las herencias, de los cargos, de los ciudadanos, del Estado mismo, que no podría subsistir al no estar ya compuesto sino de bastardos? Pero, dirá alguien, se apelará como abuso, se citará, se decretará, se embargarán los bienes temporales. ¡Qué inocencia! El clero, por poco que tenga, no digo valor, sino sensatez, dejará hacer y seguirá su camino; dejará tranquilamente que apelen, citen, decreten, embarguen y terminará por ser el dueño. No es en mi opinión un gran sacrificio abandonar una parte cuando se está seguro de apoderarse del todo*.

* Esta nota sobre el matrimonio civil fue ordenada retirar por Rousseau durante la tirada del *Contrato.* Rey no pudo impedir que apareciera en algunos ejemplares, que así fueron impresos con posterioridad. De cualquier modo era la segunda nota que Rousseau escribía para estas páginas finales; verosímilmente la primera es la conservada en el manuscrito de Ginebra (primera versión del *Contrato);* bajo el título de «El matrimonio de los protestantes», abordaba allí las consecuencias de la revocación del Edicto de Nantes, agravadas por el edicto de 14 de mayo de 1724 que prohibía a los religionarios hacer bendecir sus matrimonios y bautizar a sus hijos por sacerdotes católicos. Asimismo les estaba prohibido casarse en el extranjero o enviar a él a sus hijos.

Discurso sobre las ciencias y las artes

1. Los príncipes ven siempre con placer extenderse entre sus súbditos el gusto por los artes agradables y las superfluidades de las que no resulta exportación del dinero. Porque, además de que así los nutren con esa pequeñez de alma tan idónea para la servidumbre, saben de sobra que todas las necesidades que el pueblo se da son otras tantas cadenas con que se carga. Queriendo mantener a los ictiófagos bajo su dependencia, Alejandro los obligó a renunciar a la pesca y a nutrirse de los alimentos comunes a los demás pueblos*; y los salvajes de América, que van totalmente desnudos y que viven sólo del producto de su caza, jamás han podido ser domeñados. En efecto, ¿qué yugo imponer a hombres que no tienen necesidad de nada?
2. *Me gusta,* dice Montaigne, *discutir y platicar, pero con pocos hombres y en interés propio. Porque servir de espectáculo a los grandes y hacer alarde a porfía de ingenio y de cháchara me parece oficio muy inconveniente para un hombre de honor.* Es el de todos nuestros hombres cultos, menos uno**.
3. No me atrevo hablar de esas naciones afortunadas que ni siquiera conocen de nombre los vicios que a nosotros tanto esfuerzo nos cuesta reprimir; de esos salvajes de América cuya sencilla y natural organización Montaigne no vacila en preferir no sólo a las leyes de Platón, sino incluso a cuanto la filosofía pueda nunca imaginar de más perfecto para el gobierno de los pueblos. Cita cantidad de ejemplos sorprendentes para quien pueda admirarlos. «Pero, ¡cómo!», dice, «¡ni siquiera llevan calzas!»***.
4. Dígaseme honradamente qué opinión debían tener los propios atenienses de la elocuencia cuando tan meticulosamente la apartaron de aquel tribunal**** íntegro cuyos juicios ni siquiera los dioses mismos apelaban. ¿Qué pensaban los romanos de la medicina cuando la desterraron de su república? Y cuando un resto de humanidad llevó a los españoles a prohibir a sus gentes de toga la entrada en América, ¿qué idea debían tener de la jurisprudencia? ¿No se diría que con ese solo acto creyeron reparar todos los males que habían hecho a aquellos desventurados indios?

* La anécdota de los ictiófagos o comedores de peces está sacada de Plinio el Viejo: *Historia natural,* VI, cap. XXV.

** Montaigne, *Essais,* III, cap. VIII. La última frase pertenece a Rousseau, que salva verosímilmente a Diderot.

*** Montaigne, *Essais,* I, cap. XXXI, «Des Cannibales»; Montaigne dice «calzas atacadas» en esa frase que le pertenece.

**** El Aerópago. Las alusiones a los romanos y al rey Fernando figuran en los *Essais* de Montaigne, igual que ésta.

5. Fácilmente se ve la alegoría de la fábula de Prometeo; y no parece que los griegos, que lo clavaron en el Cáucaso, pensaran apenas más favorablemente que los egipcios de su dios Toth. «El sátiro», dice una antigua fábula, «quiso besar y abrazar el fuego la primera vez que lo vio; mas Prometeo le gritó: Sátiro, llorarás la barba de tu mentón, porque quema cuando se lo toca.» Es el tema del frontispicio*.
6. Cuanto menos se sabe más se cree saber. ¿Dudaban los peripatéticos de algo? ¿No ha construido Descartes el universo con cubos y torbellinos**? E incluso hoy mismo en Europa, ¿hay físico tan menguado que no explique audazmente ese profundo misterio de la electricidad que quizá haga por siempre la desesperación de los auténticos filósofos***?
7. Estoy muy lejos de pensar que ese ascendiente de las mujeres sea un mal en sí. Es un presente que les ha hecho la naturaleza para la felicidad del género humano: mejor dirigido, podría producir tanto bien como mal hace hoy. No se percibe demasiado bien qué ventajas nacerían en la sociedad de una educación mejor dada a esa mitad del género humano que gobierna a la otra. Los hombres serán siempre lo que plazca a las mujeres: por tanto, si queréis que se vuelvan grandes y virtuosos, enseñad a las mujeres qué es grandeza de alma y virtud. Las reflexiones que este tema proporciona, y que Platón hizo antaño, merecerían sobradamente ser mejor desarrolladas por una pluma digna de escribir como semejante maestro y de defender causa tan grande.
8. *Pens. philosoph.*
9. Tal era la educación de los espartanos, según el más grande de sus reyes. Es cosa digna de la mayor consideración, dice Montaigne,

* Para Louis Delaruelle, Rousseau fuerza el sentido de Platón; según éste, Toth se limitaba a explicar la utilidad de las ciencias al rey Thamos, que le opuso ciertos reparos. En cuanto a la frase de Prometeo, Rousseau la toma de Plutarco, en la traducción de Amyot; según Jean Thomas, Amyot traduce el texto griego de forma incorrecta, atribuyendo a Prometeo la explicación *porque quema cuando se lo toca,* que el texto griego adjudica al sátiro. La última frase de la nota hace alusión al frontispicio del libro, ilustrado por Pierre van Loo y grabado por Bacquoy, que representa a Prometeo y al Sátiro en el momento de acercarse éste al fuego. (Véase página siguiente.)

** En el *Emilio:* «Descartes con los dados formaba al cielo y la tierra.» En cuanto a los torbellinos, era el nombre que los cartesianos daban a la revolución de un astro en tierra en su centro, y al movimiento supuesto de la materia en torno a ese astro.

*** El tema de la electricidad era tratado con frecuencia en la prensa de la época (*Mercure de France,* por ejemplo). En diciembre de 1749, por ejemplo, la Academia de Dijon oyó un discurso sobre la electricidad y el rayo.

Frontispicio de la primera edición a que hace referencia la nota de Rousseau número 5.

que en aquella excelente organización de Licurgo, monstruosa en verdad por su perfección, tan cuidadosa sin embargo de la nutrición de los niños, como de su principal carga, y en la morada misma de las musas, se haga tan poca mención de la doctrina: como si, desdeñando aquella generosa juventud cualquier otro yugo, se hubiera debido proporcionarle, en lugar de nuestros maestros de ciencia, sólo maestros de valentía, prudencia y justicia.

Veamos ahora cómo habla ese mismo autor de los antiguos persas. Platón, dice, cuenta que el hijo mayor de la sucesión real era criado así: tras su nacimiento lo entregaban no a mujeres, sino a eunucos de la mayor autoridad junto al rey a causa de su virtud. Éstos se ocupaban de hacerlo hermoso y sano de cuerpo, y después de los siete años le enseñaban a montar a caballo y a ir de caza. Cuando había llegado a los catorce, lo depositaban en manos de cuatro: del más sabio, del más justo, del más moderado y del más valiente de la nación. El primero le enseñaba la religión; el segundo a ser siempre veraz, el tercero a vencer sus codicias, el cuarto a no temer nada. Todos, añadiría yo, a hacerlo bueno, ninguno a hacerle sabio.

Astiages, según Jenofonte, pide cuentas a Ciro de su última lección: ocurrió, dice él, que en nuestra escuela un muchacho de gran talla que tenía un capote pequeño se lo dio a uno de sus compañeros de menor talla, y él le quitó la suya que era más grande. Habiéndome hecho juez mi preceptor de este litigio, juzgué que había que dejar las cosas como estaban y que ambos parecían hallarse mejor acomodados en ese punto. Se me hizo ver entonces que había hecho mal: porque me había parado a considerar el bienestar; y primero debía haber atendido a la justicia, que quiere que nadie sea forzado en lo que le pertenece. Y digo que fue castigado, como se nos castiga en nuestras ciudades por haber olvidado el aoristo primero de τύπτω. Mi regente tendría que echarme una buena arenga, *in genere demonstrativo,* antes de convencerme de que su escuela vale lo que ésta.

10. Si consideramos los horrorosos desórdenes que la imprenta ha causado ya en Europa, si juzgamos del futuro por el progreso que el mal hace de un día para otro, fácilmente se podrá prever que los soberanos no tardaron en tomarse tantos cuidados para desterrar este arte terrible de sus Estados como hicieron para introducirlos. El sultán Achmed*, cediendo a las importunidades de algunas pretendidas personas de gusto, había consentido en establecer una imprenta en Constantinopla. Pero apenas estuvo a punto la prensa, se vieron obligados a destruirla y a arrojar los instrumentos a un pozo. Se dice

* Achmed III, sultán de Constantinopla (1703-1730). Omar I, califa (634-644).

que consultado el califa Omar sobre lo que debía hacerse con la biblioteca de Alejandría, respondió en estos términos: «Si los libros de esa biblioteca contienen cosas opuestas al Corán, son malos y hay que quemarlos. Si no contienen más que la doctrina del Corán, quemadlos también: son superfluos.» Nuestros sabios han citado este razonamiento como el colmo del absurdo. Sin embargo, imaginaos a Gregorio Magno* en lugar de Omar, y el Evangelio en lugar del Corán: la biblioteca hubiera sido quemada, y quizá sería ése el rasgo más hermoso de la vida de ese ilustre pontífice.

Discurso sobre el origen de la desigualdad

1. Herodoto cuenta que habiéndose reunido tras el asesinato del falso Esmerdis** los siete liberadores de Persia para deliberar sobre la forma de gobierno que darían al Estado, Otanes opinó decididamente por la república; opinión tanto más extraordinaria en boca de un sátrapa cuanto que, además de la pretensión que podía él tener al imperio, los grandes temen más que a la muerte a una especie de gobierno que les fuerce a respetar a los hombres. Como bien se puede suponer, Otanes no fue escuchado, y viendo que se iba a proceder a la elección de un monarca, él, que no quería ni obedecer ni mandar, cedió voluntariamente a los demás competidores su derecho a la corona pidiendo por toda compensación ser libre e independiente, él y su posteridad, lo cual le fue otorgado. Aunque Herodoto no nos dijera la restricción*** que se puso a este privilegio, habría que suponerla necesariamente; de otro modo Otanes, al no reconocer ninguna especie de ley y sin tener que rendir cuenta a na-

* Alusión al desprecio de San Gregorio Magno por la gramática y las letras y humanidades, que Rousseau había leído en Bayle *(Dictionnaire)*. De todos modos, en Diderot, *Pensées philosophiques*, XLIV, se encuentra ya el pensamiento de la última frase de la nota. Gregorio Magno fue papa entre 590 y 615.

** Estrangulado Esmerdis, segundo hijo de Ciro, por su hermano Cambises, su muerte fue ocultada. El mago Patitiris, conocedor del secreto, ayudó a su propio hermano Gaumata, de cierto parecido con Esmerdis, a usurpar su puesto en ausencia de Cambises y a apoderarse del trono proclamándose rey. Cuando Cambises se disponía a enfrentarse a él, murió de forma misteriosa. Seis meses más tarde se descubría la impostura y Gaumata era derrocado y muerto por Darío I, que le sucedería.

*** Herodoto, *Historias*, III, 7-84; la restricción a que se refiere Rousseau figura en el siguiente fragmento: «Y ahora incluso la casa de Otanes es la única de entre los persas que es libre; no está sometida, a no ser que buenamente lo quiera, no transgrediendo las leyes de los persas.»

die, hubiera sido todopoderoso en el Estado y más poderoso que el rey mismo. Pero apenas era verosímil que un hombre capaz de contentarse en semejante caso con tal privilegio fuese capaz de abusar de él. En efecto, no se sabe que tal derecho haya provocado la menor perturbación en el reino, ni por el sabio Otanes, ni por ninguno de sus descendientes.

2. Desde mi primer paso me apoyo confiado en una de esas autoridades respetables para los filósofos, porque proceden de una razón sólida y sublime que sólo ellos saben encontrar y sentir*.

«Cualquiera que sea el interés que tengamos en conocernos a nosotros mismos, no sé si no conocemos mejor todo cuanto no es nosotros. Provistos por la naturaleza de órganos únicamente destinados a nuestra conservación, sólo los empleamos para recibir impresiones extrañas, no tratamos sino de exteriorizarnos y existir fuera de nosotros; demasiado ocupados en multiplicar las funciones de nuestros sentidos y en aumentar la extensión exterior de nuestro ser, raramente hacemos uso de ese sentido interior que nos reduce a nuestras verdaderas dimensiones y que separa de nosotros todo cuando no lo es. De ese sentido, sin embargo, es del que tenemos que servirnos si queremos conocernos; es el único por el que podemos juzgarnos. Pero, ¿cómo dar a ese sentido su actividad y toda su extensión? ¿Cómo arrancar nuestra alma, en la que reside, de todas las ilusiones de nuestro espíritu? Hemos perdido la costumbre de emplearla, ha permanecido sin ejercitarse en medio del tumulto de nuestras sensaciones corporales, se ha desecado por el fuego de nuestras pasiones; el corazón, el espíritu, el sentido**, todo ha trabajado contra ella.» *Hist. Nat.*, t. 4, página 151, *De la Nat. de l'homme.*

3. Los cambios que una larga costumbre de caminar sobre dos pies ha podido producir en la conformación del hombre, las relaciones que aún se observan entre sus brazos y las patas anteriores de los cuadrúpedos, y la inducción sacada de su modo de caminar, han podido hacer nacer dudas sobre cuál debía ser más natural para nosotros. Todos los niños comienzan por andar a cuatro patas y necesitan de nuestro ejemplo y de nuestras lecciones para aprender a tenerse de pie. Hay incluso naciones salvajes que, como los hotentotes, despreocupándose mucho de los niños, los dejan andar sobre las manos tanto tiempo que luego les cuesta mucho esfuerzo enderezarlos; otro tanto hacen los niños de los caribes de las Antillas. Hay diversos ejemplos de hombres cuadrúpedos, y entre otros po-

* Se trata de Buffon, a quien recurrirá Rousseau frecuentemente en estas notas.

** El texto de Buffon dice: *los sentidos.*

dría yo citar el de aquel niño que fue hallado en 1344 cerca de Hesse, donde había sido alimentado por los lobos, y que luego, en la corte del príncipe Enrique, decía que si sólo hubiera dependido de él, habría preferido volver con ellos a vivir entre los hombres. Había adquirido la costumbre de andar como esos animales de tal modo que hubo que ponerle tablas de madera que le forzaban a mantenerse de pie y en equilibrio sobre sus dos pies. Lo mismo ocurría con el niño que se encontró en 1694 en las selvas de Lituania y que vivía entre los osos. No daba ninguna señal de razón, dice el señor de Condillac, andaba sobre sus pies y sobre sus manos, no tenía lenguaje alguno y formaba sonidos que no se parecían en nada a los de un hombre. El pequeño salvaje de Hannover*, que fue llevado hace algunos años a la corte de Inglaterra, tenía todas las dificultades del mundo para obligarse a andar sobre los dos pies, y en 1719 se encontraron en los Pirineos otros dos salvajes, que corrían por las montañas a la manera de los cuadrúpedos. Podría objetarse que eso es privarse del uso de las manos, del que tantas ventajas sacamos; en cuanto a eso, además de que el ejemplo de los simios muestra que la mano bien puede ser empleada de dos maneras, probaría solamente que el hombre puede dar a sus miembros un destino más cómodo que el de la naturaleza, y no que la naturaleza haya destinado al hombre a caminar de otro modo a como ella le enseña**.

Mas hay, en mi opinión, muchas razones mejores que argüir para sostener que el hombre es un bípedo. En primer lugar, aun cuando se demostrara que al principio pudo estar conformado de otro modo a como lo vemos y sin embargo devenir finalmente lo que es, no bastaría para concluir que esto haya ocurrido así. Porque una vez mostrada la posibilidad de tales cambios, antes de admitirlos habría que mostrar al menos su verosimilitud. Además, si los brazos del hombre parecen haber podido servirle de piernas en caso necesario, ésta es la única observación favorable a tal hipótesis frente a un gran número de otras que le son contrarias. Las principales son: que la forma en que la cabeza del hombre está pegada a

* Se trata de «Peter the wild man», hallado en 1724 junto a Hamelh y llevado a Londres dos años más tarde. Fue entregado al Dr. Arbuthnot, que quiso seguir su evolución y comprobar las teorías de Locke sobre el desarrollo de la inteligencia. Sin embargo, permanecería oligofrénico toda su vida. Fue un caso que hizo correr tinta en toda Europa, en especial en Inglaterra. Swift y Poe se refirieron a él. Tanto este caso de Peter el salvaje, como de los demás citados por Rousseau, y otros no citados por él, constituyen el tema de la obra *Wolf-Children and feral Man* (Nueva York, 1942), de J. A. L. Singh y Robert M. Zingg.

** Alusión a la definición del hombre de Linneo, que en su *Fauna Suecica* lo define como cuadrúpedo.

su cuerpo, en lugar de dirigir su vista horizontalmente, como ocurre en todos los demás animales, y como él mismo la tiene al andar de pie, de andar a cuatro patas le habría obligado a tener los ojos directamente fijos en tierra, situación muy poco favorable a la conservación del individuo; que la cola que le falta, y que de nada le sirve al andar sobre dos pies, es útil a los cuadrúpedos, y que ninguno está privado de ella; que el pecho de la mujer, muy bien situado para un bípedo que sostiene a su hijo en sus brazos, lo está tan mal para un cuadrúpedo que ninguno de ellos lo tiene situado de esa manera; que por ser la parte trasera de excesiva altura en proporción con las piernas delanteras, lo cual hace que al andar a cuatro patas nos arrastremos sobre las rodillas, el conjunto habría constituido un animal desproporcionado y de poca comodidad al caminar; que si hubiera puesto el pie de plano, lo mismo que la mano, habría tenido en la pierna posterior una articulación menos que los demás animales, a saber, la que une la caña a la tibia, y que al posar sólo la punta del pie, como sin duda se habría visto forzado a hacer, el tarso, sin hablar de la pluralidad de huesos que lo componen, parece demasiado grueso para hacer las veces de caña, y sus articulaciones con el metatarso y la tibia demasiado cercanas entre sí para dar a la pierna humana en esta situación la misma flexibilidad que tienen las de los cuadrúpedos. El ejemplo de los niños, tomado a una edad en que las fuerzas naturales aún no están desarrolladas ni los miembros consolidados, no concluye nada en absoluto, y lo mismo me daría decir que los perros no están destinados a marchar porque no hacen más que arrastrarse a las pocas semanas de su nacimiento. Los hechos particulares tienen además poca fuerza contra la práctica universal de todos los hombres, e incluso de aquellas naciones que, por no haber tenido comunicación alguna con las otras, nada podían imitar de ellas. Un niño abandonado en una selva antes de poder andar, y alimentado por alguna bestia, habrá seguido el ejemplo de su nodriza ejercitándose en andar como ella; el hábito habrá podido darle facilidades que no tenía de la naturaleza; y, como los mancos consiguen a fuerza de ejercicio hacer con los pies todo lo que nosotros hacemos con nuestras manos, habrá conseguido finalmente emplear sus manos para los usos de los pies.

4. Si se hallara entre mis lectores algún físico lo suficientemente malo como para ponerme dificultades a la suposición de esta fertilidad natural de la tierra, le respondería con el pasaje siguiente:

«Como los vegetales sacan para su nutrición mucha más substancia del aire y del agua que la que sacan de la tierra, ocurre que al pudrirse devuelven a la tierra más de lo que de ella han sacado; por otro lado, una selva provoca las aguas de la lluvia al interceptar los vapores. Así, en un bosque que se conserve mucho tiempo sin ser tocado, la capa de tierra que sirve para la vegetación aumenta considerablemente; pero como los animales devuelven a la tierra menos de lo que de ella sacan, y como los hombres hacen enormes consumos de madera y de plantas para el fuego y para otros usos, se deduce que la capa de tierra vegetal de una región habitada debe disminuir siempre y volverse finalmente como el terreno de Arabia Pétrea y como el de tantas otras provincias de Oriente, que es, en efecto, el clima habitado desde más antiguo, donde no se encuentra más que sal y arenas, porque la sal fija* de las plantas y de los animales permanece, mientras que todas las demás partes se volatilizan.» Mr. de Buffon, *Hist. Natural***.

A esto puede añadirse la prueba de hecho basada en la cantidad de árboles y de plantas de toda especie de que estaban llenas casi todas las islas desiertas que han sido descubiertas en estos últimos siglos, y en lo que la Historia nos enseña sobre los bosques inmensos que ha habido que abatir por toda la Tierra a medida que se la puebla o civiliza. Aún haría sobre ello las tres observaciones siguientes. La primera, que si hay una especie de vegetales que puedan compensar el gasto de materia vegetal que hacen los animales, según el razonamiento del señor de Buffon, son, sobre todo, los árboles, cuyas copas y hojas concentran y se apropian más aguas y vapores que todas las demás plantas. La segunda, que la destrucción del suelo, es decir, la pérdida de la substancia idónea para la vegetación, debe acelerarse a medida que la tierra se cultiva más y que los habitantes más industriosos consumen en mayor abundancia sus productos de toda clase. Mi tercera y más importante observación es que los frutos de los árboles proveen al animal de una nutrición más abundante de lo que pueden hacer los demás vegetales, experiencia que he hecho por mí mismo comparando los productos de dos terrenos iguales en extensión y calidad, uno cubierto de castaños y otro sembrado de trigo.

5. Entre los cuadrúpedos, las dos distinciones más universales de las especies voraces*** se derivan, una de la forma de los dientes, y otra de la conformación de los intestinos. Los animales que sólo vi-

* «En Química se distinguen las sales *fijas* de las volátiles. Las sales *fijas* son aquellas que se sacan después de la calcinación. Se llaman *fijas*, porque el fuego no las sublima.» *Dictionnaire de Trévoux* (1721).

** Buffon, *Histoire naturelle*, in-12, t. I: *Preuves de la théorie de la terre*, art. 7.

*** Rousseau emplea aquí *voraces* para designar a *frugívoros* y *carnívoros*. Líneas más adelante vuelve a emplear ese término, pero restringido, para designar a los *carnívoros*, rehuyendo el término *carnassiers*, empleado por Buffon y los demás naturalistas de la época.

ven de vegetales tienen todos los dientes planos, como el caballo, el buey, el cordero, la liebre, pero los voraces los tienen puntiagudos, como el gato, el perro, el lobo, el zorro. En cuanto a los intestinos, los frugívoros tienen algunos, como el colon, que no se encuentran en los animales voraces. Parece por tanto que el hombre, que tiene los dientes y los intestinos como los tienen los animales frugívoros, debería ser colocado por naturaleza en esta clase*. Y no sólo las observaciones anatómicas confirman esta opinión; también le son muy favorables los monumentos de la Antigüedad: «Dicearco, dice San Jerónimo, refiere en sus *Libros de las antigüedades griegas* que bajo el reinado de Saturno, cuando todavía era fértil la tierra por sí misma, ningún hombre comía carne, sino que todos vivían de los frutos y de las legumbres que crecían naturalmente.» (Lib. 2, *Adv. Jovinian.*). Esta opinión puede apoyarse además en las relaciones de muchos viajeros modernos: Francisco Coreal, entre otros, testimonia que la mayoría de los habitantes de las Lucayas, a los que los españoles transportaron a las islas de Cuba, de Santo Domingo y a otras partes, murieron por no haber comido carne**. Puede verse en esto que paso por alto muchas ventajas que podría hacer valer. Porque al ser la presa casi el único motivo de combate entre los animales carniceros, y vivir los frugívoros entre sí en paz continua, si la especie humana fuera de este último género es evidente que habría tenido mucha más facilidad para subsistir en el estado de naturaleza, y mucha menos necesidad y ocasiones de salir de él.

6. Todos los conocimientos que exigen reflexión, todos aquellos que no se adquieren sino por encadenamiento de ideas y que sólo se perfeccionan sucesivamente, parecen estar completamente fuera del alcance del hombre salvaje, falto de comunicación con sus semejantes, es decir, falto del instrumento que sirve a esta comunicación y de las necesidades que la vuelven necesaria. Su saber y su industria se limitan a saltar, correr, batirse, lanzar una piedra, trepar a un árbol. Pero si no hace más que estas cosas, a cambio las hace mu-

* Rousseau parece afirmar la posibilidad del hombre de vivir exclusivamente de vegetales: en Buffon había encontrado algo semejante: «el hombre podría, como el buey, vivir de vegetales». Pero el naturalista replicaría a este pasaje de Rousseau en 1758, a quien califica de «uno de los más orgullosos censores de nuestra humanidad»: «La abstinencia de toda carne, lejos de convenir a la naturaleza, no puede sino destruirla; si el hombre se viera obligado a ella, no podría, al menos en estos climas, ni subsistir ni multiplicarse» (*Histoire naturelle*, t. XVI, *Animaux carnassiers*, París 1764). Las aficiones vegetarianas de Rousseau quedan manifestadas también en el primer libro del *Emilio;* y en el libro segundo se apoyará en Plutarco para afirmar sus tesis.

** Desde «Esta opinión puede...» es un añadido de la edición de 1782.

cho mejor que nosotros, que no tenemos la misma necesidad de hacerlas que él; y como dependen únicamente del ejercicio corporal y no son susceptibles de comunicación alguna ni de progreso alguno de un individuo a otro, el primer hombre pudo ser tan hábil en ellas como sus últimos descendientes.

Las relaciones de los viajeros están llenas de ejemplos de la fuerza y del vigor de los hombres en las naciones bárbaras y salvajes; no elogian menos apenas su destreza y su rapidez; y como sólo bastan ojos para observar estas cosas, nada nos impide prestar fe a lo que sobre esto certifican testigos oculares; saco por ello al azar algunos ejemplos de los primeros libros que tengo a mano.

«Los hotentotes, dice Kolben, entienden mejor la pesca que los europeos del Cabo. Su habilidad es igual con la red, con el anzuelo y con el arpón, tanto en las ensenadas como en los ríos. Con no menos habilidad atrapan el pescado con la mano. Son de una destreza incomparable para nadar. Su forma de nadar tiene algo asombroso y que les es completamente particular. Nadan con el cuerpo recto y las manos extendidas fuera del agua de suerte que parecen andar sobre tierra. En medio de la mayor agitación del mar y cuando las olas forman otras tantas montañas, danzan en cierto modo sobre el lomo de las olas, subiendo y bajando como un trozo de corcho.»

«Los hotentotes –sigue diciendo el mismo autor– son de una destreza sorprendente en la caza, y la rapidez de su carrera excede lo imaginable.» Se extraña de que no hagan más a menudo mal uso de su agilidad, cosa que sin embargo ocurre en ocasiones, como puede juzgarse por el ejemplo que de ello da: «Un marinero holandés, al desembarcar en El Cabo, encargó, dice, a un hotentote, seguirle hasta la ciudad con un rollo de tabaco de unas veinte libras. Cuando los dos se encontraron a cierta distancia de la tropa, el hotentote preguntó al marinero si sabía correr. ¿Correr?, responde el holandés, sí, muy bien. Veámoslo, replicó el africano, y huyendo con el tabaco desapareció casi al punto. El marinero, estupefacto por aquella maravillosa velocidad, no pensó siquiera en perseguirle y no volvió a ver jamás ni su tabaco ni a su porteador.

»Tienen la vista tan pronta y la mano tan certera que los europeos no se acercan en nada a ellos. A cien pasos, darán con una pedrada en una señal del tamaño de medio sueldo, y lo más sorprendente es que en lugar de fijar como nosotros los ojos en el objetivo, hacen movimientos y contorsiones continuas. Parece como si su piedra fuera llevada por una mano invisible.*»

* Rousseau cita a Kolben por el texto de la *Histoire générale des voyages*, París, 1748, tomo V, páginas 155-156.

El P. du Tertre* dice sobre los salvajes de las Antillas casi las mismas cosas que acaban de leerse sobre los hotentotes de El Cabo de Buena Esperanza. Pondera sobre todo su puntería al disparar con sus flechas a los pájaros en vuelo y a los peces nadando, que luego cogen zambulléndose. Los salvajes de América septentrional no son menos célebres por su fuerza y su destreza, y he aquí un ejemplo que servirá para juzgar las de los indios de la América meridional.

En el año 1746, un indio de Buenos Aires condenado a las galeras de Cádiz, propuso al gobernador rescatar su libertad exponiendo su vida en una fiesta pública. Prometió que atacaría él solo al más furioso toro sin otra arma en la mano que una cuerda, que lo derribaría, lo cogería con su cuerda por la parte que se le indicara, que lo ensillaría, lo embridaría, lo montaría y, así montado, combatiría con otros dos toros de los más furiosos que se hiciera salir del toril, y que mataría a todos uno tras otro en el instante en que se le mandase y sin ayuda de nadie; lo cual le fue otorgado. El indio mantuvo su palabra y salió con bien en cuanto había prometido; sobre la forma en que se las arregló y sobre todos los detalles del combate, puede consultarse el primer tomo in-12.° de las *Observations sur l'histoire naturelle* del señor Gautier, de donde está sacado este hecho, página 262**.

7. «La duración de la vida de los caballos, dice el señor de Buffon, está proporcionada, como en todas las demás especies de animales, a la duración del tiempo de su crecimiento. El hombre, que tarda catorce años en crecer, puede vivir seis o siete veces ese tiempo, es decir, noventa o cien años; el caballo, cuyo crecimiento se hace en cuatro años, puede vivir seis o siete veces otro tanto, es decir, veinticinco o treinta años. Los ejemplos que podrían ser contrarios a esa regla son tan raros que ni siquiera se les debe mirar como una excepción de la que puedan sacarse consecuencias; y como los caballos corpulentos alcanzan su crecimiento en menos tiempo que los caballos finos, viven también menos tiempo y son viejos desde la edad de quince años***.»

* *Histoire générale des isles de Saint Christophe,* París, 1654, o también en la edición de *Histoire générale des Antilles* (1667-1671), tratado VII: *Des habitants des Antilles,* cap. I.

** Jacques Gautier d'Agoty: *Observations sur l'histoire naturelle, la physique et la peinture,* París, 1752-1758, en seis tomos.

*** *Histoire naturelle,* in-12, t. VII, París, páginas 249 y siguientes, Voltaire anota al margen después de haber subrayado «son viejos desde la edad de quince años»: «Falso, yo tengo dos caballos de carroza que han vivido treinta y cinco años.»

8. Creo ver entre los animales carniceros y los frugívoros otra diferencia aún más general que la que he señalado en la nota 5, puesto que ésta se extiende hasta los pájaros. Esta diferencia consiste en el número de crías, que no excede nunca de dos en cada camada por lo que se refiere a las especies que sólo viven de vegetales, y que supera ordinariamente ese número en los animales voraces. A este respecto es fácil conocer el destino de la naturaleza por el número de mamas, que es sólo de dos en cada hembra de la primera especie, como la yegua, la vaca, la cabra, la cierva, la oveja, etc., y que es siempre de seis u ocho en las otras hembras, como la perra, la gata, la loba, la tigresa, etc. La gallina, la oca, la pata, que son todas ellas aves voraces* así como el águila, el gavilán y la lechuza, ponen también e incuban gran número de huevos, cosa que no ocurre nunca con la paloma, la tórtola ni los pájaros, que no comen absolutamente más que grano, y que no ponen ni incuban apenas más que dos huevos a la vez. La razón que puede darse de esta diferencia es que los animales que sólo viven de hierbas y de plantas, al permanecer casi todo el día en busca de pitanza y estar obligados a emplear mucho tiempo en nutrirse, no podrían dar abasto a lactar a muchas crías, mientras que las voraces que hacen su comida casi en un instante, pueden con mayor facilidad y frecuencia volver a sus crías y a su caza, y reparar la disipación de una cantidad tan grande de leche; sobre todo esto hay muchas observaciones particulares y reflexiones que hacer; pero no es éste el lugar, y me basta con haber mostrado en esta parte el sistema más general de la naturaleza, sistema que proporciona una nueva razón para sacar al hombre de la clase de animales carniceros y colocarlo entre las especies frugívoras.
9. Un autor célebre**, tras calcular los bienes y los males de la vida humana y comparar las dos sumas, ha hallado que la última sobrepasaba en mucho a la otra y que, todo considerado, la vida era para el hombre un regalo bastante malo. No estoy sorprendido por su conclusión; ha deducido todos sus razonamientos de la constitución del hombre civil: si se hubiera remontado hasta el hombre natural, puede creerse que habría hallado resultados muy diferentes, que se habría percatado de que el hombre no tiene otros males que aquellos que él mismo se ha dado, y que la naturaleza habría quedado justificada. No sin esfuerzo hemos conseguido volvernos tan

* Véase nota *** de la página 334.

** Alusión a Maupertuis y su *Essai de philosophie morale,* cuyo segundo capítulo se titula: «Que en la vida ordinaria la suma de los males sobrepasa la de los bienes.»

desgraciados. Cuando por un lado se consideran los inmensos trabajos de los hombres, tantas ciencias profundizadas, tantas artes inventadas, tantas fuerzas empleadas, abismos colmados, montañas allanadas, rocas rotas, ríos hechos navegables, tierras roturadas, lagos excavados, marismas desecadas, edificios enormes levantados sobre la tierra, la mar cubierta de bajeles y de marineros, y por otro lado se investigan con cierta reflexión las verdaderas ventajas que han resultado de todo esto para la felicidad de la especie humana, no puede uno sino quedar afectado por la sorprendente desproporción que reina entre estas cosas, y deplorar la ceguera del hombre que, para alimentar su loco orgullo y no sé qué vana admiración por sí mismo, le hace correr ardorosamente tras todas las miserias de que es susceptible, y que la bienhechora naturaleza había tomado la precaución de apartar de él.

Los hombres son malvados; una triste y continua experiencia nos dispensa de probarlo; sin embargo, el hombre es naturalmente bueno, creo haberlo demostrado; ¿qué es, pues, lo que puede haberlo depravado hasta ese punto sino los cambios sobrevenidos en su constitución, los progresos que ha hecho y los conocimientos que ha adquirido? Que admiren cuanto quieran la sociedad humana, no será por ello menos cierto que necesariamente conduce a los hombres a odiarse entre sí en la medida en que sus intereses se cruzan, a prestarse mutuamente servicios aparentes y a hacerse en la práctica todos los males imaginables. ¿Qué puede pensarse de un trato en que la razón de cada particular le dicta máximas directamente contrarias a las que la razón pública predica al cuerpo de la sociedad, y en el que cada cual halla su provecho en la desgracia del prójimo? Quizá no haya ni un solo hombre acomodado a quien herederos ávidos, y a menudo sus propios hijos no deseen en secreto la muerte, ni un bajel en el mar cuyo naufragio no fuera una buena nueva para algún negociante, ni una casa que un deudor de mala fe no quisiera ver arder con todos los papeles que contiene, ni un pueblo que no se regocije con los desastres de sus vecinos. Así es como hallamos nuestro provecho en el perjuicio de nuestros semejantes, y como la pérdida de uno hace casi siempre la prosperidad del otro; pero hay algo más peligroso todavía, y es que las calamidades públicas son la expectativa y la esperanza de una multitud de particulares. Unos quieren enfermedades, otros mortandad, otros guerra, otros hambre; he visto hombres horribles llorar de dolor ante las probabilidades de un año fértil, y el vasto y funesto incendio de Londres*, que costó la vida o los bienes a tantos desgraciados, hizo

* Ocurrido en 1666.

quizá la fortuna de más de diez mil personas. Sé que Montaigne* censura al ateniense Demades por haber hecho castigar a un obrero que por vender muy caro los ataúdes ganaba mucho con la muerte de los ciudadanos; pero siendo la razón que Montaigne alega la de que habría que castigar entonces a todo el mundo, es evidente que su razón confirma las mías. Penetremos, pues, más allá de nuestras frívolas demostraciones de benevolencia, lo que pasa en el fondo de los corazones, y reflexionemos en lo que debe ser un estado de cosas en que todos los hombres están forzados a acariciarse y destruirse mutuamente y en el que nacen enemigos por deber y trepaceros por interés. Si se me contesta que la sociedad está constituida de tal modo que cada hombre gana sirviendo a los otros, replicaré que eso estaría muy bien si no ganase más aún perjudicándolos. No hay provecho tan legítimo que no sea superado por el que puede obtenerse ilegítimamente, y el daño causado al prójimo es siempre más lucrativo que los servicios. No se trata, pues, sino de hallar los medios de asegurarse la impunidad, y en ello es en lo que emplean los poderosos todas sus fuerzas y los débiles todas sus artimañas.

Cuando ha comido, el hombre salvaje está en paz con toda la naturaleza y es amigo de todos sus enemigos. ¿Que tratan a veces de disputarle la comida? No llega nunca a las manos sin haber comparado antes la dificultad de vencer con la de encontrar su subsistencia en otra parte, y como el orgullo no se mezcla al combate, éste termina al cabo de algunos puñetazos. El vencedor come, el vencido va en busca de fortuna, y todo queda en paz; pero en el hombre en sociedad los asuntos son muy distintos; se trata en primer lugar de proveer a lo necesario, y luego a lo superfluo; enseguida vienen los placeres, y después las inmensas riquezas, y después los súbditos, y después los esclavos; no hay un momento de reposo; y lo más singular es que cuanto menos naturales y acuciantes son las necesidades, más aumentan las pasiones y, lo que es peor, el poder de satisfacerlas; de suerte que tras largas prosperidades, tras haber engullido muchos tesoros y destruido muchos hombres, mi héroe terminará por degollar todo hasta ser el único amo del universo. Tal es, en resumen, el cuadro moral, si no de la vida humana, al menos de las pretensiones secretas de todo hombre civilizado**.

Comparad sin prejuicios el estado del hombre civil con el del hombre salvaje e investigad, si podéis, dejando a un lado su maldad, sus necesidades y sus miserias, cuántas nuevas puertas abrió el primero al dolor y a la muerte. Si consideráis los pesares de alma

* Montaigne, *Essais*, I, cap. XXII, donde parte de Séneca para el ejemplo.

** Al margen, Voltaire, anota: «y aún más de cualquier salvaje, si puede.»

que nos consumen, las pasiones violentas que nos agotan y desolan, los trabajos excesivos con que los pobres están sobrecargados, la molicie aún más peligrosa a que se abandonan los ricos, y que hace que unos mueran por sus necesidades y otros por sus excesos; si pensáis en las monstruosas mezclas de alimentos, en sus perniciosas condimentaciones, en los productos corrompidos, en las drogas falsificadas, en las bribonadas de quienes las venden, en los errores de quienes las administran, en el veneno de los vasos* en que se preparan, si prestáis atención a las enfermedades epidémicas causadas por el aire malsano entre multitudes de hombres apiñados, a las que ocasionan la delicadeza de nuestra manera de vivir, el paso alterno del interior de nuestras casas al aire libre, el uso de vestidos puestos y quitados con demasiada poca precaución, y todos los cuidados que nuestra excesiva sensualidad ha convertido en hábitos necesarios, cuya privación o negligencia nos cuesta al punto la vida o la salud, si ponéis en la lista los incendios y los terremotos que, consumiendo o destruyendo ciudades enteras, hacen perecer sus habitantes por millares; en una palabra, si reunís los peligros que todas estas causas amontonan continuamente sobre nuestras cabezas, sentiréis cuán caro nos hace pagar la naturaleza el desprecio que hemos hecho de sus lecciones.

No repetiré aquí lo que sobre la guerra tengo dicho en otra parte**; pero me gustaría que las gentes instruidas quisieran u osaran dar por una vez al público el detalle de los horrores que cometen en los ejércitos los contratistas de víveres y de hospitales: se vería cómo sus maniobras, no demasiado secretas, por las que los más brillantes ejércitos se deshacen en menos de nada, hacen perecer más soldados que los que siega el hierro enemigo. Es ése todavía un cálculo menos sorprendente que el de los hombres que la mar engulle todos los años, bien por hambre, bien por escorbuto, bien por los piratas, bien por fuego, bien por naufragios. Es evidente que también hay que cargar en la cuenta de la propiedad establecida y, por consiguiente, de la sociedad, los asesinatos, los envenenamientos, los robos en los caminos reales y las puniciones mismas de estos crímenes, puniciones necesarias para prevenir males mayores pero que, por costar la vida a dos o más el asesinato de un hombre, no dejan de duplicar realmente la pérdida de la especie humana. ¿Cuántos medios vergonzosos para impedir el nacimiento de los

* Rousseau estaba convencido de la toxicidad de los vasos de cobre, empleados en la farmacéutica de la época, y había publicado en el *Mercure de France* una carta titulada «Sobre el uso peligroso de los utensilios de cobre» (junio de 1753).
** En las páginas 295-296 de este mismo *Discurso.*

hombres y falsear la naturaleza? Sea mediante esos gustos brutales y depravados que insultan a su obra más encantadora, gustos que ni los salvajes ni los animales conocieron jamás, y que en los países cultivados no han nacido sino de una imaginación corrompida*, sea por esos abortos secretos, dignos frutos de la depravación y del honor vicioso, bien por la exposición** o el asesinato de una multitud de niños, víctimas de la miseria de sus padres o de la vergüenza bárbara de sus madres; bien, finalmente, por la mutilación de estos desgraciados, una parte de cuya existencia y toda su posteridad son sacrificadas a vanas canciones, o, lo que es peor aún, a los brutales celos*** de algunos hombres, mutilación que en este último caso ultraja doblemente a la naturaleza, por el trato que reciben quienes la sufren y por el uso a que están destinados.

Pero, ¿no hay mil casos más frecuentes y más peligrosos aún, en que los derechos paternos ofenden abiertamente a la humanidad? ¡Cuántos talentos enterrados e inclinaciones forzadas por la imprudente coacción de los padres! ¡Cuántos hombres, que se habrían distinguido en un estado adecuado, que mueren desgraciados y deshonrados en otro estado por el que no sentían gusto alguno! ¡Cuántos matrimonios felices pero desiguales han sido rotos o perturbados, y cuántas castas esposas deshonradas por ese orden de categorías siempre en contradicción con el de la naturaleza! ¡Cuántos otros enlaces extravagantes formados por el interés y condenados por el amor y por la razón! Incluso, ¡cuántos cónyuges honestos y virtuosos se martirizan mutuamente por haber sido mal emparejados! ¡Cuántas jóvenes y desgraciadas víctimas de la avaricia de sus padres se hunden en el vicio o pasan sus tristes días entre lágrimas, y gimen en los lazos indisolubles que el corazón rechaza y que sólo el oro ha formado! ¡Felices a veces aquellas a quienes su

* Nota de Voltaire: «Se ha encontrado esta infamia en América; y en los libros judíos que nos han hecho leer, ¿hay pueblo más bárbaro que los sodomitas?

** Pocos eran los que en esta fecha sabían que la exposición era el destino que Rousseau daba a sus hijos. Las razones de ella figuran aquí, y en una carta a Mme. de Francueil: «Es el estado de los ricos, es vuestro estado, el que roba al mío el pan de mis hijos»; sobre el oscuro tema de sus hijos, algo dice Rousseau en el libro VII de las *Confesiones*. Y en el paseo noveno de *Las Ensoñaciones del paseante solitario* (ed. citada, pág. 140) confiesa: «Yo había enviado mis hijos al Hospicio.» De cualquier modo, el tema se convirtió en arma arrojadiza de su época y de la posteridad: desde tesis que afirman la impotencia de Rousseau hasta acusaciones de padre desnaturalizado que le hace Voltaire, pronto informado por Grimm del caso, tanto en su correspondencia privada como en el escrito *Le sentiment des citoyens*.

*** Se refiere a las mutilaciones para obtener eunucos; y en la frase anterior a las que se hacían en niños para obtener voces atipladas.

valor y su virtud misma arrancan de la vida antes de que una violencia bárbara las fuerce a pasarla en el crimen o en la desesperación! ¡Perdonádmelo, padre y madre por siempre dignos de compasión! ¡Agrío con pesar vuestros dolores; pero ojalá puedan servir de ejemplo eterno y terrible a quien, en nombre mismo de la naturaleza, ose violar el más sagrado de sus derechos!

Si sólo he hablado de esos vínculos mal formados que son obra de nuestra civilización: ¿piensa alguien que aquellos que el amor y la simpatía presidieron están exentos de inconvenientes?* ¿Qué ocurriría si intentase mostrar a la especie humana atacada en su fuente misma**, e incluso en el más santo de todos los lazos, aquel en el que no se atreve uno a escuchar a la naturaleza sino después de haber consultado a la fortuna y en el que, por confundir el desorden civil las virtudes y los vicios, la continencia se convierte en precaución criminal, y la negativa a dar la vida por sus semejantes en acto de humanidad? Mas sin descorrer el velo que cubre tantos horrores, contentémonos con indicar el mal al que otros deben aportar remedio***.

Añádase a todo esto esa cantidad de oficios malsanos que abrevian los días o destruyen el temperamento, como son los trabajos de las minas, las diversas preparaciones con los metales, con los minerales, sobre todo con el plomo, el cobre, el mercurio, el cobalto, el arsénico, el rejalgar; esos otros oficios peligrosos que todos los días cuestan la vida a cantidad de obreros, plomeros unos, carpinteros otros, otros albañiles, y otros que trabajan en las canteras; que se reúnan, digo, todos estos objetos y podrá verse en el establecimiento y la perfección de las sociedades las razones de la disminución de la especie, observada por más de un filósofo.

El lujo, imposible de prevenir en hombres ávidos de sus comodidades y de la consideración de los demás, remata al punto el mal

* Añadido de la edición de 1782 desde el párrafo anterior: «Pero, ¿no hay mil casos más frecuentes...?»

** Anotación marginal de Voltaire: «¡Desgraciado Jean-Jacques cuyas carnosidades son de sobra conocidas! Pobre escapado de la sífilis, ¿ignoras que procede de los salvajes?» Rousseau no padeció sífilis; se trata de una interpretación calumniosa por parte de Voltaire de la enfermedad urinaria que sufrió Rousseau, de la que él mismo da cuenta en las *Ensoñaciones.* Esa uretritis y orquitis, diagnosticada por algunos médicos a partir de sus testimonios, sería causa de la impotencia sexual que defienden algunos biógrafos de Rousseau desde el siglo XVIII, y que es uno de los elementos de la polémica sobre sus hijos.

*** Desde «¿Qué ocurriría...» es un añadido que Rousseau remitió al editor cuando la obra se estaba componiendo, en febrero de 1755. Rey escribió *su semejante,* en vez de *sus semejantes* del añadido manuscrito.

que las sociedades han comenzado, y so pretexto de hacer vivir a los pobres, que no había por qué crear, empobrece todo el resto y despuebla tarde o temprano el Estado.

El lujo es un remedio mucho peor que el mal que pretende curar; o mejor, en sí es el peor de todos los males, sea grande o pequeño el Estado en que reine: para nutrir tropeles de criados y de miserables que ha hecho, agobia y arruina al campesino y al ciudadano. Como esos vientos ardientes del mediodía que, cubriendo la hierba y la verdura de insectos devorados, privan de subsistencia a los animales útiles y llevan la escasez y la muerte a todos los lugares en que se dejan sentir.

De la sociedad y del lujo que engendra nacen las artes liberales y mecánicas, el comercio, las letras; y todas esas inutilidades, que hacen florecer la industria, enriquecen y pierden a los Estados. La razón de este deterioro es muy simple. Es fácil ver que, por su naturaleza, la agricultura debe ser la menos lucrativa de todas las artes; porque al ser su producto el de uso más indispensable para todos los hombres, el precio debe ser proporcionado a las posibilidades de los más pobres. Del mismo principio se puede sacar la siguiente regla: que en general las artes son lucrativas en razón inversa de su utilidad, y que las más necesarias han de convertirse en última instancia en las más descuidadas. De donde se ve lo que hay que pensar de las verdaderas ventajas de la industria y del efecto real que resulta de sus progresos.

Tales son las causas sensibles de todas las miserias en que la opulencia precipita finalmente a las naciones más admiradas. A medida que la industria y las artes se extienden y florecen, el agricultor, despreciado, cargado de impuestos necesarios para el mantenimiento del lujo y condenado a pasar su vida entre el trabajo y el hambre, abandona sus campos para ir a buscar en las ciudades el pan que debería llevar a ellas. Cuanto más llenan de admiración las capitales los ojos estúpidos del pueblo, más habría que lamentarse de ver las campiñas abandonadas, las tierras en baldío, y los caminos reales inundados de desventurados ciudadanos vueltos mendigos o ladrones y destinados a acabar un día su miseria en la rueda o en un estercolero. Así es como el Estado, al enriquecerse por un lado, se debilita y despuebla por el otro, y así como las monarquías más poderosas, tras muchos trabajos para convertirse en opulentas y desiertas, terminan por volverse presa de las naciones pobres que sucumben a la funesta tentación de invadirlas, y que se enriquecen y debilitan a su vez, hasta ser ellas mismas invadidas y destruidas por otras.

Dígnense explicarnos de una vez qué pudo producir esas nubes de bárbaros que durante tantos siglos han inundado Europa, Asia y África. ¿Era a la industria de sus artes, a la sabiduría de sus leyes, a la excelencia de su policía, a lo que debían esa prodigiosa población? Que nuestros sabios tengan a bien decirnos por qué, lejos de multiplicarse hasta ese punto, aquellos hombres feroces y brutales, sin luces, sin freno, sin educación, no se degollaban todos entre sí a cada instante para disputarse su pitanza o su caza. Que nos expliquen cómo esos miserables tuvieron siquiera la osadía de mirar de frente a gentes tan hábiles como éramos, con una disciplina militar tan hermosa, con tan hermosos códigos y tan sabias leyes. Y por último, ¿por qué, desde que la sociedad se ha perfeccionado en los países del Norte, y tanto trabajo les ha costado enseñar a los hombres sus deberes mutuos y el arte de vivir agradable y pacíficamente juntos, no se ve ya salir de ellos nada semejante a aquellas multitudes de hombres que antaño producían? Mucho me temo que en última instancia a alguien se le ocurra responderme que todas esas grandes cosas, a saber, las artes, las ciencias y las leyes, fueron muy sabiamente inventadas por los hombres como una peste salutífera para prevenir la excesiva multiplicación de la especie, por miedo a que este mundo que nos está destinado terminara siendo a la postre demasiado pequeño para sus habitantes.

¡Vaya! ¿Hay que destruir las sociedades, aniquilar lo tuyo y lo mío, y volver a vivir en los bosques con los osos? Consecuencia propia de mis adversarios, que me gusta tanto anticipar como dejarles la vergüenza de sacarla. Vosotros, para quienes la voz celeste no se ha hecho oír y que no reconocéis para vuestra especie otro destino que acabar en paz vuestra corta vida, vosotros que podéis dejar en medio de las ciudades vuestras funestas adquisiciones, vuestros espíritus inquietos, vuestros corazones corrompidos y vuestros deseos desenfrenados, recuperad, puesto que depende de vosotros, vuestra antigua y primera inocencia; id a los bosques a perder la visión y la memoria de los crímenes de vuestros contemporáneos, y no temáis envilecer vuestra especie renunciando a sus luces por renunciar a sus vicios*. En cuanto a los hombres semejantes a mí, cuyas pasiones han destruido para siempre la sencillez originaria, que no pueden ya alimentarse de hierba y de bellotas, ni prescindir de leyes ni de jefes; quienes fueron honrados en su primer padre mediante lecciones sobrenaturales; quienes vean, en el intento de dar

* En este fragmento, que más tarde precisará en el *Emilio* (III), Rousseau explicita de modo claro que no es el retorno real a la naturaleza lo que predica, sino más bien, en palabras de Starobinski, una «fidelidad lejana a la naturaleza perdida en el seno de la vida social».

desde el inicio a las acciones humanas una moralidad que no han adquirido de antaño, la razón de un precepto indiferente por sí mismo e inexplicable en cualquier otro sistema*, quienes, en una palabra, estén convencidos de que la voz divina llamó a todo el género humano a las luces y a la felicidad de las inteligencias celestes, todos ellos tratarán, mediante el ejercicio de virtudes que se obligan a practicar aprendiendo a conocerlas, de merecer la recompensa eterna que por ello deben esperar; respetarán los sagrados lazos de las sociedades de que son miembros; amarán a sus semejantes y los servirán en todo cuanto puedan; obedecerán escrupulosamente las leyes y a los hombres que son sus autores y ministros, honrarán sobre todo a los príncipes sabios y buenos que sepan prevenir, curar o paliar ese tropel de abusos y de males siempre dispuestos a acuciarnos, animarán el celo de esos dignos jefes, mostrándoles sin temor ni adulación la grandeza de su tarea y el rigor de su deber; pero no por eso despreciarán menos una constitución que sólo puede mantenerse con la ayuda de tantas personas respetables que son más a menudo deseadas que conseguidas, y de la cual, pese a todos sus cuidados, nacen siempre más calamidades reales que ventajas aparentes.

10. Entre los hombres que conocemos, bien por nosotros mismos, bien gracias a los historiadores, o a los viajeros, unos son negros, otros blancos, otros cobrizos; unos tienen cabellos largos, otros no tienen más que lana rizada; los unos son casi totalmente velludos, los otros no tienen siquiera barba; hubo, y quizá hay aún, naciones de hombres de talla gigantesca, y dejando a un lado la fábula de los pigmeos, que bien puede no ser más que una exageración, se sabe que los lapones y, sobre todo, los groenlandeses están muy por debajo de la talla media del hombre; pretenden incluso que hay pueblos enteros que tienen colas como los cuadrúpedos, y sin prestar una fe ciega a las relaciones de Herodoto y de Ctesias**, puede deducirse de ellas al menos esta opinión muy verosímil: que si hubieran podi-

* El texto de Rousseau dice: «Ceux qui verront dans l'intention de donner d'abord aux actions humaines une moralité qu'elles n'eussent de longtemps acquise, la raison d'un precepte indifférent par lui-même et inexplicable dans tout autre système.» Voltaire anota al margen de este complicado párrafo francés: «Galimatías.» Starobinski subraya su carácter enigmático, y añade: «Puede suponerse que el precepto al que Rousseau alude aquí es la prohibición de comer del "árbol del conocimiento del bien y del mal" [...]. De esta prohibición es de donde las "acciones humanas" reciben "una moralidad que no han adquirido de antaño".»

** Ctesias, médico de Artajerjes, de origen cnidio, que, según refiere Diodoro de Sicilia, fue capturado durante una batalla y pasó diecisiete años en la corte persa; Diodoro transmitió parte de sus observaciones sobre diversos países de Asia.

do hacerse buenas observaciones en aquellos tiempos antiguos en que los diversos pueblos seguían maneras de vivir más diferentes entre sí de lo que hoy lo hacen, también se habrían observado en el rostro y en los hábitos del cuerpo variedades mucho más sorprendentes. Todos estos hechos cuyas pruebas irrefutables son fáciles de proporcionar, no pueden sorprender sino a quienes están acostumbrados a no mirar más que los objetos que les rodean y que ignoran los poderosos efectos de la diversidad de los climas, del aire, de los alimentos, de la maneras de vivir, de las costumbres en general, y, sobre todo, la fuerza sorprendente de estas mismas causas cuando actúan continuamente sobre largas series de generaciones. Hoy, cuando el comercio, los viajes y las conquistas reúnen más a los diversos pueblos, y cuando sus maneras de vivir se acercan constantemente por la frecuente comunicación, se percibe que ciertas diferencias nacionales han disminuido, y, por ejemplo, todos pueden observar que los franceses de hoy no son ya aquellos corpachones blancos y rubios descritos por los historiadores latinos, aun cuando el tiempo, unido a la mezcla de francos y de normandos, también blancos y rubios, hubiera debido restablecer cuanto la frecuentación de los romanos pudo quitar a la influencia del clima en la constitución natural y la tez de los habitantes. Todas estas observaciones sobre las variedades que mil causas pueden producir y han producido efectivamente en la especie humana me hacen dudar de si diversos animales semejantes a los hombres, tomados por los viajeros por bestias sin mucho examen, bien a causa de algunas diferencias que observaban en la conformación exterior, bien sólo porque esos animales no hablaban, no serían en efecto auténticos hombres salvajes, cuya raza, dispersada antiguamente en los bosques, no hubiera tenido ocasión de desarrollar ninguna de sus facultades virtuales, ni hubiera alcanzado grado alguno de perfección y se encontrara aún en el estado primitivo de naturaleza. Pongamos un ejemplo de lo que quiero decir.

«En el reino de Congo se encuentra, dice el traductor de la *Historia de los viajes,* cantidad de esos grandes animales que se llaman orangutanes en las Indias orientales, que son como el punto medio entre la especie humana y los babuinos. Cuenta Battel* que en los

* Andrew Battel (± 1565- ± 1640), de origen inglés, viajó a Brasil donde en 1589 fue capturado por los indígenas, y luego por los portugueses; luego viajó por Angola y el Congo, refiriendo sus aventuras a su retorno a Inglaterra a Samuel Purchass (± 1575-1626), natural de Essex, editor de relatos de viajes, que recogió en *Pilgrimes* (Londres, 1674). Rousseau utilizó para éste y otros textos de traducción francesa, *Histoire général des voyages.*

bosques de Mayomba, en el reino de Loango*, se ven dos clases de monstruos, los más grandes de los cuales se llaman *pongos*, y los otros *enjokos***. Los primeros tienen un parecido exacto con el hombre, pero son mucho más gruesos, y de talla más alta. De rostro humano, tienen los ojos muy hundidos. Sus manos, sus mejillas, sus orejas carecen de pelo, a excepción de las cejas que tienen muy largas. Aunque tengan el resto del cuerpo bastante velludo, el pelo no es muy espeso, y su color es pardo. Finalmente, la única parte que los distingue de los hombres es la pierna, que tienen sin pantorrilla. Caminan erectos cogiéndose con la mano el pelo del pescuezo; su cobijo está en los bosques; duermen sobre los árboles y se construyen una especie de techo que los pone a cubierto de la lluvia. Sus alimentos son los frutos o las nueces silvestres. Jamás comen carne. La costumbre de los negros que cruzan los bosques es encender hogueras durante la noche. Hacen notar que por la mañana, tras su partida, los pongos ocupan su puesto en torno del fuego y no se retiran hasta que no se ha apagado; pues, aunque con mucha destreza, no tienen suficiente sentido para mantenerlo aportando a él leña.

»A veces caminan en bandadas y matan a los negros que atraviesan las selvas. Caen incluso sobre los elefantes que vienen a pastar a los lugares que habitan y los hostigan tanto a puñetazos o con palos que les obligan a emprender la huida lanzando gritos. Nunca ha cogido nadie pongos con vida; porque son tan robustos que diez hombres no bastarían para apresarlos. Pero los negros cogen cantidad de crías tras haber matado a la madre, a cuyo cuerpo se aferra fuertemente el pequeño: cuando uno de estos animales muere, los demás cubren su cuerpo con un montón de ramas o de hojarasca. Purchass añade que en las conversaciones que tuvo con Battel, supo por éste que un pongo le robó un niño negro, que pasó un mes entero en compañía de estos animales; porque no hacen ningún mal a los hombres que sorprenden, al menos cuando éstos no los miran, como el negrito había observado. Battel no ha descrito la segunda clase de monstruo.

»Drapper*** confirma que el reino del Congo está lleno de esos animales que llevan en las Indias el nombre de orangután, es decir, habitantes de los bosques, y que los africanos llaman quojasmo-

* Loango: según el *Dictionnaire de Trévoux*, de 1721, «Reino de la baja Etiopía. Está limitado al sur por el de Congo, y al norte por el de Gabón».

** En la época se confundía el chimpancé, el gorila y el orangután.

*** Olfert Drapper, médico y geógrafo holandés (+1690), autor de una *Description de l'Afrique*, en que recoge la descripción del orangután hecha por el médico Nicolas Tul (*Observationes Medicae*, Amsterdam, 1641).

rros. Esta bestia, dice, es tan semejante al hombre que ha venido a las mientes de algunos viajeros que podía haber salido de una mujer y de un mono: quimera que los mismos negros rechazan. Uno de estos animales fue transportado del Congo a Holanda y presentado al príncipe de Orange Federico Enrique. Era de la altura de un niño de tres años y de gordura mediana, pero cuadrado y bien proporcionado, muy ágil y muy vivo; las piernas carnosas y robustas, toda la parte delantera del cuerpo desnuda, pero la trasera cubierta de pelos negros. A primera vista, su rostro se parecía al de un hombre, pero tenía la nariz chata y remangada; sus orejas eran también las de la especie humana; sus pechos, pues era una hembra, eran rollizos, su ombligo hundido, sus hombros muy bien unidos, sus manos divididas en dedos y en pulgares, sus pantorrillas y sus talones gordos y carnosos. Con frecuencia caminaba erguido sobre sus piernas, era capaz de levantar y portar fardos bastante pesados. Cuando quería beber, agarraba con una mano la tapadera de la vasija, y sostenía el fondo de ésta con la otra. Luego se secaba graciosamente los labios. Se acostaba para dormir, con la cabeza sobre un cojín, cubriéndose con tal destreza que se le habría tomado por un hombre en la cama. Los negros cuentan extraños relatos de este animal. Aseguran no sólo que fuerza a las mujeres o a las niñas, sino que se atreve a atacar a hombres armados. En una palabra, hay muchas posibilidades, por las apariencias, de que sea el sátiro de los Antiguos. Merolla* no habla probablemente sino de estos animales cuando cuenta que los negros capturan a veces en sus cacerías hombres y mujeres salvajes.»

Se habla también de estas especies de animales antropomorfos en el tercer tomo de la *Historia de los viajes* bajo el nombre de *beggos* y de *mandriles***; pero, de atenernos a las relaciones anteriores, se encuentran en la descripción de estos presuntos monstruos analogías sorprendentes con la especie humana, y diferencias menores de las que pueden señalarse de un hombre a otro. No se ven en esos pasajes las razones en que se basan los autores para rehusar a los animales en cuestión el nombre de hombres salvajes, pero es fácil conjeturar que es debido a su estupidez, y también porque no ha-

* Jerónimo Merolla, capuchino y misionero italiano nacido en ±1650, autor de una obra de sus viajes: *Breve e succinta relazione del viaggio nel regno del Congo*, Nápoles, 1692.

** En el texto utilizado por Rousseau hay una nota errónea, que él traslada: según Smith, «los habitantes de Scherbo lo llaman *Boggo*, y los blancos Mandril, que tiene verdaderamente la figura humana... Pretenden que los machos de esta especie se apoderan de las mujeres, cuando las encuentran apartadas, y las acarician hasta el exceso».

blaban; razones débiles para quienes saben que, aunque el órgano de la palabra es natural al hombre, la palabra misma no le es, sin embargo, natural, y para quienes conocen hasta qué punto su perfectibilidad puede haber elevado al hombre civil por encima de su estado originario. El escaso número de líneas que contienen estas descripciones puede hacernos juzgar cuán mal observados han sido esos animales y con qué prejuicios han sido vistos. Por ejemplo, son calificados de monstruos, y sin embargo se admite que engendran*. En un lugar Battel dice que los *pongos* matan a los negros que atraviesan selvas, en otro Purchass añade que no les hacen ningún mal, incluso aunque los sorprendan, a menos que los negros se dediquen a mirarlos. Los *pongos* se reúnen en torno a las hogueras encendidas por los negros cuando éstos se retiran, y se retiran a su vez cuando el fuego está apagado; ése es el hecho; y éste ahora el comentario del observador: *Pues, aunque, con mucha destreza, no tienen suficiente sentido para mantenerlo aportando a él leña.* Me gustaría adivinar cómo Battel, o Purchass, su compilador, han podido saber que la retirada de los *pongos* era un efecto de su necedad más que de su voluntad. En un clima como el de Loango, el fuego no es una cosa muy necesaria para los animales, y si los negros lo encienden es menos contra el frío que para espantar a las bestias feroces; es por lo tanto muy simple, que después de haberse entretenido algún tiempo con la llama o haberse calentado bien, los *pongos* se aburran de quedarse siempre en el mismo lugar y se vayan a su pitanza, que exige más tiempo que si comieran carne. Por otra parte se sabe que la mayoría de los animales, sin exceptuar al hombre, son naturalmente perezosos, y que rehúsan toda clase de solicitud que no es de absoluta necesidad. Finalmente parece muy extraño que los *pongos,* cuya destreza y fuerza se ponderan, los *pongos* que saben enterrar a sus muertos y hacerse techos de ramajes, no sepan echar tizones al fuego. Recuerdo haber visto a un mono hacer esa misma operación que no se admite que los *pongos* puedan hacer; cierto que no estando orientadas entonces mis ideas hacia ese tema, cometí la misma falta que reprocho a nuestros viajeros, y descuidé examinar si la intención del mono era, en efecto, alimentar el fuego o, simplemente, como creo, imitar la acción del hombre. Sea como fuere, está sobradamente demostrado que el mono no es una variedad del hombre, no sólo porque está privado de la facultad de hablar, sino, sobre todo, porque estamos seguros de que su especie no

* En el XVIII, se creía que el monstruo, irregularidad de la naturaleza, era estéril; según el *Dictionnaire de Trévoux,* 1721, «Los monstruos no engendran; por eso es por lo que algunos ponen a los mulos en el rango de los *monstruos*».

tiene la de perfeccionarse, que es el carácter específico de la especie humana. Experiencias que no parecen haberse hecho sobre el *pongo* y el *orangután* con suficiente cuidado para poder sacar la misma conclusión. Habría, sin embargo, un medio por el cual, si el orangután u otros fueran de la especie humana, los observadores más rústicos podrían asegurarse de ello incluso con demostración; pero a más de que una sola generación no bastaría para tal experiencia, debe tenérsela por impracticable, porque sería preciso que lo que no es más que suposición se demuestre cierto, antes de poder intentar sin riesgos la prueba que debe confirmar el hecho*.

Los juicios precipitados y que son fruto de una razón esclarecida están sujetos a caer en el exceso. Nuestros viajeros hacen sin miramientos bestias, bajo los nombres de *pongos, mandriles* y *orangutanes,* de esos mismos seres de los cuales, bajo el nombre de Sátiros, Faunos y Silvanos, los antiguos hacían divinidades. Quizá después de investigaciones más exactas se encuentre** que no son ni bestias ni dioses, sino hombres. Mientras tanto, me parece que hay sobradas razones para remitirnos en esto a Merolla, religioso culto, testigo ocular, y que con toda su ingenuidad no dejaba de ser hombre de ingenio, más que al comerciante Battel, a Drapper, a Purchass y demás compiladores.

¿Qué juicio se cree que habrán formado semejantes observadores sobre el niño encontrado en 1694, del que ya he hablado más arriba, que no daba señal alguna de razón, caminaba sobre sus pies y sus manos, no tenía ningún lenguaje y formaba sonidos que no se parecían en nada a los de un hombre? Pasó mucho tiempo, continúa el mismo filósofo que me proporciona este hecho, antes de que pudiera proferir algunas palabras, y aun lo hizo de una manera bárbara. Tan pronto como pudo hablar, se le interrogó sobre su primer estado, pero no se acordó de él más de lo que nosotros nos acordamos de lo que nos ha pasado en la cuna. Si por desgracia para él*** este niño hubiera caído en manos de nuestros viajeros, no se puede dudar que tras haber observado su silencio y su estupidez, habrían adoptado la decisión de volverlo a mandar a los bosques, o encerrarlo en una casa de fieras; tras lo cual habrían hablado doctamen-

* El medio a que Rousseau se refiere es la experiencia de cruce, apoyándose en Buffon y sobre todo en el capítulo sobre el asno de su *Histoire naturelle.* El naturalista parte del ejemplo del asno para confirmar que seres que son fruto del cruce de padres de dos especies son infecundos.

** La primera edición decía: «se encuentre que son hombres»; la variante corresponde a la edición de 1782.

*** En un ejemplar ya citado, enviado a Davenport, Rousseau corrige: *o quizá felizmente.*

te de él en sus bellas relaciones como de una bestia muy curiosa que se parecía bastante al hombre.

Desde hace trescientos o cuatrocientos años que los habitantes de Europa inundan las demás partes del mundo y publican incesantemente nuevos libros de viajes y de relaciones, estoy convencido de que no conocemos otros hombres que los europeos sólo, parece incluso que, debido a los ridículos prejuicios que no se han extinguido, ni siquiera entre las gentes de letras, cada cual apenas si hace bajo el nombre pomposo de estudio del hombre el de los hombres de su país. Por más que los particulares viajen, parece que la filosofía no viaja: ¡tan poco apropiada es la de cada pueblo para otro! La causa de esto es manifiesta, al menos por lo que se refiere a las comarcas alejadas: no hay apenas más que cuatro clases de hombres que hagan viajes de largo recorrido: los marinos, los comerciantes, los soldados y los misioneros*. Ahora bien, apenas si se debe esperar que las tres primeras clases proporcionen buenos observadores, y por lo que a los de la cuarta se refiere, ocupados de la vocación sublime que los llama, aun cuando no estuvieran sometidos a los prejuicios de estado como todos los otros, debe creerse que no se librarían de buena gana a investigaciones que parecen pura curiosidad y que los apartarían de trabajos más importantes a que están destinados. Por lo demás, para predicar útilmente el Evangelio, no hace falta más que celo y Dios da lo demás, pero para estudiar a los hombres hacen falta talentos que Dios no se compromete a dar a nadie y que no son siempre dote de los santos. No se abre un libro de viajes donde no se hallen descripciones de caracteres y de costumbres; pero uno queda completamente sorprendido al ver que esas gentes que han descrito tantas cosas no han dicho más que lo que cada cual ya sabía, no han sabido percibir en el otro confín del mundo lo que hubieran podido observar sin salir de su calle, y que esos rasgos verdaderos que distinguen a las naciones y que sorprenden a ojos hechos para ver han escapado casi siempre a los suyos. De ahí ha derivado ese hermoso adagio de moral, tan rebatido por la turba filosofesca**, según el cual los hombres son por todas partes los

* En el libro V del *Emilio* Rousseau se extenderá también sobre el tema de los viajes.

** *Philosophesque,* neologismo con sufijo despectivo de Rousseau, que se preocupa de advertir a su editor Marc-Michel Rey que se mantenga su texto: «Para prevenir una falta casi indefectible, debo advertiros que hacia el final de la nota 8 hay en un lugar estas palabras, *tourbe philosophesque.* Os ruego prestéis atención para que el impresor lo ponga así y no *troupe philosophique*» *(Correspondance Générale,* II, pág. 163). Así sería entendido, en su total desprecio, por algunos polemistas que como el P. Castel *(L'homme moral opposé a l'homme physique de Mon-*

mismos, que, por haber por doquiera las mismas pasiones y los mismos vicios, es bastante inútil tratar de caracterizar los distintos pueblos; lo cual está poco más o menos tan bien razonado como decir que no se podría distinguir a Pedro de Santiago porque los dos tienen una nariz, una boca y ojos.

¿Se verá alguna vez renacer esos tiempos fortunados en que los pueblos no se entrometían a filosofar, en el que los Platón, los Tales y los Pitágoras, arrebatados por un ardiente deseo de saber, emprendían los más largos viajes únicamente para instruirse, e iban lejos a sacudir el yugo de los prejuicios nacionales, a aprender a conocer a los hombres por sus analogías y sus diferencias, y a adquirir esos conocimientos universales que no son los de un siglo o los de un país exclusivamente, sino que, por ser de todos los tiempos y de todos los lugares, son por así decir la ciencia común de los sabios?

Se admira la magnificencia de algunos curiosos que han hecho o han hecho hacer con grandes gastos viajes a Oriente con sabios y pintores, para dibujar casuchas en ruinas y descifrar o copiar inscripciones; pero me cuesta mucho concebir cómo en un siglo en que se precian de bellos conocimientos, no hay dos hombres muy unidos, ricos ambos, uno en dinero, otro en genio, los dos amando la gloria y aspirando a la inmortalidad, uno de los cuales sacrifique veinte mil escudos de su hacienda y el otro diez años de su vida en un célebre viaje alrededor del mundo, para estudiar en él no siempre piedras y plantas, sino por una vez a los hombres y las costumbres, y a quienes, tras tantos siglos empleados en medir y considerar la casa, se les ocurra finalmente querer conocer a sus habitantes.

Los académicos que han recorrido las partes septentrionales de Europa y meridionales de América más tenían por objeto visitarlas como geómetras que como filósofos*. Sin embargo, como eran a la vez lo uno y lo otro, no se puede mirar como completamente desconocidas las regiones que han sido vistas y descritas por los de La Condamine y los Maupertuis. El joyero Chardin, que viajó como Platón, no ha dejado nada por decir sobre Persia; China parece haber sido bien observada por los jesuitas. Kempfer da una idea pasable de lo poco que ha visto en el Japón. Salvo por estos relatos, no conocemos los pueblos de las Indias orientales, frecuentados úni-

*sieur R***, Lettres philosophiques où l'on réfute la déisme du jour,* Toulouse, 1756, pág. 191) «Sus adagios, su turba filosofesca son en tal boca, bajo tal pluma, de un despreciativo infinito por parte de un ginebrino...».

* A este párrafo volverá en el *Emilio,* V: «Tenemos, según se dice, sabios que viajan para instruirse; es un error. Los sabios viajan por interés, como los demás. Los Platón, los Pitágoras ya no se encuentran, o, si los hay, están muy lejos de nosotros. Nuestros sabios no viajan más que por orden de la Corte.»

camente por europeos más curiosos de llenar sus bolsas que sus cabezas. El África entera y sus numerosos habitantes, tan singulares por su carácter como por su color, están aún por examinar; toda la tierra está cubierta de naciones de las que sólo los nombres conocemos; ¡y nos metemos a juzgar al género humano! Supongamos un Montesquieu, un Buffon, un Diderot, un Duclos, un D'Alembert, un Condillac, u hombres de este temple viajando para instruir a sus compatriotas, observando y describiendo, como saben hacerlo, Turquía, Egipto, Berbería, el Imperio de Marruecos, Guinea, el país de los cafres, el interior del África y sus costas orientales, las islas Malabares, Mongolia, las orillas del Ganges, los reinos de Siam, de Pegu, y de Ava, China, Tartaria y sobre todo el Japón; luego, en el otro hemisferio, México, el Perú, Chile, las tierras magallánicas, sin olvidar los patagones verdaderos o los falsos, el Tucumán, el Paraguay si fuera posible, el Brasil, finalmente los Caribes, la Florida y todas las comarcas salvajes, viaje el más importante de todos y el que habría que hacer con el mayor cuidado; supongamos que estos nuevos Hércules, de regreso de estas correrías memorables, hicieran luego a placer la historia natural, moral y política de lo que hubieran visto: nosotros mismos veríamos salir un mundo nuevo debajo de su pluma, y así aprenderíamos a conocer el nuestro. Digo que cuando semejantes observadores afirmen de tal animal que es un hombre, y de tal otro que es una bestia, habrá que creerlos; pero sería gran simpleza remitirse sobre esto a viajeros incultos, respecto a los cuales uno estaría tentado a veces de hacer la misma pregunta que ellos se meten a contestar con respecto a otros animales.

11. Esto me parece de una evidencia absoluta, y no sabría concebir de dónde pueden hacer nacer nuestros filósofos todas las pasiones que prestan al hombre natural. Salvo las necesidades físicas exclusivamente, que la misma naturaleza exige, todas nuestras demás necesidades no lo son tales sino por la costumbre, antes de la cual no eran necesidades, o por nuestros deseos, y no se desea lo que uno no está en condiciones de conocer. De donde se sigue que al no desear el hombre salvaje más que las cosas que conoce, y al no conocer más que aquellas cuya posesión está en su poder o es fácil de adquirir, nada debe estar tan tranquilo como su alma y nada tan limitado como su espíritu.

12. Encuentro en el *Gobierno civil* de Locke* una objeción que me parece demasiado especiosa como para que me esté permitido disimularla. «Al no ser simplemente el de procrear el fin de la sociedad

* El pasaje pertenece al *Segundo Tratado del Gobierno civil* (1690), capítulo VII, & 79-80.

entre el macho y la hembra, dice el filósofo, sino el de continuar la especie, tal sociedad debe durar incluso después de la procreación, al menos por tanto tiempo como sea necesario para la nutrición y la conservación de los procreados, es decir, hasta que sean capaces de poder proveer por sí mismos a sus necesidades. Esta regla que la sabiduría infinita del creador ha establecido sobre las obras de sus manos, vemos que la observan constantemente y con exactitud las criaturas inferiores al hombre. En esos animales que viven de hierba, la sociedad entre el macho y la hembra no dura más tiempo que cada acto de copulación porque, bastando las tetas de la madre a nutrir a los pequeños hasta que éstos son capaces de pastar la hierba, el macho se contenta con engendrar y no se mezcla más, tras ello, con la hembra ni con los pequeños, a cuya subsistencia en nada puede contribuir. Pero por lo que atañe a las bestias de presa, la sociedad dura más tiempo debido a que al no poder proveer bien la madre a la subsistencia propia y nutrir al mismo tiempo a sus pequeños sólo con su presa, que es una forma de alimentarse más laboriosa y más peligrosa que la de nutrirse de hierba, la asistencia del macho es completamente necesaria para el mantenimiento de su familia común, si es que se puede usar este término; la cual hasta que pueda ir en busca de alguna presa no podría subsistir sino por los cuidados del macho y de la hembra. Se observa lo mismo en todos los pájaros, si se exceptúan algunos pájaros domésticos que se encuentran en lugares en que la continua abundancia de alimento exime al macho del cuidado de nutrir a los pequeños; se ve que mientras los pequeños necesitan alimentos en su nido, el macho y la hembra los llevan a él hasta que esos pequeños pueden volar y proveer a su subsistencia.

»Y en esto consiste, a mi juicio, la principal, si no la única razón de que el macho y la hembra en el género humano estén obligados a una sociedad más larga de la que mantienen entre sí las demás criaturas. Esta razón es que la mujer es capaz de concebir y, por lo común, queda nuevamente embarazada y hace un nuevo hijo mucho tiempo antes de que el anterior se halle en condiciones de prescindir del socorro de sus padres y pueda proveer por sí mismo a sus necesidades. De este modo, al estar obligado un padre a cuidar de los que ha engendrado, y a cuidarlos durante mucho tiempo, se ve también en la obligación de continuar viviendo en la sociedad conyugal con la misma mujer de quien los ha tenido, y a permanecer en esta sociedad mucho más tiempo que las demás criaturas, dado que al poder subsistir por sí mismos los pequeños de éstas antes de que llegue el tiempo de una nueva procreación, el vínculo del macho y la hembra se rompe por sí mismo, y uno y otra se encuentran en plena libertad hasta que esa época que suele solicitar de los animales el unirse, les obliga a escoger para sí nuevas compañías. Y en esto nunca podría admirarse bastante la sabiduría del creador, que habiendo dado al hombre cualidades propias para proveer al porvenir tanto como al presente, ha querido y ha hecho de tal suerte que la sociedad del hombre durase mucho más tiempo que la del macho y la hembra entre las demás criaturas; a fin de que con ello la industria del hombre y la mujer fuera más estimulada, y de que sus intereses estuvieran mejor unidos, con la mira de hacer provisiones para sus hijos y de dejarles bienes; porque nada puede ser más perjudicial para los niños que una unión incierta y vaga o una disolución fácil y frecuente de la sociedad conyugal.»

El mismo amor por la verdad que me ha hecho exponer sinceramente esta objeción, me excita a acompañarla con algunas observaciones, si no para resolverla, al menos para esclarecerla.

1. Observaré en primer lugar que las pruebas morales no tienen gran fuerza en materia de física, y que sirven más a dar razón de los hechos existentes que a verificar la existencia real de esos hechos. Ahora bien, ése es el género de prueba que Mr. Locke emplea en el pasaje que acabo de referir; porque aunque pueda ser ventajoso para la especie humana que la unión del hombre y la mujer sea permanente, de ello no se sigue que haya sido establecido de ese modo por la naturaleza; de otro modo habría que decir que también ha instituido la sociedad civil, las artes, el comercio y todo cuanto se pretende que es útil a los hombres.

2. Ignoro dónde ha encontrado Mr. Locke que entre los animales de presa la sociedad del macho y de la hembra dure más tiempo que entre los que viven de hierba, y que uno ayude al otro a nutrir a los pequeños. Porque no se ve que el perro, el gato, el oso o el lobo reconozcan a su hembra mejor de lo que el caballo, el carnero, el toro, el ciervo o todos los demás cuadrúpedos reconocen a la suya. Parece, por el contrario, que si el socorro del macho fuera necesario a la hembra para conservar a sus pequeños, esto sería sobre todo en las especies que no viven más que de hierba, porque le es menester a la madre mucho tiempo para pastar, y porque durante todo este intervalo está obligada a descuidar su prole, mientras que la presa de una osa o de una loba es devorada al instante y ella tiene más tiempo, sin sufrir hambre, para dar de mamar a sus pequeños. Este razonamiento queda confirmado por una observación sobre el número relativo de mamas y de pequeños que distingue a las especies carniceras de las frugívoras, y de la que he hablado en la nota 7. Si esta observación es exacta y general, al no tener la mujer más que dos mamas y no hacer apenas más que un hijo cada vez, hallamos una

fuerte razón de más para dudar que la especie humana sea naturalmente carnicera, de suerte que parece que, para sacar la conclusión de Locke, sería menester darle la vuelta completamente a su razonamiento. No hay más solidez en la misma distinción aplicada a los pájaros. Porque, ¿quién podrá persuadirse de que la unión del macho y de la hembra sea más duradera entre los buitres y los cuervos que entre las tórtolas? Tenemos dos especies de pájaros domésticos, la pata y el palomo que nos proporcionan ejemplos directamente contrarios al sistema de ese autor. El palomo, que sólo vive de grano, permanece unido a su hembra, y alimentan a sus crías en común. El pato, cuya voracidad es conocida, no reconoce ni a su hembra ni a sus pequeños, y en nada ayuda a su subsistencia. Y entre las gallinas, especie que apenas es menos carnicera, no vemos que el gallo se tome trabajo alguno por la nidada. Que si en otras especies el macho comparte con la hembra el cuidado de nutrir los pequeños, es que los pájaros que al principio no pueden volar y a los que la madre no puede amamantar, están mucho menos en condiciones de prescindir de la asistencia del padre que los cuadrúpedos a quienes basta la mama de la madre, al menos durante algún tiempo.

3. Hay mucha incertidumbre sobre el hecho principal que sirve de base a todo el razonamiento del señor Locke; porque para saber, como él pretende, si en el estado puro de naturaleza la mujer queda embarazada por lo común nuevamente y hace un nuevo hijo mucho tiempo antes de que el precedente pueda proveer por sí mismo a sus necesidades, serían menester experiencias que, con toda seguridad Locke no había hecho, y que nadie está en condiciones de hacer. La cohabitación continua del marido y de la mujer es una ocasión tan próxima de exponerse a un nuevo embarazo que es muy difícil creer que el encuentro fortuito o el solo impulso del temperamento produzca efectos tan frecuentes en el puro estado de naturaleza como en el de la sociedad conyugal; lentitud que quizá contribuyera a hacer los hijos más robustos, y que además podría ser compensada por la facultad de concebir, prolongada hasta una edad más avanzada en las mujeres que menos habrían abusado de ella en su juventud. Respecto a los niños, hay muchas razones para creer que sus fuerzas y sus órganos se desarrollan más tarde entre nosotros de lo que lo hacían en el estado primitivo de que hablo. La debilidad original que sacan de la constitución de los padres, los cuidados que se toman en envolver y entorpecer todos sus miembros, la molicie en que son educados, el uso quizá de leche distinta a la de su madre, todo contraría y retrasa en ellos los primeros progresos de la naturaleza. La aplicación que se les obliga a poner en mil cosas sobre las que se fija continuamente su atención, mientras

que no se da ningún ejercicio a sus fuerzas corporales, puede ocasionar también un desvío considerable a su crecimiento; de suerte que, si en lugar de sobrecargar y fatigar sus espíritus de mil maneras, dejaran ejercitarse a sus cuerpos en movimientos continuos que la naturaleza parece exigirles, es de creer que estarían mucho antes en condiciones de andar, de obrar y de proveer por sí mismos a sus necesidades.

4. Finalmente, el señor Locke prueba, todo lo más, que podría haber en el hombre un motivo para permanecer unido a la mujer cuando ésta tiene un hijo; pero no prueba en modo alguno que haya debido vincularse* a ella antes del parto y durante los nueve meses del embarazo. Si tal mujer es indiferente para el hombre durante esos nueve meses, si incluso llega a serle desconocida, ¿por qué la socorrerá después del parto? ¿Por qué la ayudará a criar un hijo del que no sabe siquiera si le pertenece, y cuyo nacimiento él no ha decidido ni previsto? Mr. Locke supone evidentemente lo que está en cuestión: porque no se trata de saber por qué el hombre ha de permanecer vinculado a la mujer tras el parto, sino por qué se

* Voltaire puso en esta página un registro, sobre el que escribió: «Abominación de J.-Jacques»; y al margen de este pasaje: «Todo esto es abominable y es conocer muy mal la naturaleza.» En el artículo «Hombre» de las *Questions sur l'Encyclopédie* (1771), luego inserto en el *Diccionario filosófico,* cita este texto de Rousseau: «Se han traspasado los límites de la locura hasta el punto de decir...», y aquí inserta este fragmento rousseauniano, que comenta de la siguiente forma: «Todo esto es execrable; pero afortunadamente nada es más falso. Si esta indiferencia bárbara fuera el verdadero instinto de la naturaleza, la especie humana lo habría utilizado casi siempre así. El instinto es inmutable; sus inconstancias son muy raras. El padre habría abandonado siempre a la madre, la madre abandonado a su hijo, y habría muchos menos hombres sobre la Tierra que animales carniceros; porque las bestias feroces, mejor dotadas, mejor armadas, tienen un instinto más pronto, medios más seguros y un alimento más asegurado que la especie humana.

Nuestra naturaleza es muy diferente de la horrible novela que este energúmeno ha hecho de ella. Excepto algunas almas bárbaras completamente embrutecidas o quizá excepto un filósofo más embrutecido aún, los hombres más duros aman, por un instinto dominante, al hijo que aún no ha nacido, el vientre que lo lleva, y la madre que redobla el amor por aquel de quien ha recibido en su seno el germen de un ser semejante a ella.

El instinto de los carboneros de la Selva Negra les habla también en voz alta, les anima tan fuertemente en favor de sus hijos como el instinto de los palomos y de los ruiseñores les fuerza a nutrir a sus pequeños. Se ha perdido, desde luego, el tiempo escribiendo esas abominables sandeces.»

Pese a la cólera de Voltaire, apenas justificada en este caso, Rousseau trataba de probar lo que los antropólogos modernos califican de hecho de cultura, la unión de macho y hembra. Sobre el tema, Claude Lévi-Strauss parece apoyar los asertos de Rousseau en *Les structures élémentaires de la parenté.*

vinculará a ella después de la concepción. Satisfecho el apetito, el hombre no tiene más necesidad de esa mujer, ni la mujer de ese hombre. Éste no tiene el menor cuidado, ni quizá la menor idea de las secuelas de su acción. El uno se va por un lado, la otra por otro, y no parece probable que al cabo de nueve meses recuerden haberse conocido; porque esta especie de recuerdo por la que un individuo da preferencia a un individuo para el acto de la generación exige, como lo pruebo en el texto, más progreso o corrupción en el entendimiento humano de la que se le puede suponer en el estado de animalidad de que aquí se trata. Otra mujer puede, pues, contentar los nuevos deseos del hombre tan cómodamente como la que ya ha conocido, y otro hombre contentar igualmente a la mujer, suponiendo que esté acuciada por el mismo apetito durante el estado de embarazo, cosa de la que se puede razonablemente dudar. Que si en el estado de naturaleza la mujer ya no siente la pasión amorosa después de la concepción del hijo, el obstáculo para la sociedad con el hombre se vuelve entonces mucho mayor, pues entonces ella no tiene ya necesidad ni del hombre que la ha fecundado ni de ningún otro. No hay, por tanto, en el hombre ninguna razón para buscar la misma mujer, ni en la mujer ninguna razón para buscar el mismo hombre. El razonamiento de Locke se desmorona, por tanto, y toda la dialéctica de este filósofo no le ha garantizado del error que Hobbes y otros tan cometido. Tenían que explicar un hecho del estado de naturaleza, es decir, de un estado en el que los hombres vivían aislados, y donde tal hombre no tenía ningún motivo para permanecer al lado de tal otro hombre, ni quizá los hombres de permanecer unos al lado de otros, lo cual es peor; y no pensaron en trasladarse más allá de los siglos de sociedad, es decir, de esos tiempos en que los hombres siempre tienen una razón para permanecer cerca unos de otros, y en que tal hombre tiene con frecuencia una razón para permanecer al lado de tal hombre o de tal mujer.

13. Mucho me guardaré de embarcarme en las reflexiones filosóficas que habría que hacer sobre las ventajas e inconvenientes de esta institución de las lenguas; no es a mí a quien se permite atacar los errores vulgares, y la gente letrada respeta demasiado sus perjuicios para soportar pacientemente mis pretendidas paradojas. Dejemos, pues, hablar a gentes a quienes no se les incrimina que osen adoptar alguna vez el partido de la razón contra la opinión de la multitud. *Nec quidquam felicitati humani generi decederet, si, pulsâ tot linguarum peste et confusione, unam artem callerent mortales, et signis, motibus, gestibusque licitum foret quidvis explicare. Nunc vero ita comparatum est, ut animalium quae vulgô bruta credentur, melior longè quàm nostra hâc in parte videatur conditio, ut potè quae*

promptiùs et forsan feliciùs, sensus et cogitationes suas sine interprete significent, quàm ulli queant mortales, praesertim si peregrino utantur sermone (Is. Vossius, *de Poemant. Cant. et Viribus Rythmi*, p. 66)*.

14. Al mostrar Platón hasta qué punto las ideas de la cantidad discreta** y de sus relaciones son necesarias en las menores artes, se burla con razón de los autores de su tiempo que pretendían que Palamedes había inventado los números en el sitio de Troya***, como si Agamenón, dice ese filósofo, hubiera podido ignorar hasta entonces cuántas piernas tenía****. En efecto, se advierte la imposibilidad de que la sociedad y las artes hubieran llegado al punto en que se encontraban ya en la época del sitio de Troya, sin que los hombres hicieran uso de los números y del cálculo; pero la necesidad de conocer los números antes de adquirir otros conocimientos no facilita el imaginar su invención; una vez conocidos los nombres de los números, es fácil explicar su sentido y alentar las ideas que esos nombres representan; pero para inventarlos, antes que concebir esas mismas ideas es menester haberse familiarizado, por así decir, con las meditaciones filosóficas, haberse ejercitado en considerar los seres por su sola esencia y con independencia de cualquier otra percepción, abstracción muy costosa, muy metafísica, muy poco natural, y sin la cual estas ideas, sin embargo, jamás hubieran podido transportarse de una especie o de un género a otro, ni los núme-

* «Nada supondría quitar a la felicidad del género humano si, echando la funesta y confusa multiplicidad de las lenguas, los hombres se esforzaran por sobresalir en un arte único y uniforme, en el que pudieran explicarse sobre todas las cosas mediante signos, movimientos y gestos. En la situación actual, las condiciones de las bestias que el vulgo califica de brutos parece a este respecto preferible con mucho a la nuestra; ¿no se hacen ellas conocer más rápidamente, y quizá más fielmente sus sentimientos y sus pensamientos, sin la mejor mediación, superiores en esto a los hombres, sobre todo cuanto éstos recurren a una lengua extranjera?» Isaac Vossius, *De poematum cantu et viribus rythmi* (Oxford, 1673). En la transcripción, Rousseau comete un error: anota *motibus* por *nutibus*. La influencia de Vossius sobre Rousseau, en cuanto al ritmo y la pantomima sobre todo, puede verse en el *Ensayo sobre el origen de las lenguas*.

** Cantidad discreta: el *Dictionnaire de Trévoux* la define así: «En filosofía se distingue la cantidad continua de la cantidad discreta. *Discreta quantitas.* La continua es la de las líneas, de las superficies y de los sólidos, que es el objeto de la Geometría. La discreta es la de los números, que es el objeto de la Aritmética.»

*** A Palamedes la *Ilíada* le atribuye varias invenciones, como los dados, el chaquete, la numeración, etcétera.

**** Platón, *La República*, VII, 522, c, d, e. Por otro lado hay que señalar que esta frase está escrita al respaldo del folio 13 del manuscrito ya citado de la biblioteca de Neuchâtel (signatura 7854).

ros volverse universales. Un sabio podía considerar separadamente su pierna derecha y su pierna izquierda, o mirarlas juntas bajo la idea indivisible de una pareja sin pensar nunca que tenía dos; porque una cosa es la idea representativa que nos pinta un objeto y otra la idea numérica que lo determina. Menos aún podía calcular hasta cinco, y aunque hubiera podido observar, poniendo sus manos una sobre otra, que los dedos se correspondían exactamente, estaba muy lejos de pensar en su igualdad numérica; tampoco sabía mejor la cuenta de sus dedos que la de sus cabellos; y si después de haberle hecho entender lo que son los números, alguien le hubiera dicho que tenía tantos dedos en los pies como en las manos, quizá se hubiera quedado muy sorprendido comparándolos al encontrar que era cierto.

15. No hay que confundir el amor propio con el amor de sí mismo*; dos pasiones muy diferentes por su naturaleza y por sus efectos. El amor de sí mismo es un sentimiento natural que lleva a todo animal a velar por su propia conservación y que, dirigido en el hombre por la razón y modificado por la piedad, produce la humanidad y la virtud. El amor propio no es más que un sentimiento relativo, ficticio y nacido en la sociedad, que lleva a cada individuo a hacer más caso de sí que de cualquier otro, que inspira a los hombres todos los males que mutuamente se hacen, y que es la verdadera fuente del honor.

Bien entendido esto, digo que en nuestro estado primitivo, en el verdadero estado de naturaleza, el amor propio no existe. Porque mirándose cada hombre en particular a sí mismo como el único espectador que le observa, como único ser en el universo que toma interés por él, como único juez de su propio mérito, no es posible que un sentimiento que toma su fuente en comparaciones que no está él en situación de hacer, pueda germinar en su alma; por igual razón, ese hombre no podría tener ni odio ni deseo de venganza, pasiones que no pueden nacer sino de la opinión de alguna ofensa recibida; y como es el desprecio o la intención de perjudicar, y no el mal, lo que constituye la ofensa, los hombres que no saben ni valorarse ni compararse, pueden hacerse muchas violencias mutuas, cuando de ellas les viene algún beneficio, sin ofenderse jamás recíprocamente. En una palabra, cada hombre, al no ver apenas a sus semejantes más que como vería a los animales de otra especie, pue-

* El tema del amor propio y el amor de sí mismo será casi obsesivo en Rousseau, que vuelve sobre él en varios libros y en pasajes importantes: en *Las ensoñaciones del paseante solitario* (ed. citada, págs. 131 y sigs.), en el *Emilio,* y en los diálogos, especialmente en el primero de *Rousseau juez de Jean-Jacques.*

de arrebatar la presa al más débil o ceder la suya al más fuerte, sin considerar tales rapiñas sino como sucesos naturales, sin el menor movimiento de insolencia o de despecho, y sin otra pasión que el dolor o la alegría por un buen o mal resultado.

16. Es algo extremadamente notable que, después de tantos años como los europeos se atormentan por traer a los salvajes de las diversas comarcas del mundo a su manera de vivir, aún no hayan podido ganar uno solo, ni siquiera aprovechando el cristianismo; porque nuestros misioneros hacen a veces cristianos, pero nunca hombres civilizados. Nada puede superar la invencible repugnancia que tienen a adoptar nuestras costumbres y a vivir a nuestra manera. Si esos pobres salvajes fueran tan desgraciados como se pretende, ¿por qué inconcebible depravación de juicio rehúsan constantemente cultivarse a imitación nuestra, o aprender a vivir felices entre nosotros, mientras se lee en mil lugares que franceses u otros europeos se han refugiado voluntariamente entre esas naciones, han pasado allí su vida entera sin poder abandonar ya una manera tan extraña de vivir, y se ve incluso misioneros sensatos añorar con enternecimiento los días tranquilos e inocentes que pasaron entre estos pueblos tan despreciados? Si se responde que no tienen suficientes luces para juzgar sanamente de su estado y del nuestro, replicaré que la estimación de la felicidad es asunto menos de la razón que del sentimiento. Por otra parte, esta respuesta puede volverse contra nosotros con mayor fuerza aún; porque hay más distancia de nuestras ideas a la disposición de ánimo en que habría que encontrarse para concebir el gusto que encuentran los salvajes en su forma de vivir que de las ideas de los salvajes a las que pueden hacerles concebir la nuestra. En efecto, tras algunas observaciones les es fácil ver que todos nuestros trabajos se dirigen a dos únicos objetos: a saber, para uno mismo las comodidades de la vida y la consideración de los demás. Pero ¿qué medio tenemos para imaginarnos la suerte de placer que un salvaje recibe de pasar su vida sólo en medio de los bosques, o pescando, o soplando en una mala flauta, sin saber jamás sacarle un solo tono y sin preocuparse por aprender?

Se han llevado varias veces salvajes a París, a Londres y a otras ciudades; se han afanado por mostrarles nuestro lujo, nuestras riquezas, y todas nuestras artes más útiles y más curiosas; todo esto nunca excitó en ellos más que una admiración estúpida, sin el menor movimiento de codicia. Recuerdo, entre otras, la historia de un jefe de algunos americanos septentrionales al que se llevó a la corte de Inglaterra hace una treintena de años. Hicieron pasar ante sus ojos mil cosas para tratar de hacerle un regalo que pudiera agradarle, sin que encontraran nada de lo que pareciera preocuparse. Nuestras armas le parecían pesadas e incómodas, nuestros zapatos le dañaban los pies, nuestros vestidos le molestaban, rechazaba todo; finalmente se dieron cuenta de que habiendo cogido una manta de lana, parecía recibir placer de enrollársela a los hombros. ¿Reconocéis al menos, le dijeron inmediatamente, la utilidad de este mueble? Sí, respondió, me parece casi tan bueno como una piel de bestia. Y quizá no hubiera dicho eso si hubiera llevado una y otra con lluvia.

Quizá me digan que es la costumbre la que, apegando a cada uno a su manera de vivir, impide a los salvajes sentir lo que hay de bueno en la nuestra. Y desde este punto de vista, debe parecer cuando menos muy extraordinario que la costumbre tenga más fuerza para mantener a los salvajes en el gusto de su miseria que a los europeos en el goce de su felicidad. Pero para dar a esta última objeción una respuesta a la que no haya ni una palabra que replicar, sin alegar todos los jóvenes salvajes a los que vanamente se han esforzado por civilizar; sin hablar de los groenlandeses y de los habitantes de Islandia, a los que intentaron criar y nutrir en Dinamarca, y a quienes la tristeza y la desesperación hicieron perecer, bien de decaimiento, bien en el mar en que habían tratado de regresar a su país a nado, me contentaré con citar un único ejemplo bien atestiguado, y que doy para que lo examinen los admiradores de la organización europea.

«Todos los esfuerzos de los misioneros holandeses del Cabo de Buena Esperanza nunca fueron capaces de convertir un solo hotentote. Van der Stel, gobernador del Cabo, habiendo tomado uno desde la infancia, lo hizo educar en los principios de la religión cristiana y en la práctica de los usos de Europa. Lo vistieron ricamente, le hicieron aprender varias lenguas, y sus progresos respondieron muy bien a los cuidados que se tomaron en su educación. Esperando mucho de su mente, el gobierno le envió a la India con un comisario general que lo empleó útilmente en los negocios de la Compañía. Volvió al Cabo después de la muerte del comisario. Pocos días después de su regreso, en una visita que hizo a algunos hotentotes parientes suyos, tomó la decisión de despojarse de sus aderezos europeos para volver a vestirse una piel de oveja. Regresó al fuerte en esta nueva indumentaria, cargado con un paquete que contenía sus viejos vestidos y presentándolos al gobernador pronunció este discurso [véase el frontispicio]: *Tened la bondad, Señor, de observar que renuncio para siempre a este aparato. Renuncio también por toda mi vida a la religión cristiana; mi resolución es seguir y morir en la religión, las maneras y los usos de mis antepasados. La única gra-*

cia que os pido es que me dejéis el collar y el machete que llevo. Los guardaré por amor a vos. Inmediatamente sin esperar la respuesta de Van der Stel, desapareció huyendo y jamás se le volvió a ver en el Cabo.» *Histoire des Voyages,* tomo 5, p. 175*.

17. Podría objetárseme que, en semejante desorden, los hombres, en lugar de degollarse obstinadamente entre sí, se habrían dispersado si no hubiera habido límites a su dispersión. Pero, primeramente, esos límites hubieran sido por lo menos los del mundo, y si se piensa en la excesiva población que resulta del estado de Naturaleza, se juzgará que la Tierra en ese estado no hubiera tardado en estar cubierta de hombres forzados de este modo a estar juntos. Además, se habrían dispersado si el mal hubiera sido rápido y si se hubiera hecho un cambio de la noche a la mañana; pero nacían bajo el yugo; tenían costumbre de llevarlo cuando sentían su pesantez, y se contentaban con esperar la ocasión de sacudírselo. Finalmente, acostumbrados ya a mil incomodidades que les forzaban a estar reunidos, la dispersión no era ya tan fácil como en los primeros tiempos en que, teniendo cada cual necesidad sólo de sí mismo, adoptaba su decisión sin esperar el consentimiento de otro.

18. El Mariscal de V...** contaba que en una de sus campañas, habiendo hecho sufrir y murmurar al ejército las excesivas bribonadas de un proveedor de víveres, lo increpó severamente y le amenazó con hacerlo detener. Esa amenaza no me afecta, le respondió audazmente el bribón, y fácilmente puedo deciros que no se cuelga a un hombre que dispone de cien mil escudos. No sé cómo se hizo aquello, añadía ingenuamente el Mariscal, pero en efecto, no fue colgado, aunque mereciera serlo cien veces.

19. La justicia distributiva se opondría incluso a esa igualdad rigurosa del estado de naturaleza aun cuando fuera practicable en la sociedad civil; y como todos los miembros del Estado le deben servicios proporcionados a sus talentos y a sus fuerzas, los ciudadanos a su vez deben ser distinguidos y favorecidos en proporción a sus servicios. Es en este sentido como hay que entender un pasaje de Isócrates*** en el que alaba a los primeros atenienses por haber sabido distinguir cuál era la más ventajosa de las dos clases de igualdad,

* Pese a la cita, correcta, de Rousseau, el fragmento estaba trasladado a la *Historie générale des voyages* del libro de Pierre Kolbe *Description du Cap de Bonne-Espérance,* 3 vol., Amsterdam, 1741. La alusión al frontispicio, aquí entre corchetes, va en nota a pie de página en la edición original.

** Luis Héctor, duque de Villars (1653-1734). Dejó unas memorias, en parte apócrifas, editadas en 1736, en las que no figura la anécdota referida en este pasaje.

*** Isócrates, *Areopagítico,* 21, 22.

una de las cuales consiste en hacer partícipes de las mismas ventajas a todos los ciudadanos indiferentemente, y la otra en distribuirlas según el mérito de cada uno. Estos hábiles políticos, añade el orador, rechazando esa injusta igualdad que no pone ninguna diferencia entre los malvados y las gentes de bien, se adhirieron inviolablemente a aquella que recompensa y castiga a cada cual según su mérito. Pero, en primer lugar, jamás ha existido sociedad, sea el que fuere el grado de corrupción a que han podido llegar, en la que no se hiciera ninguna diferencia entre los malvados y las gentes de bien; y en materias de costumbres en que la ley no puede fijar medida bastante exacta para servir de regla al magistrado, y para no dejar el destino o el rango de los ciudadanos a su discreción, muy prudentemente le prohíbe el juicio de las personas para no dejarle más que el de las acciones. Sólo costumbres tan puras como las de los antiguos romanos pueden soportar censores, y entre nosotros semejantes tribunales pronto habrían perturbado todo. Es a la estima pública a quien corresponde poner diferencia entre los malvados y las gentes de bien; el magistrado no es juez más que del derecho riguroso; pero el pueblo es el verdadero juez de las costumbres; juez íntegro e incluso ilustrado sobre este punto, al que se engaña algunas veces, pero al que no se corrompe jamás. Los rangos de los ciudadanos deben ser, por lo tanto, regulados no por su mérito personal, lo que sería dejar al magistrado el medio de hacer una aplicación casi arbitraria de la ley, sino por los servicios reales que prestan al Estado y que son susceptibles de una estimación más exacta*.

* La admisión por Rousseau de cierto grado de desigualdad en la constitución social no deja de estar rigurosamente reglamentada por razones como las que aquí da y como las que apunta en *el Contrato social,* II, XI. El tema ha sido puesto de relieve por Galvano della Volpe, en *Rousseau e Marx.*

Bibliografía

Fuentes

ROUSSEAU, J.-J., *Œuvres complètes,* bajo la dirección de Bernard Gagnebin y Marcel Raymond, París, Gallimard, Bibliothèque de la Pléiade. T. I. *Les Confessions. Autres textes autobiographiques,* 1959. T. II. *La Nouvelle Héloïse, Théâtre, Poésie, Essais littéraires,* 1964. T. III. *Du contrat social. Écrits politiques,* 1975. T. IV. *Émile. Éducation. Morale. Botanique,* 1969. T. V. *Écrits sur la musique, la langue et le théâtre,* 1995.

ROUSSEAU, J.-J., *Discours sur l'inegalité,* ed. de J.-K. Lecercle, Éd Sociales, París, 1954.

ROUSSEAU, J.-J., *Du Contrat social,* ed. de J.-K. Lecercle, Éd Sociales, París, 1955.

ROUSSEAU, J.-J., *Correspondance générale,* edición crítica de R. A. Leigh, t. I-XIV, Ginebra, Institut et Musée Voltaire, 1965-1971; t. XV-[LI], Oxford, The Voltaire Foundation, 1972-[1966] (49 + IV vols.).

Ediciones en español

ROUSSEAU, J.-J., *Las ensoñaciones del paseante solitario,* trad. y notas de M. Armiño, Madrid, Alianza Editorial, 1979. [Incluye, junto a otros suplementos, las cuatro *Cartas a Malesherbes.]*

ROUSSEAU, J.-J., *Ensayo sobre el origen de las lenguas*, trad. y notas de M. Armiño, Madrid, 1980.

ROUSSEAU, J.-J., *Discurso sobre la economía política*, trad. y estudio preliminar de José E. Candela, Madrid, Editorial Tecnos, 1985.

ROUSSEAU, J.-J., *Proyecto de Constitución para Córcega. Consideraciones sobre el Gobierno de Polonia y su proyecto de reforma*. Estudio preliminar y traducción de Antonio Hermosa Andújar, Madrid, Editorial Tecnos, 1988.

ROUSSEAU, J.-J., *Emilio, o de la educación*, trad. y notas de M. Armiño, Madrid, Alianza Editorial, 1990.

ROUSSEAU, J.-J., *Carta a D'Alembert sobre los espectáculos*, trad. y notas de Quintín Calle Carabias; estudio preliminar de José Rubio Carracedo, Madrid, Editorial Tecnos, 1994.

ROUSSEAU, J.-J., *Instrucción de un padre a su hijo sobre el modo de conducirse en este mundo*, edición cuatrilingüe preparada por Xabier Palacios, Vitoria, 1997.

ROUSSEAU, J.-J., *Las confesiones*, trad., prólogo y notas de Mauro Armiño, Madrid, Alianza Editorial, 1997.

Obras de referencia

1. *Estudios biográficos*

COURTOIS, L.-J., *Chronologie critique de la vie et des Œuvres de J.-J. Rousseau*, Ginebra, 1923, *Annales de la Société J.-J. Rousseau*, XV, págs. 1-366.

CRANSTON, M., *Jean-Jacques*. Tomo I: *The Early Life and Work of Jean-Jacques Rousseau 1712-1754*; tomo II: *The Noble Savage 1754-1762*, Londres, 1983 y 1991.

CROCKER, L. G., *Jean-Jacques Rousseau*. Tomo I: *The Quest 1712-1758*; tomo II: *The Prophetic Voice 1758-1778*, Nueva York-Londres, 1968 y 1973.

GUÉHENNO, J., *Jean-Jacques. Histoire d'une conscience*. Nueva edición, 2 vols. París, 1962.

TROUSSON, R., *Jean-Jacques Rousseau*. Tomo I: *La Marche à la gloire*; tomo II: *Le Deuil éclatant du bonheur*, París, 1988 y 1989.

TROUSSON, R., *Jean-Jacques Rousseau*. París, 1993 [Trad. de M. Armiño, Alianza Editorial, Madrid, 1995].

2. *Estudios de conjunto sobre el pensamiento político y antropológico de Rousseau:* Del Contrato social, Discurso sobre las ciencias y las artes, Discurso sobre el origen y los fundamentos de la igualdad entre los hombres

ALTHUSSER, L., «Sur le *Contrat social* (les décalages)», en *Cahiers pour l'analyse*, 8, París, 1978.

BACZKO, B., *Études sur le* Contrat social, París, 1964.

—, *Rousseau. Solitude et communauté,* París-La Haya, 1974.

BESSE, G., *Jean-Jacques Rousseau. L'apprentissage de l'humanité,* París, 1988.

BURGUELIN, P., *La Philosophie de l'existence de J.-J. Rousseau.* París, 1952.

CASSIRER, E., *Le Problème Jean-Jacques Rousseau,* París, 1987.

CLÉMENT, P.-P., *Jean-Jacques Rousseau. De l'éros coupable à l'éros glorieux,* Neuchâtel, 1976.

DERATHÉ, R., *Jean-Jacques Rousseau et la science politique de son temps,* 2.ª edición, París, 1974.

EIGELDINGER, M., *Rousseau et la réalité de l'imaginaire,* Neuchâtel, 1962.

—, *Jean-Jacques Rousseau. Univers mythique et transparence,* Neuchâtel, 1978.

GALLIANI, R., *Rousseau et le luxe et l'idéologie nobiliaire,* Oxford, 1989.

GOLDSCHMIDT, V., *Anthropologie et politique. Les principes du système de Rousseau,* París, 1974.

GOYARD-FABRE, S., *L'Interminable querelle du contrat social,* Ottawa, 1983.

—, *Les Fondements de l'ordre juridique,* París, 1993.

GRIMSLEY, R., *La filosofía de Rousseau,* trad. española, Madrid, Alianza Editorial, 1977.

GROETHUYSEN, B., *Jean-Jacques Rousseau,* París, 1949.

LAUNAY, M., *Jean-Jacques Rousseau, écrivain politique,* Grenoble, 1971.

LECERCLE, J.-L., *Rousseau. Modernité d'un classique,* París, 1973.

MANENT, P,. *Naissance de la politique moderne, Machiavel, Hobbes, Rousseau,* París, 1977.

MAREJKO, J., *Rousseau et la dérive totalitaire,* Lausana, 1984.

MILLER, J., *Rousseau, dreamer of democracy,* New Haven, 1984.
MONDOLFO, R., *Rousseau y la conciencia moderna,* 2.ª ed., Buenos Aires, 1967.
PHILONENKO, A., *Jean-Jacques Rousseau et la pensée du malheur,* 3 vols., París, 1984.
—, «*Le Contrat social*», en *Dictionnaire des œuvres politiques,* París, 1987.
POLIN, R., *La Politique de la solitude. Essai sur Jean-Jacques Rousseau,* París, 1971.
—, «La fonction du législateur chez J.-J. Rousseau», en *J.-J. Rousseau et son œuvre,* París, 1964, págs. 231-248.
RUBIO CARRACEDO, J., *¿Democracia o representación? Poder y legitimidad en Rousseau,* Madrid, 1990.
STAROBINSKI, J., *J.-J. Rousseau. La transparence et l'obstacle,* París, 1971. [Trad. española: *La transparencia y el obstáculo,* Madrid, Editorial Taurus, 1974.]
—, *Le Remède dans le mal,* París, 1989.
STRAUSS, L., *Natural Right and history,* Chicago, 1953.
VARIOS, *J.-J. Rousseau,* Neuchâtel, 1962 (en especial las contribuciones de R. Derathé: «L'unité de la pensée de J.-J. Rousseau», págs. 203-218; y Claude Lévi-Strauss: «J.-J. Rousseau, fondateur des sciences de l'homme».
WEIL, E., *Penseé de Rousseau,* París, 1984.
WOKLER, R., «The *Discours sur les sciences et les arts* ant its Offspring: Rousseau in Response to his Critics», en *Reappraisals of Rousseau: Studies in Honour of R. A. Leigh,* Manchester, 1980, págs. 250-278.
—, *Études sur les discours de Rousseau,* Ottawa, 1988.

Cronología

1712. 28 de junio: Nacimiento de Jean-Jacques Rousseau en Ginebra, de una familia de origen francés. Nueve días más tarde muere su madre de fiebre puerperal. Una tía, Suzanne Rousseau, educa al huérfano.

1718/19. Primeras lecturas: «Las novelas acabaron con el verano de 1719... Sobre todo Plutarco se volvió mi favorito» entre los historiadores y moralistas.

1722. Isaac Rousseau, padre de Jean-Jacques, se expatria en Nyon a raíz de una disputa con un militar retirado, Pierre Gautier, perteneciente a una de las familias más poderosas de la ciudad: Jean-Jacques queda confiado a la guarda de su tío Gabriel Bernard, que lo envía a pensión, junto con su propio hijo, Abraham Bernard, a casa del pastor Lambercier, en Bossey, hasta 1724, «para aprender junto con el latín todo ese menudo fárrago con que lo acompañan bajo el nombre de educación». El hermano mayor de Rousseau, François, aprendiz de relojero, escapará a Alemania, donde desaparece sin dejar rastro.

1724/25. Regreso a Ginebra de Rousseau, que vive con su tío; comienza a trabajar, como aprendiz, con Masseron, escribano del ayuntamiento de la ciudad. Muy a disgusto, el 26 de abril de 1725 firma un contrato de aprendizaje con el grabador Abel Ducommun, «hombre zafio y violento», por cinco años.

1726. Isaac Rousseau se casa en Nyon, en segundas nupcias.

1728. 14 de marzo: al volver de un paseo, Rousseau encuentra cerradas las puertas de la ciudad y decide abandonar Ginebra y lanzarse a la aventura; siete días más tarde llega a Annecy, donde se presenta a Mme. de Warens; el 12 de abril, ingresa en el Hospicio de Catecúmenos del Spirito Santo gracias a su protectora; abjura (21 de abril) del protestantismo en Turín y es bautizado (23 de abril), para salir o escaparse luego del Hospicio. Conocimiento de Mme. Basile. Entre julio y diciembre sirve en casa de la condesa de Vercellis como lacayo. «Algunas veces iba a ver a un abate saboyano llamado M. Gaime», uno de los modelos del Vicario Saboyano del *Emilio.* Robo de una cinta, cuya culpabilidad recae sobre una criada llamada Marion.

1729. Entre febrero y junio sirve en casa del conde de Gouvon, donde se convierte en secretario de su hijo, el abate de Gouvon; expulsado, regresa a Annecy, donde vuelve a encontrarse con Mme. de Warens; allí conoció, durante su preparación para ingresar en un seminario, a «un joven abate llamado Gâtier... Reuniendo a M. Gâtier con M. Gaime, hice de esos dos dignos sacerdotes el original del Vicario Saboyano». Abandona la idea del seminario; en octubre estudia música.

1730. Acompaña a Lyon al maestro de música Le Maître, al que abandona en medio de una crisis epiléptica. Desaparición de Mme. de Warens. Solo, hace amistad con Venture de Villeneuve. Prosigue su vagabundeo por Nyon, Friburgo, Lausana y Neuchâtel durante este año y parte del siguiente, enseñando música bajo el nombre supuesto de Vaussore de Villeneuve.

1731. Acompaña como intérprete por Friburgo, Berna y Soleure a un falso archimandrita que pide dinero para restablecer el Santo Sepulcro; descubierta la impostura, Rousseau será recogido por el cónsul francés en Soleure (abril). En junio realiza su primer viaje a París donde, durante dos meses, sirve al sobrino de un coronel suizo. En septiembre se reúne en Chambéry con Mme. de Warens, quien lo recomienda para el catastro de Saboya; en ese empleo permanecerá ochos meses, hasta el 7 de junio de 1732, fecha en que presenta su dimisión.

1732. Empieza a estudiar música en Besançon y a enseñarla en Chambéry. Amante y hombre de confianza de Mme. de Warens, realiza diversos viajes para resolver asuntos de «Mamá».

1735/36. Primera estancia en Les Charmettes con Mme. de Warens.

1737. En junio, tras un accidente de laboratorio que pone en peligro sus ojos, Jean-Jacques hace testamento. Alcanzada la mayoría de edad, reclama su parte de la herencia materna: se embolsa seis mil quinientos florines que, según *Las confesiones,* entregó a Mamá para sus empresas agrícolas. Se instala en septiembre en Montpellier, en busca de un diagnóstico de la Facultad de Medicina para sus persistentes enfermedades.

1738. Regreso a Chambéry, donde es acogido con frialdad: Mme. de Warens le ha sustituido, en su puesto de amante, por otro joven, Jean-Samuel-Rodolphe Wintzenried. De todos modos se instalará en Les Charmettes hasta 1740. Pasa esos dos años leyendo e instruyéndose como autodidacta.

1740. Preceptor, desde mayo, de los dos hijos del M. de Mably, en Lyon. Período de composiciones musicales y poéticas. En noviembre-diciembre escribe el *Proyecto para la educación de M. de Sainte-Marie.*

1741. Vuelve en mayo a Chambéry. Vive en Lyon de junio a enero del año siguiente.

1742. Llega en enero a Les Charmettes, donde, enfermo, es cuidado por Mme. de Warens. Repuesto en primavera, decide romper con el mundo de Mamá, que ya está agotado para él. Con cartas de recomendación de sus amigos lioneses, llega en agosto a París para presentar a la Academia un nuevo sistema de notación musical, que será rechazado. Primeros encuentros con Diderot.

1743. Publica la *Dissertation sur la musique moderne*. En primavera es introducido en casa de Mme. Dupin, con cuyo hijastro, Charles-Louis Dupin de Francueil, se entrega a estudios de química. El 4 de septiembre llega a Venecia para ocupar el puesto de secretario del conde de Montaigu, embajador de Francia.

1744. El 22 de agosto, tras una violenta querella con Montaigu, regresa a París.

1745. Conoce a Thérèse Levasseur, costurera, de veintitrés años. Hace representar parcialmente su ópera *Les Muses galantes,* y retoca *Les Fêtes de Ramire,* de Rameau y Voltaire, con quien se halla en buenas relaciones. Cuando las *Muses* va a estrenarse, el propio Rousseau la retira tras el ensayo general.

1746. Estancia en Chenonceaux, como secretario de Mme Dupin. «Fuimos a pasar el otoño (...) al castillo de Chenonceaux (...). Mientras yo engordaba en Chenonceaux, mi pobre Thérèse engordaba en París de otra manera (...) el niño (...) fue depositado por la comadrona en la oficina del hospicio (...). Al año siguiente, el mismo inconveniente y el mismo expediente.» Ese hijo, el primero de Rousseau, que fue enviado como el resto de los suyos al hospicio, nació a finales de otoño.

1747. Muerte de Isaac Rousseau, padre del filósofo, en mayo. Estada en Chenonceaux, con los Dupin, en otoño; escribe la comedia *El compromiso temerario.* Conocimiento de Mme. d'Épinay.

1748. Mme. d'Épinay le presenta a su cuñada, Mlle. de Bellegarde, poco antes del matrimonio de ésta con el conde d'Houdetot. Cena todas las semanas con el equipo de la *Enciclopedia.* Nacimiento del segundo hijo de Rousseau, también depositado en el hospicio. Ayuda a los Dupin a preparar una refutación del *Espíritu de las leyes,* de Montesquieu, que acaba de aparecer.

1749. Se relaciona con los enciclopedistas: Diderot, Condillac... D'Alembert le encarga artículos sobre música para la *Enciclopedia.* En octubre se produce la «Illumination de Vincennes» cuando va a la cárcel de esa localidad a visitar a Diderot, arrestado el 24 de julio. Conoce a Grimm.

1750. Su *Discurso sobre las ciencias y las artes* es premiado por la Academia de Dijon, y publicado en los primeros días de 1751.

1751. Rousseau decide llevar una vida conforme con sus nuevos principios y emprender su «reforma». Renuncia a su puesto de secretario para hacerse copista de música. Acepta, sin embargo, el de cajero de su amigo Dupin de Francueil, arrendatario general de finanzas para las Generalidades de Metz y de Alsacia (de julio a noviembre, y no como dan a entender *Las confesiones* desde el otoño de 1750 a enero de 1751). «Decidido a pasar en la independencia y la pobreza el poco tiempo que me quedaba por vivir... de cajero de un financiero me hice copista de música.» Nacimiento de su tercer hijo: «Thérèse quedó embarazada por tercera vez (...). Mi tercer hijo fue depositado en el hospicio, igual que los primeros, y lo mismo ocurrió con los dos siguientes.» Vivas polémicas en torno al *Discurso sobre las ciencias*. Ante las crisis cada vez más graves de cólicos nefríticos, los médicos le dan seis meses de vida. Nacimiento, tal vez, de su segundo hijo en el año.

1752. Representación de su ópera *El adivino de la aldea* en octubre, en Fontainebleau, ante la corte; sin embargo, renuncia a una audiencia del rey, que suponía la seguridad de una pensión. Diderot reprocha a Rousseau haber dejado escapar la pensión real. El 18 de diciembre se estrena su pieza teatral *Narciso* en la Comédie Française: durante la segunda representación, Rousseau sale antes de acabar, aburrido: «La pasión de M. Rousseau no es ser aplaudido, sino ser silbado», escribe el periodista Fréron. Probable nacimiento de otro hijo de Rousseau.

1753. Publicación de una *Carta sobre la música francesa*, que origina controversias que llegaron a comprometer a los redactores de la *Enciclopedia*. Sus ataques a la música nacional, en provecho de la italiana, le enfrentan a músicos de ambas escuelas: la orquesta de la Ópera cuelga y quema a Rousseau en efigie, y se le retiran sus entradas para los espectáculos.

1754. Durante una estancia en Ginebra (de junio a octubre), Rousseau vuelve al seno de la Iglesia calvinista y recupera la ciudadanía ginebrina. Además de diversos trabajos literarios escribe el *Discurso sobre el origen de la desigualdad*, que aparecerá en abril del año siguiente.

1755. «He recibido, señor –le escribe Voltaire el 30 de agosto– vuestro nuevo libro contra el género humano, os lo agradezco.» Respuesta muy amable de Rousseau, que en septiembre promete a Mme. d'Épinay instalarse la primavera siguiente en una pequeña casa de su parque de La Chevrette, en el Ermitage, que ella ha mandado acondicionar para él. En la *Enciclopedia* aparece su artículo *Économie politique*, donde

Rousseau preconiza «la educación pública bajo reglas prescritas por el gobierno».

1756. Rechaza en febrero el puesto de bibliotecario de Ginebra que le ofrecía el doctor Tronchin, médico de Voltaire; más tarde ese médico se convertirá en enemigo acérrimo de Rousseau. Se instala en el Ermitage en compañía de Thérèse y la madre de ésta. Revisa y prepara para la edición el *Proyecto de paz perpetua* y la *Polisinodia*, del abate de Saint-Pierre. En los bosques de Montmorency sueña: «He aquí al austero Jean-Jacques vuelto de pronto pastor extravagante.» Comienza a redactar, durante sus paseos por el bosque, cartas sueltas que serán el germen de *La nueva Eloísa*.

1757. Entre abril y mayo, pelea con Diderot por una frase de la obra de éste *Le Fils naturel*, y reconciliación inmediata. En esa misma fecha se enamora de Sophie d'Houdetot, provocando los celos de Mme. d'Épinay; en octubre-noviembre, querella y ruptura con Grimm; en diciembre, Mme. d'Épinay rompe con Rousseau, que alquila la casa del Petit Mont-Louis en el mismo Montmorency. Recibe el tomo VII de la *Enciclopedia* y decide responder al artículo «Ginebra» escrito por D'Alembert.

1758. En mayo, Mme. d'Houdetot rompe todas sus relaciones con Rousseau, que poco más tarde concluye *La nueva Eloísa;* en octubre aparece la *Carta a d'Alembert sobre los espectáculos*, en la que se enfrenta a D'Alembert y a Voltaire. Consumación de su ruptura con Diderot.

1759. Se instala provisionalmente en el Petit Chateau de Montmorency, propiedad del Mariscal de Luxembourg, a quien había conocido el año anterior. En esa «isla encantada» compone el quinto libro del *Emilio*, y remata la primera versión. Regresa en julio a su reparado alojamiento de Mont-Louis.

1760. Trabaja en el *Contrato social* y en el *Emilio*, confiando el manuscrito definitivo de éste a Mme. de Luxembourg. Publicación de *La nueva Eloísa* en noviembre. Dos meses antes ha recibido la visita del príncipe de Conti.

1761. En enero se pone a la venta en París *La nueva Eloísa*, que obtiene un éxito inmenso; en Ginebra, en cambio, encuentra gran número de críticas y censuras. El 9 de junio comunica a su editor Rey que el manuscrito del *Contrato social* está listo para las prensas. Creyendo su fin inminente, el 12 de junio permite que la duquesa de Luxembourg se interese por el paradero del mayor de sus hijos (al parecer una niña), depositado en el hospicio. Cuando creen haberlo encontrado, Rousseau se echa atrás y detiene las investigaciones. En octubre, el impresor Duchesne comienza a imprimir el *Emilio* en París. En noviembre sufre delirios imaginando que el manuscrito del *Emilio* se halla en manos de los jesuitas, que lo mutilarían y lo publicarían después de su muerte.

1762. En enero, redacción de las cuatro *Lettres à Malesherbes*. En febrero es ajusticiado el pastor François Ribotte por ejercer clandestinamente su ministerio: Ribotte había pedido a Rousseau que ejerciera su influencia sobre Richelieu. A diferencia de Voltaire en el caso semejante de Jean Calas, Rousseau se deshace en disculpas para no intervenir ni solicitar de Richelieu la conmutación de la pena capital. En abril aparece *Del Contrato social*, cuya entrada en Francia es prohibida inmediatamente; el 24 de mayo, sin embargo, el *Emilio* sale a la venta en París, siendo condenado acto seguido por el Parlamento parisino: el 1 de junio se ordena el secuestro del libro, denunciado una semana más tarde ante la Sorbona. Se ordena la detención del autor, que, avisado por sus amigos, abandona precipitadamente Francia; el 14 de junio llega a Yverdon; pocos días después, tanto el *Emilio* como *Del Contrato social*, son prohibidos en Ginebra. La Sorbona y el Parlamento ordenan la quema de ambos títulos. Un mes más tarde (10 de julio) es expulsado de Yverdon por presiones del gobierno de Berna; debe refugiarse en Môtiers-Travers, en el principado de Neuchâtel, dependiente del rey de Prusia. En Chambéry muere Mme. de Warens (29 de julio). El *Emilio* es condenado también por Holanda y por el Consejo Escolar de Berna; en agosto aparece un mandamiento del arzobispo de París, Christophe de Beaumont, contra el *Emilio*. Rousseau pide ayuda a Federico II de Prusia. Penoso fin de año: teme por su vida y redacta un nuevo testamento.

1763. En marzo, Rousseau escribe su respuesta al arzobispo de París *Lettre à Christophe de Beaumont, archevêque de Paris*. Renuncia en mayo a la ciudadanía ginebrina después de haber recibido el mes anterior la «naturalidad» neuchâtelense. Aparece un panfleto contra él, obra del fiscal general Tronchin: *Lettres écrites de la campagne,* a las que Rousseau responderá, en octubre del año siguiente, desde Amsterdam, con las *Lettres écrites de la montagne.* Sufrimientos y persecuciones le llevan a pensar en el suicidio.

1764. Se aficiona a la botánica mientras germina en su mente la idea de unas «Memorias», que el editor Rey le pide para encabezar una edición general de sus obras. A finales de diciembre aparece anónimo, en Ginebra, el libelo anti-rousseauniano *Sentiment des citoyens,* obra de Voltaire, que Rousseau, equivocadamente, atribuye al pastor protestante Vernes: decide resueltamente escribir *Las confesiones,* cuyo primer preámbulo (manuscrito de Neuchâtel) redacta en diciembre de 1764 o enero del año siguiente. En ese libelo se le acusa de haber abandonado a sus hijos. El 18 de diciembre llegan a Ginebra ejemplares de las *Lettres de la montagne.*

1765. Las *Lettres de la montagne* son quemadas en La Haya y París, prohibidas en Berna y atacadas en Ginebra. Alentados por el pastor de Môtiers, los habitantes del pueblo apedrean su casa la noche del 6 de septiembre. Rousseau huye el día 8 a la isla de Saint-Pierre, de donde será expulsado varias semanas después. Hasta este punto de su vida llega el texto de *Las confesiones.* El 22 de octubre recibe una carta de Hume ofreciéndole asilo en Inglaterra. Tras pasar por Berlín y Basilea, es recibido en Estrasburgo con algunos honores; pero seguirá viaje a París, adonde llega el 16 de diciembre, bajo la protección del príncipe de Conti. Todo París acude a verle.

1766. El 4 de enero sale para Calais, bajo la protección de David Hume, que lo hospeda en su casa de Londres. A finales de marzo, tras su breve paso por Chiswick, se instala en Wootton (Staffordshire); prosigue *Las confesiones.* Rechaza una pensión del monarca inglés conseguida gracias a la mediación de Hume, con quien se pelea por carta; todo terminará con un libelo contra Jean-Jacques de Hume, *L'Exposé succinct;* el resto de los filósofos lo firman en París el 20 de octubre. La versión inglesa aparecerá bajo el título de *A Concise and Genuine Account*, en noviembre. Rousseau termina los primeros libros de *Las confesiones* en Wootton.

1767. En marzo, algunos amigos consiguen que acepte la pensión de Jorge III, entendiéndose, por supuesto, que Rousseau no pedía nada y que la pensión era «ofrecida por propio impulso de Su Majestad». Aunque se finge que así es, Rousseau «olvida» indicar dónde pueden pagársele las cien libras esterlinas de la renta adjudicada gracias, entre otros apoyos, a Hume y Walpole; de forma repentina, en mayo, Rousseau parte precipitadamente hacia Francia, pasa algunos días en Fleury-sous-Meudon, al lado de Mirabeau, y en Trye-le-Château, al lado del príncipe de Conti. Lleva una vida errante llena de angustias y enfermedades; en julio y agosto redacta el sexto libro de *Las confesiones*. Por fin, en agosto, acepta la pensión de Jorge III y cobra los primeros cuatrimestres, para rechazarla de nuevo al oír hablar a un amigo inglés de las desgracias del pueblo inglés y la miseria de los humildes. En noviembre se pone a la venta en París su *Dictionnaire de musique*.

1768. En primavera empieza a surgir en la correspondencia de Rousseau la idea de un «Complot universal» organizado contra él por sus antiguos amigos enciclopedistas; su existencia se tranquiliza algo, herboriza en la Grande-Chartreuse, se instala en Bourgoin (Delfinado), y en agosto «hace» una boda, delante de dos testigos, con Thérèse Levasseur, acto carente de cualquier valor legal; por eso, tras la muerte del filósofo, Thérèse no tendrá más título a la herencia que el de «gobernanta». Mientras pasa a limpio *Las confesiones*, comienza a ofrecer el manuscrito a algunos amigos.

1769. Se instala en Monquin, cerca de Bourgoin, donde escribirá los Libros VII a XI de *Las confesiones*, y entera o parcialmente el Libro XII.

1770. En verano, y tras pasar por Lyon, se traslada a París, donde vuelve a su oficio de copista y acaba la segunda parte de *Las confesiones*, libro del que hará algunas lecturas privadas en noviembre o diciembre.

1771. Tras la lectura de *Las confesiones* al príncipe real de Suecia y en casa de la condesa d'Egmont, la policía prohíbe las lecturas a petición de Mme. d'Épinay; en julio se producen los primeros contactos con Bernardin de Saint-Pierre. Empieza a trabajar en las *Consideraciones sobre el Gobierno de Polonia,* que finalizará en la primavera de 1772.

1772/75. Sigue copiando música mientras redacta, corrige y pasa a limpio *Rousseau juge de Jean-Jacques, Dialogues* (hasta finales de 1775). Comienza *Las ensoñaciones del paseante solitario.* Se afana al mismo tiempo en estudios botánicos, preparando una introducción a su *Dictionnaire des termes d'usage en botanique.*

1774. Muerte de Suzanne Rousseau, tía y «madre» de Rousseau.

1776. El 24 de febrero trata de poner sobre el altar de Notre Dame el manuscrito de sus *Dialogues,* pero fracasa por estar cerrada la cancela. En abril empieza a repartir a los transeúntes, por la calle, su mensaje *A todo francés que todavía ame la justicia y la verdad,* que también envía a sus corresponsales. El 24 de octubre, en Ménilmontant, es arrollado por un gran perro danés; el accidente determina la orientación última de su pensamiento, como relata el segundo paseo de *Las ensoñaciones.* En diciembre, le *Courrier d'Avignon* anuncia falsamente la muerte de Rousseau.

1777. Prosigue *Las ensoñaciones* hasta el séptimo paseo; poco a poco abandona el trabajo de copista. En una memoria narra la penosa situación material por la que atraviesa su hogar. El conde Duprat le ofrece un asilo, que Rousseau rechaza.

1778. Entre enero y abril redacta los paseos octavo, noveno y décimo de *Las ensoñaciones.* El 2 de mayo entrega a Paul Moltou una copia autógrafa de *Las confesiones* (manuscrito de Ginebra) y de los *Dialogues.* Pocos días más tarde se instala en Ermenonville (el Valois), en casa de su amigo el marqués de Girardin. Se entrega a la herborización. El 30 de mayo, dos meses después de su coronación pública en la Comédie Française, muere Voltaire: Rousseau se siente muy afectado: «Es que mi existencia estaba unida a la suya; él ha muerto, yo no tardaré en seguirle.»

El 2 de julio, tras un paseo por el parque de Ermenonville, Rousseau almuerza con Thérèse y su criada. Luego, violentos dolores de cabeza le derriban de su silla contra el suelo; eran las diez de la mañana: había muerto de apoplejía serosa, según la autopsia, y en la frente tenía un desgarrón provocado por la caída. El escultor Houdon hace al día siguiente la máscara mortuoria del filósofo. El 4 de julio su cuerpo, mandado embalsamar por Girardin, es inhumado en la isla des Pleupiers, en el centro del parque de Ermenonville, a las once de la noche.

1780. En Inglaterra aparecen los tres *Dialogues.*

1782. En Ginebra se edita, en primavera, la primera parte de *Las confesiones,* seguida de *Las ensoñaciones,* y poco más tarde de los tres *Dialogues.*

1789. En otoño aparece la segunda parte de *Las confesiones.*

1794. El 20 de Vendimiario del año III (11 de octubre) los despojos de Rousseau son exhumados del parque de Ermenonville y enterrados por la Convención en el Panteón (París).

Índice

Jean-Jacques Rousseau

Emilio, o De la educación

Filosofía
Alianza Editorial

Jean-Jacques Rousseau

Emilio, o De la educación

H 4400

Tratado filosófico sobre la bondad natural del hombre, EMILIO o DE LA EDUCACIÓN sigue siendo considerado todavía hoy un texto capital por la pedagogía moderna. En él, JEAN-JACQUES ROUSSEAU (1712-1778) aborda un sistema educativo basado en la naturaleza y en la experiencia, y no en prejuicios, caminos preconcebidos y rutinas, creando asimismo en Emilio un alumno de laboratorio sobre el que reflexiona, situándolo y situándose en medio de la sociedad y de unas circunstancias sociales concretas.

John Stuart Mill

Sobre la libertad

CS 3400

SOBRE LA LIBERTAD es una vibrante defensa de la libertad de pensamiento y expresión, una apasionada apología de la tolerancia y el respeto debido a las creencias o minorías disidentes, una audaz reivindicación de la espontaneidad y singularidad humana frente a la opresión ejercida por las autoridades, la costumbre o la opinión. Precedido por un esclarecedor prólogo de ISAIAH BERLIN, el presente ensayo de JOHN STUART MILL (1806-1873) pertenece a la breve galería de obras de combate político que, aun décadas o siglos después de ser escritas, siguen determinando los comportamientos de los hombres.

John Stuart Mill

La Naturaleza

H 4401

Escrito por JOHN STUART MILL (1806-1873) entre 1850 y 1858 y revisado hasta el año de su muerte, LA NATURALEZA fue publicado de forma póstuma, junto con otros dos escritos afines –«The Utility of Religion» y «Theism»–, en 1874. Aunque una visión simplista podría limitarse a considerarlo un ejercicio de filosofía de la religión, lo cierto es que sus breves páginas constituyen un importante y elaborado manifiesto en el que quedan apuntadas las ideas milleanas definitivas acerca de la naturaleza y la relación que el hombre ha de mantener con ella

Spinoza

Ética

H 4404

Publicada póstumamente en 1677, la ÉTICA, obra compuesta como un conjunto de Definiciones, Axiomas, Postulados, Leyes, Proposiciones y Escolios al modo geométrico, ha sido interpretada por la posteridad, pese a esta supuesta objetividad, de manera multiforme, habiendo despertado, más que desacuerdos fríos con la verdad de sus asertos, emociones poderosas. Esta edición de la obra cumbre de BARUCH SPINOZA (1632-1677), personalidad intelectual cuyo pensamiento y figura han sido clasificados de las formas más dispares, según la perspectiva que lo ha sometido a análisis, corre a cargo del profesor Vidal Peña, traductor, prologuista y anotador del volumen.

277

278 A medida

279 Instruida

283 Se acost

↳ 284

286 Mientras

288

291 competencia

292 La soc.

293 los ricos + el rico

↳ 294 l[illegible]

300 En lugar

302 Ad+

→ ... 314